2024年版

Deru-jun
Takkenshi

出る順

宅建士

合格の
れっく
LEC

当たる！

直前予想模試

宅建業法 大穴（マイナー部門）
自ら売主制限：割賦販売

アリかも！ ○　出たら大変！ △　アリかも！ ○

「30」と「書面」、「30％」でOK！

割賦販売契約の解除の要件は、①「30日以上」の相当期間を定めて、②「書面」で催告です。また、③受領額が代金額の「30％（10分の3）以下」の場合は所有権移転登記をしなくてもよいとして、例外的に所有権留保が認められます。

割賦販売契約の解除等の制限のポイント（解除等の手順）	賦払金の支払いが遅れた場合、売主である宅建業者は、①30日以上の相当期間を定めて、②支払いを書面で催告し、この期間内に支払いがないときでなければ、契約を解除したり、残代金を一括請求したりすることはできない。
所有権留保	原則禁止。しかし、以下の例外がある。 （ア）宅建業者が受け取った額が代金の額の10分の3以下であるとき （イ）買主が、残代金を担保するための抵当権や先取特権の登記を申請したり、残代金を保証する保証人を立てたりする見込みがないとき

友次 正浩
LEC 専任講師

ズバリ！ こう出た！過去問

※便宜上、一部改題しています。

Q1 宅建業者A社が、自ら売主として行う宅地（代金3,000万円）の売買に関し、A社は、宅建業者でない買主Bとの間で、割賦販売の契約を締結したが、Bが賦払金の支払を遅延した。A社は20日の期間を定めて書面にて支払を催告したが、Bがその期間内に賦払金を支払わなかった。この場合、AはBとの契約を解除できる。（2011年問39肢2）

Q2 宅建業者Aが、自ら売主として宅建業者ではないBとの間で建物の割賦販売契約を締結する場合において、Bからの賦払金が当初設定していた支払期日までに支払われなかった場合、Aは直ちに賦払金の支払の遅滞を理由として当該契約を解除することができる。（2020年10月試験問32肢3）

Q3 宅建業者Aが、自ら売主として宅建業者ではないBを買主とする土地付建物の割賦販売契約（代金3,200万円）を締結し、当該土地付建物を引き渡した場合、Aは、Bから800万円の賦払金の支払を受けるまでに、当該土地付建物に係る所有権の移転登記をしなければならない。（2021年10月試験問42肢1）

A1 誤　30日以上の相当の期間を定め書面で支払いを催告することが必要である。

A2 誤　同上。

A3 誤　代金の30％となる960万円以下の場合は所有権の移転登記をしなくてよい。

宅建業法 大本命（メジャー部門）
免許の基準：法人と役員

アリかも！ ○　間違いない！ ◎　間違いない！ ◎

「いる」か「いない」か

法人の免許取得の可否は、その法人のみならず、役員（取締役等）や政令で定める使用人（支店長等）が免許の基準に該当するか否かも検討しなければならず、受験者の皆さんが苦労するテーマです。その中でも多くの方が混乱している項目を取り上げます。

```
役員×
          ⇒  法人×
支店長×
```

役員や支店長が免許の基準に該当する場合は、法人も免許を受けることができないという、シンプルな基準です。

水野 健
LEC 専任講師

ズバリ！ こう出た！過去問

Q1 A社の取締役Bが、暴力団員による不当な行為の防止等に関する法律に規定する暴力団員に該当することが判明し、宅建業法第66条第1項第3号の規定に該当することにより、A社の免許は取り消された。その後、Bは退任したが、当該取消しの日から5年を経過しなければ、A社は免許を受けることができない（2015年問27肢4）。

A1 誤　暴力団員であった者は暴力団員でなくなった日から5年を経過しないと免許を受けることはできません。したがって、本肢は○に見えますが、実は×です。ポイントは「Bは退任した」にあります。

Bが取締役に居座ったままであれば、免許の基準に該当する役員が「いる」場合になりますのでA社は免許を受けることができませんが、Bは退任しています。

つまり、免許の基準に該当する役員が「いない」のでA社は免許を受けることができます。

また、いわゆる三悪（①不正免許、②情状が特に重い、③業務停止処分違反）のケースでもないのでA社は免許を受けることができます。

これまで任意だった相続登記が義務化された（最新改正）

これまでは、相続により所有権を取得した場合も、一般の所有権の移転の登記の申請と同様に、申請をするか否かは任意であり義務ではありませんでしたが、近時増加している所有者不明土地問題を解決するため、令和6年4月1日から相続による所有権の移転の登記の申請が義務となりました。

≪ポイント≫

①	相続又は相続人に対する遺贈により所有権を取得した者は、所有権の移転の登記を申請しなければならない。
②	自己のために相続の開始があったことを知り、かつ、所有権を取得したことを知った日から3年以内に当該申請をしなければならない。
③	正当な理由なく当該申請を怠ったときは、10万円以下の過料に処せられる。

（注）令和6年4月1日より前に相続した不動産も義務化の対象となる。

水野 健
LEC 専任講師

ズバリ！こう出る！予想問題

Q1 相続により不動産の所有権を取得した者は、必ずしも所有権の移転の登記の申請をする必要はない。

Q2 相続により所有権を取得した者は、相続の開始があった日から1年以内に所有権の移転の登記の申請をしなければならない。

Q3 正当な理由なく相続による所有権の移転の登記の申請を怠ったとしても、罰則の適用を受けることはない。

A1 誤　申請義務がある。

A2 誤　相続の開始があったことを知り、かつ、所有権を取得したことを知った日から3年以内である。

A3 誤　10万円以下の過料に処せられることがある。

あっちで許可でも、こっちでは届出！

覚えるべき数値が多いですが、特に、「宅地造成等工事規制区域（以下、宅造区域という。）内で行う場合に許可を要する工事でも、特定盛土等規制区域（以下、特盛区域という。）内で行う場合には届出で足りることがある。」という視点を意識しながら覚えていくとよいでしょう。

盛土等の許可・届出の対象行為の規模（抜粋）

区域	行為	届出	許可
宅造区域	宅地造成特定盛土等	―	①盛土で高さ1m超の崖 ②切土で高さ2m超の崖 ③盛土と切土を同時に行って、高さ2m超（①、②を除く） ④盛土で高さ2m超の崖（①、③を除く） ⑤盛土又は切土の面積500㎡超（①〜④を除く）
特盛区域	特定盛土等	①盛土で高さ1m超の崖 ②切土で高さ2m超の崖 ③盛土と切土を同時に行って、高さ2m超の崖（①、②を除く） ④盛土で高さ2m超（①、③を除く） ⑤盛土又は切土の面積500㎡超（①〜④を除く）	①盛土で高さ2m超の崖 ②切土で高さ5m超の崖 ③盛土と切土を同時に行って、高さ5m超の崖（①、②を除く） ④盛土で高さ5m超（①、③を除く） ⑤盛土又は切土の面積3,000㎡超（①〜④を除く）

友次 正浩
LEC 専任講師

ズバリ！こう出る！予想問題

Q1 宅造区域内の宅地において行われる盛土に関する工事であって、本件工事の面積が300㎡で、高さ1.5mの崖を生ずるものである場合、工事主は、一定の場合を除き、あらかじめ、都道府県知事の許可を受けなければならない。

Q2 特盛区域内の宅地において行われる盛土であって、本件工事の面積が300㎡で、高さ1.5mの崖を生ずるものである場合、工事主は、一定の場合を除き、あらかじめ、都道府県知事の許可を受けなければならない。

A1 正　本件工事は、宅造区域においては許可を要する。

A2 誤　本件工事は、特盛区域においては届出で足りる。

左コラム

法令制限 **大穴** マイナー部門 **贈与税**

出たら大変！ △
アリかも！ 〇
アリかも！ 〇

意外と簡単！

マイナー論点なので苦手意識を持つ方が多いかも知れませんが、覚えるべき知識は限られています。案外、コスパがいい論点なので、サクッと覚えて、アドバンテージを取っちゃいましょう！

「非課税」と「特例」とでは所得要件が異なるという点が勘所です！

	直系尊属から住宅取得等資金の贈与を受けた場合の「贈与税の非課税」	特定の贈与者から住宅取得等資金の贈与を受けた場合の「相談時精算課税の特例」
対象となる贈与	住宅取得等資金の贈与	
贈与者	直系尊属（祖父母・父母（年齢を問わない））	
受贈者	18歳以上の子・孫等	
受贈者の所得要件	合計所得金額 2,000万円以下	合計所得金額を問わない

有山 茜
LEC 専任講師

ズバリ！ こう出た！過去問

Q1 贈与税の非課税の特例は、直系尊属から住宅用の家屋の贈与を受けた場合でも適用を受けることができる。（2015年問23肢1）

Q2 贈与税の非課税の特例は、受贈者について、住宅取得等資金の贈与を受けた年の所得税法に定める合計所得金額が2,000万円を超える場合でも適用を受けることができる。（2015年問23肢4）

Q3 相続時精算課税の特例は、住宅取得のための資金の贈与を受けた者について、その年の所得税法に定める合計所得金額が2,000万円を超えている場合でも適用を受けることができる。（2010年問23肢3）

A1 誤 あくまでも、「資金」の贈与を受けた場合でなければ適用を受けることはできない。

A2 誤 非課税の特例は、合計所得金額が2,000万円以下でなければ適用を受けることはできない。

A3 正 相続時精算課税の特例は、合計所得金額が2,000万円を超えている場合でも適用を受けることができる。

右コラム

権利関係 **大本命** メジャー部門 **保証・連帯債務（絶対効）**

アリかも！ 〇
アリかも！ 〇
間違いない！ ◎

処理に徹しよう！

本質的に理解しようとするよりも、選択肢の内容が弁済・相殺・混同・更改に該当する事案なのか否かを読み取って、機械的に処理する方が効率的です。請求（相対効）や弁済の意で「履行」という表現がなされることがありますので、意味を取り違えないように注意しましょう。

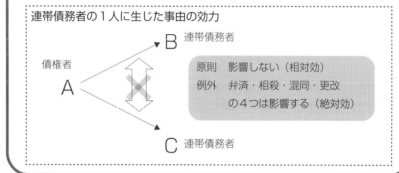

連帯債務者の1人に生じた事由の効力

連帯債務者 B
債権者 A
連帯債務者 C

原則 影響しない（相対効）
例外 弁済・相殺・混同・更改の4つは影響する（絶対効）

ズバリ！ こう出た！過去問

※便宜上、一部改題しています。

Q1 債務者A、B、Cの3名が、内部的な負担部分の割合は等しいものとして合意した上で、債権者Dに対して300万円の連帯債務を負った場合において、DがCに対して債務を免除したとしても、特段の合意がなければ、DはAに対してもBに対しても、弁済期が到来した300万円全額の支払を請求することができる。（2021年10月試験問2肢3）

Q2 AからBとCとが負担部分2分の1として連帯して1,000万円を借り入れる場合において、Aが、Bに対して履行を請求した効果はCには及ばず、Cに対して履行を請求した効果もBには及ばない。（2008年問6肢2）

A1 正 弁済・相殺・混同・更改に該当しない事案なので、他の連帯債務者の債務に影響を及ぼさないことから、DはAに対してもBに対しても、300万円全額の支払を請求することができる。

A2 正 この場合の「履行を請求」とは、あくまでも「〇円払ってくださいと『請求』すること」であり、「〇円『弁済』した」という事案にはあたらない。したがって、弁済・相殺・混同・更改に該当しないことから、本問の通りとなる。

袋とじ

超独断

これが出たら困る！
とっておき！

ガチンコ予想

「出題論点」
大本命＆大穴6選

ズバリ
こう出た！
過去問

×

ズバリ
こう出る！
予想問題

2024年度本試験で出題が予想される「とっておきの論点」を、
LECの実力派講師陣が徹底ジャッジしました。
直前期の試験対策にぜひご活用ください！

自信あり！
友次正浩
LEC専任講師

ヒ・ミ・ツ
水野 健
LEC専任講師

コレです！
有山 茜
LEC専任講師

講師プロフィール

水野 健　Mizuno Ken
LEC専任講師

モットーは『勉強嫌いを、勉強好きに！』。宅建講師、行政書士、不動産業経営者などなど、様々な顔を持つ唯一無二のカリスマ。長年の宅建受験指導や実務経験を活かし、単なる知識説明にはとどまらない、日常生活で生じる身近な事例を用いた講義は、独特の語り口調も合わさり多くの受験者を魅了する。スーパー合格講座をはじめとして数多くの宅建士講座の収録を担当。講師オリジナル講座には、毎年200名以上の受講生が集まるほどの人気講師。

【保有資格】宅地建物取引士・行政書士・マンション管理士
　　　　　　管理業務主任者・賃貸不動産経営管理士ほか
【ブログ】水野健の宅建・合格魂！養成ブログ
　　　　　（URL）https://ameblo.jp/takkenken1972/

友次 正浩　Tomotsugu Masahiro
LEC専任講師

大学卒業後、大学受験予備校講師として教壇に立ち、複数の予備校で講義を行うなど異色の経歴を持つ。現在はLEC東京リーガルマインドにて、過去問分析力と講義テクニックを武器に、初心者からリベンジを目指す人まで、幅広い層の受講生を合格に導き、『講義のスペシャリスト』として受講生の絶大な支持を受けている。特に、毎年8月に実施するお盆特訓は直前期を迎える受講生で満員になる。宅建士合格のトリセツシリーズ執筆者。

友次講師が執筆！
宅建士 合格のトリセツ
基本テキスト
分野別過去問題集
一問一答過去問題集
好評発売中！

【保有資格】宅地建物取引士・マンション管理士・管理業務主任者
　　　　　　賃貸不動産経営管理士
【ブログ】TOM★CAT ～友次正浩の宅建合格道場～
　　　　　（URL）https://ameblo.jp/tomotsugu331/

有山 茜　Ariyama Akane
LEC専任講師

大学卒業後、不動産業界へ。バリバリの営業ウーマンとして不動産業界の現場で活躍する傍ら、2017年よりLEC東京リーガルマインド講師として教壇に立つ。担当した大学講座では、複数年にわたり多くの合格者を輩出。実際に不動産業に従事しているからこその経験やエピソードを交えた講義は、初学者にも分かりやすいと好評。現在は渋谷駅前本校でスーパー合格講座の講師を務めつつ、新たに行政書士としてのキャリアもスタートさせた。

【保有資格】宅地建物取引士・行政書士・マンション管理士
　　　　　　管理業務主任者・賃貸不動産経営管理士
【ブログ】Akane Note 有山あかねの不動産・宅建ブログ
　　　　　（URL）https://ameblo.jp/4riy4m4

はしがき

＜本書の目的＞

　本書は、宅建士試験の勉強をひと通り終えた方が、本番を意識した予行演習をするための予想問題集です。宅建士試験は合格率15〜17％前後つまり100人受験すると約85人が落ちるという難関試験の一つです。テキストを読んで理解し、正確に知識を暗記しても問題が解けるとは言えない難しい試験です。そのため、多くの方が、過去問題集等を購入して、過去問を数多く解くという対策をとっています。しかし、繰り返し過去問を解き続けると、「答えを覚えてしまった」や「緊張感がない」という状況に陥るでしょう。そこで、ＬＥＣは宅建士試験と同じ時間・同じ問題数・同じレベルで、過去問ではない"オリジナル予想問題"を作成いたしました。

＜本書の特長＞

　本書は、LEC宅建講師陣による今年の宅建士試験を予想した「2024年試験に出る！最重要テーマ10」と、同じく今年の本試験を当てにいく「直前予想模試50問×４回分」を収録しています。さらに、恒例の人気講師による巻頭"袋とじ"企画として「『出題論点』大本命＆大穴６選」を本書限定で掲載しております。

　なお、より多くの問題を解いてみたいという方は、LECの「全日本宅建公開模試（基礎編・実戦編）」や「ファイナル模試」を受験してください。受験方法は会場受験（通学）、自宅受験（通信）のいずれか選ぶことができます。復習の際には、ご自身の弱点を分析できる成績表や、復習に役立つ解説冊子と解説動画がセットになっていますので安心してください。これらの模試は、全国のLEC各本校やLECオンラインショップでご購入いただけます。

　本書は、2024年４月１日以降に制作しておりますので、2024年４月１日時点の法改正に完全対応しております。

＜本書の利用法＞

　本書を下記のように有効活用をしていただき、効率の良い学習をしてください。

(1) 第１部「『出題論点』大本命＆大穴６選」＆「2024年試験に出る！最重要テーマ10」を読む
　　どのテーマも出題可能性が非常に高いものばかりですので、理解できていないもの、忘れていたものがあれば、最低３回は読み込んで、本番に備えましょう！

(2) 第２部「直前予想模試　第１回〜第４回」を解く
　　問題冊子・マークシート用紙を切り離し、試験時間２時間（登録講習修了者の場合は１時間50分）を計って、解答してください。

(3) 購入者限定特典①「Ｗｅｂ無料成績診断」を利用する
　　解答が終わった答案のマークをＷｅｂ上のマークシートに入力しましょう。採点後、Ｗｅｂ上で成績表を閲覧することが出来るようになります。

(4) 購入者限定特典②「全模試４回分の無料解説動画」を視聴する
　　４回分の直前予想模試の解説動画を視聴してください。LEC宅建講座で活躍する講師陣が「合否を分ける重要問題」を中心に解説していきます。

　本書を最大限に活用し、ぜひとも2024年の合格を勝ち取ってください。

2024年６月吉日

株式会社　東京リーガルマインド
LEC総合研究所　宅建士試験部

── • 本書の利用法 • ──

1. 本書の特長

　本書は、宅建士本試験問題と同様の構成になっています。さらに、より本試験の雰囲気を体験できるよう、問題冊子を抜き取れる製本にし、マークシートの解答用紙も添付しました。近年の新傾向にも対応しています。

2. 利用方法

①宅建士本試験と同様の条件で解いて、出題パターンを知る

　2時間で50問（5問免除対象者は、1時間50分で45問）を解いてみてください。これにより、普段のテキストを読んで過去問を解く勉強方法ではトレーニングできない、「時間の使い方」を習得できます。どのような問題がどのように出題されるのかについても疑似体験することができます。

②マークシートに慣れる

　宅建士試験はマークシートを鉛筆やシャープペンシルで塗りつぶす方法で解答しますので、マークシートに慣れておく必要があります。本書には本試験で使用されるものと同様のマークシートが4回分ついています。必ずこのマークシートを使ってトレーニングしてください。事前にコピーをすれば、何度でも繰り返し使えますので試してみてください。

3. 復習の方法

①自分の客観的な実力を把握する

　本書の問題は、難易度を本試験と同レベルに設定していますので、本書の問題を解くことによって、現時点での客観的な実力を知ることができます。

　宅建士試験の合格点は例年7割（35点）前後です。合格するための目安として、権利関係で14問中6〜8点、宅建業法で20問中16〜20点、法令上の制限で8問中5〜7点、税・価格の評定で3問中1〜2点、5問免除対象科目で3〜4点の得点が必要です。これとの比較によって、自分の勉強がどの分野でどの程度進んでいるのかを把握してください。

　しかし、直近3年間で行われた本試験4回（通常年1回。2021年は10月、12月の2回実施）の内、2回は合格基準点が36点となっていて、近年の合格には7割を超える得点が必要とされることもあります。そのため、得点目標としては40点を目指して復習してください。

②自分の弱点を知る

各回の解説の前に出題項目の一覧表がついています。これにより、どの項目が自分の弱点なのかがわかります。

③重要度の高い問題から復習する

本書には、LECが毎年実施している『全日本宅建公開模試』の出題予想ノウハウが投入されています。なかでも、解説の「重要度ランク」はフルに活用してください。Aランク（出題率が高く、かつ合格者なら正解するであろう問題）は必ず復習してください。これに対して、Cランク（出題率が低いか、又は合格者でも正解率が低いであろう問題）は必ずしも復習する必要はありません。

1つの問題の中でも重要な選択肢もあれば、復習の必要性が低い選択肢もあります。選択肢別の「重要度」を参考に、★印が3つのものを最優先にして（余裕のある方は★印が2つのものまで）復習してください。

4. 法改正と統計問題への対応について

本書は、2024年4月1日現在施行されている法令に基づいて作成していますので、本年度の宅建士試験に完全対応しています。

また、「統計」の問題も、2024年4月1日現在公表され本年度出題が予想される情報に基づいて作成しています。しかしながら、2024年4月2日以後に公表される統計情報が出題される可能性もあります。

最新の統計情報については、「宅建NEWS（統計情報）8月号」にて公開しています。宅建士試験最新情報満載の「宅建NEWS（10月までに2回発行予定）」は、LEC Myページよりご覧いただけます。Myページの登録方法は、本書の「インターネット情報提供サービス」ページにてご確認ください。

5. Web無料成績診断、Web無料解説動画の利用について

本書購入者特典として、4回の各問題について、Web上で、無料採点サービス、個人成績表・総合成績表の閲覧、解説動画の視聴をすることができます。詳細は、本書の「本書購入者特典のご案内」ページをご覧ください。

本書購入者特典のご案内

Web無料成績診断

①合格可能性がわかる！

全4回分の問題を各回ごとに採点を行い、成績診断をしますので、個人成績やサービスをご利用頂いた方々の中での順位・偏差値がわかります。また、ＬＥＣ独自のレベル判定などから本試験での推定順位を算出します。

②問題ごとの重要度がわかる

各回、各肢ごとの正解率、各肢の選択率（何％の方が肢の何番を選んだか）等を成績表につけますので、問題の難度、重要度もデータ上から判明するので、復習の目安になります。

【個人成績表】

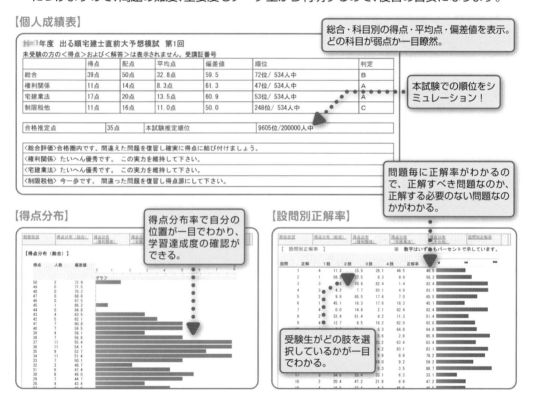

> 総合・科目別の得点・平均点・偏差値を表示。どの科目が弱点か一目瞭然。

> 本試験での順位をシミュレーション！

> 問題毎に正解率がわかるので、正解すべき問題なのか、正解する必要のない問題なのかがわかる。

【得点分布】

> 得点分布率で自分の位置が一目でわかり、学習達成度の確認ができる。

【設問別正解率】

> 受験生がどの肢を選択しているかが一目でわかる。

全模試４回分の無料解説動画

全4回の各回ごとに2時間の無料解説動画を視聴することができます。

LEC専任講師が「合否を分ける重要問題」を中心に解法の目線、注意点を解説します。また、横断的な知識の整理等も合わせて講義していきます。

※画面はイメージです。実際の解説担当講師は異なります。

「Web無料成績診断」の受け方

手順 1

※採点サービスは2024年7月1日〜2024年10月17日となります。

「LEC Myページ」に入ります。

※Myページをお持ちでない方は、Myページを作るところからスタート！
改正資料や統計情報など、合格に不可欠なツールが閲覧、ダウンロードできます。作成にかかる時間は5分程度。
Myページの作成はこちらから⇒ https://online.lec-jp.com/mypage/

【「LEC My ページ」とは】
LECの各種サービスを利用するための機能・情報が1カ所に集まった、あなた専用のページです。
最新の情報や割引クーポンの入手など受験生にうれしい特典が満載！
登録料・利用料ともに無料です。

手順 2

Myページができたら、Myページの「ScoreOnline」をクリック

「ScoreOnline」をクリック

手順 3

「無料成績診断・書籍模試」を選択し、「2024年度宅建（書籍）」→「宅建直前予想模試」→「回数」の順にクリック

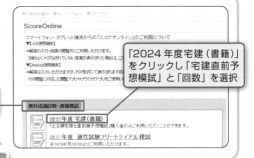

「無料成績診断・書籍模試」を選択（※）

「2024年度宅建（書籍）」をクリックし「宅建直前予想模試」と「回数」を選択

（※）LECの有料講座（模試）をお申込でない方は、「無料成績診断・書籍模試」だけが表示されます。

手順 4

成績診断を行う方は「受験」をクリック。そして、下記のパスワードを入力すると解答入力画面に進みます。後日成績表をご覧になるときは「閲覧」をクリックしてください。

パスワード **242520**

解答入力期間：2024年7月1日〜2024年10月17日
採点結果公開日：7月5日　※以降毎週金曜日更新
成績表公開日：8月30日

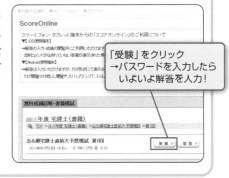

「受験」をクリック
→パスワードを入力したらいよいよ解答を入力！

全模試4回分の無料解説動画 視聴方法

解説動画はこちらからご視聴ください
（2024年8月初旬以降UP予定）

⇒ https://www.lec-jp.com/takken/daiyosou/

CONTENTS ·················

<袋とじ>
これが出たら困る！ とっておき！「出題論点」大本命＆大穴６選

はしがき

本書の利用法

本書購入者特典のご案内

<巻頭特集> 2024年試験に出る！最重要テーマ10

宅建士試験ガイダンス

インターネット情報提供サービス

問題冊子

解答・解説

巻頭特集 2024年試験に出る！最重要テーマ**10**

～今年出るテーマをLEC講師が渾身予想～

　宅建士試験は毎年50問の出題があり、出題項目は多岐にわたります。出題の可能性として考えると、とてつもなく広範囲に及んでいます。しかし、同じような問題が毎年出題されている項目があるのも事実です。また、3年、4年ごとに定期的に出題されるものもあります。

　多くの不確かな情報に翻弄されるのはよくありませんが、試験直前期は、ある程度はメリハリをつけて勉強しなければ効率も悪くなります。

　そこで、その毎年出題されているテーマ、今年出題されそうなテーマを実際に現場で講義を担当しているLEC専任講師陣に「10」個選んでもらい、それらの基本事項の確認ができるよう特集を組みました。

　勉強が進んでいない方は、今一度この基本に立ち返り、ある程度完成している方は最終確認にご利用ください。

テーマ 1 権利関係

取消し・解除・時効と登記

 過去10年の出題傾向

	'14	'15	'16	'17	'18	'19	'20 (10月)	'20 (12月)	'21 (10月)	'21 (12月)	22	23
取消しと登記						★						
解除と登記												
時効取得と登記		★				★				★	★	★

不動産の物権変動（登記）の応用問題がこの「取消し・解除・時効と登記」の問題だ。意思表示の問題との複合パターンもある。たとえば第三者の登場時期、つまり「前」に登場したのか、「後」に登場したのかを図を描いて冷静に判断しよう。

取消しと第三者

A所有の土地について、AB間で売買契約された後、Bの詐欺（又は強迫）を理由にAが取り消した。この場合、Bから売買で取得した第三者CとAとの関係はどうなるか？

(1) **取消し前の第三者**
Aの取消し前に、CがBから取得していた場合

⇒詐欺の場合、Aは、善意無過失のCに勝てない
　強迫の場合、Aの勝ち

(2) **取消し後の第三者**
Aの取消し後に、CがBから取得した場合

⇒登記を備えた方の勝ち

解除と第三者

A所有の建物について、AB間で売買契約された後、Bの債務不履行を理由にAが解除した。この場合、Bから売買で取得した第三者CとAとの関係はどうなるか？

(1) **解除前の第三者**
Aの解除前に、CがBから取得していた場合

⇒Aは、登記を備えたCに勝てない

(2) **解除後の第三者**
Aの解除後に、CがBから取得した場合

⇒登記を備えた方の勝ち

時効取得と第三者

　A所有の土地をBが占有し、Bが時効取得した（時効を完成させた）。この場合、Aから売買で取得した第三者CとBとの関係はどうなるか？

(1) 時効完成前の第三者
　Bの時効完成前に、CがAから取得

⇒時効取得したBの勝ち

(2) 時効完成後の第三者
　Bの時効完成後に、CがAから取得

⇒登記を備えた方の勝ち

整理して覚えよう！

	争う者		結論（どちらが勝つか）
①	取り消した者	取消し前の第三者	詐欺：善意無過失の第三者 強迫：取り消した者
②	取り消した者	取消し後の第三者	先に登記した者
③	解除した者	解除前の第三者	登記ある第三者
④	解除した者	解除後の第三者	先に登記した者
⑤	時効取得者	時効完成前の第三者	時効取得者
⑥	時効取得者	時効完成後の第三者	先に登記した者

「取り消し」て権利を取得した者、「解除」して権利を取得した者、「時効取得」した者と、それぞれのケースにおける第三者との優劣の問題だ。上の表のようになる。

人気講師が斬る！

小野 明彦
LEC専任講師

■Profile■
1997年以来、LEC一筋で全ての講座に登壇してきた大ベテラン！冷静な過去問分析力と、情熱的な指導力で不変の看板講師！

　知識は簡単だが、読み取りと当てはめができるかが勝負となる。時系列（時の流れ）を書いて、「取り消した者」、「解除した者」、「時効取得した者」の目線で、第三者の登場が「先」か「後」か判断しよう。

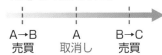

⇒Cは、Aの取消し「後」の第三者ゆえ登記を備えれば勝ち。

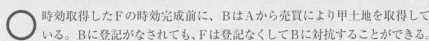

過去問題を解いてみよう！

問題　Aは、Aが所有している甲土地をBに売却した。Bが甲土地の所有権移転登記を備えた後に甲土地につき取得時効が完成したFは、甲土地の所有権移転登記を備えていなくても、Bに対して甲土地の所有権を主張することができる。（2019年問1肢4出題）

正解　○　時効取得したFの時効完成前に、BはAから売買により甲土地を取得している。Bに登記がなされても、Fは登記なくしてBに対抗することができる。

テーマ 2 権利関係

賃貸借（民法・借地借家法）の存続期間等

出題予想コメント 今年も出題可能性大

過去10年の出題傾向

	'14	'15	'16	'17	'18	'19	'20 (10月)	'20 (12月)	'21 (10月)	'21 (12月)	'22	'23
賃貸借の存続期間等	★	★		★		★			★			
借家契約の存続期間等		★	★	★	★	★			★	★		★
借地契約の存続期間等	★			★	★	★	★			★		★

民法、借家、借地、それぞれの項目で出題もあるが、横断的な比較問題の場合に対応できるようしっかり覚えよう。近年では「定期建物賃貸借（定期借家）」からの出題頻度が高い。

 民法賃貸借の存続期間

【存続期間の制限】		【終了・更新】		【更新後の存続期間】	
最長	50年	期間の定めがある場合	原則、期間満了で終了する。ただし、更新をすることができる。また、期間満了後の賃借人の使用収益の継続に賃貸人が異議を述べないときは更新と推定される（黙示の更新）。	期間を定める場合	当事者の定めた期間
最短	制限なし	期間の定めがない場合	当事者はいつでも解約申入れができる。この場合、解約申入れから（ア）土地賃貸借の場合1年、（イ）建物賃貸借の場合3カ月経過で終了する。	黙示の更新の場合	期間の定めのないものとされる。

 借家契約の存続期間

  ①建物賃貸借契約

A 賃貸人 　　　 B 賃借人

【存続期間の制限】		【終了・更新】		【更新後の存続期間】	
最長	制限なし	期間の定めがある場合	期間満了1年前から6カ月前までの間に更新拒絶の通知をしなければ更新される（法定更新）。なお、賃貸人からの通知には「正当事由」が必要となる。また、期間満了後の賃借人の使用の継続に対して賃貸人が異議を述べないときは更新とみなされる（法定更新）。	期間を定める場合	当事者の定めた期間
最短	制限なし （※）				
※1年未満の期間を定めた場合は、原則として期間の定めのないものとなる。		期間の定めがない場合	当事者はいつでも解約申入れ可能。なお、賃貸人からの申入れには「正当事由」が必要となる。この場合、賃貸人からの申入れの場合は6カ月、賃借人からの申入れの場合は3カ月経過で終了する。	法定更新の場合	期間の定めのないものとされる。

借地契約の存続期間

建物所有目的
土地賃貸借契約

A ←→ B
借地権設定者　　　　　　　　　　　　　　　　　　借地権者

【存続期間の制限】

最長	制限なし
最短	30年

【終了・更新】

期間満了の場合	期間満了する場合、借地権者からの請求、又は、期間満了後の使用継続があれば、更新される（法定更新）。この場合、借地権設定者が正当事由ある異議を述べれば、終了する。

【更新後の存続期間】

合意による更新	1回目	20年以上
	2回目以降	10年以上
法定更新	1回目	20年
	2回目以降	10年

※借地契約においては期間の定めがない場合はない。

 Point 整理して覚えよう！

		期間	更新・その他
民法	最長	50年	原則更新しない。但し、期間満了後に賃借人が賃借物の使用・収益を継続し、賃貸人がこれを知りながら異議を述べない場合、契約を更新したものと推定される（黙示の更新）。
	最短	規定なし	
借家	最長	規定なし	更新拒絶の通知（解約申入れ）をしなかった場合、賃貸人からの更新拒絶に「正当な事由」がなかった場合、期間満了後に賃借人の使用継続に異議を述べなかった場合は更新される。
	最短	規定なし	
借地	最長	規定なし	借地上に建物がある場合に、借地権者が借地権設定者に更新請求又は存続期間満了後も借地権者が土地の使用を継続しているのに対し、借地権設定者が異議を述べないときは更新される。
	最短	30年	

  人気講師が斬る！

小原 典彦
LEC専任講師

■Profile■
講義の特徴は出題頻度別の徹底した過去問演習。過去問演習をもとに講義の中で頻出論点をおさえることで、効率的な学習を可能にする。

借地借家法は難易度が高く、得点し難い。長文で読み難く細かい知識が問われることもある。しかし、学習範囲は狭く、過去問を理解して学習し、数字も含めてきっちり覚えていれば、決して得点できない問題ではない。そのなかでも、期間、更新について出題された年は合否を分けることが多いので、対策はしっかりとっておこう。

 過去問題を解いてみよう！

問題 期間を1年未満とする建物の賃貸借契約（定期建物賃貸借契約及び一時使用目的の建物の賃貸借契約を除く。）は、期間を1年とするものとみなされる。（2023年問12肢1出題）

正解 ✕ 期間を1年未満とする建物の賃貸借は、期間の定めがない建物の賃貸借とみなされる。期間を1年未満とする建物の賃貸借は、期間を1年とするものとみなされるわけではない。

テーマ 3 　権利関係

建物区分所有法

出題予想コメント 　毎年出題　近年比較的得点し易い！

過去10年の出題傾向

	'14	'15	'16	'17	'18	'19	'20 (10月)	'20 (12月)	'21 (10月)	'21 (12月)	22	'23
管理組合の管理者と 管理組合法人	★	★	★							★	★	
規約					★			★				
集会	★	★		★	★	★		★	★	★	★	★

建物区分所有法では、何度も出題されている重要問題だけを解けるようにしておこう。
特に近年では、管理組合と管理者、規約、集会について出題されている。

建物区分所有法のイメージ

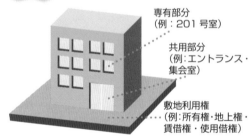

専有部分
(例：201号室)

共用部分
(例：エントランス・
集会室)

敷地利用権
(例：所有権・地上権・
賃借権・使用借権)

　マンションには、専有部分と共用部分があります。
居住用や事務所として利用される部屋を専有部分とい
い、廊下、階段室などみんなで使用されるところが共
用部分です。
　さらに、共用部分は、法定共用部分と規約共用部分
とに分けられます。法定共用部分とは、廊下や階段室、
エレベータ室など、建物の構造上当然に共用される部
分です。規約共用部分とは、集会所や管理人室など、
一見すると専有部分に見えますが、規約によって共用部分であると決めたものをいいます。
　学習のポイントは、言葉の意味を捉え、重要な決議要件を覚えることです！！

区分所有者・議決権

　決議要件でいう区分所有者とは、頭数のことです。これに対し、議
決権は、規約に別段の定めがない限り、共用部分の共有持分すなわち
専有部分の床面積の割合によります。

　左のマンションを見てください。Aが3つの専有部分を有していま
す。Aだけの賛成では議決権は過半数を満たしているものの、区分所
有者数が足りません。BCの賛成では区分所有者数は過半数を満たし
ているものの、議決権が足りません。ABの賛成があればともに過半
数を満たすことができます。このように、専有面積の広い人の意見を
尊重しつつも、その人の一存では物事が決まらないようになっている
のです。

管理組合

管理組合とは、マンションの管理を行うための団体です。区分所有者は、当然に管理組合の構成員

（組合員）となるので、管理組合の集会の決議や規約の拘束を受け、脱退することはできません。なお、この管理組合を、法人化（管理組合法人）することもできます。

管理者

マンションの管理は、原則として区分所有者全員でしなければなりません。しかし、区分所有者は、規約に別段の定めがない限り集会の決議（区分所有者及び議決権の各過半数）により、管理者を選任することができます。

Point

整理して覚えよう！

【決議要件等のまとめ】

決議に必要な数	決議事項	規約で別段の定め
各4／5以上	・建替え	×
各3／4以上	・規約の設定・変更・廃止	×
	・管理組合法人の設立・解散	
	・大規模滅失（建物価格の１／２超）の場合の復旧の決議	
	・使用禁止・競売・引渡しの請求	
	・共用部分の変更（その形状又は効用の著しい変更を伴わないものを除く。）＝「重大変更」	○ 区分所有者の定数に限り、過半数まで軽減できる

人気講師が斬る！

水野 健
LEC専任講師

■Profile■
モットーは『勉強嫌いを、勉強好きに』。宅建講師、行政書士、不動産業経営者などなど、様々な顔を持つ、唯一無二のカリスマ講師。

建物区分所有法の出題は、１問です。最低限ここでまとめたことだけはマスターしておいてください。また、規約は、その設定、変更又は廃止当時の区分所有者だけでなく、その特定承継人（中古で買った人等）に対しても、その効力を生じます。そして、占有者（賃借人等）は、建物又はその敷地もしくは附属施設の使用方法につき、区分所有者が規約に基づいて負う義務と同一の義務を負います。「規約、集会」さらに、決議要件で「４分の３以上」の多数による集会の決議で決する事項は、「数字」、「規約による別段の定めができるか」も覚えておいてください。

過去問題を解いてみよう！

問題	規約の設定、変更又は廃止を行う場合は、区分所有者の過半数による集会の決議によってなされなければならない。(2018年問13肢１出題)
正解	✕ 規約の設定、変更又は廃止は、区分所有者及び議決権の各４分の３以上の多数による集会の決議によって行う。「区分所有者の過半数」ではない。

免許・取引士手続き総合

出題予想コメント　今年も出題可能性大！

✓ 過去10年の出題傾向

	'14	'15	'16	'17	'18	'19	'20 (10月)	'20 (12月)	'21 (10月)	'21 (12月)	22	'23
免許の効力	★		★	★	★			★		★		★
宅地建物取引士の登録				★	★	★	★	★	★	★	★	
宅地建物取引士証	★		★	★	★	★	★	★	★		★	★

「免許の効力」に関してはこの10年間で7回出題されている。また「宅地建物取引士の登録」は10年間で8回出題されている。それぞれの知識を混同しないように正確に整理しておく必要がある。特に「変更の届出」と「変更の登録」の違いは重要である。また、宅建業者の免許の基準と宅地建物取引士の登録の基準もあわせて押さえておこう。

「免許換え」と「登録の移転」の比較

【移る】

	免許換え （宅建業者）	登録の移転 （宅地建物取引士登録を受けている者）
内容	事務所の廃止・移転・新設により、現在受けている免許が不適当になった場合には、免許換えを申請しなければならない（義務）。	登録先以外の都道府県内にある宅建業者の事務所で業務に従事し、又は従事しようとする場合、その都道府県知事に対して登録の移転申請ができる（任意）。
申請方法	①知事免許⇒直接申請 ②大臣免許⇒主たる事務所の所在地を管轄する都道府県知事を経由	登録を受けている都道府県知事を経由
有効期間	免許換えの時から5年間	前の宅地建物取引士証の有効期間が経過するまでの期間を有効期間とする。
その他	変更の届出は不要	事務禁止処分の期間中は申請できない。

「変更の届出」と「変更の登録」の比較

【変わる】

	変更の届出 （宅建業者）	変更の登録 （宅地建物取引士の登録を受けている者）
時期	変更後30日以内	変更後遅滞なく
内容	①商号又は名称 ②事務所の名称・所在地 ③役員及び政令で定める使用人の氏名 ④専任の宅地建物取引士の氏名	①氏名 ⎫宅地建物取引士証の ②住所 ⎭書換え交付申請も必要 ③本籍 勤務先宅建業者の ④商号又は名称 ⑤免許証番号

「廃業等の届出」と「死亡等の届出」の比較

【やめる】

	廃業等の届出 （宅建業者）	死亡等の届出 （宅地建物取引士登録を受けている者）
時期	30日以内	30日以内
義務者	① 死亡⇒相続人（知った日から） ② 合併による消滅 　⇒消滅会社の代表役員 ③ 破産⇒破産管財人	① 死亡⇒相続人（知った日から） ② 心身の故障 　⇒本人、法定代理人、同居の親族 ③ その他（破産等）⇒本人

 ## 整理して覚えよう！

【各種手続きのまとめ】

	移る	変わる	やめる
宅建業者	免許換え （義務）	変更の届出 （義務・30日以内）	廃業等の届出 （義務・30日以内）
宅地建物取引士	登録の移転 （任意）	変更の登録 （義務・遅滞なく）	死亡等の届出 （義務・30日以内）

手続きについては、義務なのか任意なのか、また「30日以内」なのか、「遅滞なく」なのか、「いつから」30日以内なのか正確に覚えよう。

  ## 人気講師が斬る！

友次 正浩
LEC専任講師

■Profile■
大手大学受験予備校の経験を基に、わかりやすく伝える講義力と、過去問の分析力には定評アリ。宅建士合格のトリセツシリーズの著者としても活躍。

「免許の効力」、「取引士の登録」それぞれの知識を混同しないように正確に整理しておく必要がある。特に「変更の届出」と「変更の登録」の違いを確認する。
今年は個数問題で総合問題が出題されるものと予想する。たとえば、「宅地建物取引士Aが宅地建物取引業者Bに勤務する場合に、〜」のように「取引士」と「宅建業者」の両方の知識を1つの選択肢で問う問題である。要注意である。

過去問題を解いてみよう！

問題 宅地建物取引士Aが宅地建物取引業者Bに勤務する場合に、Bが廃業したときは、Aは変更の登録の申請を、また、Bは廃業の届出をしなければならない。（1993年問40肢3出題）

正解 ◯ Bが廃業したときは、Aの勤務先は宅建業者BでなくなるためAは変更の登録の申請を、また、Bは廃業の届出をしなければならない。

35条書面・37条書面の対比

出題予想コメント ▶ 今年も出題可能性大

過去10年の出題傾向

	'14	'15	'16	'17	'18	'19	'20 (10月)	'20 (12月)	'21 (10月)	'21 (12月)	22	'23
35条書面記載事項	★	★	★	★	★	★	★	★	★	★	★	★
37条書面記載事項	★	★	★	★	★	★	★	★	★	★	★	★

「35条書面（重要事項説明書）記載事項」、「37条書面記載事項」とも、この10年毎年出題されている。37条書面記載事項ではあるが、35条書面記載事項ではない事項の出題が多く、その攻略がポイントとなる。

35条書面と37条書面

　「35条書面（重要事項の説明書面）」と「37条書面（契約内容を記載した書面）」の記載内容は頻出中の頻出テーマである。

　"35条書面では記載が必要だが37条書面では不要"、"37条書面では記載が必要だが35条書面では不要"、"両者で必要"、"両者で不要"等の出題パターンがあり、初めて学習するときに混乱を起こしやすい。

　特に頻度が高いものが、「37条書面の必要的記載事項は35条書面の記載事項にはならない。」という形式である。

　なぜそうなるのか。見極めポイントを紹介するので得点項目にしてほしい。

両者の根本的な違い

【35条書面】

契約を締結するか否かの判断材料を説明

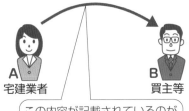

この内容が記載されているのが『35条書面』

【37条書面】

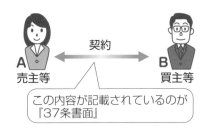

契約

この内容が記載されているのが『37条書面』

　35条書面では、契約によって決まる事項、言い換えれば当事者の合意を待たなければ決まらない事項の記載は義務づけていないということである。

　たとえば代金にせよ、代金以外の金銭にせよ、「支払や授受の時期」は35条書面の記載事項ではない。「いつ払うか。」は、売主と買主の契約によって決まるものであるため、義務づけていない。

　さらに、「天災その他不可抗力による負担（危険負担）」、「契約不適合担保責任の内容」、「公租公課の負担」も、売主と買主の契約で決まることが多く、35条書面でなく37条書面の任意的（定めがあるとき）記載事項となっている。

37条書面記載事項のポイントとして、必ず記載される内容と、合意があったときだけに記載すればよい内容の2種類を意識することがあげられる。単純知識として覚えるだけの項目なので、重要事項の説明内容と混乱しないように、時間をかけて習得していこう。「必ず記載」するのか、「定めがあるときに記載」するのか、ここの違いが出題される。

試験対策では、必要的記載事項の3つ（下記②③④）をまず覚えるとよい。

次に、貸借の場合は不要であるものに注意しよう。

整理して覚えよう！

定めの有無にかかわらず37条書面は記載必要　35条は記載不要

		35条書面	37条書面
①	既存建物であるときは、当事者の双方が確認した事項	×	○ （貸借なら①③は不要）
②	代金・交換差金・借賃の額・支払時期・支払方法		
③	移転登記の申請時期		
④	物件の引渡時期		

定めのある場合のみ37条書面は記載必要　35条は記載不要

		35条書面	37条書面
⑤	天災その他不可抗力による損害の負担（危険負担）	×	△ （貸借なら⑥⑦は不要）
⑥	契約不適合担保責任の内容		
⑦	公租公課の負担		

人気講師が斬る！

小山 淳
LEC専任講師

■Profile■
過去問と合格者データを重視し、合格者のわかっている知識と過去問を徹底的に講義し、宅建士試験に自信をもてるようにしている。また、具体的イメージを挙げての講義で理解しやすい講義を心がけている。

「代金の額は売買契約の中で一番重要な要素にもかかわらず、重要事項の説明対象になっていないのはなぜですか。」という質問を受けることがある。

「代金の額」は売主と買主の話し合いの結果決まるものなので、上記の通り、重要事項として説明を義務づけてはいないのである。

実際上は、販売価格で購入することが多いことから「代金は前もって決まっている」という印象を受けるのである。しかし、交渉によって値引きしてもらえるかも知れず、その場合、販売価格は代金と一致しないのである。

過去問題を解いてみよう！

問題 既存住宅の貸借の媒介を行う宅地建物取引業者は、宅地建物取引業法第37条の規定により交付すべき書面に建物の構造耐力上主要な部分等の状況について当事者の双方が確認した事項を記載しなければならない。(2023年間27肢4出題)

正解 ✕ 貸借の媒介の場合、当該建物が既存の建物であるときに、建物の構造耐力上主要な部分等の状況について当事者の双方が確認した事項は、37条書面に記載しなければならない事項ではない。

クーリング・オフ

出題予想コメント　**今年も出題可能性大！**

 過去10年の出題傾向

	'14	'15	'16	'17	'18	'19	'20 (10月)	'20 (12月)	'21 (10月)	'21 (12月)	22	23
クーリング・オフ	★	★	★	★	★	★	★	★	★	★	★	★

自ら売主制限（8種制限）からは多くの問題が出題されている。特徴的なのは総合問題が多いことで、4肢の論点がすべて違ったり、複数であったりする。ただ、クーリング・オフは一問すべてクーリング・オフの内容も多いので確実に理解しよう。自ら売主制限の規定は業者間取引には適用しないので、買主が宅地建物取引業者かどうか？この点も確実にチェックが必要である。

 自ら売主制限

①クーリング・オフ
②手付の額・性質の制限
③手付金等の保全措置
④損害賠償額の予定等の制限
⑤自己の所有に属しない物件の契約締結の制限
⑥契約不適合責任についての特約の制限
⑦割賦販売契約の解除等の制限
⑧所有権留保等の禁止

（この8つの制限は買主が
業者の場合は適用されない）

 クーリング・オフ

　クーリング・オフとは、宅建業者ではない買主が、正しい判断がしづらい場所で申込みや契約をした場合、その申込みを撤回したり、契約を解除したりすることができる制度です。試験で押さえるポイントは二つ。一般的に正しい判断ができる場所で買受けの申込みをしたり、契約締結した場合は、クーリング・オフできない（クーリング・オフできない事務所等）としている点、時期的な制限（クーリング・オフできなくなる例外）も設けている点です。

【クーリング・オフできない事務所等】

①	事務所	
②	土地に定着し、専任の宅地建物取引士の設置義務のある	継続的に業務を行うことができる施設を有する場所で、事務所以外の場所
		案内所
		一定の展示会などの催しを実施する場所
③	媒介・代理業者の上記の①②の場所	
④	買主（申込者）から申し出た場合の、買主（申込者）の自宅・勤務先	

※　申込みの場所と契約の場所が異なる場合、申込みの場所を基準に判断する。

【クーリング・オフができなくなる例外】
　①書面で告げられた日から起算して8日経過した場合
　②引渡しを受け、かつ、代金の全部を支払ったとき
　書面で告げられていなくとも、引渡しを受け、かつ、代金の全部を支払ったときは、
　クーリング・オフできなくなります。

Point 整理して覚えよう！

クーリング・オフについて、他の重要ポイントも含め、まとめておきました。

売主が一般消費者	適用なし
買主が宅建業者	適用なし
事務所等で契約・申込み	解除できない
書面で説明を受けた日から起算して8日経過	解除できない
引渡しかつ代金の全部の支払い	解除できない
手付金	返還される
宅建業者からの損害賠償請求	できない

 人気講師が斬る！

亀田 信昭
LEC専任講師

■Profile■
法律の理解はもちろん、点数のとり方、ミスの防ぎ方まで、実践的な講義が特徴。面倒見がよく、頑張る人には最後まで徹底的にサポート。

クーリング・オフは毎年出題される分野なので、確実に得点したい。ポイントに示したように出題パターンは決まっている。どのような場所で、どのような契約をしたのか？買主は業者であるか？クーリング・オフの説明を書面で受けたか？代金の支払いは？引渡しは？無条件撤回であるか？チェック項目を万全にして、1点ゲットだ！

過去問題を解いてみよう！

問題　宅建業者である売主Aが、宅建業者Bの媒介により宅建業者ではない買主Cと新築マンションの売買契約を締結した場合において、Cが、Bの事務所で買受けの申込みを行い、その3日後に、Cの自宅近くの喫茶店で売買契約を締結したとき、Cは、クーリング・オフによる契約の解除はできない。(2018年間37肢イ出題)

正解　○　買主Cが媒介業者であるBの事務所で申込みをしている以上、Cはクーリング・オフによる契約の解除をすることはできない。

電磁化・押印の廃止

出題予想
コメント

近時の法改正、出題可能性あり！

過去10年の出題傾向

	'14	'15	'16	'17	'18	'19	'20 (10月)	'20 (12月)	'21 (10月)	'21 (12月)	'22	'23
電磁化・押印の廃止												★

法改正によって押印の廃止や書面の電磁化が可能となりました。2023年本試験では改正点がズバリ問われました。宅建業法の改正に関する事項は、数年間にわたり連続して問われることがあります。本書や模擬試験により演習しましょう。電磁化については、電磁化が可能な書面やその要件を押さえることが重要です。

電磁化可能な書面

　以下の書面について、相手方等の承諾を得て、書面の交付等に代えて、電磁的方法による提供が可能となりました。
　①代理・媒介契約書面
　②指定流通機構から交付される登録済証
　③重要事項説明書
　④37条書面
　⑤手付金等保全措置を講じたことを証する書面
　⑥住宅瑕疵担保履行法の資力確保の措置をしたことを証する書面
　※クーリング・オフできる旨の告知書面、クーリング・オフ行使書面及び割賦販売契約解除の催告書についての電磁化は規定されていません。

電磁的方法の具体的な種類

電磁的方法とは、以下のものを指します。
①電子メールによる方法
②Web上からのダウンロードによる方法
③CD-ROM等の交付による方法

注意点

・電磁的方法による提供をしようとする場合は、交付を受ける者（相手方等）の承諾が必要です。また、相手方等からの承諾は、書面又は電磁的方法によってなされることを要します。したがって、相手方等が口頭で承諾をしても、電磁的方法を提供する要件としての承諾にはあたりません。
・35条書面、37条書面では、電磁的方法による提供に係る宅地建物取引士を明示しなければなりません。
・相手方等が、ファイルの記録を書面に出力可能な形式で提供しなければなりません。
・Webでダウンロードによる場合は、ダウンロード可能である旨を相手方等に通知しなければなりません。

押印の廃止

　重要事項説明書及び37条書面について、従来必要とされていた宅地建物取引士の押印が不要となりました。

　※代理・媒介契約書面を交付する場合については、従前通り、宅建業者の記名及び押印が必要です。

才間 恵一
LEC専任講師

■Profile■
自身の受験経験から、法律用語を身近な例に置き換えた、受験生目線での講義スタイル。問題演習においては解答を導くための考え方を大事にしていて、解答や知識を覚えてしまいがちな受験生の道しるべとして尽力している。

　宅建士試験では、改正点に関する問題が好んで出題されます。特に、宅建業法の三大書面（媒介契約書面、重要事項説明書、37条書面）は、もとより、出題頻度が高い論点でもありますので、注意しましょう。

過去問題を解いてみよう！

| 問題1 | 重要事項説明書の電磁的方法による提供については、重要事項説明を受ける者から電磁的方法でよいと口頭で依頼があった場合、改めて電磁的方法で提供することについて承諾を得る必要はない。（2023年 問33肢4出題） |

| 正解1 | 重要事項説明書の電磁的方法による提供については、宅建業者が、あらかじめ、重要事項説明を受ける者に対して電磁的方法による提供に用いる電磁的方法の種類及び内容を示した上で、重要事項説明を受ける者から電磁的方法でよい旨の書面又は電子情報処理組織を使用する方法等による承諾が必要である。 |

| 問題2 | 宅地建物取引業者が自ら売主として締結する売買契約において、37条書面の電磁的方法による提供を行う場合、当該提供されたファイルへの記録を取引の相手方が出力することにより書面を作成できるものでなければならない。（2023年 問26肢ウ出題） |

| 正解2 | 宅建業者は、自ら当事者として契約を締結した場合、37条書面の交付に代えて、当該契約の相手方の承諾を得て、当該書面に記載すべき事項を電磁的方法により提供することができる。この提供を行う場合、相手方が相手方ファイルへの記録を出力することにより書面を作成することができるものでなければならない。 |

開発行為の規制等

出題予想コメント 今年も出題可能性大！

☑📈 過去10年の出題傾向

	'14	'15	'16	'17	'18	'19	'20 (10月)	'20 (12月)	'21 (10月)	'21 (12月)	'22	'23
開発行為の規制等	★	★	★	★	★	★	★	★	★	★	★	★

開発行為の規制等の分野は、毎年出題されています。

面積要件（数値）を問う問題など、正確な暗記が求められる問題が出題されることが多いものの、そのパターンは一定なので、慣れれば得点源にしやすい分野であるといえます。

盲点になりやすいのが、開発行為か否かの判断です。面積要件等を暗記するだけでなく、定義もしっかりとおさえましょう。

開発行為か否か

　開発行為とは、主として建築物の建築又は特定工作物の建設の用に供する目的で行う土地の区画形質の変更のことをいいます。要するに、主に「建物や工作物など、なんらか立体的なものを設置する目的で行う土地の工事」とイメージすればよいでしょう。

≪試験対策上のポイント：開発行為か否か≫

　「なんらか立体的なものを設置する目的で行う土地の工事」が開発行為なのですから、いくら大規模の工事であったとしても、青空駐車場の用に供する目的の土地の区画形質の変更は開発行為にはあたりません。

　また、建設物が第二種特定工作物の場合、その規模（規模要件）が問われる場合があります。

ゴルフコース	規模要件なし
野球場、庭球場、動物園その他の運動レジャー施設や墓園	10,000㎡以上

　この点、小規模開発による許可の例外との区別をつけておかなければ、思わぬ失点をしてしまう可能性がありますので注意しましょう。例えば、「市街化区域内で行われる、8,000㎡の野球場を建設する目的で行われる土地の区画形質の変更は開発許可を受ける必要があるか」と出題された場合、答えは「不要」となります。そもそも開発行為に該当しないためです。この点、「開発許可の要否の考え方」を意識しておく必要があります。

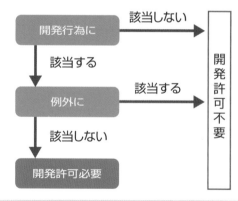

開発行為であるか否か　許可が必要か否か

　公益上必要な建築物のうち、開発区域及びその周辺の地域における適正かつ合理的な土地利用及び環境の保全を図る上で支障がないもの（駅舎、図書館、公民館、変電所等）を建築する目的で行う開

発行為は、区域や規模を問わず、常に開発許可が不要となります。

≪試験対策上のポイント：新傾向の問題への対応≫

　近年の試験では、駅舎、図書館、公民館、変電所以外の建築物についても出題されています。直近では、公園施設（2021年10月）、博物館（2022年）が出題されました。

　このような新傾向の問題に対応するために必要なことは、やはり開発許可の論点を過不足なく学習しておくことでしょう。これにより、比較検討によって正解肢を導き出すことが可能になります。そして、ときには「図書館を作る目的の開発行為が許可不要なのだから、博物館を造る目的の開発行為も許可不要だろう。」と素直な気持ちで類推することも解決の糸口となるでしょう。

面積要件

　開発行為の規模が一定の大きさに満たないものについては、開発許可が不要とされます。

≪試験対策上のポイント≫

　直接的な関係はありませんが、国土利用計画法における届出対象面積（事後届出）と比較しておきましょう。いずれも頻出の論点ですので、しっかりと比較しておかなければ、要件が混同してしまい、思わぬ失点をするおそれがあるといえるでしょう。

小規模開発（開発許可）	区域	届出対象面積 （国土利用計画法 事後届出）
1,000㎡未満ならば不要	市街化区域	2,000㎡未満ならば不要
3,000㎡未満ならば不要	市街化調整区域	5,000㎡未満ならば不要
	区域区分が定められていない 都市計画区域	
	準都市計画区域	10,000㎡未満ならば不要
10,000㎡未満ならば不要	都市計画区域及び 準都市計画区域以外の区域内	

人気講師が斬る！

林 秀行
LEC専任講師

■Profile■
難解な法律を身近な具体例に置き換えて、イメージしやすいかたちで伝える事を最優先にしている。勉強すべき範囲を絞り込み、理解すべき事項、記憶すべき事項を明確にして、講義することを重視！

開発行為か否かをまず判断しましょう。面積要件ばかりにとらわれず、今一度定義を復習しておきましょう！

過去問題を解いてみよう！

問題　準都市計画区域において、商業施設の建築を目的とした2,000㎡の土地の区画形質の変更を行おうとする者は、あらかじめ、都道府県知事の許可を受けなければならない。ただし、許可を要する開発行為の面積については、条例による定めはないものとする（2021年（10月）問16肢3）。

正解　✕　開発許可は不要である。準都市計画区域内において行う開発行為で、その規模が3,000㎡未満であるものは、建築物の用途にかかわらず開発許可を受ける必要はない。

✓ 過去10年の出題傾向

	'14	'15	'16	'17	'18	'19	'20 (10月)	'20 (12月)	'21 (10月)	'21 (12月)	'22	'23
斜線制限・日影規制					★		★	★		★	★	★

斜線制限・日影規制に関する問題は、2020年（10月）から頻繁に出題されている。出題のしかたは多岐にわたり、一読するだけでは、斜線制限・日影規制が問われているとは気が付かないものもある。過去問を通じて、出題パターンに慣れておこう。

斜線制限

①道路斜線制限

　道路の日照・通風を確保するため、都市計画区域と準都市計画区域内の地域に適用される。

②隣地斜線制限

　隣地の日照・通風を確保するためのもので、対象建築物は高さが31mまたは20mを超える建築物である。したがって、建築物の高さが10mまたは12mに制限される第一種・第二種低層住居専用地域、田園住居地域には適用されない。

③北側斜線制限

　第一種・第二種低層住居専用地域、田園住居地域と第一種・第二種中高層住居専用地域は、良好な住環境を保護する地域であるため、さらに厳しい5mまたは10mを超える建築物が対象となる。

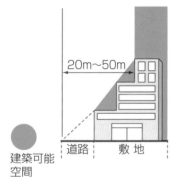

建築可能空間

20m～50m　道路　敷地

31mまたは20m　隣地　敷地

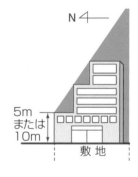

N

5mまたは10m　敷地

日影規制

　住宅地の中高層建築物について、直接的に「日影そのもの」を規制する日影規制が設けられている。日影規制とは、日影を一定時間内に抑えるようにする規制である。対象区域は、条例で指定されるが、商業地域、工業地域、工業専用地域は、この日影規制の対象区域として指定することができない。

中高層建築物

隣の土地に日影を落とす時間を制限

Point 整理して覚えよう！

【斜線制限】

用途地域	道路斜線制限	隣地斜線制限	北側斜線制限
第一種低層住居専用地域 第二種低層住居専用地域 田園住居地域	○	×	○
第一種中高層住居専用地域 第二種中高層住居専用地域	○	○	○※
第一種住居地域 第二種住居地域 準住居地域	○	○	×
近隣商業地域 商業地域	○	○	×
準工業地域 工業地域 工業専用地域	○	○	×
用途地域の指定のない区域	○	○	×

※ 日影規制の対象区域は除く。
○：適用される　　×：適用されない

【日影規制】

対象区域	
第一種低層住居専用地域 第二種低層住居専用地域 田園住居地域 〔対象建築物〕 ①（地階を除く）階数3以上 　　または ②軒高7m超	左の地域のうち条例で指定する区域
第一種中高層住居専用地域 第二種中高層住居専用地域 第一種住居地域 第二種住居地域 準住居地域 近隣商業地域 準工業地域 〔対象建築物〕 ③高さ10m超	
用途地域の指定のない区域 〔対象建築物〕 上記①、②、③から条例で指定	

 人気講師が斬る！

有山 茜
LEC専任講師

■Profile■
権利関係や法令上の制限は具体的なイメージを大切に、宅建業法は実務の話を交えながら受講生の理解を促す講義を行う。講師業に留まらず、行政書士や不動産実務など、マルチな才能を見せる。

斜線制限は、適用される地域と適用されない地域を正確に覚えましょう。

日影規制では、商業地域・工業地域・工業専用地域は、対象区域として指定することができないことが頻出であります。

また、第一種・第二種低層住居専用地域と田園住居地域においては、「良好な住居の環境を保護するために定められる地域」なので、厳しい北側斜線制限を課し、さらに日影による高さの制限がなされる場合もあります。

過去問題を解いてみよう！

問 題 田園住居地域内の建築物に対しては、建築基準法第56条第1項第3号の規定（北側斜線制限）は適用されない。（2020年（12月）問18肢4）

正 解 ✕ 第一種・第二種低層住居専用地域、田園住居地域及び第一種・第二種中高層住居専用地域内においては、北側斜線制限の適用がある。

出題予想コメント ▶ **今年も出題可能性大！**

✓📈 過去10年の出題傾向

	'14	'15	'16	'17	'18	'19	'20 (10月)	'20 (12月)	'21 (10月)	'21 (12月)	'22	'23
不当な表示の禁止	★	★	★	★	★	★	★	★	★	★	★	★

ほぼ毎年「不当な表示の禁止」からの出題である。宅建業法の知識をそのまま使える問題もあり、多くは「消費者の視点」で判断できる。常識で判断できない知識を補えばよい。

いきなりクイズ（問題編）

　次の出題の一つは「景品表示法」からの出題で、他の二つは「宅建業法」からの出題である。区別してみてほしい。

Q1. 宅地建物取引業者は、宅地の造成工事の完了前において宅地の販売広告を行う場合で、宅地建物取引業法第33条に規定する許可等の処分のほか、地方公共団体の条例に規定する確認等の処分が必要なときは、これを受けた後でなければ広告することはできない。

Q2. 宅地建物取引業者は、宅地の造成又は建物の建築に関する工事の完了前においては、当該工事に必要な都市計画法に基づく開発許可、建築基準法に基づく建築確認その他法令に基づく許可等の申請をした後でなければ、当該工事に係る宅地又は建物の売買その他の業務に関する広告をしてはならない。

Q3. 宅地建物取引業者は、建築確認が必要とされる建物の建築に関する工事の完了前においては、建築確認を受けた後でなければ、当該建物の貸借の代理を行う旨の広告をしてはならない。

いきなりクイズ（解答編）

【正解】
Q1＝景品表示法（本試験2000年問47肢3出題）　正
Q2＝宅建業法（本試験2008年問32肢2出題）　誤
Q3＝宅建業法（本試験2015年問37肢3出題）　正

　区別がつかないくらいに似通った出題であることが分かったと思う。さて、宅建士試験の受験勉強を始めるに当たって、宅建業法の学習よりも景品表示法の学習を先に始める方はいないであろう。

　表示に関する規制も不動産の広告に関する規制である以上、宅建業法の広告に関する規制と矛盾が生じることはない。両者同じ内容の規制を講じているはずである。先に学習した宅建業法の知識をフル活用してみよう。解答できる選択肢があるはずだ。

Point 整理して覚えよう!

許可や確認を受けるまでは一切の広告が禁止される。これは宅建業法であろうと景品表示法であろうと同じ。

【広告を開始できる時期】

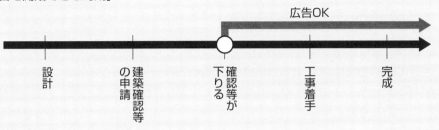

人気講師が斬る!

久保田 充秋
LEC専任講師

■Profile■
要点を正確に指摘して得点山来るところは落とさない、捨てるものは捨てる。メリハリをはっきりつけて一発合格を勝ち取って頂きます。苦しくても遅れないでください。
理解できるまで必ず教えます。
それが私の講義信条と特徴です。

前述の宅建業法との関連も重要だが、ここでは少々違った角度からの特徴をお話しよう。

景品表示法は一般消費者の利益保護を目的としている。したがって、法律的な視点ではなく消費者の視点から考えた方が正解できる選択肢が多いのも景品表示法である。たとえば、1999年問47肢3で「新聞の折込広告において、分譲住宅40戸の販売を一斉に開始して1年経過後、売れ残った住宅30戸の販売を一時中止し、その6カ月後に一般日刊新聞紙の紙面広告で当該住宅を「新発売」と表示して販売したときでも、広告媒体が異なるので、不当表示となるおそれはない。」というものがあった。細かいことは抜きにして下線部だけを見てほしい。「売れ残った＝新発売」が正しいかどうかは法律論ではなく一般的な常識的感覚である。

景品表示法は、肩の力を抜いたほうが解きやすくなる問題もある。

過去問題を解いてみよう!

問題 宅地の造成又は建物の建築に関する工事の完了前であっても、宅建業法第33条に規定する許可等の処分があった後であれば、当該工事に係る宅地又は建物の内容又は取引条件その他取引に関する表示をしてもよい。(2009年問47肢4出題)

正解 ○ 工事の完了前であっても、宅建業法33条に規定する許可等の処分があった後であれば、当該工事に係る宅地又は建物の内容又は取引条件その他取引に関する広告表示をすることができる。

宅建士試験ガイダンス

1. 宅地建物取引士って何をする人なの？

宅地建物取引士は、不動産取引に関する法律問題のアドバイザーです。一般の人にとって、不動産の購入は一生に1度か2度であることが多いもの。しかも、一生をかけて支払うような大金が動きます。したがって、慎重にも慎重を重ねて取引しなくてはなりません。しかし、いかんせん、一般の人には、不動産の取引についての知識も経験もないのが通常です。このような人に法律的なアドバイスをすることが宅地建物取引士の仕事です。宅地建物取引士がいい加減なアドバイスをしてしまうと、一生気に入らない家に住むことにもなりかねません。大げさに言えば、人の一生を預かる仕事といえます。このように、宅地建物取引士の役割はとても重要なのです。

2. 宅建士試験って難しいの？

過去10年間の宅建士試験の合格率は以下のとおりです。100人受験して15～17人程度しか合格できない、難しい試験といえます。

年度	申込者数(人)	受験者数(人)	合格者数(人)	合格点	合格率(%)
2014	238,343	192,029	33,670	32 点	17.5
2015	243,199	194,926	30,028	31 点	15.4
2016	245,742	198,463	30,589	35 点	15.4
2017	258,511	209,354	32,644	35 点	15.6
2018	265,444	213,993	33,360	37 点	15.6
2019	276,019	220,797	37,481	35 点	17.0
2020 (10月)	204,163	168,989	29,728	38 点	17.6
2020 (12月)	55,121	35,261	4,610	36 点	13.1
2021 (10月)	256,704	209,749	37,579	34 点	17.9
2021 (12月)	39,814	24,965	3,892	34 点	15.6
2022	283,856	226,048	38,525	36 点	17.0
2023	289,096	233,276	40,025	36 点	17.2

3. 受験概要（2024年度）

〔受験資格〕　年齢、性別、学歴等に関係なく、誰でも受験することができる

〔試験案内〕　郵送申込み用：2024年7月1日(月)〜7月16日(火)の間に配布
　　　　　　　インターネット申込み用：2024年6月7日(金)より掲載

〔申込み受付〕郵送による申込み：2024年7月1日(月)〜7月16日(火)　※消印有効
　　　　　　　インターネットによる申込み：2024年7月1日(月)〜
　　　　　　　　　　　　　　　　　　　　　　7月31日(水)23時59分まで

〔受験手数料〕8,200円

〔試験日〕　　2024年10月20日(日)　午後1時〜午後3時

〔合格発表〕　2024年11月26日(火)

〔問い合わせ先〕（一財）不動産適正取引推進機構　試験部
　　　　　　　〒105-0001　東京都港区虎ノ門3-8-21　第33森ビル3階
　　　　　　　https://www.retio.or.jp/

※　上記情報は、2024年4月8日付で試験団体より発表された予定スケジュールに基づいています。確定スケジュールについては試験案内で必ずご確認ください。

4. 出題科目にはどんなものがあるの？

　権利関係、宅建業法、法令上の制限、税・価格の評定、5問免除対象科目の5科目から、4肢択一形式で50問出題されます。各科目の出題数は下記のとおりです。

	出題内訳	出題数
権利関係	民法・借地借家法・建物区分所有法・不動産登記法	14問
宅建業法	宅建業法・住宅瑕疵担保履行法	20問
法令上の制限	都市計画法・建築基準法・国土利用計画法・農地法・土地区画整理法・盛土規制法・その他の法令	8問
税・価格の評定	地方税・所得税・その他の国税：2問 不動産鑑定評価基準・地価公示法：1問	3問
5問免除対象科目	独立行政法人住宅金融支援機構法：1問 不当景品類及び不当表示防止法：1問 統計・不動産の需給：1問 土地：1問 建物：1問	5問

インターネット情報提供サービス

登録無料

お届けするフォロー内容

- **法改正情報**
- **宅建NEWS（統計情報）**

アクセスして試験に役立つ最新情報を手にしてください。

登録方法　情報閲覧にはLECのMyページ登録が必要です。

LEC東京リーガルマインドのサイトにアクセス
https://www.lec-jp.com/

⬇

 ＞Myページ ログイン をクリック

⬇

MyページID・会員番号をお持ちの方	Myページお持ちでない方 LECで初めてお申込頂く方
Myページログイン	**Myページ登録**

⬇　　　　　⬇

必須

Myページ内 希望資格として **宅地建物取引士** を選択して、 希望資格を追加 をクリックしてください。

ご選択頂けない場合は、情報提供が受けられません。
また、ご登録情報反映に半日程度時間を要します。しばらく経ってから再度ログインをお願いします（時間は通信環境により異なる可能性がございます）。

※サービス提供方法は変更となる場合がございます。その場合もMyページ上でご案内いたします。
※インターネット環境をお持ちでない方はご利用いただけません。ご了承ください。
※上記の図は，登録の手順を示すものです。Webの実際の画面と異なります。

注目　本書ご購入者のための特典

① **2024年法改正情報（2024年8月下旬公開予定）**
② **2024年「宅建NEWS（統計情報）」（2024年5月中旬と8月下旬に公開予定）**

〈注意〉上記情報提供サービスは，2024年宅建士試験前日までとさせていただきます。予めご了承ください。

令和　年度宅地建物取引士資格試験解答用紙

実施日	令和　年　月　日	試験地	
受験番号		教室整理番号	

氏名	フリガナ	
	漢字	

記入上の注意

1．氏名（フリガナ）及び受験番号を確認すること。
2．氏名（漢字）欄に漢字で氏名を記入すること。
3．職業の欄を必ずマーク記入すること。
4．解答は1問につき1つしかないので、2つ以上マークしないこと。
5．記入に際しては必ず〔HB〕の鉛筆（シャープペンの場合は、なるべくしんの太いもの）を使用すること。
6．マークを訂正する場合は、プラスチック消しゴムで完全に消してからマークし直すこと。
7．この解答用紙をよごしたり折り曲げたりしないこと。
8．（マーク欄）は下の良い例のようにマークすること。

― マーク例 ―

職業の欄	あなたの職業に最も該当するものを下記から1つ選びマークすること					
	不動産関係業	金融関係業	不動産・金融関係以外の業務	学生	主婦	その他
	①	②	③	④	⑤	⑥

この欄は記入しないこと

0	1	2	3	4	5	6	7	8	9
0	1	2	3	4	5	6	7	8	9
0	1	2	3	4	5	6	7	8	9
0	1	2	3	4	5	6	7	8	9
0	1	2	3	4	5	6	7	8	9
0	1	2	3	4	5	6	7	8	9
0	1	2	3	4	5	6	7	8	9

キリトリ

問題番号	解答欄				問題番号	解答欄			
1	①	②	③	④	26	①	②	③	④
2	①	②	③	④	27	①	②	③	④
3	①	②	③	④	28	①	②	③	④
4	①	②	③	④	29	①	②	③	④
5	①	②	③	④	30	①	②	③	④
6	①	②	③	④	31	①	②	③	④
7	①	②	③	④	32	①	②	③	④
8	①	②	③	④	33	①	②	③	④
9	①	②	③	④	34	①	②	③	④
10	①	②	③	④	35	①	②	③	④
11	①	②	③	④	36	①	②	③	④
12	①	②	③	④	37	①	②	③	④
13	①	②	③	④	38	①	②	③	④
14	①	②	③	④	39	①	②	③	④
15	①	②	③	④	40	①	②	③	④
16	①	②	③	④	41	①	②	③	④
17	①	②	③	④	42	①	②	③	④
18	①	②	③	④	43	①	②	③	④
19	①	②	③	④	44	①	②	③	④
20	①	②	③	④	45	①	②	③	④
21	①	②	③	④	46	①	②	③	④
22	①	②	③	④	47	①	②	③	④
23	①	②	③	④	48	①	②	③	④
24	①	②	③	④	49	①	②	③	④
25	①	②	③	④	50	①	②	③	④

令和　年度宅地建物取引士資格試験解答用紙

記入上の注意

1. 氏名（フリガナ）及び受験番号を確認すること。
2. 氏名（漢字）欄に漢字で氏名を記入すること。
3. 職業の欄を必ずマーク記入すること。
4. 解答は1問につき1つしかないので、2つ以上マークしないこと。
5. 記入に際しては必ず〔HB〕の鉛筆（シャープペンの場合は、なるべくしんの太いもの）を使用すること。
6. マークを訂正する場合は、プラスチック消しゴムで完全に消してからマークし直すこと。
7. この解答用紙をよごしたり折り曲げたりしないこと。
8. （マーク欄）は下の良い例のようにマークすること。

— マーク例 —

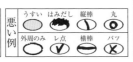

実施日	令和　年　月　日	試験地	
受験番号		教室整理番号	

| 氏名 | フリガナ | |
| | 漢字 | |

職業の欄	あなたの職業に最も該当するものを下記から1つ選びマークすること					
	不動産関係業	金融関係業	不動産・金融関係以外の業務	学生	主婦	その他
	①	②	③	④	⑤	⑥

この欄は記入しないこと

0	1	2	3	4	5	6	7	8	9
0	1	2	3	4	5	6	7	8	9
0	1	2	3	4	5	6	7	8	9
0	1	2	3	4	5	6	7	8	9
0	1	2	3	4	5	6	7	8	9
0	1	2	3	4	5	6	7	8	9
0	1	2	3	4	5	6	7	8	9
0	1	2	3	4	5	6	7	8	9

問題番号	解答欄				問題番号	解答欄			
1	①	②	③	④	26	①	②	③	④
2	①	②	③	④	27	①	②	③	④
3	①	②	③	④	28	①	②	③	④
4	①	②	③	④	29	①	②	③	④
5	①	②	③	④	30	①	②	③	④
6	①	②	③	④	31	①	②	③	④
7	①	②	③	④	32	①	②	③	④
8	①	②	③	④	33	①	②	③	④
9	①	②	③	④	34	①	②	③	④
10	①	②	③	④	35	①	②	③	④
11	①	②	③	④	36	①	②	③	④
12	①	②	③	④	37	①	②	③	④
13	①	②	③	④	38	①	②	③	④
14	①	②	③	④	39	①	②	③	④
15	①	②	③	④	40	①	②	③	④
16	①	②	③	④	41	①	②	③	④
17	①	②	③	④	42	①	②	③	④
18	①	②	③	④	43	①	②	③	④
19	①	②	③	④	44	①	②	③	④
20	①	②	③	④	45	①	②	③	④
21	①	②	③	④	46	①	②	③	④
22	①	②	③	④	47	①	②	③	④
23	①	②	③	④	48	①	②	③	④
24	①	②	③	④	49	①	②	③	④
25	①	②	③	④	50	①	②	③	④

キリトリ

令和　年度宅地建物取引士資格試験解答用紙

実施日	令和　年　月　日	試験地	
受験番号		教室整理番号	

氏名	フリガナ	
	漢字	

あなたの職業に最も該当するものを下記から１つ選びマークすること

職業の欄	不動産関係業 ①	金融関係業 ②	不動産・金融関係以外の業務 ③	学生 ④	主婦 ⑤	その他 ⑥

この欄は記入しないこと

0	1	2	3	4	5	6	7	8	9
0	1	2	3	4	5	6	7	8	9
0	1	2	3	4	5	6	7	8	9
0	1	2	3	4	5	6	7	8	9
0	1	2	3	4	5	6	7	8	9
0	1	2	3	4	5	6	7	8	9
0	1	2	3	4	5	6	7	8	9
0	1	2	3	4	5	6	7	8	9

問題番号	解答欄				問題番号	解答欄			
1	①	②	③	④	26	①	②	③	④
2	①	②	③	④	27	①	②	③	④
3	①	②	③	④	28	①	②	③	④
4	①	②	③	④	29	①	②	③	④
5	①	②	③	④	30	①	②	③	④
6	①	②	③	④	31	①	②	③	④
7	①	②	③	④	32	①	②	③	④
8	①	②	③	④	33	①	②	③	④
9	①	②	③	④	34	①	②	③	④
10	①	②	③	④	35	①	②	③	④
11	①	②	③	④	36	①	②	③	④
12	①	②	③	④	37	①	②	③	④
13	①	②	③	④	38	①	②	③	④
14	①	②	③	④	39	①	②	③	④
15	①	②	③	④	40	①	②	③	④
16	①	②	③	④	41	①	②	③	④
17	①	②	③	④	42	①	②	③	④
18	①	②	③	④	43	①	②	③	④
19	①	②	③	④	44	①	②	③	④
20	①	②	③	④	45	①	②	③	④
21	①	②	③	④	46	①	②	③	④
22	①	②	③	④	47	①	②	③	④
23	①	②	③	④	48	①	②	③	④
24	①	②	③	④	49	①	②	③	④
25	①	②	③	④	50	①	②	③	④

キリトリ

令和　年度宅地建物取引士資格試験解答用紙

記入上の注意

1. 氏名（フリガナ）及び受験番号を確認すること。
2. 氏名（漢字）欄に漢字で氏名を記入すること。
3. 職業の欄を必ずマーク記入すること。
4. 解答は1問につき1つしかないので、2つ以上マークしないこと。
5. 記入に際しては必ず〔HB〕の鉛筆（シャープペンの場合は、なるべくしんの太いもの）を使用すること。
6. マークを訂正する場合は、プラスチック消しゴムで完全に消してからマークし直すこと。
7. この解答用紙をよごしたり折り曲げたりしないこと。
8. （マーク欄）は下の良い例のようにマークすること。

― マーク例 ―

実施日	令和　年　月　日	試験地	
受験番号		教室整理番号	

| 氏名 | フリガナ | |
| | 漢字 | |

あなたの職業に最も該当するものを下記から1つ選びマークすること

職業の欄	不動産関係業	金融関係業	不動産・金融関係以外の業務	学生	主婦	その他
	①	②	③	④	⑤	⑥

この欄は記入しないこと

0	1	2	3	4	5	6	7	8	9
0	1	2	3	4	5	6	7	8	9
0	1	2	3	4	5	6	7	8	9
0	1	2	3	4	5	6	7	8	9
0	1	2	3	4	5	6	7	8	9
0	1	2	3	4	5	6	7	8	9
0	1	2	3	4	5	6	7	8	9

問題番号	解答欄				問題番号	解答欄			
1	①	②	③	④	26	①	②	③	④
2	①	②	③	④	27	①	②	③	④
3	①	②	③	④	28	①	②	③	④
4	①	②	③	④	29	①	②	③	④
5	①	②	③	④	30	①	②	③	④
6	①	②	③	④	31	①	②	③	④
7	①	②	③	④	32	①	②	③	④
8	①	②	③	④	33	①	②	③	④
9	①	②	③	④	34	①	②	③	④
10	①	②	③	④	35	①	②	③	④
11	①	②	③	④	36	①	②	③	④
12	①	②	③	④	37	①	②	③	④
13	①	②	③	④	38	①	②	③	④
14	①	②	③	④	39	①	②	③	④
15	①	②	③	④	40	①	②	③	④
16	①	②	③	④	41	①	②	③	④
17	①	②	③	④	42	①	②	③	④
18	①	②	③	④	43	①	②	③	④
19	①	②	③	④	44	①	②	③	④
20	①	②	③	④	45	①	②	③	④
21	①	②	③	④	46	①	②	③	④
22	①	②	③	④	47	①	②	③	④
23	①	②	③	④	48	①	②	③	④
24	①	②	③	④	49	①	②	③	④
25	①	②	③	④	50	①	②	③	④

キリトリ

問題

2024年版
出る順宅建士 当たる！直前予想模試
第1回　問題

1　この表紙（色紙）を残したまま問題冊子を取り外してください。
2　解答用紙（マークシート）はこの冊子の前にとじてあります。
　　切り取ってご使用ください。

「問題冊子」の取り外し方

①この色紙を残し、「問題冊子」だけをつかんでください。
②「問題冊子」をしっかりとつかんだまま手前に引っ張って、
　取り外してください。

「問題冊子」

※色紙と「問題冊子」は、のりで接着されていますので、丁寧に取り外し
　てください。なお、取り外しの際の破損等による返品・交換には応じら
　れませんのでご注意ください。

LEC東京リーガルマインド

2024 年版

出る順宅建士 当たる！直前予想模試

令 和 6 年 度
問　　　題

第 1 回

合格基準点　37 点

次の注意事項をよく読んでから、始めてください。

(注意事項)

1　問　　　題

　　問題は、1 ページから 27 ページまでの 50 問です。

　　試験開始の合図と同時に、ページ数を確認してください。

　　落丁や乱丁があった場合は、直ちに試験監督員に申し出てください。

2　解　　　答

　　解答は、解答用紙の「記入上の注意」に従って記入してください。

　　正解は、各問題とも一つだけです。

　　二つ以上の解答をしたもの及び判読が困難なものは、正解としません。

3　適用法令

　　問題の中の法令に関する部分は、令和 6 年 4 月 1 日現在施行されている

　規定に基づいて出題されています。

【問　1】　A所有の土地が、AからB、BからCへと売り渡され、所有権移転登記も完了している。この場合、民法の規定によれば、次の記述のうち正しいものはどれか。

1　Aが未成年者で、法定代理人の同意を得ないでBと売買契約をした場合、Aは、当該売買契約を取り消すことができるが、この取消しをもって善意のCには対抗することができない。

2　AB間の売買契約が公序良俗に反する場合、Aは、当該売買契約を取り消すことができるが、この取消しをもって善意のCには対抗することができない。

3　AがBと通じて仮装の売買契約をした場合、この売買契約は無効であるが、この無効をもって善意のCには対抗することができない。

4　AがBの強迫によって売買契約をした場合、Aは、当該売買契約を取り消すことができるが、この取消しをもって善意かつ無過失のCには対抗することができない。

【問　2】　平穏かつ公然にA所有の甲土地を占有しているBの取得時効に関する次の記述のうち、民法の規定及び判例によれば、誤っているものはどれか。

1　Bが所有の意思をもって、2年間自己占有し、引き続き18年間Cに賃貸していた場合、Bは、時効によって甲土地の所有権を取得することができる。

2　AB間に賃貸借契約の事実がないにもかかわらず、Bが甲土地を賃借権に基づいて占有していると誤解していた場合、甲土地の継続的な用益という外形的事実が存在し、かつ、それが賃借の意思に基づくことが客観的に表現されているときは、Bは時効によって賃借権を取得することができる。

3　DがBの取得時効完成前にAから甲土地を買い受けた場合には、Dの所有権登記の具備がBの取得時効完成の前であると後であるとを問わず、Bは、登記がなくても、時効による甲土地の所有権の取得をDに対抗することができる。

4　Bの父Eが15年間所有の意思をもって甲土地を占有し、Bが相続によりその占有を承継した場合でも、B自身がその後5年間占有しただけでは、Bは、時効によって甲土地の所有権を取得することができない。

【問　3】　Aが、B所有の甲建物の売却についてBから代理権を授与されている場合に関する次の記述のうち、民法の規定によれば、正しいものはどれか。

1　代理人であるAが後見開始の審判を受け、成年被後見人となっても、代理人は行為能力者であることを要しないので、その後AがBの代理人として甲建物の売却行為を行った場合でも、当該代理行為はBに対してその効力を生ずる。

2　AがBの代理人であることを告げずにCと甲建物の売買契約を締結した場合、Cがその旨を知っていれば、当該売買契約によりCはBから甲建物を取得することができる。

3　A自らが買主となって売買契約を締結した場合には、Aは甲建物を取得するが、Aが買主Dの代理人となってBD間の売買契約を締結した場合には、Dは甲建物を取得することはできない。

4　Aは、やむを得ない事由があるときでも、Bの許諾を得なければ、復代理人を選任することはできない。

【問　4】　売主Aと買主Bとの間で締結された建物の売買契約に際し、BからAに、解約手付である旨を約定した手付が交付された。この場合、民法の規定及び判例によれば、次の記述のうち、誤っているものはどれか。

1　Aは、本件約定に基づき売買契約を解除する場合、Bに対して、単に口頭で手付の額の倍額を償還することを告げて、受領を催告すれば足りる。

2　Bは、売買代金の一部を支払う等売買契約の履行に着手した場合でも、Aが履行に着手していないのであれば、本件約定に基づき手付を放棄して売買契約を解除することができる。

3　Bが本件約定に基づき売買契約を解除した場合において、Bに債務不履行がないとき、Aは、手付の額を超える額の損害を受けたことを立証したとしても、Bに対し、その損害の賠償を請求することはできない。

4　手付の額が売買代金の額に比べて僅少である場合でも、本件約定は効力を有する。

LEC東京リーガルマインド 2024年版 出る順宅建士 当たる！ 直前予想模試 第1回 問題

【問　5】　買主Aが、売主Bとの間で、建物を建てる目的で甲土地の売買契約を締結した場合に関する次の記述のうち、民法の規定によれば、正しいものはどれか。なお、ＡＢ間には別段の特約はないものとする。

1　甲土地の所有権の全部が第三者Cに属していることから、本件売買契約の内容が、BがCから所有権を取得したうえでAに移転することであった場合において、Bの責めに帰すべき事由により、BがCから甲土地を取得してAに移転することができなかったとき、Aは、本件売買契約の解除のほか、Bに対して損害賠償の請求をすることができる。

2　甲土地の所有権の一部が第三者Dに属していることから、本件売買契約の内容が、BがDから所有権を取得したうえでAに移転することであった場合において、Bが、Aに対し、自己の所有部分は引き渡したものの、Dの所有部分を引き渡すことができず、履行の追完が不可能となったとき、Aは、本件売買契約の解除をすることはできるが、Bに対し、代金の減額請求をすることはできない。

3　AはBから甲土地の引渡しを受けたが、甲土地が都市計画街路の区域内にあることが判明し、Aが建物を建てても、将来撤去しなければならず、契約の内容に適合しないものであった場合において、これにつきBの責めに帰すべき事由があるとき、Aは、Bに対し、損害賠償の請求をすることができるが、本件売買契約の解除をすることはできない。

4　AはBから甲土地の引渡しを受けたが、甲土地にEの登記された地上権が設定されていることが判明し、Aが建物を建てられず、契約の内容に適合しないものであった場合において、これにつきBの責めに帰すべき事由があるとき、Aは、Bに対し、損害賠償の請求をすることができるが、代金の減額請求をすることはできない。

【問　6】　次の記述のうち、民法及び不動産登記法の規定並びに判例によれば、誤っているものはどれか。

1　土地がAからB、BからCに順次譲渡された後、AがBの詐欺を理由にAB間の契約を取り消した場合において、Bの詐欺について善意かつ無過失のCが当該土地の所有権登記を具備していなかったとき、Aは、Cに当該土地の所有権を対抗することができる。

2　土地がDからE、EからFと順次譲渡されたが、まだD名義の所有権登記がある場合であっても、Fは、Dに当該土地の所有権を対抗することができる。

3　Gが登記書類を偽造してH所有の土地を自己名義に登記した後に、HからIに当該土地が譲渡された場合、Iは、Gに当該土地の所有権を対抗することができる。

4　JがKから土地を譲り受け、Lに登記手続を委任したところ、LがKから当該土地を譲り受けてL名義の登記をした場合、Jは、Lに当該土地の所有権を対抗することができる。

【問　7】　A・B・Cの3人が別荘を共有している（持分は平等とする。）場合に関する次の記述のうち、民法の規定及び判例によれば、正しいものはどれか。

1　別荘の改築は、Aが単独で行うことはできないが、Bの同意があれば、行うことができる。

2　Aは、当該別荘について登記上不実の所有名義人であるDに対して、単独でその登記の抹消を求めることができるが、損害賠償の請求については、自己の持分の割合を超えて損害の全額の賠償を請求することはできない。

3　Aがその持分をEに譲渡するには、B及びCの同意を得なければならないが、譲渡を受けたEは、B及びCの同意があれば、その持分につき登記をしなくても、B及びCにその取得を対抗することができる。

4　A、B及びCは、いつでも当該別荘の分割の請求をすることができ、A、B及びC以外の者が分割に参加することができる場合はない。

【問　8】　AはBから土地を購入したが、その土地にはBの債権者Cのために抵当権が設定され、登記もされていた。この場合に関する次の記述のうち、民法の規定によれば、正しいものはどれか。

1　Aが当該土地上に建物を建築しようとする場合は、あらかじめCの承諾を得なければならない。

2　Cが抵当権を実行したためAが土地の所有権を失ったときは、Aは、Bに対し、損害賠償の請求をすることはできるが、売買契約を解除することはできない。

3　BがCに対して負う債務をAがBに代わって弁済した場合、Aは当然にCに代位することができる。

4　Aが第三者Dに当該土地を5年間賃貸する契約をし、その登記がされたときは、Dは、賃借権をCに対抗することができる。

【問　9】　Aが死亡したが、Aには配偶者B、Bとの間の子C及びCの子Dがいる。また、ΛとBとの間にはCの他に子Eもいたが、EはAの死亡以前にすでに死亡しており、その子F、Gが残されている。この場合に関する次の記述のうち、民法の規定によれば、正しいものはどれか。

1　Cが相続開始後相続を放棄した場合、Cは相続人とならないから、B、D、F及びGの法定相続分は、Bが2分の1、Dが4分の1、F及びGがそれぞれ8分の1となる。

2　Aが死亡した時にBがAの子Hを懐胎していた場合、Hは相続人とならないから、Cの法定相続分は4分の1である。

3　Aには、離婚歴があり、前の配偶者Iとの間に子J及びKがいた場合、JとKのうち、相続人となるのは1人に限られる。

4　遺産分割及びそれに伴う処分を終えた後であっても、認知の訴えの確定により、Aには、さらに嫡出でない子Lがいたことが判明した場合、Lは相続人となる。

【問　10】　賃借物件の原状回復に関する次の1から4の記述のうち、民法の規定及び判決文によれば、正しいものはどれか。

（判決文）

　賃借人は、賃貸借契約が終了した場合には、賃借物件を原状に回復して賃貸人に返還する義務があるところ、賃貸借契約は、賃借人による賃借物件の使用とその対価としての賃料の支払を内容とするものであり、賃借物件の損耗の発生は、賃貸借という契約の本質上当然に予定されているものである。それゆえ、建物の賃貸借においては、賃借人が社会通念上通常の使用をした場合に生ずる賃借物件の劣化又は価値の減少を意味する通常損耗に係る投下資本の減価の回収は、通常、減価償却費や修繕費等の必要経費分を賃料の中に含ませてその支払を受けることにより行われている。そうすると、建物の賃借人にその賃貸借において生ずる通常損耗についての原状回復義務を負わせるのは、賃借人に予期しない特別の負担を課すことになるから、賃借人に同義務が認められるためには、少なくとも、賃借人が補修費用を負担することになる通常損耗の範囲が賃貸借契約書の条項自体に具体的に明記されているか、仮に賃貸借契約書では明らかでない場合には、賃貸人が口頭により説明し、賃借人がその旨を明確に認識し、それを合意の内容としたものと認められるなど、その旨の特約（中略）が明確に合意されていることが必要であると解するのが相当である。

1　賃借人が補修費用を負担することになる通常損耗の範囲が賃貸借契約書の条項自体に具体的に明記されていれば、その限度において、賃借人が当該合意による補修費用を負担する。

2　賃貸借契約は、賃借人による賃借物件の使用とその対価としての賃料の支払を内容とするものであり、賃借物件の損耗の発生は、賃貸借という契約の本質上当然に予定されているものではない。

3　建物の賃借人にその賃貸借において生ずる通常損耗についての原状回復義務を負わせるのは、賃借人に予期しない特別の負担を課すことになるから、賃借人に同義務が認められることはない。

4　建物の賃貸借においては、通常損耗に係る投下資本の減価の回収は、通常、賃料とは別に賃借人の負担として精算する方法がとられている。

【問　11】　ＡがＢの所有地を建物所有目的で賃借し、建物を建築した場合に関する次の記述のうち、借地借家法の規定及び判例によれば、誤っているものはどれか。

1　ＡＢ間で借地契約をする際に、「借地権の設定から30年経過後に、ＢがＡの建物を時価で買い取り、契約は更新しない。」という特約を口頭でしていた場合、その特約は有効である。

2　ＡＢ間で建物の増改築を制限する旨の特約がある場合において、Ａが土地の通常の利用上相当と認められる増改築をするために、Ｂに承諾を求めたのに対して、Ｂがこれを拒否したとき、裁判所は、Ａの申立てにより、その増改築についてＢの承諾に代わる許可を与えることができる。

3　ＡＢ間の借地契約が満了し、更新がないため、Ａは建物の買取請求をしたが、Ａがその後も建物を自己のために利用している場合、ＡはＢに対しその土地の使用について、賃料相当額を支払わなければならない。

4　Ａが建物をＣに譲渡しようとする場合において、Ｃがその土地の賃借権を取得してもＢに不利となるおそれがないにもかかわらず、Ｂが承諾しないときは、裁判所は、Ｃの申立てにより、その土地の賃借権の譲渡についてのＢの承諾に代わる許可を与えることができる。

【問　12】　ＡがＢから賃借している建物をＢの承諾を得てＣに転貸した場合に関する次の記述のうち、民法及び借地借家法の規定並びに判例によれば、正しいものはどれか。

1　ＡＢ間の賃貸借契約が合意解除によって終了した場合、原則として、ＡＣ間の転貸借は終了し、Ｃの権利は、消滅する。

2　ＡＢ間の賃貸借契約がＢの解約の申入れによって終了した場合でも、Ｃが建物の使用を継続し、Ｂが遅滞なく異議を述べなければ、ＡＢ間の賃貸借は更新される。

3　ＡＢ間の賃貸借契約の期間が満了する場合において、Ｂは、Ｃに対しその旨の通知をしなくても、その終了をＣに対抗することができる。

4　Ｂは、Ａの債務不履行によりＡＢ間の賃貸借契約を解除しようとする場合、Ｃに対して、Ａに代わって賃料を支払う機会を与えなければならない。

【問　13】　建物の区分所有等に関する法律に関する次の記述のうち、誤っているものはどれか。

1　数個の専有部分に通ずる廊下又は階段室その他構造上区分所有者の全員又はその一部の共用に供されるべき建物の部分は、区分所有権の目的とならない。

2　区分所有者が建物及び建物が所在する土地と一体として管理又は使用をする庭、通路その他の土地は、建物の敷地とすることができる。

3　一部共用部分の管理は、区分所有者全員の利害に関係するものであっても、これを共用すべき一部の区分所有者のみで行わなければならない。

4　共用部分の各共有者の持分は、その有する専有部分の壁その他の区画の内側線で囲まれた部分の水平投影面積による床面積の割合によらずに、規約で均等とすることができる。

【問　14】　不動産登記の申請に関する次の記述のうち、誤っているものの組合せはどれか。

ア　建物の滅失の登記は、表題部所有者又は所有権登記名義人が、その滅失の日から1カ月以内に申請をしなければならない。

イ　相続による所有権の移転の登記は、相続人が、自己のために相続の開始があったことを知り、かつ、当該所有権を取得したことを知った日から3年以内に申請をしなければならない。

ウ　所有権の保存の登記は、所有権を有することが確定判決によって確認された者がする場合には、判決確定後1年以内に申請をしなければならない。

エ　登記名義人の氏名の変更の登記は、登記名義人が、氏名の変更があった時から1カ月以内に申請をしなければならない。

1　ア、イ
2　ア、ウ
3　イ、エ
4　ウ、エ

【問　15】　都市計画法に関する次の記述のうち、誤っているものはどれか。

1　地区整備計画が定められている地区計画区域内において、土地の区画形質の変更を行おうとする者は、当該行為に着手後 30 日以内に、市町村長に届け出なければならない。

2　準都市計画区域は、都市計画区域外の区域のうち将来における一体の都市としての整備、開発及び保全に支障が生じるおそれがあると認められる一定の区域について、都道府県が指定する。

3　市町村が定めた都市計画が、都道府県が定めた都市計画と抵触するときは、その限りにおいて、都道府県が定めた都市計画が優先する。

4　田園住居地域は、農業の利便の増進を図りつつ、これと調和した低層住宅に係る良好な住居の環境を保護するため定める地域である。

【問　16】　次に掲げる開発行為のうち、都市計画法による開発許可を常に受ける必要がないものはどれか。なお、開発行為の規模は、すべて 1,000 ㎡であるものとする。

1　市街化調整区域内において、学校教育法第 1 条に規定する小学校の建築の用に供する目的で行う開発行為

2　市街化調整区域内において、医療法に規定する病院の用に供する施設である建築物の建築の用に供する目的で行う開発行為

3　市街化区域内において、農業の用に供する建築物の建築の用に供する目的で行う開発行為

4　市街化区域内において、都市再開発法第 50 条の 2 第 3 項の再開発会社が市街地再開発事業の施行として行う開発行為

【問　17】　次の記述のうち、建築基準法の規定によれば、正しいものはどれか。

1　防火地域及び準防火地域外において建築物を改築する場合で、その改築に係る部分の床面積の合計が 10 ㎡以内であるときでも、建築確認を受けなければならない。

2　鉄骨平家建て、延べ面積が 200 ㎡の事務所の大規模の修繕をしようとする場合には、建築確認を受けなければならない。

3　建築主は、階数が 3 である木造の住宅（延べ面積 300 ㎡）を新築する場合、新築工事に着手する前に建築確認を受けるとともに、当該住宅を新築する旨を都道府県知事に届け出なければならない。

4　事務所の用途に供する建築物をコンビニエンスストア（その用途に供する部分の床面積の合計が 200 ㎡）に用途変更する場合には、建築確認を受けなければならない。

【問　18】　建築基準法に関する次の記述のうち、誤っているものはどれか。

1　住宅の居室には、原則として、換気のための窓その他の開口部を設け、その換気に有効な部分の面積は、その居室の床面積に対して、20 分の 1 以上としなければならない。

2　第一種低層住居専用地域においては、建築物の高さは、原則として、10m 又は 12 mのうち当該地域に関する都市計画で定められた建築物の高さの限度を超えてはならない。

3　建築物が第一種低層住居専用地域と準住居地域にわたる場合、当該建築物の敷地の過半が準住居地域であるときでも、第一種低層住居専用地域内にある建築物の部分については、北側斜線制限（建築基準法第 56 条第 1 項第 3 号の制限をいう。）が適用される。

4　防火地域内においては、階数が 2 で、延べ面積が 150 ㎡の住宅は、耐火建築物又は準耐火建築物としなければならない。

【問 19】 国土利用計画法第 23 条の規定による土地に関する権利の移転等の届出（以下この問において「事後届出」という。）に関する次の記述のうち、正しいものはどれか。

1 甲市が所有する市街化調整区域内の 12,000 ㎡の土地を、宅地建物取引業者Ａが購入した場合、Ａは、事後届出をする必要はない。

2 Ｂが所有する都市計画法第５条の２に規定する準都市計画区域内に所在する面積 6,000 ㎡の土地について、Ｃに売却する契約を締結した場合、Ｃは、事後届出をする必要がある。

3 Ｄが事後届出に係る土地の利用目的について勧告を受けた場合において、Ｄがその勧告に従わなかったときは、Ｄは、その旨及びその勧告の内容を公表されるとともに、罰金に処せられることがある。

4 市街化区域内のＥ所有の 1,000 ㎡の土地及びＦ所有の 1,500 ㎡の土地において、Ｇがそれぞれの土地にまたがって商業施設の建設を計画して、Ｅ所有の土地については売買契約をＥと締結し、Ｆ所有の土地についてはその３カ月後にＦと賃借権の設定契約（設定の対価 1,000 万円）を締結しようとする場合、Ｅ、Ｆ、Ｇは、それぞれの契約の締結について、事後届出をする必要がある。

【問 20】 農地法（以下この問において「法」という。）に関する次の記述のうち、正しいものはどれか。

1 農業者が自己所有の市街化区域外の農地に自己の居住用の住宅を建設するため転用する場合は、法第４条第１項の許可を受ける必要はない。

2 農業者が住宅の改築に必要な資金を銀行から借りるため、自己所有の農地に抵当権を設定する場合には、法第３条第１項の許可を受けなければならない。

3 農業者が、耕作を目的として、その住所のある市町村の区域外にある農地を取得する場合、原則として、都道府県知事等の許可を受けなければならない。

4 農業者が、駐車場に転用する目的で市街化区域内の農地を取得する場合、あらかじめ農業委員会に届出をすれば、法第５条第１項の許可を受ける必要はない。

【問　21】　土地区画整理法に関する次の記述のうち、誤っているものはどれか。

1　仮換地の指定は、その仮換地となるべき土地の所有者及び従前の宅地の所有者に対し、仮換地の位置及び地積並びに仮換地の指定の効力発生の日を通知して行う。

2　土地区画整理組合が施行する土地区画整理事業の換地計画において保留地が定められた場合、当該保留地は、換地処分の公告のあった日の翌日において、原則、当該保留地の所在する市町村の管理に属する。

3　市町村が施行する土地区画整理事業については、事業ごとに土地区画整理審議会が置かれる。

4　施行地区（個人施行者の施行する土地区画整理事業に係るものを除く。）内の宅地について所有権以外の権利で登記のないものを有する者は、施行者に申告しなければならず、個人施行者以外の施行者は、この申告のないものについては、これを存しないものとみなして、仮換地の指定を行うことができる。

【問　22】　宅地造成及び特定盛土等規制法に関する次の記述のうち、正しいものはどれか。なお、この問において「都道府県知事」とは、地方自治法に基づく指定都市及び中核市にあってはその長をいうものとする。

1　宅地造成等工事規制区域内において行われる宅地造成等に関する工事については、原則として、当該工事の請負人は、当該工事に着手する前に、都道府県知事の許可を受けなければならない。

2　宅地造成とは、宅地以外の土地を宅地にするために行う盛土その他の土地の形質の変更で一定のものをいい、宅地以外の土地にするために行う盛土その他の土地の形質の変更はこれに該当しない。

3　特定盛土等とは、宅地において行う盛土その他の土地の形質の変更で一定のものをいい、農地において行う盛土その他の土地の形質の変更はこれに該当しない。

4　都道府県知事は、宅地造成等工事規制区域内においても、一定の要件に基づき、特定盛土等規制区域を指定することができる。

【問　23】　住宅用家屋の所有権の移転の登記に係る登録免許税の税率の軽減措置に関する次の記述のうち、正しいものはどれか。

1　この税率の軽減措置は、所有権の移転の登記に係る住宅用家屋が、昭和57年1月1日以後に建築された建築物であっても、床面積が50㎡未満の場合には適用されない。

2　この税率の軽減措置は、個人が自己の経営する会社の従業員の社宅として取得した住宅用家屋について受ける所有権の移転の登記にも適用される。

3　この税率の軽減措置の適用を受けるためには、その住宅用家屋の取得後6か月以内に所有権の移転の登記をしなければならない。

4　この税率の軽減措置は、贈与により取得した住宅用家屋について受ける所有権の移転の登記に適用される。

【問　24】　固定資産税に関する次の記述のうち、誤っているものはどれか。

1　固定資産税の納税義務者は、固定資産の所有者（質権又は100年より永い存続期間の定めのある地上権の目的である土地については、その質権者又は地上権者）である。

2　令和6年4月に新築された床面積240㎡の2階建ての住宅にあっては、新築後3年度分、200㎡までの人の居住の用に供する部分について、固定資産税額の2分の1が減額される。

3　固定資産税の納税通知書は、遅くとも、納期限前10日までに納税者に交付しなければならない。

4　固定資産税の納税者は、固定資産課税台帳に登録された価格について不服がある場合には、原則として、固定資産評価審査委員会に審査の申出をすることができる。

【問　25】　地価公示法に関する次の記述のうち、誤っているものはどれか。

1　都市及びその周辺の地域等において土地の取引を行う者は、取引の対象土地に類似する利用価値を有すると認められる標準地について公示された価格を指標として取引を行うよう努めなければならない。

2　標準地は、土地鑑定委員会が、自然的及び社会的条件からみて類似の利用価値を有すると認められる地域において、土地の利用状況、環境等が通常と認められる一団の土地について、選定する。

3　標準地の正常な価格とは、土地について、自由な取引が行われるとした場合に通常成立すると認められる価格をいい、当該土地に登記された地上権が存する場合には、その地上権が存するものとして通常成立すると認められる価格をいう。

4　標準地の鑑定評価は、近傍類地の取引価格から算定される推定の価格、近傍類地の地代等から算定される推定の価格及び同等の効用を有する土地の造成に要する推定の費用の額を勘案して行わなければならない。

【問　26】　宅地建物取引業者が、その媒介により宅地の売買の契約を成立させた場合、宅地建物取引業法第37条の規定に基づき交付すべき書面に、必ず記載すべき事項はいくつあるか。

ア　当該宅地の上に存する登記された権利の種類

イ　代金の額並びにその支払の時期及び方法

ウ　当該宅地の引渡しの時期

エ　移転登記の申請の時期

オ　保証人の氏名及び住所

1　一つ

2　二つ

3　三つ

4　四つ

【問　27】　宅地建物取引士Aが、甲県知事の登録及び宅地建物取引士証の交付を受けている場合に関する次の記述のうち、宅地建物取引業法（以下この問において「法」という。）の規定によれば、正しいものはどれか。

1　Aは、宅地建物取引士証の有効期間の更新を受けなかったにすぎないときは、宅地建物取引士証を甲県知事に返納する必要はない。

2　Aは、甲県知事から事務禁止の処分を受け、宅地建物取引士証を甲県知事に提出したが、その後、事務禁止期間が満了した場合、甲県知事は、Aから返還の請求があったときは、直ちに、宅地建物取引士証を返還しなければならない。

3　Aは、法第18条第1項の登録を受けた後に乙県知事に登録の移転をしたときは、甲県知事から交付を受けた宅地建物取引士証を用いて引き続き業務を行うことができる。

4　Aが、丙県の区域内における業務に関して丙県知事から事務禁止の処分を受けたとき、Aは、速やかに丙県知事に宅地建物取引士証を提出しなければならない。

【問　28】　宅地建物取引業者A（甲県知事免許）が、宅地建物取引業者である売主B（乙県知事免許）から、甲県内にある一団の宅地に係る分譲の代理について依頼を受け、Aが甲県内に案内所を設けて売買契約の申込みを受ける場合に関する次の記述のうち、宅地建物取引業法の規定によれば、正しいものはいくつあるか。

ア　Aは、その案内所の見やすい場所に、Bの商号又は名称、免許証番号等を記載した標識を掲示しなければならない。

イ　Aは、その案内所に従業者の氏名、その他国土交通省令で定める事項を記載した従業者名簿を備えなければならない。

ウ　Aは、その案内所の設置について、業務を開始する日の10日前までに甲県知事及び乙県知事に届け出なければならない。

エ　Aは、その案内所で業務に従事する者の数の5名に1名以上の割合となるよう成年者である専任の宅地建物取引士を置かなければならない。

1　一つ
2　二つ
3　三つ
4　なし

【問　29】　宅地建物取引業者Aが、Bを売主、Cを買主とする建物の売買の媒介をした場合における宅地建物取引業法第35条に規定する重要事項の説明に関する次の記述のうち、正しいものはどれか。なお、B、Cともに宅地建物取引業者でないものとする。

1　Aは、売買契約が成立するまでの間に、専任の宅地建物取引士をして、重要事項の説明をさせなければならない。

2　Aは、Bに対して、重要事項の説明をすることを要しない。

3　Aは、重要事項説明書の交付に代えて、Cに対してその記載事項を電磁的方法により提供（以下この問において「電磁的方法による提供」という。）するには、Cから承諾を受けることが必要であり、その承諾は口頭によることができる。

4　Aは、重要事項説明書の交付に代えて、Cに対してその記載事項につき電磁的方法による提供をするにあたり、Cから電磁的方法による提供について書面による承諾を得たものの、改めて、Cから電磁的方法による提供を受けない旨の申出を書面により受けた。この場合、Aは、Cから電磁的方法による提供を受けることについて書面により再度の承諾を得ても、電磁的方法による提供をすることはできない。

【問　30】　宅地建物取引業の免許（以下この問において「免許」という。）に関する次の記述のうち、宅地建物取引業法の規定によれば、正しいものはどれか。

1　Aが、共有会員制のリゾートクラブ会員権（宿泊施設等のリゾート施設の全部又は一部の所有権を会員が共有するもの）の売買の媒介を不特定多数の者に反復継続して行う場合、Aは免許を受ける必要はない。

2　Bが、賃貸物件の複数の所有者から一括して借り上げ、賃借人に自ら又は宅地建物取引業者に媒介を依頼し賃貸する行為を繰り返し行う場合、Bは免許を受ける必要はない。

3　破産管財人が、破産財団の換価のため、裁判所の監督の下に自ら売主となって、宅地又は建物の売却を反復継続して行い、その媒介をCに依頼する場合、Cは免許を受ける必要はない。

4　Dが、組合方式による住宅の建築という名目で組合参加者を募集し、D自らは組合員となることなく、当該組合員による宅地の購入及び住宅の建築に関して指導、助言等を行い、かつ、その住宅の建築のため、宅地の購入の媒介を繰り返し行う場合、Dは免許を受ける必要はない。

【問　31】　　国土交通大臣の免許を受けた宅地建物取引業者Ａ（事務所数２）の営業保証金に関する次の記述のうち、宅地建物取引業法の規定によれば、正しいものはどれか。

1　Ａが支店を廃止したため、営業保証金の額が政令で定める額を超えた場合において、Ａは、その超過額について還付請求権を有する者に対する公告をせずに、直ちに営業保証金の取戻しをすることができる。

2　ビル管理業者Ｂは、Ａの本店ビルを管理したために生じた管理費用債権について、Ａが供託した営業保証金から弁済を受ける権利を有する。

3　Ａが、金銭のみをもって営業保証金を供託している場合において、本店を移転したためその最寄りの供託所が変更したとき、Ａは、遅滞なく、費用を予納して、営業保証金を供託している供託所に対し、移転後の主たる事務所の最寄りの供託所への営業保証金の保管替えを請求しなければならない。

4　Ａと宅地建物取引業に関し取引をした宅地建物取引業者でないＣは、取引により生じた債権について1,000万円を限度として、Ａが供託した営業保証金から弁済を受ける権利を有する。

【問　32】　　宅地建物取引業者が、居住用の既存マンション（区分所有建物）の貸借の媒介を行う場合の宅地建物取引業法第35条の規定に基づく重要事項の説明に関する次の記述のうち、誤っているものはどれか。なお、説明の相手方は宅地建物取引業者でないものとする。

1　当該建物の建築及び維持保全の状況に関する書類が保存されている場合は、当該書類の保存状況について、説明しなければならない。

2　台所、浴室、便所その他の当該区分所有建物の設備の整備の状況について、説明しなければならない。

3　建物の区分所有等に関する法律第２条第４項に規定する共用部分に関する規約の定めがあるときでも、その内容を説明する必要はない。

4　当該一棟の建物及びその敷地の管理が法人に委託されているときは、その委託を受けている法人の商号又は名称のみならず、主たる事務所の所在地についても説明しなければならない。

【問　33】　宅地建物取引業者Ａが、その業務を行う場合に関する次の記述のうち、宅地建物取引業法の規定に違反しないものはいくつあるか。

ア　Ａが、売買の媒介について依頼を受けた宅地に関し売買すべき価額について意見を述べるときに、意見の根拠として同種の取引事例等合理的な説明がつくものを使用したが、公益財団法人不動産流通推進センターが作成した価格査定マニュアルを使用しなかった。

イ　Ａが、宅地の所有者Ｂの依頼を受けてＢＣ間の宅地の売買の媒介を行う際に、手付金について当初提示していた金額より減額するという条件で、ＢＣ間の売買契約の締結を誘引し、その契約を締結させた。

ウ　Ａが、契約の目的物である宅地又は建物の将来の環境について誤解させるべき断定的判断を提供した。

1　一つ
2　二つ
3　三つ
4　なし

【問　34】　宅地建物取引業者Ａ（法人）が甲県知事から免許を受けている場合に関する次の記述のうち、宅地建物取引業法の規定によれば、誤っているものはどれか。

1　Ａは、免許の更新の申請を怠り、その有効期間が満了した場合であっても、免許証を返納する必要はない。

2　Ａについて破産手続開始の決定があった場合、Ａの破産管財人は、その日から30日以内に甲県知事にその旨の届出をしなければならない。

3　免許証が汚損したことを理由として、Ａが、甲県知事に免許証の再交付を申請する場合には、その汚損した免許証を添えてしなければならない。

4　Ａが、新たに乙県内に一団の宅地建物の分譲を行うための案内所を設置した場合、Ａは、国土交通大臣に免許換えの申請をしなければならない。

【問　35】　　宅地建物取引業者Aが甲の依頼を受け、宅地建物取引業者Bが乙の依頼を受けて、AB共同して、甲乙間に契約を成立させ、報酬を受領する場合に関する次の記述のうち、宅地建物取引業法の規定によれば、正しいものはいくつあるか。

ア　甲所有の宅地（代金800万円）を乙が買うとの売買の媒介の場合、Aは甲及び乙からそれぞれ報酬として33万円を受領することができる。

イ　甲所有の宅地（代金800万円）を乙が買うとの売買の代理の場合、Aが甲から、Bが乙からそれぞれ報酬として66万円を受領することができる。

ウ　甲所有の建物（代金400万円。消費税等相当額を含まない。）を乙が買うとの売買の媒介の場合、通常の売買の媒介と比較して現地調査費等が8万円（消費税等相当額を含まない。）多く要し、Aが甲と合意していたときは、Aは甲から報酬として26万6,000円を受領することができる。

エ　甲所有の建物（代金200万円。消費税等相当額を含まない。）を乙が買うとの売買の代理の場合、通常の売買の代理と比較して現地調査費等が8万円（消費税等相当額を含まない。）多く要し、Aが甲と合意していたときは、Aは甲から報酬として39万6,000円を受領することができる。

1　一つ
2　二つ
3　三つ
4　なし

【問　36】　宅地建物取引業者Aが、BからB所有の宅地の売却について媒介の依頼を受けた場合に関する次の記述のうち、宅地建物取引業法の規定によれば、誤っているものはどれか。

1　Aは、Bとの間に専属専任媒介契約を締結したときは、当該契約の締結の日から5日以内（休業日を除く。）に、所定の事項を当該宅地の所在地を含む地域を対象として登録業務を現に行っている指定流通機構に登録しなければならない。

2　Aは、Bとの間に専任媒介契約を締結したときは、当該宅地につき、所在、規模、形質、売買すべき価額のみならず、当該宅地に係る都市計画法その他の法令に基づく制限で主要なものについても、指定流通機構に登録しなければならない。

3　Aは、Bとの間に専属専任媒介契約を締結したときは、登録に係る宅地の所有者であるBの氏名及び住所は指定流通機構に登録する必要がないが、当該契約が専属専任媒介契約である旨を、指定流通機構に登録しなければならない。

4　Aは、Bとの間に専任媒介契約を締結し、売買契約を成立させたときは、Aは、遅滞なく、当該宅地の所在及び規模、取引価格、売買契約の成立した年月日を指定流通機構に通知しなければならない。

【問　37】　宅地建物取引業者Aは、自ら売主となって、宅地建物取引業者でない買主Bと建物（工事完了済）の売買契約（手付金500万円）を締結しようとし、又は締結した場合に関する次の記述のうち、宅地建物取引業法の規定によれば、正しいものはどれか。なお、この問において「保全措置」とは、同法第41条の2の規定による手付金等の保全措置をいう。

1　当該建物の所有者がCである場合で、Aが当該建物を取得する契約をCと締結しているとき、Aは、Bとの間で停止条件付の売買契約を締結することができる。

2　「Aが建物をBに引き渡した場合において、当該建物の品質に関して契約の内容に適合しないときは、Bが当該建物の引渡しを受けた時から1年以内にその旨をAに通知しないときは、Bは、その不適合を理由として、履行の追完の請求、代金の減額の請求、損害賠償の請求及び契約の解除をすることができない。」旨のAB間の特約は有効である。

3　当該売買契約の代金の額が3,000万円である場合、Aは、手付金を受領した後、直ちに保全措置を講じなければならない。

4　当該売買契約の代金の額が2,000万円である場合でも、保全措置を講じれば、手付金として500万円を受領することができる。

【問　38】　宅地建物取引業者がその業務に関して行う広告に関する次の記述のうち、宅地建物取引業法の規定によれば、正しいものはどれか。

1　将来の環境や利用の制限に関する表示については、宅地建物取引業者の予想である旨を明示すれば、実際のものよりも著しく優良若しくは有利であると人を誤認させるような表示であっても、誇大広告等として禁止されない。

2　代金又は交換差金に関する金銭の貸借のあっせんについて著しく有利であると人を誤認させるような表示は、誇大広告等として禁止されない。

3　宅地建物取引業者が、将来の交通に関する表示として、運行主体たる鉄道会社が2025年3月に開業予定である旨を公表した新設駅について、「新設駅（2025年3月開業予定）」と表示しても、誇大広告等として禁止されない。

4　宅地建物取引業者が、宅地建物の価格について、実際のものよりも著しく有利であると人を誤認させるような広告をしても、現実に売買が成立しなければ、誇大広告等として禁止の対象となることはない。

【問　39】　宅地建物取引業者が、宅地の売買の媒介を行う場合の宅地建物取引業法第35条に規定する重要事項の説明に関する次の記述のうち、正しいものはいくつあるか。なお、説明の相手方は宅地建物取引業者でないものとする。

ア　当該宅地が仮換地指定後の宅地であって、仮換地が住宅先行建設区に指定されているときには、土地区画整理法第117条の2の規定に基づく住宅建設の時期の制限の概要を説明しなければならない。

イ　預り金を受領しようとする場合において、一定の保全措置を講じるとき、その旨を重要事項として説明する必要はない。

ウ　私道に関する負担に関する事項は、当該宅地に私道に関する負担がある場合に限り、その負担を重要事項として説明しなければならない。

エ　当該宅地が宅地の造成に関する工事の完了前のものである場合、その完了時における形状、構造等を重要事項として説明する必要がある。

1　一つ
2　二つ
3　三つ
4　四つ

【問　40】　宅地建物取引業者Aが、自ら売主として、宅地建物取引業者でないBと宅地の売買契約を締結した場合における、宅地建物取引業法第37条の2の規定による売買契約の解除に関する次の記述のうち、正しいものはどれか。

1　Bが、売買契約を解除した場合、Aは、すでに受領した手付金の返還を拒むことができる。

2　Bが、ホテルのロビーで買受けの申込みをし、売買契約を締結する際に、Aから売買契約の解除ができる旨及びその方法について口頭のみで告知された場合、その告知された日から起算して9日後で、中間金を支払った後であっても、Bは、当該売買契約を解除することができる。

3　Bは、Bの自宅で物件の説明をしたい旨の申出をAから受け、Bの自宅で物件の説明を受け、即座に買受けを申し込んだ。後日、Aの事務所の近所の喫茶店で売買契約を締結した場合、Bは、当該売買契約を解除することができない。

4　Bは、テント張りの案内所において、買受けの申込みをし、売買契約を締結した場合、当該売買契約を解除することができない。

【問　41】　法人である宅地建物取引業者A（甲県知事免許）に対する監督処分に関する次の記述のうち、宅地建物取引業法の規定によれば、正しいものはどれか。

1　Aは、事務所に置かなければならない専任の宅地建物取引士に欠員が生じた場合、直ちに宅地建物取引業法違反となり、業務停止処分を受けることがある。

2　Aの役員Bが、刑法第249条（恐喝）の罪により懲役1年、刑の全部の執行猶予3年の刑に処せられたとしても、Aの免許が取り消されることはない。

3　甲県知事は、Aに対して指示処分をしようとする場合、聴聞を行わなければならない。

4　Aが、乙県の区域内の業務に関し乙県知事から業務停止の処分を受け、その業務停止の処分に違反した場合、甲県知事は、Aに対し必要な指示をしなければならない。

【問　42】　宅地建物取引業者Aが、宅地建物取引業保証協会（以下この問において「保証協会」という。）に加入した場合に関する次の記述のうち、宅地建物取引業法の規定によれば、正しいものはどれか。

1　Aは、保証協会の社員の地位を失ったときは、当該地位を失った日から1週間以内に、主たる事務所の最寄りの供託所に営業保証金を供託しなければならない。

2　Aが保証協会に加入した後、新たに支店を設置した場合、Aは、その日から2週間以内に、弁済業務保証金分担金を供託所に供託しなければならない。

3　Aは、保証協会から特別弁済業務保証金分担金を納付すべき旨の通知を受けた場合、その通知を受けた日から2週間以内に通知された額の特別弁済業務保証金分担金を保証協会に納付しなければならない。

4　Aが保証協会の社員の地位を失い、弁済業務保証金分担金の返還を受けようとする場合、保証協会は、弁済業務保証金の還付請求権者に対して、保証協会の認証を受けるための申出をすべき旨の公告をしなくても、弁済業務保証金分担金を返還することができる。

【問　43】　宅地建物取引業者Aが自ら売主となる建物の売買契約に関する次の記述のうち、宅地建物取引業法の規定によれば、正しいものの組合せはどれか。

ア　Aは、住宅の建築に関する工事の完了前においては、当該工事に必要とされる建築基準法第6条第1項の確認等の処分があった後でなければ、当該工事に係る住宅について、宅地建物取引業者であるBと売買契約を締結してはならない。

イ　Aは、宅地建物取引業者でないCとの間における新築分譲マンションの売買契約（代金3,500万円）の締結に際して、当事者の債務の不履行を理由とする契約の解除に伴う損害賠償の予定額と違約金の合計額を700万円とする特約を定めることができる。

ウ　Aは、建物の売買契約の締結に際して、宅地建物取引業法第41条及び第41条の2の規定に基づく手付金等の保全措置を講じることなく、宅地建物取引業者であるDから手付金等を受領することができる。

1　ア、イ
2　ア、ウ
3　イ、ウ
4　ア、イ、ウ

【問 44】 宅地建物取引業法の規定に基づく宅地建物取引士に関する次の記述のうち、誤っているものはどれか。

1 宅地建物取引業法には、「宅地建物取引士は、宅地建物取引業の業務に従事するときは、宅地又は建物の取引の専門家として、購入者等の利益の保護及び円滑な宅地又は建物の流通に資するよう、公正かつ誠実にこの法律に定める事務を行わなければならない。」と規定されている。

2 宅地建物取引業法には、宅地建物取引士は、「宅地建物取引業に関連する業務に従事する者との連携に努めなければならない。」と規定されている。

3 宅地建物取引業法には、「宅地建物取引士は、業務に従事するときは、宅地建物取引士の信用又は品位を害するような行為をしてはならない。」と規定されている。

4 宅地建物取引業法には、「宅地建物取引士は、宅地又は建物の取引に係る事務に必要な知識及び能力の維持向上に努めなければならない。」と規定されている。

【問 45】 特定住宅瑕疵担保責任の履行の確保等に関する法律に基づく住宅販売瑕疵担保保証金の供託又は住宅販売瑕疵担保責任保険契約の締結（以下この問において「資力確保措置」という。）に関する次の記述のうち、正しいものはどれか。なお、この問において「瑕疵」とは、種類又は品質に関して契約の内容に適合しない状態をいう。

1 宅地建物取引業者は、自ら売主として新築住宅を販売する場合及び新築住宅の売買の媒介をする場合において、資力確保措置を講じる義務を負う。

2 住宅販売瑕疵担保責任保険契約を締結している宅地建物取引業者は、当該住宅を引き渡した時から 10 年間、住宅の雨水の浸入を防止する部分の瑕疵によって生じた損害についてのみ保険金を請求することができる。

3 自ら売主として新築住宅を宅地建物取引業者でない買主に引き渡した宅地建物取引業者は、基準日に係る資力確保措置の状況の届出をしなければ、当該基準日以後、新たに自ら売主となる新築住宅の売買契約を締結することができない。

4 自ら売主として新築住宅を販売する宅地建物取引業者は、住宅販売瑕疵担保保証金の供託をする場合、当該住宅の売買契約を締結するまでに、宅地建物取引業者でない買主に対し、供託所の所在地等について記載した書面を交付して説明しなければならない。この場合において、書面の交付に代えて、買主の承諾を得て、当該書面に記載すべき事項を電磁的方法により提供することができる。

【問 46】 独立行政法人住宅金融支援機構（以下この問において「機構」という。）の業務に関する次の記述のうち、正しいものはどれか。

1 機構は、住宅を購入しようとする者に対して、必要な資金の調達等に関する情報の提供を行うことができるが、住宅の建設等に関する事業を行う者に対しては、することができない。

2 機構は、自ら居住するために住宅を建設しようとする者に対し、土地の取得に必要な資金のみの貸付けを行うことができる。

3 機構は、証券化支援事業（保証型）において、高齢者が自ら居住する住宅に対してバリアフリー工事又は耐震改修工事を行う場合に、債務者本人の死亡時に一括して借入金の元金を返済する制度を設けている。

4 機構は、地震に対する安全性の向上を主たる目的とする住宅の改良に必要な資金の貸付けを行うことができる。

【問 47】 宅地建物取引業者Aが行う広告に関する次の記述のうち、不当景品類及び不当表示防止法（不動産の表示に関する公正競争規約を含む。）の規定によれば、正しいものはどれか。

1 Aは、建物の販売広告をインターネットを利用する方法で行うに当たり、当該建物が建築工事完了後1年以上経過しているものの未使用であれば、当該物件を新築物件として広告することができる。

2 Aは、土地の販売広告をインターネットを利用する方法で行うに当たり、面積を平方メートルを単位として表示し、1平方メートル未満の端数を切り捨てて表示することができる。

3 Aは、高圧電線路下にある土地の販売広告をする際、建物の建築が禁止されていない場合には、「高圧電線路下」とだけ表示すれば、広告することができる。

4 Aは、市街化調整区域内に所在する土地の販売広告をする際、「市街化調整区域。現在は建築不可」と表示すれば、当該土地の販売広告をすることができる。

【問　48】　次の記述のうち、正しいものはどれか。

1　令和6年地価公示（令和6年3月公表）によれば、令和5年1月以降の1年間の工業地の地価は、全国の平均変動率が4.2％と8年連続の上昇となった。

2　建築着工統計調査報告（令和5年計。令和6年1月公表）によれば、令和5年の分譲住宅の新設住宅着工戸数は約24.6万戸で、3年連続の増加となった。

3　年次別法人企業統計調査（令和4年度。令和5年9月公表）によれば、令和4年度における全産業の売上高は前年度に比べ9.0％減少したが、不動産業の売上高は4.8％増加した。

4　令和6年地価公示（令和6年3月公表）によれば、令和5年1月以降の1年間の地価変動率は、地方圏では、地方四市（札幌市・仙台市・広島市・福岡市）の住宅地は、11年連続で下落となった。

【問　49】　土地に関する次の記述のうち、最も不適当なものはどれか。

1　丘陵地を切土と盛土により造成した地盤の場合は、その境目では地盤の強度が異なるため、不同沈下が起こりやすい。

2　等高線が山頂に向かって高い方に弧を描いている部分は尾根で、山頂から見て等高線が張り出している部分は谷である。

3　旧河道は、軟弱で水はけの悪い土が堆積していることが多いことから、宅地として選定する場合は注意を要する。

4　埋立地は、干拓地と異なり、海抜数メートルの比高を有するのが一般であるので、十分な工事がなされていれば、宅地として用いることができる。

【問　50】　建築物の構造に関する次の記述のうち、最も不適当なものはどれか。

1　筋かいをたすき掛けにするためやむを得ない場合において、必要な補強を行ったときでも、筋かいに欠込みをすることはできない。

2　鉄筋コンクリート造における柱の帯筋やはりのあばら筋は、地震力に対するせん断補強のほか、内部のコンクリートを拘束したり、柱主筋の座屈を防止したりする効果がある。

3　鉄筋コンクリート造におけるコンクリートを生成する場合、一般に、水セメント比が大きくなれば、ワーカビリティーと経済性は高まるが、耐久性は低下する。

4　枠組壁工法（ツーバイフォー工法）は、耐震性に優れているため、3階建てにすることもできる。

LEC東京リーガルマインド　2024年版　出る順宅建士　当たる！　直前予想模試　第1回　問題

—

第 1 回　問題

問題

2024年版
出る順宅建士 当たる！直前予想模試

第2回　問題

1　この表紙（色紙）を残したまま問題冊子を取り外してください。
2　解答用紙（マークシート）は第1回問題の冊子の前にとじてあります。
切り取ってご使用ください。

「問題冊子」の取り外し方

①この色紙を残し、「問題冊子」だけをつかんでください。
②「問題冊子」をしっかりとつかんだまま手前に引っ張って、取り外してください。

「問題冊子」

※色紙と「問題冊子」は、のりで接着されていますので、丁寧に取り外してください。なお、取り外しの際の破損等による返品・交換には応じられませんのでご注意ください。

LEC東京リーガルマインド

2024 年版

出る順宅建士 当たる！直前予想模試

令 和 6 年 度
問　　　題

第 2 回

合格基準点　36点

次の注意事項をよく読んでから、始めてください。

(注意事項)

1　問　　　題

　　問題は、1ページから27ページまでの50問です。

　　試験開始の合図と同時に、ページ数を確認してください。

　　落丁や乱丁があった場合は、直ちに試験監督員に申し出てください。

2　解　　　答

　　解答は、解答用紙の「記入上の注意」に従って記入してください。

　　正解は、各問題とも一つだけです。

　　二つ以上の解答をしたもの及び判読が困難なものは、正解としません。

3　適用法令

　　問題の中の法令に関する部分は、令和6年4月1日現在施行されている

　規定に基づいて出題されています。

【問　1】　Ａ所有の土地につき、ＡがＢとの間で売買契約を締結した場合に関する次の記述のうち、民法の規定によれば、正しいものはどれか。

1　Ａが、第三者であるＣの詐欺によってＢとの間で売買契約を締結した場合、Ｃの詐欺をＢが知っているか否かにかかわらず、Ａは、売買契約を取り消すことはできない。

2　Ａが、第三者であるＤの強迫によってＢとの間で売買契約を締結した場合、Ｄの強迫をＢが知っている場合でなければ、Ａは、売買契約を取り消すことはできない。

3　Ａの売却の申込みの意思表示は真意ではなく、ＢもＡの意思表示が真意ではないことを知りつつ承諾の意思表示を行った場合であっても、ＡとＢとの意思表示は合致しているので、売買契約は有効に成立する。

4　Ａが、第三者Ｅによる強制執行を逃れるために、実際には売り渡す意思はないのにＢと通じて売買契約の締結をしたかのように装った場合、当該売買契約は無効である。

【問　2】　ＡがＢに甲地を売却する契約を締結した場合に関する次の記述のうち、民法の規定によれば、正しいものはどれか。

1　Ａが意思能力を欠いている者である場合、ＡはＢとの売買契約を取り消すことができ、この場合、ＡＢ間の売買契約は初めから無効なものとなる。

2　Ａが未成年者である場合、法定代理人の同意を得ていないときであっても、Ａが成年に達すれば、Ａは、ＡＢ間の売買契約を取り消すことができなくなる。

3　Ａが成年被後見人である場合、Ａの行為について成年後見人の同意を得ていれば、成年後見人は、ＡＢ間の売買契約を取り消すことができない。

4　Ａが被保佐人である場合、甲地の売却について保佐人の同意を得ていないとき、Ａは、当該売却の意思表示を取り消すことができ、その取消しをもって、Ｂからその取消し前に甲地を買い受けた善意のＣに対抗することができる。

【問　3】　次の１から４までの記述のうち、民法の規定及び下記判決文によれば、正しいものはどれか。

（判決文）

　無権代理人が本人を他の相続人と共に共同相続した場合において、無権代理行為を追認する権利は、その性質上相続人全員に不可分的に帰属するところ、無権代理行為の追認は、本人に対して効力を生じていなかった法律行為を本人に対する関係において有効なものにするという効果を生じさせるものであるから、共同相続人全員が共同してこれを行使しない限り、無権代理行為が有効となるものではないと解すべきである。そうすると、他の共同相続人全員が無権代理行為の追認をしている場合に無権代理人が追認を拒絶することは信義則上許されないとしても、他の共同相続人全員の追認がない限り、無権代理行為は、無権代理人の相続分に相当する部分においても、当然に有効となるものではない。

1　無権代理人が本人を他の相続人と共に共同相続した場合において、他の共同相続人全員が無権代理行為の追認をしているときであっても、無権代理人が追認を拒絶することは許される。

2　無権代理人が本人を他の相続人と共に共同相続した場合において、無権代理行為を追認する権利は、その性質上相続人全員に不可分に帰属する。

3　無権代理人が本人を相続した場合、無権代理行為は当然に有効になる。そして、かかる結論は、無権代理人が本人を他の相続人と共に共同相続した場合においても異ならない。

4　無権代理人が本人を他の相続人とともに共同相続した場合、共同相続人の一部の追認があれば、無権代理人の相続分に相当する部分について、無権代理行為が当然に有効となる。

【問　4】　Aは、A所有の甲土地を、Bに対し、1億円で売却する契約を締結し、手付金として1,000万円を受領した。Aは、履行期において、登記及び引渡し等の自己の債務の履行を提供した。しかし、Bは自らの過失によって甲土地の値下がりを見通すことができなかったにもかかわらず、甲土地の値下がりを理由に残代金を支払わなかったので、Aは登記及び引渡しはしなかった。この場合に関する次の記述のうち、民法の規定によれば、誤っているものはいくつあるか。

ア　Aは、この売買契約を解除せず、Bに対し、残代金の支払いを請求し続けることができる。

イ　Aは、この売買契約を解除するとともに、Bに対し、売買契約締結後解除されるまでの甲土地の値下がりにより生じた損害の賠償を請求することができる。

ウ　Bが、AB間の売買契約締結後、この土地をCに転売する契約を締結していた場合において、Cが甲土地の値下がりを理由としてBに代金の支払いをしないとき、Bはこれを理由として、AB間の売買契約を解除することはできない。

1　一つ
2　二つ
3　三つ
4　なし

【問　5】　A所有の建物をBが購入し、その後Cに賃貸してCが占有していたが、建物の保存の瑕疵によりその一部が崩壊し、隣家の居住者Dに損害を与えた場合に関する次の記述のうち、民法の規定及び判例によれば、誤っているものはどれか。

1　建物の瑕疵がAの所有していた際に生じたものであった場合、Bは、Dに対して不法行為による損害賠償の責任を負うことはない。

2　建物の瑕疵がAの建築工事を請け負ったEの過失によって生じたものであった場合、注文及び指図についてAに過失がなければ、Aは、Dに対して不法行為による損害賠償の責任を負うことはない。

3　Cは、損害の発生を防止するのに必要な注意をしていたときは、Dに対して不法行為による損害賠償の責任を負うことはない。

4　Dが不法行為による損害賠償を請求する場合は、原則として金銭賠償の方法によらなければならないが、金銭以外の方法によることもできる。

【問　6】　土地及びその上に存する建物を所有するＡが、その土地に債権者Ｂのために抵当権を設定した場合に関する次の記述のうち、民法の規定及び判例によれば、誤っているものはどれか。

1　Ｂの抵当権の効力は、当該土地上の建物には及ばない。

2　Ｂは、抵当権を実行する場合には、土地及び建物を一括して競売することができる。

3　Ｂが抵当権を実行したことにより、Ｃが当該土地を競落した場合、土地上の建物の登記がまだ前主のＤ名義でＡへの移転登記がされていないときであっても、当該建物について法定地上権が成立する。

4　Ａは、Ｂに対し、元本債権とその満期となった最後の２年分についての利息を弁済しても、抵当権を消滅させることはできない。

【問　7】　Ａの所有する甲土地をＢが取得したが、Ｂは未だ所有権移転登記を受けていない。この場合に関する次の記述のうち、民法の規定及び判例によれば、Ｂが甲土地の所有権を主張できる者の組合せとして、正しいものはどれか。

ア　ＡがＢへ譲渡する前に甲土地をＣに仮装譲渡していた場合で、ＡＣ間の契約の事情を知らずに仮装譲受人Ｃから甲土地を譲り受け所有権の移転登記を受けたＤ

イ　ＡがＢへ譲渡する前に、ＥがＡから甲土地を賃借し、当該賃貸借契約がＥの債務不履行を理由に解除された後も、理由なく明渡しに応じないＥ

ウ　Ｂの甲土地の取得が時効取得による場合で、Ｂの取得前にＡから甲土地を譲り受け所有権の移転登記を受けていたＦ

エ　ＡがＧから当該土地を買い受けた後にＢへ譲渡した場合において、その後Ａの代金未払いを理由にＡとの売買契約を解除したＧ

1　Ｄ、Ｅ

2　Ｄ、Ｆ

3　Ｅ、Ｆ

4　Ｆ、Ｇ

【問　8】　AがBに対して建物の建築工事を注文した場合に関する次の記述のうち、民法の規定及び判例によれば、正しいものはどれか。

1　完成し引き渡された建物の品質に契約の内容に適合しない事実が存在したため、Bが損害賠償責任と修補義務を負う場合、その修補が可能なものであっても、Aは、修補を請求せずに、直ちに損害賠償請求をすることができる。

2　完成し引き渡された建物の品質に契約の内容に適合しない事実が存在するときであっても、不適合の程度が重大でない場合には、Aは、その修補請求をすることができない。

3　完成した建物が引渡しを受けてから3年目に契約の内容に適合しない事実により損傷が生じた場合、Aは、損傷が生じた時から2年以内にその旨をBに通知すれば、修補請求をすることができる。

4　完成し引き渡された建物の品質に契約をした目的を達することができないほど重大な契約の内容に適合しない事実があるときであっても、建物の完成後なので、Aは、請負契約を解除することができない。

【問　9】　AがBに土地の売却を委任した場合に関する次の記述のうち、民法の規定によれば、正しいものはどれか。なお、A及びBは宅地建物取引業者でないものとする。

1　Bは、報酬を受けるときは、善良な管理者の注意をもって、委任事務を処理する義務を負うが、報酬を受けないときは、自己の財産に対するのと同一の注意をもって、委任事務を処理する義務を負う。

2　Bは、委任事務を処理するために必要な費用であっても、委任事務を終了した後でなければ、Aに対し、その費用を請求することはできない。

3　Bは、委任事務を処理するために必要な費用を支出したときは、Aに対し、その費用に加え、支出の日以後の利息についても償還を請求することができる。

4　Aは、Bに不利な時期であったとしても、損害賠償をすることなく、いつでも当該委任契約を解除することができる。

【問　10】　遺言及び遺留分に関する次の記述のうち、民法の規定及び判例によれば、正しいものはどれか。

1　被相続人の全財産が相続人の一部の者に遺贈された場合において、遺留分侵害額請求権を有する相続人が、遺贈の効力を争うことなく、遺産分割協議の申入れをしたときは、特段の事情のない限り、遺留分侵害額請求の意思表示をしたことになる。

2　Aが公正証書で土地をBに遺贈すると遺言し、後に自筆証書で同じ土地をCに遺贈すると遺言した場合、Aが死亡したとき、Bが当該土地の所有権を取得する。

3　被相続人がその全財産を相続人以外の者に遺贈した場合、その遺贈は公序良俗に反し、無効である。

4　遺言は、家庭裁判所の検認の手続を経なければ、効力を生じない。

【問　11】　AがBの所有地を賃借し、居住用建物を建て所有権の登記をしている場合に関する次の記述のうち、民法及び借地借家法の規定並びに判例によれば、正しいものはどれか。なお、借地借家法第22条に規定する定期借地権、同法第24条に規定する建物譲渡特約付定期借地権は考慮しないものとする。

1　AB間で土地賃貸借契約の際に、存続期間を30年未満とする特約は有効である。

2　AB間で「賃貸借期間満了の際、BがAに対し相当額の立退料さえ提供すれば、Bは更新を拒絶することができる。」との特約がある場合、当該特約は有効である。

3　CがBからその所有地の譲渡を受けた場合、Cは、その所有権の登記を移転していなくても、Aに対して賃料を請求することができる。

4　AがDにその居住用建物を賃貸する場合、Aは、その賃借についてBの承諾を得る必要はない。

【問 12】 契約期間を2年とし、更新がないこととする旨を定める建物賃貸借契約（以下この問において「定期借家契約」という。）を、令和6年10月に新規に締結しようとしている場合に関する次の記述のうち、借地借家法の規定によれば、正しいものはどれか。

1 事業用ではなく居住の用に供する建物の賃貸借においては、定期借家契約とすることはできない。

2 定期借家契約は、公正証書によってしなければ、効力を生じない。

3 定期借家契約を締結しようとするときは、賃貸人は、あらかじめ、賃借人に対し、契約の更新がなく、期間満了により賃貸借が終了することについて、その旨を記載した書面を交付し、又は賃借人の承諾を得て、当該書面に記載すべき事項を電磁的方法により提供して、説明しなければならない。

4 定期借家契約を適法に締結した場合、賃貸人は、期間満了日の1か月前までに期間満了により契約が終了する旨通知すれば、その終了を賃借人に対抗することができる。

【問 13】 建物の区分所有等に関する法律に関する次の記述のうち、誤っているものはどれか。

1 この法律又は規約により集会において決議をすべき場合において、区分所有者全員の承諾があるときは、書面又は電磁的方法による決議をすることができる。

2 集会について議事録を作成した場合、当該議事録が書面で作成されているときは、議長及び集会に出席した区分所有者の2人がこれに署名しなければならないほか、当該署名者の押印も必要となる。

3 集会において大規模復旧の決議が行われた場合、当該決議に係る集会を招集した者（買取指定者の指定がされているときは、当該買取指定者。）は、4か月以上の期間を定めて、当該決議に賛成した区分所有者以外の区分所有者に対し、建物及び敷地に関する権利の買取請求権を行使するか否かを確答すべき旨を書面により催告することができるが、当該催告は、区分所有者の承諾を得て電磁的方法により行うこともできる。

4 集会において建替え決議があったときは、当該決議に係る集会を招集した者は、遅滞なく、当該決議に賛成しなかった区分所有者に対し、建替えに参加するか否かを回答すべき旨を書面により催告しなければならないが、当該催告は、区分所有者の承諾を得て電磁的方法により行うこともできる。

【問　14】　不動産の仮登記に関する次の記述のうち、不動産登記法の規定によれば、誤っているものはどれか。

1　仮登記は、登記の申請に必要な情報を登記所に提供することができない場合のほか、所有権等の設定、移転、変更又は消滅に関して請求権を保全しようとするときにも申請することができる。

2　仮登記は、仮登記の登記義務者の承諾がある場合のほか、仮登記を命ずる処分があるときにも、仮登記の登記権利者が単独で仮登記の申請をすることができる。

3　抵当権設定の仮登記に基づく本登記は、その本登記について登記上利害関係を有する第三者がある場合、申請書に当該第三者の承諾書を添付しなければ、申請をすることができない。

4　仮登記の抹消は、申請書に仮登記の登記義務者の承諾書を添付せずとも、仮登記の登記名義人が単独で申請することができる。

【問　15】　都市計画法に関する次の記述のうち、正しいものはどれか。

1　準都市計画区域について無秩序な市街化を防止し、計画的な市街化を図るため必要があるときは、都市計画に、区域区分を定めることができる。

2　市街化区域及び市街化調整区域においては、少なくとも用途地域を定める。

3　田園住居地域内の農地の区域内において、土地の形質の変更を行おうとする者は、一定の場合を除き、市町村長の許可を受けなければならない。

4　病院、学校等の必要な都市施設は、都市計画区域の都市計画に定めることとされており、都市計画区域外において定めることはできない。

【問　16】　開発行為に関する次の記述のうち、都市計画法の規定によれば、正しいものはどれか。なお、この問において「都道府県知事」とは、地方自治法に基づく指定都市、中核市及び施行時特例市にあってはその長をいうものとする。

1　開発許可を受けた者の相続人は、都道府県知事の承認を受けて、当該被相続人が有していた当該開発許可に基づく地位を承継することができる。

2　開発許可を受けた者は、開発区域内において予定される建築物の用途を変更しようとする場合においては、原則として、都道府県知事の許可を受けなければならない。

3　開発許可を受けた者は、開発行為に関する工事を廃止しようとするときは、原則として、都道府県知事の許可を受けなければならない。

4　開発許可を受けた開発区域内の土地においては、当該工事が完了した旨の公告があるまでの間は、建築物を建築することが一切できない。

【問　17】　建築基準法に関する次のアからエまでの記述のうち、正しいものはいくつあるか。

ア　準都市計画区域（都道府県知事が都道府県都市計画審議会の意見を聴いて指定する区域を除く。）内に新築する木造の建築物で、高さ 13m、2 の階数を有するものは、建築確認を必要とする。

イ　店舗の用途に供する建築物で当該用途に供する部分の床面積の合計が 10,000 ㎡を超えるものは、原則として近隣商業地域内では建築することができない。

ウ　都市計画において定められた建蔽率の限度が 10 分の 8 とされている地域外で、かつ、防火地域内にある耐火建築物の建蔽率については、都市計画において定められた建蔽率の数値に 10 分の 1 を加えた数値が限度となる。

エ　第二種低層住居専用地域内の建築物には、隣地斜線制限（建築基準法第 56 条第 1 項第 2 号の制限をいう。）が適用される。

1　一つ
2　二つ
3　三つ
4　四つ

- 9 -

LEC東京リーガルマインド　2024 年版 出る順宅建士 当たる！ 直前予想模試　第 2 回　問題

【問　18】　建築基準法に関する次の記述のうち、誤っているものはどれか。

1　延べ面積が 1,000 ㎡を超える建築物は、耐火建築物又は準耐火建築物等一定の建築物を除き、防火上有効な構造の防火壁又は防火床によって有効に区画し、かつ、各区画における床面積の合計をそれぞれ 1,000 ㎡以内としなければならない。

2　建築協定は、認可の公告があった日以後において当該建築協定区域内の土地の借地権者となった者に対しては、その効力が及ばない。

3　住宅の地上階における居住のための居室には、採光のための窓その他の開口部を設け、その採光に有効な部分の面積は、原則として、その居室の床面積に対して7分の1以上としなければならない。

4　居室を有する建築物にあっては、ホルムアルデヒド等その居室内において衛生上の支障を生ずるおそれがあるものとして定める物質の区分に応じ、建築材料及び換気設備について一定の技術的基準に適合しなければならない。

【問　19】　国土利用計画法第 23 条の届出（以下この問において「事後届出」という。）に関する次の記述のうち、正しいものはどれか。

1　一団の造成宅地を数期に分けて不特定多数の者に分譲する場合において、その合計面積が事後届出の対象面積に達するが、それぞれの分譲面積は事後届出の対象面積に達しないときは、事後届出をする必要はない。

2　農地法第 5 条第 1 項の許可を受けて、都市計画区域外の面積 10,000 ㎡の農地の売買契約を締結した場合、事後届出をする必要はない。

3　民事調停法の調停に基づき市街化調整区域内に所在する面積 6,000 ㎡の土地の所有権を取得した場合、事後届出をする必要がある。

4　都市計画法第 5 条の 2 に規定する準都市計画区域内に所在する面積 12,000 ㎡の土地を贈与により取得した場合、事後届出をする必要がある。

【問　20】　農地法（以下この問において「法」という。）に関する次の記述のうち、正しいものはどれか。

1　国又は都道府県が農地を農地以外のものにしようとする場合であれば、常に法第4条第1項の許可を受ける必要はない。

2　農地とは、耕作の目的に供される土地のことをいい、現況とは関係なく、登記簿上の地目等で判断される。

3　土地収用法に基づいて農地に関する権利が収用される場合は、法第3条第1項の許可を受ける必要はない。

4　法第2条第3項の農地所有適格法人の要件を満たしていない株式会社は、耕作目的で農地を借り入れることはできない。

【問　21】　土地区画整理事業（以下この問において「事業」という。）の換地処分に関する次の記述のうち、土地区画整理法によれば、誤っているものはどれか。

1　換地処分は、関係権利者に換地計画において定められた関係事項を通知してするものとする。

2　換地計画において定められた清算金は、換地処分の公告があった日の翌日において確定する。

3　事業の施行により施行地区内の土地及び建物に変動があったときは、その土地及び建物の所有者は、遅滞なく、その変動に係る登記を申請しなければならない。

4　事業の施行地区内の宅地について存する地役権は、行使する利益がなくなった場合を除き、換地処分の公告があった日の翌日以後においても、なお従前の宅地の上に存する。

【問 22】 宅地造成及び特定盛土等規制法に関する次の記述のうち、正しいものはどれか。なお、この問において「都道府県知事」とは、地方自治法に基づく指定都市及び中核市にあってはその長をいうものとする。

1 宅地造成等工事規制区域（以下「規制区域」という。）内における宅地以外の土地を宅地にするための盛土であって、当該盛土をする土地の面積が 300 ㎡で、かつ、崖を伴わないものの、その高さが 2.5mであるものに関する工事の工事主は、原則として、当該工事に着手する前に、都道府県知事に届け出なければならない。

2 規制区域内において宅地造成等に関する工事を行う場合において、当該宅地造成等に伴う災害を防止するために高さ 2.5mの擁壁の設置に係る工事をするときは、政令で定める資格を有する者の設計によらなければならない。

3 規制区域の指定の際、当該規制区域内において行われている宅地造成等に関する工事の工事主は、その指定があった日から 21 日以内に、当該工事について都道府県知事に届け出なければならない。

4 都道府県知事は、規制区域内で、宅地造成等に伴う災害で相当数の居住者等に危害を生ずるものの発生のおそれが大きい一団の造成宅地の区域であって一定の基準に該当するものを、造成宅地防災区域として指定することができる。

【問 23】 印紙税に関する次の記述のうち、正しいものはどれか。

1 「時価 1,000 万円の土地を無償で譲渡する」旨を記載した贈与契約書は、記載金額 1,000 万円の不動産の譲渡に関する契約書として印紙税が課される。

2 一の契約書に土地の譲渡契約（譲渡金額 4,000 万円）と建物の建築請負契約（請負金額 5,000 万円）をそれぞれ区分して記載した場合、印紙税の課税標準となる当該契約書の記載金額は、9,000 万円である。

3 後日、本契約書を作成することを文書上で明らかにした、土地を 1 億円で譲渡することを証した仮契約書には、印紙税は課されない。

4 「Aの所有する甲土地（価額 3,000 万円）とBの所有する乙土地（価額 3,500 万円）を交換する」旨の土地交換契約書を作成した場合、印紙税の課税標準となる当該契約書の記載金額は 3,500 万円である。

- 12 -

LEC東京リーガルマインド 2024 年版 出る順宅建士 当たる！ 直前予想模試 第 2 回 問題

【問　24】　不動産取得税に関する次の記述のうち、正しいものはどれか。

1　不動産取得税の課税対象である家屋には、工場や倉庫も含まれる。

2　不動産取得税は不動産の取得に対して課される税であるので、法人の合併により不動産を取得した場合にも、不動産取得税は課される。

3　不動産取得税は不動産の取得に対して課される税であるので、家屋を改築したことにより当該家屋の価格が増加したとしても、新たな不動産の取得とはみなされないため、不動産取得税は課されない。

4　令和6年4月に中古住宅とその敷地を取得した場合、当該敷地の取得に係る不動産取得税の税額から2分の1に相当する額が減額される。

【問　25】　不動産の鑑定評価に関する次の記述のうち、不動産鑑定評価基準によれば、正しいものはどれか。

1　不動産の鑑定評価によって求める価格は、基本的には限定価格、特定価格又は特殊価格であるが、鑑定評価の依頼目的に対応した条件により正常価格を求める場合があるので、依頼目的に対応した条件を踏まえ価格の種類を適切に判断し、明確にすべきである。

2　市場における不動産の取引価格の上昇が著しいときは、取引価格と収益価格との乖離が増大するものであるので、先走りがちな取引価格に対する有力な験証手段として、原価法が活用されるべきである。

3　不動産の価格を求める鑑定評価の手法は、原価法、取引事例比較法及び収益還元法に大別され、鑑定評価に当たっては、原則として案件に応じてこれらの手法のうち、いずれか一つを選択して適用すべきこととされている。

4　特定価格とは、市場性を有する不動産について、法令等による社会的要請を背景とする鑑定評価目的の下で、正常価格の前提となる諸条件を満たさないことにより正常価格と同一の市場概念の下において形成されるであろう市場価値と乖離することとなる場合における不動産の経済価値を適正に表示する価格をいう。

【問　26】　宅地建物取引業者Aがその業務を行う場合に関する次の記述のうち、宅地建物取引業法の規定によれば、正しいものはいくつあるか。

ア　Aは、取引の関係者から請求があったときは、従業者名簿をその者の閲覧に供しなければならない。

イ　Aは、従業者名簿について、一定の事項が電磁的記録媒体に記録されたものを必要に応じて当該事務所において電子計算機を用いて明確に紙面に表示されるとき、当該記録をもってAが事務所に備え付けるべき従業者名簿に代えることができる。

ウ　Aの従業者で宅地建物取引士であるBは、取引の関係者から宅地建物取引士証の提示の請求があったとき、宅地建物取引士証の代わりに従業者証明書を提示すればよい。

エ　Aの代表者は、従業者証明書を携帯する必要はない。

1　一つ
2　二つ
3　三つ
4　四つ

【問　27】　宅地建物取引業の免許（以下この問において「免許」という。）に関する次の記述のうち、宅地建物取引業法の規定によれば、誤っているものはどれか。

1　A社の取締役Bが刑法第198条（贈賄）の罪を犯し、懲役1年、刑の全部の執行猶予3年の刑に処せられ、その執行猶予期間が満了していない場合、A社は、免許を受けることができない。

2　宅地建物取引業に係る営業に関し成年者と同一の行為能力を有しない未成年者Cの法定代理人Dが刑法第247条（背任）の罪を犯し、罰金の刑に処せられ、その刑の執行を終わった日から5年を経過していない場合、Cは、免許を受けることができない。

3　宅地建物取引業者Eは、業務停止処分の聴聞の期日及び場所が公示された日から当該処分がなされるまでの間に相当の理由なく宅地建物取引業の廃止の届出を行った。この場合、当該届出の日から5年を経過しなければ、Eは、免許を受けることができない。

4　宅地建物取引業者F社は、不正の手段により免許を取得したとして免許を取り消された。この場合、当該免許取消処分に係る聴聞の期日及び場所の公示の日の30日前に、F社の取締役を退任していたGは、F社の免許取消しの日から5年を経過しなければ、免許を受けることができない。

【問　28】　宅地建物取引業者が、区分所有建物の売買の媒介を行う場合の宅地建物取引業法第35条の規定に基づく重要事項の説明に関する次の記述のうち、誤っているものはいくつあるか。なお、説明の相手方は、宅地建物取引業者でないものとする。

ア　代金以外に授受される金銭の額及び当該金銭の授受の目的について、説明する必要はない。

イ　当該区分所有建物が、土砂災害警戒区域等における土砂災害防止対策の推進に関する法律第7条第1項により指定された土砂災害警戒区域内にあるときは、その旨を説明しなければならない。

ウ　当該区分所有建物を所有するための一棟の建物の敷地に関する権利の種類及び内容については、説明する必要はない。

エ　当該区分所有建物の所有者が負担しなければならない通常の管理費用の額については、説明しなければならない。

1　一つ

2　二つ

3　三つ

4　四つ

【問　29】　宅地建物取引業者Aが行う広告に関する次の記述のうち、宅地建物取引業法の規定によれば、正しいものはどれか。

1　Aは、宅地又は建物の売買に関する広告をする際に取引態様の別を明示した場合でも、当該広告を見た者から売買に関する注文を受けたときは、改めて取引態様の別を明示しなければならない。

2　Aは、他の宅地建物取引業者から宅地の売買契約の注文を受けた場合であれば、その宅地建物取引業者に対して取引態様の別を明示する必要はない。

3　Aは、すでに建築が完了しているマンションに係る広告に際し、建築確認を受けた旨の記載を省略することができない。

4　Aは、広告に係る宅地又は建物の代金、借賃等の対価の額又はその支払方法について著しく事実に相違する表示を行った場合であっても、現実に被害が生じなければ、罰則の適用を受けることはない。

【問　30】　宅地建物取引業者Ａ（甲県知事免許）が本店と２つの支店を有して営業しようとし、又は営業している場合の営業保証金に関する次の記述のうち、宅地建物取引業法の規定によれば、正しいものはどれか。

1　Ａは、営業保証金が還付されたためその額が政令で定める額に不足することとなった場合、その不足が生じた日から２週間以内に、その不足額を供託しなければならない。

2　Ａが、その事業を開始するため、営業保証金を金銭及び国債証券で供託する場合、国債証券の額面金額が 1,000 万円であるときは、金銭の額は、1,100 万円でなければならない。

3　Ａは、事業開始後新たに支店を１つ設置した場合には、その支店の最寄りの供託所に営業保証金 500 万円を供託し、その旨の届出をしなければ、当該支店において事業を行うことができない。

4　甲県知事は、免許をした日から３月以内にＡが営業保証金を供託した旨の届出をしないときは、その届出をすべき旨の催告をしなければならず、この催告が到達した日から１月以内にＡが営業保証金を供託した旨の届出をしないときは、その免許を取り消すことができる。

【問　31】　宅地建物取引業者が、その媒介により建物の貸借の契約を成立させた場合に、宅地建物取引業法第 37 条の規定に基づき交付すべき書面に、必ず記載しなければならないものはいくつあるか。

ア　当該建物が既存の建物であるときは、建物の構造耐力上主要な部分等の状況について当事者の双方が確認した事項

イ　当該建物が一定の住宅性能評価を受けた新築住宅であるときは、その内容

ウ　当該貸借の契約が借地借家法第 38 条に規定する定期建物賃貸借であるときは、その内容

エ　損害賠償額の予定又は違約金に関する定めがあるときは、その内容

1　一つ
2　二つ
3　三つ
4　なし

【問　32】　宅地建物取引業の免許（以下「免許」という。）に関する次の記述のうち、宅地建物取引業法の規定によれば、正しいものはいくつあるか。

ア　Aが、自己所有の原野を20区画の宅地として整備し、不特定多数の者に対して反復継続して売却する場合、Aは、免許を受けなければならない。

イ　Bが、自己所有の宅地を20区画に区画割りして、その賃貸を業として行おうとする場合において、当該賃貸借契約をCが代理により締結するとき、Cは、免許を受けなければならない。

ウ　Dが、自己所有の宅地を25区画に区画割りして、多数の知人に対して売却する場合、Dは、免許を受ける必要はない。

エ　E市が、その所有する土地を宅地として整備したうえで、不特定多数の者に対して売却する場合、E市は、免許を受ける必要はない。

1　一つ
2　二つ
3　三つ
4　四つ

【問　33】　宅地建物取引業者Aが、令和6年10月1日に自ら売主として、宅地建物取引業者でないBと建物（建築工事完了済）の売買契約を代金5,000万円で締結し、手付金800万円を同年10月5日に、中間金2,200万円を同年10月10日に、残代金2,000万円を同年10月20日に支払うものとした。この場合、宅地建物取引業法第41条の2に規定する手付金等の保全措置（以下この問において「保全措置」という。）に関する次の記述のうち、正しいものはどれか。

1　手付金の額が代金の10分の1を超えているので、Aは、保全措置を講じたか否かにかかわらず、手付金として800万円を受領することができない。

2　残代金の支払を建物の引渡し及び所有権移転の登記と同時に行う場合、Aは、中間金を受領するにあたり、2,200万円についてのみ保全措置を講じればよい。

3　残代金の支払を建物の引渡し及び所有権移転の登記と同時に行う場合において、Aが必要な保全措置を講じないとき、Bは、中間金を支払わなくてもよい。

4　残代金の支払を、Bへの所有権移転の登記がされた翌日に行う場合であっても、Aは、保全措置を講じなければ残代金を受領することができない。

【問　34】　宅地建物取引業者Ａ（消費税課税事業者）が甲から、宅地建物取引業者Ｂ（消費税課税事業者）が乙からそれぞれ媒介の依頼を受けて、ＡＢ共同して甲乙間に、居住用建物の賃貸借契約（１カ月分の借賃15万円。消費税等相当額を含まない。）を成立させ、報酬を受領した場合に関する次の記述のうち、宅地建物取引業法の規定に違反しないものはどれか。ただし、媒介の依頼を受けるに当たり報酬額について別段の定めはないものとする。

1　Ａが甲及び乙から８万2,500円ずつ受領した。

2　Ａが甲から16万5,000円受領したので、Ｂは乙から報酬を受領しなかった。

3　Ａが甲から８万2,500円、Ｂが乙から８万2,500円を受領した。

4　Ａが甲から媒介を依頼され、現地調査等の費用が通常の貸借の媒介に比べ３万円（消費税等相当額を含まない。）多く要したので、その旨を甲に対し説明した上で、Ａは甲から198,000円を受領した。

【問　35】　宅地建物取引業者Ａが、自ら売主となって、宅地の売買契約を締結し、又は締結しようとしている場合に関する次の記述のうち、宅地建物取引業法の規定によれば、正しいものはどれか。

1　当該売買契約が割賦販売契約であった場合で、宅地建物取引業者でない買主Ｂが当該宅地の引渡しと同時に代金の２割にあたる額を支払ったときは、Ａは、担保の目的で当該宅地を譲り受けてはならない。

2　当該宅地がＣの所有であり、ＡがＣと当該宅地について停止条件付きの売買契約を締結している場合、Ａは、その条件がまだ成就していない間は、宅地建物取引業者であるＤとの間で売買契約を締結することができない。

3　Ａが、宅地建物取引業者でない買主Ｅと「債務不履行による契約の解除に伴う損害賠償の予定額と違約金の額をそれぞれ代金額の３割とする。」旨の特約をした場合、損害賠償の予定額と違約金を合計した額は代金額の３割となる。

4　当該宅地がＦの所有であり、ＡがＦと当該宅地について売買契約を締結している場合、Ａは、宅地建物取引業者でないＧと、当該宅地について停止条件付きの売買契約を締結することができる。

【問 36】 宅地建物取引業者Ａが、建物の貸借の媒介を行う場合に関する次の記述のうち、宅地建物取引業法の規定によれば、正しいものはどれか。なお、この問において、「重要事項説明書面」又は「契約書面」とは、それぞれ同法第35条又は同法第37条の規定に基づく書面をいうものとする。

1 Ａは、重要事項説明書面及び契約書面を、Ａの事務所で交付しなければならない。

2 Ａは、重要事項説明書面については、宅地建物取引士をして記名させなければならないが、契約書面については、宅地建物取引士ではない従業者をして記名させてもよい。

3 Ａは、重要事項説明書面を、貸主に対して交付する必要はないが、契約書面は、貸主及び借主に対して交付しなければならない。

4 Ａは、借主の承諾を得て、重要事項説明書面の交付に代えて当該書面に記載すべき事項を電磁的方法により提供できるが、契約書面の交付に代えて当該書面に記載すべき事項を電磁的方法により提供することはできない。

【問 37】 宅地建物取引業者Ａが、Ｂの所有する建物の売却の依頼を受け、Ｂと媒介契約を締結した場合に関する次の記述のうち、宅地建物取引業法の規定によれば、正しいものはいくつあるか。なお、この問において「34条の2書面」とは、宅地建物取引業法第34条の2の規定に基づく媒介契約の内容を記載した書面をいうものとする。

ア Ａは、営業保証金を供託した供託所及びその所在地を、34条の2書面に記載しなければならない。

イ Ａは、代金以外の金銭の額、授受の時期、授受の目的について、34条の2書面に記載しなければならない。

ウ Ａは、Ｂに対して、宅地建物取引士をして34条の2書面を交付して説明をさせなければならない。

エ Ｂが宅地建物取引業者である場合は、媒介契約が専任媒介契約であるときでも、34条の2書面を交付しなくてもよい。

1 一つ

2 二つ

3 三つ

4 なし

【問　38】　宅地建物取引業者Aが、自ら売主として、宅地建物取引業者でないBとの間で宅地の売買契約を締結した場合における、宅地建物取引業法第37条の2の規定に基づくいわゆるクーリング・オフに関する次の記述のうち、正しいものはいくつあるか。

ア　Aの従業員の申出により、Aから代理の依頼を受けた宅地建物取引業者Cの事務所で買受けの申込みとともに売買契約が締結されたときは、Bは、その契約を解除することができない。

イ　Bの申出により、Aの取引先の建設業者の事務所内で買受けの申込みとともに売買契約が締結されたときは、Bは、その契約を解除することができない。

ウ　Aの従業員の申出により、Bの自宅で買受けの申込みとともに売買契約が締結されたときは、Bは、その契約を解除することができない。

エ　Bの申出により、Aのテント張りの現地案内所で買受けの申込みとともに売買契約が締結された場合であっても、代金の全部が支払われ、かつ、当該宅地の引渡しが完了したときには、Bは、その契約を解除することができない。

1　一つ
2　二つ
3　三つ
4　四つ

【問　39】　宅地建物取引業者A（甲県知事免許）に対する監督処分及び罰則に関する次の記述のうち、宅地建物取引業法（以下この問において「法」という。）の規定によれば、正しいものはどれか。

1　Aは、正当な理由がある場合でなければ、その業務上取り扱ったことについて知り得た秘密を他に漏らしてはならず、秘密を漏らされた本人の告訴がなくとも公訴を提起されることがある。

2　Aが、乙県の区域内における業務に関して乙県知事から受けた業務の停止処分に違反した場合、乙県知事は、Aの免許を取り消さなければならない。

3　Aが、宅地建物取引業者Bの媒介によりCと事業用建物の賃貸借契約を締結するに当たり、法第37条の規定に基づきBが作成し交付した書面に同条違反があった場合、Bのみが監督処分及び罰則の対象となる。

4　Aが、宅地の所有者Dからその宅地の売買の媒介を依頼され、専属専任媒介契約を締結した場合において、Aが所定の期間内に指定流通機構に登録をしなかったとき、Aは、そのことを理由として直ちに罰則の適用を受けることがある。

【問　40】　宅地建物取引業者Aが媒介契約を締結した場合に関する次の記述のうち、宅地建物取引業法の規定によれば、正しいものはどれか。

1　Aは、BからB所有の宅地の売却の依頼を受け、Bと専属専任媒介契約を締結した場合、Bの承諾を得れば、国土交通大臣が指定する流通機構に当該宅地を登録することを省略することができる。

2　Aが、CからC所有の建物の賃貸の媒介の依頼を受け、Cと専任媒介契約を締結した場合、媒介契約の有効期間を4月と定めると、当該媒介契約の有効期間は3月とされる。

3　Aは、DからD所有の宅地の売却の依頼を受け、Dと一般媒介契約（専任媒介契約でない媒介契約）を締結した場合、当該媒介契約に係る業務の処理状況を15日に1回報告する旨の特約をすることができる。

4　Aが、EからE所有の建物の売却の媒介の依頼を受け、Eと専属専任媒介契約を締結した場合、媒介契約の有効期間を2月と定めると、当該媒介契約の有効期間は3月とされる。

【問　41】　宅地建物取引業者Ａ（甲県知事免許）が宅地建物取引業保証協会（以下この問において「保証協会」という。）に加入しようとし、又は加入した場合に関する次の記述のうち、宅地建物取引業法の規定によれば、正しいものはどれか。

1　Ａがその一部の支店を廃止したため、保証協会が弁済業務保証金分担金をＡに返還しようとするとき、保証協会は、弁済業務保証金に係る還付を請求することができる者に対し、一定期間内に認証を受けるため申し出るべき旨の公告を行う必要はない。

2　保証協会が、Ａから弁済業務保証金分担金の納付を受けてから1週間以内に、その納付を受けた額に相当する額の弁済業務保証金を供託したとき、Ａは、その供託物受入れの記載のある供託書の写しを添附して、その旨を甲県知事に届け出なければならない。

3　Ａは、保証協会に加入するため弁済業務保証金分担金を納付する場合、地方債証券をもってこれに充てることができ、その評価額は、額面金額の100分の90となる。

4　Ａが保証協会から還付充当金を納付すべき旨の通知を受けたとき、その日から1週間以内に、当該還付額に相当する額の還付充当金を納付しなければ、Ａは、保証協会の社員の地位を失う。

【問　42】　甲県知事の宅地建物取引士資格登録（以下「登録」という。）を受けている宅地建物取引士Aが、宅地建物取引業者B（国土交通大臣免許）に勤務している場合に関する次の記述のうち、宅地建物取引業法の規定によれば、正しいものはいくつあるか。

ア　Aは、同時にBの支店と宅地建物取引業者Cの支店における専任の宅地建物取引士となることができる。

イ　Bが、他の事務所を廃止することなく、新たに支店を設けて、そこで宅地建物取引業を営もうとする場合、Bは免許換えの申請を、Aは変更の登録の申請をしなければならない。

ウ　Aは、その住所を変更した場合、遅滞なく、変更の登録の申請とあわせて、宅地建物取引士証の書換え交付を申請しなければならない。

エ　Aが、乙県知事に対して登録の移転をした場合、甲県知事から交付を受けていた宅地建物取引士証は効力を失う。

1　一つ
2　二つ
3　三つ
4　四つ

【問　43】　宅地建物取引業者A（甲県知事免許）が、売主である宅地建物取引業者B（乙県知事免許）から、甲県内に所在する一団の宅地の販売代理を一括して受け、Aが、当該物件の所在する場所以外の場所に案内所を設けて、売買契約の申込みを受ける場合に関する次の記述のうち、宅地建物取引業法の規定によれば、誤っているものはどれか。なお、当該案内所は甲県内に所在するものとする。

1　Aは、当該案内所に、従業者名簿を備え付ける必要はない。

2　Aは、当該案内所の設置について、一定の事項を甲県知事に届け出る必要がある。

3　Aは、当該物件の所在する場所に自己の標識を掲示する必要はないが、Bは、その必要がある。

4　Aが設置する案内所に掲げる標識と、Aが事務所において掲げる標識とでは、標識の様式及び記載事項は同一である。

【問 44】 宅地建物取引業者が、区分所有建物の貸借の媒介をする場合の宅地建物取引業法第35条の規定に基づく重要事項の説明に関する次の記述のうち、正しいものはいくつあるか。なお、説明の相手方は宅地建物取引業者でないものとする。

ア 当該建物について建築基準法に基づく建築物の延べ面積の敷地面積に対する割合（容積率）に関する制限があるときは、その概要を、重要事項として説明しなければならない。

イ 専有部分の用途その他の利用の制限に関する規約の定め（案を含む。）があるときは、重要事項として説明しなければならない。

ウ 当該一棟の建物の計画的な維持修繕のための費用の積立てを行う旨の規約の定め（案を含む。）があるときであっても、その内容とすでに積み立てられている額を、重要事項として説明する必要はない。

1 一つ
2 二つ
3 三つ
4 なし

【問 45】 特定住宅瑕疵担保責任の履行の確保等に関する法律（以下この問において「法」という。）に関する次の記述のうち、正しいものはどれか。なお、この問において、買主には宅地建物取引業者を含まないものとする。

1 自ら売主として新築住宅を買主に引き渡した宅地建物取引業者が、住宅販売瑕疵担保保証金を供託する場合、その住宅の床面積が100㎡以下であるときは、新築住宅の合計戸数の算定に当たって、床面積100㎡以下の住宅2戸をもって1戸と数えることになる。

2 法にいう「新築住宅」とは、新たに建設された住宅で、まだ人の居住の用に供したことのないものをいうが、建設工事の完了の日から起算して6月を経過したものは含まれない。

3 新築住宅の売買契約においては、売主は、買主に引き渡した時から10年間、住宅の構造耐力上主要な部分等の瑕疵について担保責任を負う。

4 宅地建物取引業者は、毎年、基準日から3週間を経過する日までの間において、当該基準日前1年間に自ら売主となる売買契約に基づき買主に引き渡した新築住宅について、当該買主に対する特定住宅販売瑕疵担保責任の履行を確保するため、住宅販売瑕疵担保保証金の供託をしていなければならない。

【問　46】　独立行政法人住宅金融支援機構(以下この問において「機構」という。)に関する次の記述のうち、誤っているものはどれか。

1　機構は、一定の勤労者で、事業主もしくは事業主団体から独立行政法人勤労者退職金共済機構の行う住宅資金の貸付けを受けることができないものに対しては、住宅資金の貸付けを行うことができる。

2　機構は、マンションの共用部分の改良に必要な資金の貸付けを行うことができる。

3　機構は、住宅のエネルギー消費性能の向上を主たる目的とする住宅の改良に必要な資金の貸付けを行うことができる。

4　機構は、貸付けを受けた者が元利金の支払が困難になった場合、元利金の支払の免除をすることができる。

【問　47】　宅地建物取引業者が行う広告に関する次の記述のうち、不当景品類及び不当表示防止法 (不動産の表示に関する公正競争規約を含む。) の規定によれば、正しいものはどれか。

1　複数の売買物件を1枚の広告に掲載するに当たり、取引態様が複数混在している場合には、広告の下部にまとめて表示すれば、どの物件がどの取引態様かを明示していなくても不当表示に問われることはない。

2　インターネットによる不動産広告において、売却済みの古い物件情報が消除されないまま掲載がされていた場合、不当表示に問われるおそれがある。

3　改装済みの中古住宅については、改装済みである旨を必ず表示しなければ、不当表示に問われるおそれがある。

4　新築の建売住宅について、建築中で外装が完成していなかったため、当該建売住宅と構造、階数、仕様は同一ではないが同じ施工業者が他の地域で手掛けた建売住宅の外観写真を、施工例である旨を明記して掲載した。この広告表示が不当表示に問われることはない。

【問　48】　次の記述のうち、正しいものはどれか。

1　建築着工統計調査報告（令和5年計。令和6年1月公表）によれば、令和5年の持家の新設住宅着工戸数は約22.4万戸となっており、2年連続の減少となった。

2　年次別法人企業統計調査（令和4年度。令和5年9月公表）によれば、令和4年度における不動産業の売上高経常利益率は12.8％で前年度より減少し、全産業の売上高経常利益率よりも低くなっている。

3　令和4年度宅地建物取引業法の施行状況調査（令和5年10月公表）によれば、令和5年3月末における宅地建物取引業者の全事業者数は10万業者を下回り、9年連続の減少となった。

4　令和6年地価公示（令和6年3月公表）によれば、令和5年1月以降の1年間の地価変動率は、地方圏平均では、全用途平均及び商業地のいずれも3年ぶりの下落となった。

【問　49】　土地に関する次の記述のうち、最も不適当なものはどれか。

1　三角州は、河川の河口付近に見られる低湿で軟弱な地盤である。

2　切土斜面は、掘削後時間とともに安定化が進むので、切土掘削直後の斜面安定が確認できれば以後は安心である。

3　建物の基礎の支持力は、粘土地盤よりも砂礫地盤の方が発揮されやすい。

4　天井川は、河床の砂礫堆積の進行により、河床面が周辺地域より高い河川である。

【問　50】　建築物の構造及び建築材料に関する次の記述のうち、最も不適当なものはどれか。

1　免震構造は、建物の下部構造と上部構造との間に積層ゴムなどを設置し、揺れを減らす構造である。

2　ラーメン構造は、柱と梁を組み合わせた直方体で構成する骨組である。

3　給気口は居室の天井の高さの2分の1以下の高さの位置に設け、排気口は給気口よりも高い位置に設けなければならない。

4　モルタルは、一般に水、セメント及び砂利を練り混ぜたものである。

第 2 回　問題

問題

2024年版
出る順宅建士 当たる！直前予想模試

第3回　問題

1　この表紙（色紙）を残したまま問題冊子を取り外してください。
2　解答用紙（マークシート）は第1回問題の冊子の前にとじてあります。
切り取ってご使用ください。

「問題冊子」の取り外し方

①この色紙を残し、「問題冊子」だけをつかんでください。
②「問題冊子」をしっかりとつかんだまま手前に引っ張って、取り外してください。

「問題冊子」

※色紙と「問題冊子」は、のりで接着されていますので、丁寧に取り外してください。なお、取り外しの際の破損等による返品・交換には応じられませんのでご注意ください。

LEC東京リーガルマインド

2024 年版

出る順宅建士 当たる！直前予想模試

令 和 6 年 度
問　　　　題

第 3 回

合格基準点　36 点

次の注意事項をよく読んでから、始めてください。

(注意事項)

1　問　　　題

問題は、1 ページから 26 ページまでの 50 問です。

試験開始の合図と同時に、ページ数を確認してください。

落丁や乱丁があった場合は、直ちに試験監督員に申し出てください。

2　解　　　答

解答は、解答用紙の「記入上の注意」に従って記入してください。

正解は、各問題とも一つだけです。

二つ以上の解答をしたもの及び判読が困難なものは、正解としません。

3　適用法令

問題の中の法令に関する部分は、令和 6 年 4 月 1 日現在施行されている
規定に基づいて出題されています。

【問　1】　Ａが債権者の差押えを免れるため、Ｂと通じてＡ所有の甲地をＢに仮装譲渡する契約をし、Ｂに甲地の所有権登記を移転した場合に関する次の記述のうち、民法の規定及び判例によれば、正しいものはどれか。

1　Ｂの一般債権者Ｃが、ＡＢ間の契約の事情を知らずに甲地を差し押さえた場合、Ａは、Ｃに対し、甲地の所有権を対抗することができる。

2　Ｂが甲地上に建物を建築し、これをＡＢ間の契約の事情を知らないＤに賃貸した場合、Ａは、Ｄに対し、甲地の所有権を対抗することができない。

3　Ｂが、Ｅと甲地について売買予約を締結した場合において、Ｅは予約の時にはＡＢ間の契約の事情を知らなかったが、予約完結権を行使して売買契約が成立した時にはＡＢ間の契約の事情を知っていたとき、Ａは、Ｅに対し、甲地の所有権を対抗することができない。

4　Ｂが、ＡＢ間の契約の事情を知っていたＦに甲地を譲渡した後、さらにＦがＡＢ間の契約の事情を知らないＧに甲地を譲渡した場合、Ａは、Ｇに対し、甲地の所有権を対抗することができない。

【問　2】　ＡはＢに対し貸金債権を有している。この金銭債権の消滅時効に関する次の記述のうち、民法の規定によれば、誤っているものはどれか。

1　Ａが、Ｂに対する貸金債権につき裁判上の請求をした場合において、確定判決によってＡの権利が確定したときは、当該貸金債権の消滅時効は、その時から新たにその進行を始めることとなる。

2　Ａが、Ｂに対する貸金債権につき内容証明郵便により支払を請求したとしても、その請求により、当該貸金債権の消滅時効が新たにその進行を始めるものではない。

3　Ａが、Ｂに対する貸金債権につき裁判上の請求をした場合において、当該請求中に、当該貸金債権の当初の時効期間を経過したとき、Ａが当該請求を取り下げると、当該貸金債権の消滅時効は直ちに完成することとなる。

4　Ａの、Ｂに対する貸金債権につき、Ｂが貸金債務の存在を承認した場合、当該承認が裁判外のものであったとしても、当該貸金債権の消滅時効は、その時から新たにその進行を始めることとなる。

【問　3】　Aが、Bの代理人として、Bの所有する土地をCに売却する契約を締結し、又は締結しようとする場合に関する次の記述のうち、民法の規定によれば、正しいものはどれか。

1　Bの所有する土地をCに売却することを委託されていたAがCにだまされて売買契約を締結した場合においても、Bがその事情を知っていたときには、Bは、当該契約を取り消すことができない。

2　Aが未成年者であり、親権者の同意を得ずに売買契約を締結した場合、Bは、Aに代理権を与えていても当該契約を取り消すことができる。

3　AがBのためにすることを示さないでCと売買契約を締結した場合、当該契約はAのためにしたものとみなされ、Bに当該契約の効力が生ずることはない。

4　AがCと売買契約を締結しようとする場合、Aは、Bの同意がなくても、Cの同意があれば、Cの代理人にもなることができる。

【問　4】　AがBからB所有の建物を買い受ける契約を締結し、代金は3カ月後建物の引渡しと引換えに支払う旨の約定がある場合に関する次の記述のうち、民法の規定によれば、正しいものはいくつあるか。

ア　当該建物が、契約成立後引渡し期日前に、台風により損壊し、引き渡すことができなくなったときでも、Aは、Bに対し、建物の代金を支払わなければならない。

イ　当該建物について契約の内容に適合しない抵当権の登記があるときは、Aは、抵当権消滅請求の手続が終わるまで、代金の支払を拒むことができる。

ウ　当該建物の引渡しの期日が到来してもBが引渡しをしない場合、Aは、Bに対し、相当の期間を定めて引き渡すべき旨を催告しただけでは、その期間内になお引渡しがなされないときでも、売買契約を解除することができない。

エ　売買契約が解除された場合、A及びBは原状回復義務を負うが、Bが返還すべき金銭には解除の時からの利息を付さなければならない。

1　一つ
2　二つ
3　三つ
4　なし

【問　5】　AがBに対し土地を売却した場合におけるBの代金債務の弁済に関する次の記述のうち、民法の規定及び判例によれば、正しいものはどれか。

1　BがA名義の領収証を持参したCに弁済した場合において、Cに受領権限がなかったとき、Bがその事情につき善意でさえあれば、Bは、代金債務を免れる。

2　弁済をするについて正当な利益を有する者でない第三者であっても、Bの意思に反しない場合であれば、原則として、Aの意思に反して弁済をすることができる。

3　Bの代金債務について連帯保証人となったDが代金債務をAに弁済した場合、Dは、Aの承諾がなくても、Aが当該代金債権を担保するために設定を受けた抵当権を行使することができる。

4　Bの弁済した額が元本、利息及び費用の合計の額に達しないときは、まず元本に充当し、順次、利息及び費用に充当しなければならない。

【問　6】　目的物の種類又は品質に関する売主の契約不適合責任に関する次の記述のうち、民法の規定によれば、正しいものはどれか。

1　AB間で書籍の売買契約が締結され、当該書籍がBに引き渡された場合において、当該書籍に契約に適合しない乱丁・落丁があったものの、当該不適合がAの責めに帰すべき事由により生じたものでないのであれば、Bは、Aに対して、代替の書籍を引き渡すよう請求することはできない。

2　CD間で自動車の売買契約が締結され、当該自動車がDに引き渡された場合において、当該自動車のエンジンに契約に適合しない故障があったとき、Dは、Cに対し当該エンジンの修理を請求することができるが、Cは、Dに対し代替の自動車を引き渡すことで履行の追完とすることができる場合がある。

3　EF間で衣類の売買契約が締結され、当該衣類がFに引き渡された場合において、当該衣類に契約に適合しない汚れがあったとき、Fは、原則として、Eに対して直ちに代金減額請求をすることができる。

4　GH間でパソコンの売買契約が締結され、当該パソコンがHに引き渡された場合において、当該パソコンに契約に適合しない動作不良があったとき、Hは、Gが当該動作不良を知っていた場合であっても、Gに対し、当該動作不良を知ってから1年以内にその旨を通知しなければ、履行の追完その他売主の契約不適合責任を追及することができなくなる。

【問 7】 次の1から4までの記述のうち、民法の規定及び下記判決文によれば、正しいものはどれか。

（判決文）

　土地を目的とする先順位の甲抵当権と後順位の乙抵当権が設定された後に、甲抵当権が設定契約の解除により消滅し、その後、乙抵当権の実行により土地と土地上建物の所有者を異にするに至った場合において、当該土地と建物が、甲抵当権の設定時には同一の所有者に属していなかったとしても、乙抵当権の設定時に同一の所有者に属していたときは、法定地上権が成立するというべきである。

1　同一の土地に2つの抵当権が設定された場合、法定地上権の成否を判断する基準時は、常に先順位抵当権設定時である。

2　先順位抵当権の消滅後に後順位抵当権が実行された場合において、先順位抵当権設定時には土地と建物の所有者が別人であっても、後順位抵当権設定時には土地と建物が同一人に帰属していたときは、法定地上権が成立する。

3　先順位抵当権設定時に土地と建物が同一人に帰属していない場合は、何らかの土地利用権が設定されているはずであり法定地上権の成立を認める必要はない。この結論は、後順位抵当権設定後に先順位抵当権が消滅しても異ならない。

4　法定地上権が成立するためには、抵当権設定時に、土地と建物が同一人に帰属している必要はない。

【問　8】　AがBのCに対する債務について連帯保証人となった場合に関する次の記述のうち、民法の規定及び判例によれば、正しいものはどれか。

1　BがCに債務の承認をしてBの債務の時効が更新しても、Aの債務の時効は更新せず、又、AがCに債務を承認してAの債務の時効が更新しても、Bの債務の時効は更新しない。

2　BがCに対して債権を有している場合、Aは当該Bの債権による相殺権の行使によってBが債務を免れるべき限度において債務の履行を拒むことができないが、AがCに対して債権を有している場合、Bは当該Aの債権による相殺権の行使によってAが債務を免れるべき限度において債務の履行を拒むことができる。

3　BがCを相続したことによりBの債務が消滅すると、Aの債務も消滅するが、AがCを相続したことによりAの債務が消滅しても、Bの債務は消滅しない。

4　Bの債務について消滅時効が完成して債務が消滅すると、Aの債務も消滅するが、Aの債務について消滅時効が完成して債務が消滅しても、Bの債務は消滅しない。

【問　9】　契約の終了に関する次の記述のうち、民法の規定によれば、誤っているものはどれか。

1　賃貸借契約は、賃借人が賃貸人の承諾なしに賃借権を譲渡すれば、終了する。

2　使用貸借契約は、借主が死亡すれば、終了する。

3　請負契約において、仕事が完成するまでの間に注文者が破産手続開始の決定を受けたときは、請負人は、契約を解除することができる。

4　寄託契約において、当事者が寄託物の返還時期を定めたときでも、寄託者は、いつでもその返還を請求することができる。

【問　10】　Aが、Aの内縁の妻B、Aの先妻との子C（Aの死亡前に死亡）及びD、Cの子E、Dの子F、Aの死亡した妹の子Gを残して死亡した場合、被相続人Aの相続に関する次の記述のうち、民法の規定によれば、正しいものはどれか。

1　AとDが同時に死亡したときは、Fは相続人とならず、Eが単独で相続する。

2　Dが相続を放棄したときは、Fは相続人とならず、Eが単独で相続する。

3　DとEが相続を放棄したときは、Fは相続人とならず、Bが単独で相続する。

4　DとEが相続を放棄したとしても、Gが相続人となることはない。

【問　11】　Aは、Bから建物所有の目的で甲土地を賃借し、甲土地上に乙建物を建築して所有しているが、甲土地の借地権については登記をしていない。この場合において、甲土地の所有権がBからCに移転され、所有権移転登記がなされた場合に関する次の記述のうち、借地借家法（以下この問において「法」という。）の規定及び判例によれば、誤っているものはどれか。

1　乙建物についてAを表題部所有者とする表示の登記がなされている場合、Aは、甲土地の借地権をCに対抗することができる。

2　借地権が法第22条に規定する定期借地権である場合、Aは、乙建物について登記していなければ、書面によって借地契約を締結していても、甲土地の借地権をCに対抗することはできない。

3　乙建物についてAの長男D名義で所有権保存登記がなされている場合、Aは、甲土地の借地権をCに対抗することができる。

4　乙建物が火事により滅失した場合、Aは、乙建物について登記していなければ、建物を新たに築造する旨を甲土地上の見やすい場所に掲示していても、甲土地の借地権をCに対抗することはできない。

【問　12】　賃貸人Ａと賃借人Ｂとの間の居住用建物の賃貸借契約（借地借家法第38条に規定する定期建物賃貸借、同法第40条に規定する一時使用目的の建物の賃貸借は除く。）に関する次の記述のうち、借地借家法の規定によれば、誤っているものはどれか。

1　Ｂが建物をＣに転貸しようとする場合において、その転貸によりＡに不利となるおそれがないにもかかわらず、Ａが承諾を与えないときは、裁判所は、Ｂの申立てにより、Ａの承諾に代わる許可を与えることができる。

2　ＡＢ間で合意して建物賃貸借の契約期間を6か月と定めても、期間の定めがない契約とみなされる。

3　Ａの建物がＤからの借地上にあり、Ａの借地権の存続期間の満了によってＡが土地を明け渡すべき場合、Ｂが借地権の存続期間が満了することをその1年前までに知らなかったときに限り、Ｂは、裁判所に対し土地の明渡しの猶予を請求することができる。

4　家賃が、近傍同種の建物の家賃に比較して不相当に高額になったときは、契約の条件にかかわらず、Ｂは、将来に向かって家賃の減額を請求することができる。

【問　13】　建物の区分所有等に関する法律に関する次の記述のうち、誤っているものはどれか。

1　規約及び集会の決議は、区分所有者の特定承継人に対しても、その効力を生ずる。

2　区分所有者の承諾を得て専有部分を占有する者は、会議の目的たる事項について利害関係を有する場合には、集会に出席して意見を述べることができる。

3　区分所有者の承諾を得て専有部分を占有する者は、その専有部分を保存するため必要がある場合には、他の区分所有者の専有部分の使用を請求することができる。

4　区分所有者は、敷地利用権が数人で有する所有権の場合には、規約に別段の定めがあれば、その有する専有部分とその専有部分にかかる敷地利用権とを分離して処分することができる。

【問　14】　不動産の登記に関する次の記述のうち、不動産登記法の規定によれば、誤っているものはどれか。

1　建物登記記録の表題部に所有者として記録されているAは、当該建物につき単独で所有権の保存の登記の申請をすることができる。

2　Aは、自己の所有する建物をBに対し売却した場合に、当該建物の所有権の移転の登記を申請するときは、原則として、Bと共同して行う必要がある。

3　Aは、婚姻により自己の氏名を変更した場合、単独で氏名変更の登記を申請することができる。

4　Aは、相続により建物の所有権を取得した場合に、当該建物の所有権の移転の登記を申請するときは、原則として、家庭裁判所により選任された特別代理人と共同して行う必要がある。

【問　15】　都市計画法に関する次の記述のうち、誤っているものはどれか。

1　地区計画に定められる地区整備計画においては、建築物の用途の制限を定めることができるが、建築物の形態又は色彩に関する制限を定めることはできない。

2　田園住居地域については、建築物の延べ面積の敷地面積に対する割合、建築物の建築面積の敷地面積に対する割合及び建築物の高さの限度が定められる。

3　市町村は、準都市計画区域について都市計画を決定しようとするときは、あらかじめ、都道府県知事と協議しなければならないものの、同意を得る必要はない。

4　市街化区域は、すでに市街地を形成している区域及びおおむね10年以内に優先的かつ計画的に市街化を図るべき区域であり、市街化調整区域は、市街化を抑制すべき区域である。

【問　16】　都市計画法の開発許可に関する次の記述のうち、正しいものはどれか。

1　市街化調整区域内において、市街化調整区域内で生産された農産物の加工に必要な建物を建築する目的で行う1,000㎡の土地の区画形質の変更については、開発許可を受ける必要がある。

2　都市計画区域及び準都市計画区域外の区域内において、共同住宅の建築の用に供する目的で行う10,000㎡の土地の区画形質の変更については、開発許可を受ける必要はない。

3　準都市計画区域内において、医療法に規定する病院の建築を目的とした4,000㎡の土地の区画形質の変更については、開発許可を受ける必要はない。

4　区域区分が定められていない都市計画区域内において、庭球場の建設の用に供する目的で行う3,000㎡の土地の区画形質の変更については、開発許可を受ける必要がある。

【問　17】　建築基準法（以下この問において「法」という。）に関する次の記述のうち、誤っているものはいくつあるか。

ア　準住居地域内においては、特定行政庁の許可を受けることなく、自動車車庫の用途に供する部分の床面積の合計が2,000㎡である2階建ての自動車車庫を建築することができる。

イ　5階建ての事務所の用途に供する建築物の2階以上の階にあるバルコニーその他これに類するものの周囲には、安全上必要な高さが1.1m以上の手すり壁、さく又は金網を設けなければならない。

ウ　長屋又は共同住宅の各戸の界壁は、原則として、小屋裏又は天井裏に達するものとしなければならない。

エ　容積率の制限は、都市計画において定められた数値によるが、前面道路（前面道路が2以上あるときは、その幅員の最大のもの。）の幅員が12m未満である場合には、当該前面道路の幅員のメートルの数値に法第52条第2項各号に定められた数値を乗じたもの以下でなければならない。

1　一つ
2　二つ
3　三つ
4　なし

【問　18】　防火地域及び準防火地域に関する次の記述のうち、建築基準法の規定によれば、誤っているものはどれか。

1　建築物が、防火地域及び準防火地域にわたる場合には、原則として、その全部について防火地域の建築物に関する規定が適用される。

2　防火地域又は準防火地域内にある建築物で、外壁が耐火構造のものについては、その外壁を隣地境界線に接して設けることができる。

3　防火地域又は準防火地域内にある看板、広告塔、装飾塔その他これらに類する工作物で、建築物の屋上に設けるもの又は高さ３ｍを超えるものは、その主要な部分を不燃材料で造り、又は覆わなければならない。

4　準防火地域内においては、地階を除く階数が４で、延べ面積が500㎡の建築物は、原則として、耐火建築物又は耐火建築物と同等以上の延焼防止性能を有する一定の建築物としなければならない。

【問　19】　宅地造成及び特定盛土等規制法に関する次の記述のうち、正しいものはどれか。なお、この問において「都道府県知事」とは、地方自治法に基づく指定都市及び中核市にあってはその長をいうものとする。

1　宅地造成等工事規制区域内の森林を宅地にするために行われる土地の形質の変更に関する工事であって、高さ1.5ｍの崖が生じ、かつ、その面積が600㎡の切土については、一定の場合を除き、工事主は、工事着手の30日前までに、当該工事の計画を都道府県知事に届け出なければならない。

2　宅地造成等工事規制区域内の土地（公共施設用地を除く。）において行われる地表水等を排除するための排水施設の除却の工事については、一定の場合を除き、工事主は、工事に着手する日までに、その旨を都道府県知事に届け出なければならない。

3　宅地造成等工事規制区域内において行われる宅地造成等に関する工事の許可を受けた工事主は、当該許可に係る工事の計画の変更をしようとするときは、主務省令で定める軽微な変更を除き、遅滞なく、その旨を都道府県知事に届け出なければならない。

4　特定盛土等規制区域内の農地において行われる、一定期間の経過後に除却する土石の堆積に関する工事であって、当該土石の堆積に１ｍの高さが生じ、かつ、その面積が1,000㎡のものについては、一定の場合を除き、工事主は、工事着手の30日前までに、当該工事の計画を都道府県知事に届け出なければならない。

【問　20】　農地法（以下この問において「法」という。）に関する次の記述のうち、正しいものはどれか。

1　住宅を建設する目的で、市街化調整区域内の農地に賃借権を設定する場合には、法第５条第１項の許可は不要である。

2　宅地に転用する目的で市街化区域内のその面積が６ヘクタールの農地を取得する場合、あらかじめ農業委員会に届け出れば、法第５条第１項の許可は不要である。

3　市街化調整区域内の採草放牧地の所有者がその土地に２アールの農業用施設を建設しようとする場合、法第４条第１項の許可が必要である。

4　農業者が相続により取得した市街化調整区域内の農地を自己の住宅用地として転用する場合、法第４条第１項の許可は不要である。

【問　21】　土地区画整理法に関する次の記述のうち、誤っているものはどれか。

1　従前の宅地について換地を定め、又は定めない場合において、不均衡が生ずると認められるときは、従前の宅地の位置、地積、土質、水利、利用状況、環境等を総合的に考慮して、金銭により清算するものとし、換地計画においてその額を定めなければならない。

2　施行地区内の宅地についての所有権以外の権利で登記のないものを有しようとする者は、あらかじめその権利の種類及び内容について施行者の同意を得なければならない。

3　土地区画整理事業の施行者は、仮換地を指定した場合において、従前の宅地に存する建築物を移転し、又は除却することが必要となったときは、当該建築物を移転し、又は除却することができる。

4　土地区画整理組合が施行する土地区画整理事業において、当該事業の利害関係者は、縦覧に供された事業計画について意見がある場合においては、原則として、縦覧期間満了の日の翌日から起算して２週間を経過する日までに、都道府県知事に意見書を提出することができる。

【問　22】　次の記述のうち、正しいものはどれか。

1　海岸法によれば、都道府県知事が海岸保全区域として指定した区域内において、土石を採取する行為をしようとする者は、原則として海岸管理者の許可を受けなければならない。

2　地すべり等防止法によれば、地すべり防止区域内において、地表水を放流し、又は停滞させる行為をしようとする者は、一定の場合を除き、市町村長の許可を受けなければならない。

3　国土利用計画法によれば、事後届出に係る土地の利用目的について、都道府県知事から勧告を受けた者が勧告に従わなかった場合、当該届出に係る土地売買の契約の効力は生じない。

4　景観法によれば、景観計画区域内において建築物の外観を変更することとなる色彩の変更をした者は、工事着手後30日以内に、その旨を環境大臣に届け出なければならない。

【問　23】　個人が令和6年中に令和6年1月1日において所有期間が10年を超える居住用財産を譲渡した場合のその譲渡に係る譲渡所得の課税に関する次の記述のうち、正しいものはどれか。

1　被相続人の死亡によって空き家となった居住用家屋を相続人が譲渡して得た譲渡益については租税特別措置法第35条第3項に規定する居住用財産の譲渡所得の3,000万円特別控除を適用することができるが、当該家屋を取壊した後の敷地を相続人が譲渡して得た譲渡益については当該特別控除を適用することはできない。

2　居住用財産を譲渡した場合において、租税特別措置法第35条第1項に規定する居住用財産の譲渡所得の3,000万円特別控除の適用を受けるとき、居住用財産を譲渡した場合の軽減税率の特例の適用を受けることはできない。

3　居住用財産を譲渡した場合において、特定の居住用財産の買換えの場合の長期譲渡所得の課税の特例の適用を受けるとき、居住用財産を譲渡した場合の軽減税率の特例の適用を受けることはできない。

4　居住用財産を譲渡した場合の軽減税率の特例は、その個人が令和3年において既にその特例の適用を受けている場合、令和6年中の譲渡による譲渡益について適用を受けることができない。

【問　24】　固定資産税に関する次の記述のうち、正しいものはどれか。

1　市町村は、同一の者について当該市町村の区域内におけるその者の所有に係る土地又は家屋に対して課する固定資産税の課税標準となるべき額が土地にあっては30万円、家屋にあっては20万円に満たない場合においては、固定資産税を課することが一切できない。

2　市町村長は、固定資産評価員に当該市町村所在の固定資産の状況について、少なくとも、土地及び家屋については3年に1回、実地に調査させなければならない。

3　市町村長は、天災その他特別の事情がある場合において固定資産税の減免を必要とすると認める者、貧困に因り生活のため公私の扶助を受ける者その他特別の事情がある者に限り、当該市町村の条例の定めるところにより、固定資産税を減免することができる。

4　独立行政法人は、固定資産税を課されることがない。

【問　25】　地価公示法に関する次の記述のうち、正しいものはどれか。

1　公示価格を規準とするとは、対象土地の価格を求めるに際して、当該対象土地に最も近い位置に存する標準地との比較を行い、その結果に基づき、当該標準地の公示価格と当該対象土地の価格との間に均衡を保たせることをいう。

2　土地鑑定委員会は、標準地の正常な価格を判定したときは、標準地の所在地、標準地の単位面積当たりの価格及び価格判定の基準日、標準地の地積及び形状、並びに標準地及びその周辺の土地の利用の現況等を官報で公示しなければならない。

3　土地収用法その他の法律によって土地を収用することができる事業を行う者は、公示区域内の土地を当該事業の用に供するため取得する場合において、当該土地の取得価格を定めるときは、公示価格を指標としなければならない。

4　標準地の単位面積当たりの正常な価格が判定された場合、都道府県知事は、関係市町村長に所要の図書を送付しなければならない。

【問　26】　宅地建物取引業者Aが業務に関して行う広告に関する次の記述のうち、宅地建物取引業法の規定によれば、誤っているものはいくつあるか。

ア　Aの行う広告において、当該広告に係る宅地又は建物の所在、規模、形質若しくは現在若しくは将来の利用の制限については著しく事実に相違する表示であっても、誤認による損害が実際に発生しなければ、監督処分の対象とならない。

イ　Aは、居住用賃貸マンションとする予定の建築確認申請中の建物に関しては、たとえ賃貸の媒介広告であっても、建築確認を受ける前に広告をすることができない。

ウ　Aは、実在しないことが客観的に明らかである物件を広告することはできないが、物件は実在するものの実際に取引する意思のない物件を広告することはできる。

1　一つ
2　二つ
3　三つ
4　なし

【問　27】　宅地建物取引業者が宅地又は建物の売買の媒介を行う場合において、宅地建物取引業法第35条に規定する重要事項を記載した書面にその記載を義務付けられていないものは、次の事項のうちどれか。

1　都市計画法、建築基準法その他の法令に基づく制限で契約内容の別に応じて政令で定めるものに関する事項の概要
2　契約の解除に関する事項
3　天災その他不可抗力による損害の負担に関する定めがあるときは、その内容
4　割賦販売における賦払金の額並びにその支払の時期及び方法

【問　28】　宅地建物取引業者Aが、甲県内に本店と支店3か所を設置して営業しようとし、又は営業している場合の営業保証金に関する次の記述のうち、宅地建物取引業法の規定によれば、誤っているものはどれか。

1　Aは、免許を受けた後、1,000万円の営業保証金を供託し、その旨の届出をすれば、本店に限って、業務を行うことができる。

2　営業保証金の還付請求は、請求しようとする者が、供託物払渡請求書を供託所に提出して行う。

3　Aは、営業保証金の還付により不足した額を供託したときは、供託した日から2週間以内に、供託した旨を甲県知事に届け出なければならない。

4　営業保証金を取り戻すことができる事由が発生した時から10年を経過したとき、Aは、還付請求権者に対して6月を下らない一定期間内に申し出るべき旨を公告することなく営業保証金を取り戻すことができる。

【問　29】　宅地建物取引業者Aが、建物を自ら売却し若しくは売却しようとし、又は建物の売却の媒介をした場合に関する次の記述のうち、宅地建物取引業法の規定に違反するものはいくつあるか。

ア　Aの相手方が手付を放棄して契約の解除を行おうとしたとき、正当な理由なく、当該契約の解除を拒んだ。

イ　Aが、媒介に際して、相手方に対して不当に高額の報酬を要求したが、実際に受領した報酬額は国土交通大臣が定めた報酬額の限度額以内であった。

ウ　Aは、手付の分割払いを認めるという条件で売買契約の締結を誘引したが、実際には契約の締結には至らなかった。

エ　Aは、単なる噂にすぎないことを知りつつ、相手方に対して「近くに駅ができることは間違いない。」旨を告げて、売買契約の締結を誘引した。

1　一つ
2　二つ
3　三つ
4　四つ

【問　30】　宅地建物取引業者A（国土交通大臣免許）が甲県内において10区画の一団の宅地を分譲するためにテント張りの案内所を設置し、買受けの申込みを受け契約を締結することとした場合に関する次の記述のうち、宅地建物取引業法（以下この問において「法」という。）の規定によれば、正しいものはどれか。

1　当該案内所においてAと売買契約を締結した宅地建物取引業者でない買主Bは、法第37条の2の規定により当該売買契約を解除することはできない。

2　Aは、当該案内所について、国土交通大臣及び甲県知事に届け出なければならない。

3　Aは、当該案内所に係る営業保証金を、主たる事務所の最寄りの供託所に供託しなければならないが、金銭のみならず有価証券による供託も認められている。

4　Aは、当該案内所についての届出をしなかったとしても、罰則の適用を受けることはない。

【問　31】　宅地建物取引業の免許（以下この問において「免許」という。）に関する次の記述のうち、宅地建物取引業法の規定によれば、正しいものはいくつあるか。

ア　Aが、一棟のマンション（20戸）を建築した上で、自ら借主を募集し、当該マンションの賃貸を反復継続して行おうとする場合、Aは、免許を受ける必要はない。

イ　Bが、用途地域外に所在する自己所有の山林を、土石の堆積場として利用するための土地として、不特定多数の者に反復継続して売却しようとする場合、Bは、免許を受ける必要がある。

ウ　Cが、自己の所有するマンション（50戸）の賃貸借契約の媒介をDに依頼し、Dが反復継続して賃貸借契約の媒介を行う場合、Dは、免許を受ける必要はない。

エ　信託業法第3条の免許を受けた信託会社であるEが、宅地建物取引業を営もうとする場合、Eは、原則として、免許を受ける必要がある。

1　一つ
2　二つ
3　三つ
4　四つ

【問　32】　Aが甲県知事の宅地建物取引士登録（以下この問において「登録」という。）を受け、又は受けようとしている場合に関する次の記述のうち、宅地建物取引業法の規定よれば、誤っているものはどれか。

1　Aが、乙県内において、宅地建物取引士として行う事務に関して不正な行為をした場合で、情状が特に重いとき、甲県知事は、Aの登録を消除しなければならない。

2　Aが、不正の手段により登録を受けた場合のみならず、不正の手段により宅地建物取引士証の交付を受けた場合も、甲県知事は、Aの登録を消除しなければならない。

3　甲県知事は、Aが不正の手段によって宅地建物取引士資格試験を受けた場合、そのことを理由に合格の決定を取り消し、情状により、3年間試験を受けることができないものとすることができる。

4　Aが、宅地建物取引士証の有効期間の更新を受けようとする場合、Aは、甲県知事が指定する講習で、更新の申請前1年以内に行われるものを受講しなければならない。

【問　33】　宅地建物取引業者が、その媒介により建物の売買の契約を成立させた場合、宅地建物取引業法第37条の規定に基づく契約内容を記載した書面に、その定めの有無にかかわらず必ず記載しなければならない事項は次のうちいくつあるか。

ア　損害賠償額の予定又は違約金に関する事項

イ　媒介契約の更新に関する事項

ウ　移転登記の申請の時期

エ　当該建物に係る租税その他の公課の負担に関する事項

1　一つ
2　二つ
3　三つ
4　なし

【問　34】　次の記述のうち、宅地建物取引業法（以下この問において「法」という。）の規定によれば、誤っているものはどれか。

1　甲県知事から免許を受けた宅地建物取引業者が、乙県に支店を増設したにもかかわらず、国土交通大臣に免許換えの申請をすることなく宅地建物取引業に関する業務を行った場合、乙県知事から業務停止処分を受けることがある。

2　甲県知事から免許を受けた宅地建物取引業者が、乙県の区域内における業務に関し、著しく不当な行為をした場合、乙県知事から業務停止処分を受けることがある。

3　国土交通大臣から免許を受けた宅地建物取引業者が、宅地の売買に関して、法第34条の規定に違反して取引態様を明示することなく広告を行った場合、国土交通大臣から業務停止処分を受けることがある。

4　国土交通大臣から免許を受けた宅地建物取引業者が、乙県内にある支店において、法第48条第1項に規定する従業者であることを証する証明書を携帯させることなく、従業者を業務に従事させた場合、乙県知事から業務停止処分を受けることがある。

【問　35】　宅地建物取引士Aが、甲県知事から宅地建物取引士証の交付を受けている場合に関する次の記述のうち、宅地建物取引業法の規定によれば、正しいものはどれか。

1　Aが、乙県に所在する宅地建物取引業者の事務所の業務に従事しようとする場合、Aは、乙県知事に登録の移転を申請しなければならない。

2　Aが死亡した場合、Aの相続人による届出がなくても、A死亡の事実が判明したときは、甲県知事は、Aの登録を消除しなければならない。

3　Aが、宅地建物取引士証の有効期間の更新を受けなかったことにより宅地建物取引士証が効力を失った場合、甲県知事は、Aの登録を消除しなければならない。

4　Aが、丙県知事に登録の移転の申請とともに宅地建物取引士証の交付の申請をした場合、丙県知事は、その申請の日から5年を有効期間とする宅地建物取引士証を交付しなければならない。

【問　36】　宅地建物取引業者Aが自ら売主として、宅地建物取引業者ではないBと中古建物の売買契約（代金3,000万円、手付金330万円）を締結した場合に関する次の記述のうち、宅地建物取引業法の規定によれば、正しいものはいくつあるか。

ア　AB間における「Bに引き渡された目的物の種類又は品質に関し契約の内容に適合しない場合でも、その不適合がBの責めに帰すべき事由によるときは、Bは修補の請求をすることができない。」旨の特約は有効である。

イ　AB間における「Aは手付金として受領した330万円を現実にBに提供して契約の解除をすることができる。」旨の特約は無効である。

ウ　AB間の割賦販売契約における「賦払金の支払の義務が履行されない場合においては、Aは、その支払を電磁的方法で催告し、当該催告の到達した日から30日以内にその義務が履行されないときは、賦払金の支払の遅滞を理由として、契約を解除することができる。」旨の特約は有効である。

エ　AがBから手付金を受領するにあたり保全措置を講ずる場合、銀行等との保証委託契約によることができるが、保険事業者との保証保険契約によることはできない。

1　一つ
2　二つ
3　三つ
4　四つ

【問　37】　宅地建物取引業者Aが、B所有の建物の売却の媒介の依頼を受け、Bと専属専任媒介契約（以下この問において「本件媒介契約」という。）を締結した場合に関する次の記述のうち、宅地建物取引業法の規定によれば、正しいものはどれか。

1　Aが、当該建物について指定流通機構に登録をし、当該登録を証する書面の発行を受けたとき、Aは、Bから引渡しの請求を受けるまで、当該書面を保管しておかなければならない。

2　本件媒介契約の有効期間の満了に際してBからAに更新の申出があれば、Aが更新に同意しないときであっても契約は更新される。

3　本件媒介契約の有効期間について、あらかじめBからの書面による申出があるときは、3か月を超える期間を定めることができる。

4　Aは契約の相手方を探すため、当該物件について必要な事項を、本件媒介契約の締結日から5日以内（休業日数は算入しない。）に指定流通機構に登録しなければならない。

【問　38】　　宅地建物取引業者ＡがＢ所有の宅地についてＢから売却の媒介の依頼を受け、ＢＣ間に売買契約を成立させた。この場合における、宅地建物取引業法第35条の規定に基づく重要事項の説明（以下この問において「重要事項の説明」という。）及び同法第37条の規定に基づく契約の内容を記載した書面（以下この問において「37条書面」という。）の交付に関する次の記述のうち、宅地建物取引業法の規定に違反しないものはどれか。

1　Ａは、Ｃが宅地建物取引業者でなかったため、売買契約の成立後、当該宅地の引渡し前に、宅地建物取引士をして、Ｃに対して重要事項の説明をさせた。

2　Ａは、Ｃが宅地建物取引業者であったことから、宅地建物取引士をして重要事項の説明をさせる際に、書面の交付をさせず口頭でのみ説明させたところ、その後に、ＢＣ間の売買契約が成立した。

3　Ａは、Ｂ及びＣがともに宅地建物取引業者でなかったため、売買契約締結後遅滞なく、Ａの事務所の近くの喫茶店において、宅地建物取引士でない従業者をして、Ｂ及びＣ双方に対して37条書面を交付させた。

4　Ａは、Ｂ及びＣの承諾を得て37条書面の交付に代えて電磁的方法により提供したが、当該提供において書面の交付に係る宅地建物取引士を明示しなかった。

【問　39】　　次の者のうち、宅地建物取引業の免許を受けることができない者はどれか。

1　Ａ──3年前に刑法第230条（名誉毀損）の罪を犯したとして懲役2年刑の全部の執行猶予3年の判決を受け、その取消しを受けることなく、執行猶予期間を満了したが、その満了の日から5年を経過していない。

2　Ｂ──免許の申請の3年前、刑法第208条（暴行）の罪を犯したとして拘留の刑に処せられていた。

3　Ｃ──免許の申請の4年前、刑法第234条（威力業務妨害）の罪を犯したとして罰金の罪に処せられていた。

4　Ｄ──免許の申請の4年前、刑法第247条（背任）の罪を犯したとして罰金の刑に処せられていた。

【問 40】 甲県知事の免許を受けた宅地建物取引業者Aが、宅地建物取引業保証協会（以下この問において「保証協会」という。）に加入しようとし、又は加入している場合に関する次の記述のうち、宅地建物取引業法の規定によれば、正しいものはどれか。

1 Aは、保証協会の社員の地位を失ったときは、弁済業務保証金の還付請求権者に対して、一定期間内に保証協会の認証を受けるため申し出るべき旨の公告を行ったうえで弁済業務保証金を取り戻すことができる。

2 Aは、保証協会に加入したときは、その加入の日から30日以内に、弁済業務保証金分担金を保証協会に納付しなければならない。

3 甲県知事は、Aと宅地建物取引業に関し取引をした者の権利の実行により弁済業務保証金の還付があったときは、Aに対し、当該還付額に相当する額の還付充当金を保証協会に納付すべきことを通知しなければならない。

4 Aは、保証協会の社員の地位を失ったときは、当該地位を失った日から1週間以内に、営業保証金を供託しなければならない。

【問 41】 宅地建物取引業者Aは、自ら売主となって、宅地建物取引業者でない買主Bに価格 3,000 万円のマンションを販売する際、当事者の債務の不履行を理由とする契約の解除に伴う損害賠償の予定額を 600 万円とし、これとは別に違約金の額を 600 万円とする特約をした。この場合に関する次の記述のうち、宅地建物取引業法の規定によれば、正しいものはどれか。

1 損害賠償の予定額も違約金の額も、ともに 600 万円を超えていないので、当該特約は有効である。

2 損害賠償の予定額と違約金の額とを合算した額が、1,200 万円を超えていないので、当該特約は有効である。

3 損害賠償の予定額と違約金の額とを合算した額が、600 万円を超えているので、当該特約自体が無効となる。

4 損害賠償の予定額と違約金の額とを合算した額が、600 万円を超えているので、超える部分である 600 万円について、当該特約は無効となる。

- 21 -

LEC東京リーガルマインド　2024 年版 出る順宅建士 当たる！ 直前予想模試 第 3 回　問題

【問　42】　宅地建物取引業者Ａ（消費税課税事業者）が甲の依頼を受け、宅地建物取引業者Ｂ（消費税課税事業者）が乙の依頼を受けて、契約を成立させ、報酬を受領した場合に関する次の記述のうち、宅地建物取引業法の規定に違反しないものはいくつあるか。

ア　Ａは、甲の代理依頼を受けて、甲所有の建物3,300万円（消費税等相当額を含む。）の売買契約を成立させ、甲から報酬として211万2,000円を受領した。

イ　Ａは甲から、Ｂは乙からそれぞれ媒介依頼を受けて、共同して甲乙間に、甲所有の宅地5,000万円（消費税等相当額を含まない。）の売買契約を成立させ、Ａは甲から、Ｂは乙からそれぞれ報酬として171万6,000円を受領した。

ウ　Ａは甲から媒介依頼を、また、Ｂは乙から代理依頼を受けて、共同して甲乙間に、甲所有の建物4,400万円（消費税等相当額を含む。）と乙所有の建物3,850万円（消費税等相当額を含む。）の交換契約を成立させ、Ａは甲から138万6,000円、Ｂは乙から138万6,000円の報酬を受領した。

1　一つ
2　二つ
3　三つ
4　なし

【問　43】　宅地建物取引業者Ａが、区分所有建物の貸借の媒介をする場合の宅地建物取引業法（以下この問において「法」という。）第35条の規定に基づく重要事項の説明に関する次の記述のうち、宅地建物取引業法の規定に違反しないものはどれか。なお、説明の相手方は宅地建物取引業者ではないものとする。

1　貸借の契約終了時における敷金その他の金銭の精算に関する事項が定まっていなかったので、その旨を説明しなかった。

2　当該区分所有建物が所在する一棟の建物又はその敷地の管理の委託を受けている法人について、その商号又は名称は重要事項として説明したが、その主たる事務所の所在地については説明しなかった。

3　当該区分所有建物が既存の住宅である場合において、法第34条の2第1項第4号に規定する建物状況調査を実施していなかったので、その旨を説明しなかった。

4　当該区分所有建物が所在する一棟の建物又はその敷地の一部を特定の者にのみ使用を許す旨の規約の定めがあったが、その内容を説明しなかった。

【問　44】　宅地建物取引業者Aが、Bが所有する宅地の売却の媒介の依頼を受け、Bと媒介契約を締結した場合に関する次の記述のうち、宅地建物取引業法の規定によれば、正しいものはいくつあるか。なお、以下「34条の2書面」とは、宅地建物取引業法第34条の2の規定に基づく媒介契約の内容を記載した書面をいうものとする。

ア　Aは、都市計画法、建築基準法その他の法令に基づく制限に関する事項を34条の2書面に記載しなくてもよい。

イ　媒介契約が専属専任媒介契約である場合、媒介契約の有効期間及び解除に関する事項を、34条の2書面に記載しなくてもよい。

ウ　媒介契約が専任媒介契約以外の一般媒介契約である場合、Aは、当該宅地を売買すべき価額又はその評価額について、34条の2書面に記載しなくてもよい。

1　一つ
2　二つ
3　三つ
4　なし

【問　45】　特定住宅瑕疵担保責任の履行の確保等に関する法律に基づく住宅販売瑕疵担保保証金（以下この問において「保証金」という。）の供託に関する次の記述のうち、誤っているものはどれか。

1　保証金の供託額は、基準日における販売新築住宅の合計戸数を基礎として、新築住宅に一定の瑕疵があった場合に生ずる損害の状況を勘案して政令で定めるところにより算定する額以上の額である。

2　保証金は、国債証券、地方債証券その他の国土交通省令で定める有価証券をもって、これに充てることができる。

3　保証金の供託は、供託しようとする宅地建物取引業者の主たる事務所の最寄りの供託所にする。

4　保証金の供託をしている宅地建物取引業者は、基準日において当該保証金の額が当該基準日に係る基準額を超える場合は、その超過額を取り戻すことができるが、この場合、保証金の還付を請求する権利を有する者に対して公告しなければならない。

【問　46】　独立行政法人住宅金融支援機構（以下この問において「機構」という。）に関する次の記述のうち、誤っているものはどれか。

1　政府は、国会の議決を経た金額の範囲内において、機構の長期借入金について保証することができる。

2　機構は、住宅の建設又は購入に必要な資金の貸付けに係る金融機関の貸付債権の譲受けを業務として行い、当該住宅の建設又は購入に付随する土地又は借地権の取得に必要な資金の貸付けに係る貸付債権についても、譲受けの対象としている。

3　機構は、業務の委託を受けた者に対し、その委託を受けた業務について報告を求めることができる他、機構の役員又は職員に、その委託を受けた業務について必要な調査をさせることもできる。

4　災害により、専ら商業の用に供する建築物が滅失した場合、機構は、これに代わるべき建築物の建設若しくは購入に必要な資金の貸付けを行うことができる。

【問　47】　宅地建物取引業者が行う広告等に関する次の記述のうち、不当景品類及び不当表示防止法（不動産の表示に関する公正競争規約及び不動産における景品類の提供の制限に関する公正競争規約を含む。）の規定によれば、正しいものはどれか。

1　販売代理を受けた宅地及び建物の広告を行う場合、ガス施設につき、都市ガス又はプロパンガスの別を明らかにして表示すれば、ガス供給事業者の名称を必ずしも表示しなくてもよい。

2　販売代理を受けた宅地及び建物の広告を行う場合、宅地の価格については、上下水道施設・都市ガス供給施設の設置のための費用その他宅地造成に係る費用を含めて表示しなければならないが、これらの費用に消費税及び地方消費税が課されるとき、その額は含めずに表示してもよい。

3　新築分譲マンション（全30戸、取引価格2,800万円～6,500万円）を販売するに当たり、購入者の中から抽選で5名に対し、50万円をキャッシュバックする旨の企画であれば実施することができる。

4　新築分譲マンション（全30戸、取引価格2,800万円～6,500万円）を販売するに当たり、90万円で入手した市価120万円の家具を購入者全員に提供することができる。

【問 48】 次の記述のうち、正しいものはどれか。

1 令和6年地価公示（令和6年3月公表）によれば、令和5年1月以降の1年間の住宅地の地価は、全国平均では2.0%減と3年連続の下落となっているものの、下落率は縮小している。

2 建築着工統計調査報告（令和5年計。令和6年1月公表）によれば、令和5年の新設住宅着工総戸数は約82.0万戸で、前年比では4.6%増となり、3年連続の増加となった。

3 公益財団法人不動産流通推進センターの「指定流通機構の活用状況について（2023年分）」（令和6年1月公表）によれば、2023年（2023年1月～2023年12月）の指定流通機構の新規登録件数は、約426万件であり、前年比0.6%の増加となった。

4 建築着工統計調査報告（令和5年計。令和6年1月公表）によれば、令和5年の新設住宅着工床面積は、前年より7.0%増加し、昨年の減少から再びの増加となった。

【問 49】 土地に関する次の記述のうち、最も不適当なものはどれか。

1 丘陵地帯で地下水位が深く、砂質土で形成された地盤では、地震の際に液状化する可能性が低い。

2 樹木が生育する斜面地では、その根が土層と堅く結合していれば、根より深い位置の斜面崩壊に対しても、樹木による安定効果を期待することができる。

3 地表面の傾斜は、等高線の密度で読み取ることができ、等高線の密度が高い所は傾斜が急である。

4 まさ、しらす、山砂、段丘砂礫などの主として砂質土からなるのり面は、地表水による浸食には比較的弱いため、簡易な排水施設の設置により安定を図ることが難しい。

【問　50】　　建築物の構造及び建築材料に関する次の記述のうち、最も不適当なものはどれか。

1　木材に一定の力をかけたときの圧縮に対する強度は、繊維方向に比べて繊維に直角方向のほうが大きい。

2　鉄骨鉄筋コンクリート造は、耐火性が高いことに加え、強度と靱性が大きく、高層建物等の構造に適している。

3　木造建築物に用いる木材は、一般的に、湿潤状態に比べて気乾状態の方が強度が大きくなる。

4　鉄は、炭素含有量が多いほど、引張り強さ及び硬さが増大し、伸びが減少することから、鉄骨造には、一般に炭素含有量が少ない鋼が用いられる。

第 3 回　問題

問題

2024年版
出る順宅建士 当たる！直前予想模試

第4回　問題

1　この表紙（色紙）を残したまま問題冊子を取り外してください。
2　解答用紙（マークシート）は第1回問題の冊子の前にとじてあります。
切り取ってご使用ください。

「問題冊子」の取り外し方

①この色紙を残し、「問題冊子」だけをつかんでください。
②「問題冊子」をしっかりとつかんだまま手前に引っ張って、
取り外してください。

「問題冊子」

※色紙と「問題冊子」は、のりで接着されていますので、丁寧に取り外してください。なお、取り外しの際の破損等による返品・交換には応じられませんのでご注意ください。

LEC東京リーガルマインド

2024 年版

出る順宅建士 当たる！直前予想模試

令 和 6 年 度
問　　　題

第 4 回

合格基準点　34点

次の注意事項をよく読んでから、始めてください。

(注意事項)

1　問　　　題

　　問題は、1ページから27ページまでの50問です。

　　試験開始の合図と同時に、ページ数を確認してください。

　　落丁や乱丁があった場合は、直ちに試験監督員に申し出てください。

2　解　　　答

　　解答は、解答用紙の「記入上の注意」に従って記入してください。

　　正解は、各問題とも一つだけです。

　　二つ以上の解答をしたもの及び判読が困難なものは、正解としません。

3　適用法令

　　問題の中の法令に関する部分は、令和6年4月1日現在施行されている

　規定に基づいて出題されています。

【問　1】　Aが、Bの詐欺によって、自己所有の甲建物をBに売り渡した場合における次の記述のうち、民法の規定及び判例によれば、正しいものはどれか。

1　Aが、Bの詐欺を理由にAB間の売買契約を取り消したときは、甲建物の所有権はAに復帰し、初めからBに移転しなかったことになる。

2　甲建物が、既に、BからCに転売された場合、Aが、Bの詐欺を理由にAB間の売買契約を取り消すにあたっては、Aは、Cに対して取消しの意思表示をしなければならない。

3　甲建物が、既に、BによってDに転売された場合において、Dが、詐欺の事実について過失なく知らないときは、Aは、Bの詐欺を理由にAB間の売買契約を取り消すことができない。

4　甲建物が、BからEに転売されている場合において、Aが、当該転売の後に、Bの詐欺を理由にAB間の売買契約を取り消した。この場合、Eは、甲建物の所有権登記を備えていれば、Bの詐欺の事実を知っていたとしても、Aに対して甲建物の所有権を対抗することができる。

【問　2】　Aは、代替地を取得することを停止条件として、Bとの間で自己所有の甲土地を売却する契約を締結した。この場合に関する次の記述のうち、民法の規定によれば、正しいものはどれか。なお、甲土地につき、仮登記の設定はなされていないものとする。

1　当該停止条件が成就するまでは、AB間の契約は成立しない。

2　AB間の契約締結当時に、Aが代替地を取得することができないことが確定していた場合でも、当該契約は有効である。

3　当該停止条件の成否未定の間に、Aが甲土地をCに売却して所有権移転登記をした場合、Aは、Bに対して損害賠償義務を負うことがある。

4　当該停止条件が成就する前にBが死亡した場合、Bの相続人は、AB間の契約における買主としての地位を承継することができない。

- 1 -

【問　3】　不動産の物権変動の対抗要件に関する次の記述のうち、民法の規定及び判例によれば、誤っているものはどれか。なお、この問において、いわゆる背信的悪意者については考慮しないものとする。

1　不動産売買契約の買主は、所有権移転登記をしなければ、当該売買契約後に、当該不動産を売主から二重に取得した第二の買主に対して所有権を対抗できない。

2　不動産売買契約に基づく所有権移転登記がなされた後に、当該契約に係る意思表示を強迫によるものとして適法に取り消した売主は、その旨の登記をしなければ、当該取消し後に、当該不動産を買主から取得した者に所有権を対抗できない。

3　取得時効の完成により不動産の所有権を適法に取得した者は、その旨を登記しなければ、当該時効完成前に、不動産を旧所有者から取得した者に所有権を対抗できない。

4　甲不動産につき、AとBが各自2分の1の共有持分で共同相続した後に、遺産分割によりAが甲不動産の全部を取得することとなった場合、Aは、その旨の登記をしなければ、当該遺産分割後に甲不動産をBから取得したCに対し、Bの持分の取得を対抗できない。

【問　4】　根抵当権と根保証契約に関する次の記述のうち、民法の規定によれば、誤っているものはどれか。なお、本問における根保証契約は、貸金等根保証契約ではないものとする。

1　根抵当権は、債権者が債務者に対して将来有することとなる不特定の貸付金債権であっても、それが一定の種類の取引によって生ずるものに限定されているときは、その極度額の限度において担保するために設定することができる。

2　根抵当権者は、貸付金債権の元本が確定した場合、確定期日の被担保債権額のほか、利息及び損害金についても、極度額に達するまで、根抵当権に基づく優先弁済権を主張することができる。

3　根保証契約は、保証契約のうち、一定の範囲に属する不特定の債務を主たる債務とするものであって、賃貸借契約に基づく賃借人が賃貸人に負う一切の債務の保証契約は、根保証契約に該当すると解される。

4　根保証契約は、当該根保証契約の保証人が法人の場合であっても、個人の場合であっても、極度額を定めなければ、その効力を生じない。

【問　5】　買主A、B及びCが売主Dから土地を購入し、3,000万円の代金債務について連帯して負担するものとした場合に関する次の記述のうち、民法の規定によれば、正しいものはどれか。

1　A、B及びCが負担部分を平等と定めた場合において、DがAに対し連帯の免除をしたときは、B及びCは、2,000万円についてDに連帯債務を負うことになる。

2　A、B及びCが負担部分を平等と定めた場合において、AがDを相続したときは、Aの債務は消滅するが、B及びCは、3,000万円についてDの相続人であるAに連帯債務を負うことになる。

3　A、B及びCがAの負担部分を債務の全部と定めた場合において、DがCに3,000万円を請求したときは、Cは、Aに請求するよう主張して、支払を拒むことができる。

4　A、B及びCがAの負担部分を債務の全部と定めた場合において、Aの債務について消滅時効が完成したとしても、B及びCは、債務の全額を免れない。

【問　6】　Aの被用者Bが、Aの事業の執行につきCとの間の取引において不法行為をし、CからAに対し損害賠償の請求がされた場合のAの使用者責任に関する次の記述のうち、民法の規定及び判例によれば、正しいものはどれか。

1　Bの行為が、Bの職務行為そのものには属しない場合でも、その行為の外形から判断して、Bの職務の範囲内に属すると認められるとき、Aは、Cに対して使用者責任を負うことがある。

2　Bが職務権限なくその行為を行っていることをCが知らなかった場合、そのことにつきCに重大な過失があるときであっても、Aは、Cに対して使用者責任を負う。

3　AがBの行為につきCに対して使用者責任を負う場合、CのBに対する損害賠償請求権が時効により消滅すれば、それによってAのCに対する損害賠償債務も消滅する。

4　AがBの行為につきCに対して使用者責任を負う場合、AがCに損害賠償金を支払ったときでも、Bに故意又は重大な過失があったときでなければ、Aは、Bに対して求償権を行使することができない。

【問　7】　土地の相隣関係に関する次の記述のうち、民法の規定によれば、正しいものはどれか。

1　他の土地に囲まれて公道に通じない土地の所有者は、公道に至るために、その土地を囲んでいる他の土地を通行することができ、必要があるときは、通路を開設することができる。

2　土地の所有者は、隣地の竹木の枝が境界線を越える場合において、竹木の所有者を知ることができず、又はその所在を知ることができないときであっても、自らその枝を切り取ることはできない。

3　土地の所有者は、境界標の調査又は境界に関する測量等の一定の目的のため必要な範囲内であれば、目的、日時、場所及び方法を、あらかじめ隣地の所有者及び隣地使用者に通知することによって、その住家に立入ることができる。

4　土地の境界標の設置及び保存の費用は、その土地の広狭に応じて、それぞれの土地の所有者が分担する。

【問　8】　配偶者居住権に関する次の記述のうち、民法の規定によれば、正しいものはどれか。

1　配偶者居住権の取得者は、居住建物の全部につき、無償で使用することはできるが、収益のために利用することはできない。

2　配偶者居住権の存続期間は、権利取得者の終身であり、別段の定めをすることはできない。

3　配偶者居住権の取得者は、当該権利を譲渡することができる。

4　配偶者居住権の対抗要件は、登記である。

【問　9】　相殺に関する次の1から4までの記述のうち、判決文及び民法の規定によれば正しいものはどれか。

（判決文）

　民法511条は、（中略）第三債務者が債務者に対して有する債権をもって差押債権者に対し相殺をなしうることを当然の前提としたうえ、差押後に発生した債権または差押後に他から取得した債権を自働債権とする相殺のみを例外的に禁止することによって、その限度において、差押債権者と第三債務者の間の利益の調節を図ったものと解するのが相当である。したがって、第三債務者は、その債権が差押後に取得されたものでないかぎり、自働債権および受働債権の弁済期の前後を問わず、相殺適状に達しさえすれば、差押後においても、これを自働債権として相殺をなしうる。

1　第三債務者に対する債権（受働債権）が、第三債務者の債務者に対する債権（自働債権）の弁済期よりも早く到来し、債務不履行に陥るものであれば、相殺適状となっても第三債務者は相殺をすることはできない。

2　差押えがなされた債権（受働債権）について相殺を認めるのは、差押前に取得された債権については、相殺権を行使する債権者の相殺に対する期待を保護する必要があるためである。

3　差押えの前後を問わず、第三債務者が債務者に対して取得した債権（自働債権）は、相殺適状に達すれば、相殺をすることができる。

4　第三債務者が、差押えがなされた債権（受働債権）で相殺するためには、自働債権を差押前に取得している必要があり、差押前に相殺適状となっていなければならない。

【問　10】　甲土地を所有しているAが、Bが所有している乙土地について地役権を設定、取得しようとし、又は設定、取得した場合に関する次の記述のうち、民法の規定によれば、正しいものはどれか。

1　Aは、眺望を目的とする地役権を設定することはできない。

2　Aが、地役権の設定後、甲土地をCに譲渡した場合、地役権は、原則として甲土地上に存続し、Cが地役権者となる。

3　Aは、時効によって乙土地に関する地役権を取得することはできない。

4　甲土地と乙土地とが隣接していない場合、Aは、乙土地を承役地とする地役権を設定することができない。

【問　11】　Aが所有している甲土地を青空駐車場としてBに賃貸する場合と、Cが所有している乙土地を建物所有目的でDに賃貸する場合（一時使用目的は除く。）に関する次の記述のうち、民法及び借地借家法の規定によれば、正しいものはどれか。

1　AB間の土地賃貸借契約の期間は、AB間で25年と定めた場合30年となるのに対し、CD間の土地賃貸借契約の期間は、CD間で35年と定めた場合35年となる。

2　AB間の土地賃貸借契約の期間満了後に、Bが甲土地の使用を継続している場合、AB間の賃貸借契約が更新したものと推定されることはないのに対し、CD間の土地賃貸借契約の期間満了後に、Dが乙土地の使用を継続していた場合には、契約が更新したものとみなされることがあり、借地権更新について最初の期間は10年となる。

3　AB間の土地賃貸借契約期間中に、Aが甲土地をEに売却した場合、Bは、賃借権の登記をしていなければ、甲土地の引渡しを受けていても、Eに対して賃借権を対抗することができないのに対し、CD間の土地賃貸借契約期間中に、Cが乙土地をFに売却した場合、Dは、賃借権の登記をしていなくても、乙土地上にD名義の所有権保存登記がされた建物を有するときは、Fに対して賃借権を対抗することができる。

4　AB間の土地賃貸借契約は書面によってしなくても、効力が生じるのに対し、CD間の土地賃貸借契約が専ら事業の用に供する建物（居住の用に供するものを除く。）所有を目的とし、かつ、存続期間を40年とする土地賃貸借契約である場合には、公正証書等の書面によってしなければ、効力が生じない。

【問　12】　AがBの所有する甲建物を賃借している場合に関する次の記述のうち、借地借家法の規定及び判例によれば、正しいものはどれか。

1　Aは、Bの負担すべき必要費を支出したときは、直ちに、Bに対して、その償還を請求することができるが、償還請求できる必要費は、甲建物の原状維持ないし原状回復する費用に限られる。

2　Aが有益費を支出した後、甲建物の賃貸人がCに交替した場合、AはCに対して、当該有益費の償還請求をすることはできない。

3　Aが、Bの承諾を得てDに甲建物を転貸している場合、DがBの同意を得て甲建物に造作を付加したとき、特約のない限り、Dは、賃貸借契約終了の際、Bに対して、時価でその造作を買い取るべきことを請求することができる。

4　Aは、甲建物に居住せず、Bの承諾を得てEに甲建物を転貸し、居住させていたが、その後Bが甲建物をFに譲渡した場合、AはFに対して、賃借権を対抗することができない。

【問　13】　建物の区分所有等に関する法律（以下「区分所有法」という。）に関する次の記述のうち、正しいものはどれか。

1　共用部分の保存行為を行うためには、規約で別段の定めのない場合は、区分所有者及び議決権の各過半数による集会の決議が必要である。

2　共用部分の変更（その形状又は効用の著しい変更を伴わないものを除く。）を行うためには、区分所有権及び議決権の各4分の3以上の多数による集会の決議が必要であるが、議決権については規約で過半数まで減ずることができる。

3　規約の変更が一部の区分所有者の権利に特別の影響を及ぼすことが明らかな場合において、その区分所有者の承諾を得られないときであっても、区分所有者及び議決権の各4分の3以上の多数による決議を行うことにより、当該規約の変更をすることができる。

4　区分所有建物の一部が滅失し、その滅失した部分が建物の価格の2分の1を超える場合、滅失した共用部分の復旧を集会で決議するためには、区分所有者及び議決権の各4分の3以上の多数が必要であり、これについて規約で別段の定めをすることはできない。

【問　14】　不動産の登記に関する次の記述のうち、不動産登記法の規定によれば、誤っているものはどれか。

1　区分建物の所有権の保存の登記は、表題部所有者から所有権を取得した者も、申請することができる。

2　委任による登記申請の代理権は、本人の死亡によって消滅する。

3　所有権の移転の登記の申請をする場合において、登記権利者が登記識別情報の通知を希望しない旨の申出をしたときは、当該登記に係る登記識別情報は通知されない。

4　何人も、正当な理由があるときは、登記官に対し、手数料を納付して、登記簿の附属書類である申請書を閲覧することができる。

【問　15】　都市計画法に関する次の記述のうち、正しいものはどれか。

1　特定用途制限地域は、用途地域が定められている土地の区域内において、その良好な環境の形成又は保持のため当該地域の特性に応じて合理的な土地利用が行われるよう、制限すべき特定の建築物等の用途の概要を定める地域である。

2　都市施設は、円滑な都市活動を確保し、良好な都市環境を保持するように定めることとされており、市街化区域及び区域区分が定められていない都市計画区域については、少なくとも道路、公園及び上下水道を定めなければならない。

3　特定街区に関する都市計画の案については、一定の利害関係を有する者の同意を得なければならない。

4　市街地開発事業に関する都市計画は、すべて市町村が定める。

【問　16】　都市計画法に関する次の記述のうち、正しいものはどれか。ただし、この問において条例による特別の定めはないものとし、「都道府県知事」とは、地方自治法に基づく指定都市、中核市及び施行時特例市にあってはその長をいうものとする。

1　自己の居住の用に供する住宅の建築の用に供する目的で行う開発行為にあっては、開発区域内に特定都市河川浸水被害対策法に規定する浸水被害防止区域内の土地を含んではならない。

2　開発許可を受けようとする者は、予定建築物の用途、構造及び設備を記載した申請書を提出しなければならない。

3　開発許可を受けようとする者は、開発区域内の土地又は建築物の権利者全員の同意を得たことを証する書面を添付した申請書を提出しなければならない。

4　市街化区域内において行う、航空法に規定するいわゆる旅客ターミナルビルの建築を目的とした10haの開発行為にあっては、開発許可を受けなくてよい。

【問　17】　建築基準法（以下この問において「法」という。）に関する次の記述のうち、誤っているものはどれか。

1　建築物の高さ31m以下の部分にある全ての階には、非常用の進入口を設けなければならない。

2　敷地が袋路状道路にのみ接する延べ面積が200㎡の建築物（一戸建ての住宅を除く。）については、地方公共団体は、条例で、接道義務を付加することができる。

3　商業地域内にある建築物については、法第56条の2第1項の規定による日影規制は、適用されない。ただし、冬至日において日影規制の対象区域内の土地に日影を生じさせる、高さ10mを超える建築物については、この限りでない。

4　工業地域内においては、特定行政庁の許可を受けることなく幼保連携型認定こども園を建築することができる。

【問　18】　建築基準法に関する次の記述のうち、正しいものはどれか。ただし、都道府県知事が都道府県都市計画審議会の意見を聴いて指定する区域及び特定行政庁の許可については考慮しないものとする。

1　オフィス及び商業施設等に宅配ボックスを設ける場合、宅配ボックス設置部分について延べ面積に100分の1を乗じて得た面積を限度として、容積率規制における延べ面積に算入しない。

2　都市計画区域内において、木造平家建て、延べ面積が300㎡の住宅を新築しようとする場合、建築確認を受ける必要はない。

3　建築物の敷地が準住居地域と近隣商業地域にわたる場合において、当該敷地の過半が近隣商業地域であるとき、客席部分の床面積の合計が300㎡の映画館は、建築することができない。

4　第一種低層住居専用地域内においては、道路斜線制限（建築基準法第56条第1項第1号の制限をいう。）は、適用されない。

【問　19】　国土利用計画法第23条の届出（以下この問において「事後届出」という。）に関する次の記述のうち、正しいものはどれか。

1　Aが所有する市街化区域内に所在する面積3,000㎡の甲地について、Bと売買契約を締結した場合、A及びBは、その契約を締結した日から起算して2週間以内に、事後届出をする必要がある。

2　Cが、都市計画法第5条の2に規定する準都市計画区域内において、Dの所有する面積18,000㎡の乙地上にショッピングモールを建設する計画に基づき、乙地を9,000㎡ずつに分けて、順次購入した場合、Cは、事後届出をする必要はない。

3　Eが所有する市街化調整区域内に所在する8,000㎡の丙地について、Fと売買の予約をした場合、Fは、予約契約を締結した日から起算して2週間以内に、事後届出をする必要がある。

4　Gが所有する都市計画区域外に所在する20,000㎡の丁地について、Hと売買契約を締結した場合、Hは、事後届出をする必要があるが、当該売買契約の売買価額を届け出る必要はない。

【問　20】　農地に関する次の記述のうち、農地法（以下この問において「法」という。）の規定によれば、誤っているものはどれか。

1　土地区画整理法に基づく土地区画整理事業により道路を建設するために、農地を転用しようとする者は、法第4条第1項の許可を受ける必要はない。

2　農業者が農業用施設に転用する目的で市街化調整区域内にある1アールの農地を取得する場合には、法第5条第1項の許可を受ける必要はない。

3　農業者が農業用施設の建築に必要な資金を銀行から借りるため、市街化区域外の農地に抵当権の設定がなされ、その後、当該抵当権が実行されて第三者が当該農地を取得する場合、当該農地の取得につき、法第3条第1項又は法第5条第1項の許可を受ける必要がある。

4　遺産の分割により農地の所有権を取得した場合、法第3条第1項の許可を受ける必要はないが、遅滞なく、農業委員会にその旨を届け出なければならない。

【問　21】　土地区画整理法に関する次の記述のうち、誤っているものはどれか。

1　仮換地を指定した場合において、その仮換地に使用又は収益の障害となる物件が存するときは、その仮換地について使用又は収益を開始することができる日を、仮換地の指定の効力発生の日と別に定めることができる。

2　換地計画において換地を定める場合においては、換地及び従前の宅地の位置、地積、土質、水利、利用状況、環境等が照応するように定めなければならない。

3　仮換地が指定された後、土地区画整理事業の施行地区内の宅地を売買により取得した者は、施行者の許可を受けなければ、その仮換地を使用することができない。

4　土地区画整理事業の施行により公共施設が設置された場合においては、その公共施設は、換地処分に係る公告があった日の翌日において、原則として、その公共施設の所在する市町村の管理に属する。

【問　22】　宅地造成及び特定盛土等規制法に関する次の記述のうち、正しいものはどれか。なお、この問において「都道府県知事」とは、地方自治法に基づく指定都市及び中核市にあってはその長をいうものとする。

1　都道府県知事は、宅地造成等工事規制区域内において行われる宅地造成等に関する工事について許可をするにあたり、当該工事の施行に伴う災害の防止その他良好な都市環境の形成のために必要と認める場合には、条件を付することができる。

2　宅地造成等工事規制区域内において、宅地造成工事を行うにあたり、当該宅地造成工事が政令で定める工程（特定工程）を含む場合、当該特定工程に係る工事を終えたときは、当該工事に関する許可を受けた工事主は、必要に応じて、都道府県知事の検査（中間検査）を申請することができる。

3　宅地造成等工事規制区域内において宅地造成等工事規制区域内において、公共施設用地を宅地又は農地等に転用した工事主は、転用後 21 日以内に、その旨を都道府県知事に届け出なければならない。

4　特定盛土等規制区域内の農地において行われる盛土であって、面積が 500 ㎡であり、かつ、崖は生じないものの、5.5mの高さを生じるものに関する工事については、原則として、工事主は、あらかじめ、都道府県知事の許可を受けなければならない。

【問　23】　住宅借入金等を有する場合の所得税額の特別控除（以下この問において「住宅ローン控除」という。）に関する次の記述のうち、正しいものはどれか。

1　令和6年中に居住用家屋を売却し、新たにエネルギー消費性能向上住宅である居住用家屋を取得した場合には、その売却した居住用家屋に係る譲渡損失につき特定の居住用財産の買換え等の場合の譲渡損失の繰越控除の適用を受けるときであっても、その新たに取得したエネルギー消費性能向上住宅である居住用家屋につき住宅ローン控除の適用を受けることができる。

2　居住用家屋の敷地の用に供する予定の土地を銀行からの住宅借入金等で令和5年中に取得し、令和6年中に同じ銀行からの住宅借入金等で抵当権が設定されたエネルギー消費性能向上住宅である居住用家屋を建築し居住の用に供する予定でいる場合には、令和5年分から住宅ローン控除の適用を受けることができる。

3　銀行からの住宅借入金等で取得したエネルギー消費性能向上住宅である居住用家屋を令和6年中に居住の用に供した場合には、その住宅借入金等の償還期間が15年以上でなければ住宅ローン控除の適用を受けることができない。

4　銀行からの住宅借入金等で取得したエネルギー消費性能向上住宅である居住用家屋を令和6年中に居住の用に供した場合には、令和6年以後15年間にわたって、その住宅借入金等の年末残高の1パーセント相当額の税額控除の適用を受けることができる。

【問　24】　不動産取得税に関する次の記述のうち、誤っているものはどれか。

1　相続により不動産を取得した場合、不動産取得税は課されない。

2　令和6年4月に建築された床面積240㎡の中古住宅を法人が取得した場合の当該取得に係る不動産取得税の課税標準の算定については、当該住宅の価格から1,200万円が控除される。

3　不動産取得税の免税点は、土地の取得にあっては10万円、家屋の取得のうち建築に係るものにあっては1戸につき23万円、その他の家屋の取得にあっては1戸につき12万円である。

4　令和6年4月に商業ビルを取得した場合、不動産取得税の標準税率は、100分の4である。

【問　25】　不動産の鑑定評価に関する次の記述のうち、不動産鑑定評価基準によれば、正しいものはどれか。

1　証券化対象不動産の鑑定評価における収益価格を求めるに当たっては、ＤＣＦ法を適用しなければならず、この場合において、併せて直接還元法を適用することにより検証を行うことが適切である。

2　収益還元法は、文化財の指定を受けた建造物等の一般的に市場性を有しない不動産も含めすべての不動産に適用すべきものであり、自用の不動産といえども賃貸を想定することにより適用されるものである。

3　原価法における再調達原価を求める方法には、直接法及び間接法があるが、このうち、直接法は、近隣地域若しくは同一需給圏内の類似地域等に存する対象不動産と類似の不動産又は同一需給圏内の代替競争不動産から対象不動産の再調達原価を求める方法である。

4　鑑定評価に当たって必要とされる取引事例は、当該事例に係る取引の事情が正常なものでなければならず、特殊な事情の事例を補正して用いることはできない。

【問　26】　宅地建物取引業者Ａが、Ｂが所有し居住している甲建物の売却の媒介の依頼を受け、Ｂと媒介契約を締結した場合に関する次の記述のうち、宅地建物取引業法の規定によれば、正しいものはどれか。

1　媒介契約が専任媒介契約である場合、「契約の有効期間を６月とする。」旨の特約をしたときは、その期間は１月とされる。

2　媒介契約が専任媒介契約以外の一般媒介契約である場合、Ａは、契約の相手方を探索するため、甲建物について指定流通機構に登録することができない。

3　甲建物に関する所定の情報を指定流通機構へ登録後、甲建物の売買契約が成立したとき、Ａは、遅滞なく、一定事項を当該指定流通機構に通知しなければならない。

4　媒介契約が専任媒介契約である場合、業務の処理状況を１月に５回報告するものとする旨の特約は有効である。

【問　27】　宅地建物取引業者Ａが自ら売主として、Ｂの所有する甲建物を、宅地建物取引業者でないＣに売却する契約を締結した。この場合に関する次の記述のうち、宅地建物取引業法の規定に違反しないものはいくつあるか。

ア　Ａが、Ｂと甲建物の売買契約を締結したうえで、甲建物についてＣと停止条件付売買契約を締結した。

イ　Ａが、Ｂと甲建物の売買の予約をしたうえで、甲建物についてＣと売買契約を締結した。

ウ　Ａが、Ｂと甲建物の停止条件付売買契約を締結したうえで、甲建物についてＣと売買契約を締結した。

1　一つ

2　二つ

3　三つ

4　なし

【問　28】　宅地建物取引士Ａが甲県知事の宅地建物取引士資格登録（以下「登録」という。）を受け、宅地建物取引士証の交付を受けている場合に関する次の記述のうち、宅地建物取引業法の規定によれば、正しいものはどれか。

1　Ａが破産手続開始の決定を受けて復権を得ない者に該当した場合、Ａの破産管財人が甲県知事にその旨を届け出なければならない。

2　Ａが心身の故障により宅地建物取引士の事務を適正に行うことができない者として国土交通省令で定めるものとなった場合、Ａ又はＡの法定代理人が甲県知事にその旨を届け出なければならず、Ａの同居の親族が届け出ることはできない。

3　Ａが甲県知事から事務の禁止の処分を受け、その禁止期間が満了していない場合、Ａは、登録の移転を申請することはできない。

4　Ａが甲県知事から事務の禁止の処分を受け、その禁止期間が満了した場合、甲県知事は、Ａからの返還請求の有無を問わず、直ちにＡに対して宅地建物取引士証を返還しなければならない。

【問　29】　宅地建物取引業者Aが、自ら売主として、宅地建物取引業者でないBと宅地の売買契約を締結した場合、宅地建物取引業法第37条の2の規定に基づくいわゆるクーリング・オフについてAがBに告げるときに交付すべき書面の内容に関する次の記述のうち、正しいものはどれか。

1　Aについては、その商号又は名称及び住所並びに免許証番号、Bについては、その氏名（法人の場合、その商号又は名称）及び住所が記載されていなければならない。

2　Bは、クーリング・オフについて告げられた日から起算して8日を経過するまでの間は、宅地の引渡しを受けた場合を除き、書面によりクーリング・オフによる契約の解除を行うことができることが記載されていなければならない。

3　クーリング・オフによる契約の解除は、Bが当該契約の解除を行う旨を記載した書面が到達した時にその効力を生ずることが記載されていなければならない。

4　Bがクーリング・オフによる契約の解除をしようする場合において、Bは、書面に代えて電磁的方法によりクーリング・オフによる契約の解除を行うことができることが記載されていなければならない。

【問　30】　宅地建物取引業の免許（以下「免許」という。）に関する次の記述のうち、宅地建物取引業法の規定によれば、正しいものはどれか。

1　Aが転売目的で反復継続して宅地を購入する場合でも、売主が国その他宅地建物取引業法の適用がない者に限られているときは、Aは免許を必要としない。

2　Bが、自己の所有する都市計画法に規定する用途地域内の土地を20区画に区画割りして宅地として、宅地建物取引業者Cに一括して売却する場合、Bは免許を必要とする。

3　Dが、E市の所有する宅地の分譲の代理をE市から依頼され、E市の代理人として当該宅地を不特定多数の者に分譲する場合、Dは免許を必要としない。

4　Fが、都市計画法に規定する用途地域内の土地であって、ソーラーパネルを設置するための土地の売買の媒介を業として行う場合、免許を必要とする。

【問　31】　宅地建物取引業者Aが、甲県内に本店と宅地建物取引業を営む支店a、b及びcを設置し、乙県内には建設業のみを営む支店dを設置して事業を開始しようとし、又は事業を開始している場合の営業保証金に関する次の記述のうち、宅地建物取引業法の規定によれば、正しいものはどれか。

1　Aと支店aで宅地建物取引業に関し取引をした宅地建物取引業者でないBは、その支店aにおける取引により生じた債権に関し、3,000万円を限度として、Aの供託した営業保証金から弁済を受けることができる。

2　Aは、営業保証金が還付されたためその額が政令で定める額に不足することとなったときは、乙県知事から不足額を供託すべき旨の通知書の送付を受けた日から2週間以内にその不足額を供託しなければならない。

3　Aが、甲県知事から営業保証金を供託した旨の届出をすべき旨の催告を受け、当該催告が到達した日から1月以内に届出をしていないときは、現実に供託をしていたとしても、免許を取り消されることがある。

4　Aは、事業開始後、乙県内に宅地建物取引業を営む支店eを新設した場合、eにおける事業の開始前までに、eの最寄りの供託所に500万円を供託しなければならない。

【問　32】　次の記述のうち、宅地建物取引業法（以下この問において「法」という。）の規定によれば、誤っているものはどれか。

1　宅地建物取引士は、法第35条に規定する重要事項を記載した書面の交付を行う際、相手方から請求がなければ、宅地建物取引士証を提示しなくてよい。

2　宅地建物取引士は、法第35条に規定する重要事項を記載した書面に記名することが必要とされており、重要事項を記載した書面の交付に代えて電磁的方法による提供をする場合は、書面の交付に係る宅地建物取引士が明示されていなければならない。

3　宅地建物取引業者が媒介により建物の売買契約を成立させ、宅地建物取引士をして法第37条の規定に基づく書面に記名させた場合は、売主である宅地建物取引業者は、宅地建物取引士をして法第37条の規定に基づく書面に記名させる必要はない。

4　宅地建物取引業者が、相手方から法第37条の規定に基づく書面の交付に代えて電磁的方法による提供を受けたい旨を口頭で伝えられたとしても、当該相手方に電磁的方法による提供に用いる電磁的方法の種類及び内容を示した上で、当該相手方から電磁的方法でよい旨の書面又は電子情報処理組織を使用する方法等による承諾がなければ、電磁的方法による提供をすることはできない。

【問　33】　消費税の課税事業者である宅地建物取引業者Aが、甲及び乙から媒介の依頼を受けて、甲乙間に契約を成立させ、報酬を受領した場合に関する次の記述のうち、宅地建物取引業法の規定に違反するものはどれか。

1　Aは、甲所有の宅地を代金3,000万円で乙が買うとの売買契約を成立させ、甲及び乙からそれぞれ100万円ずつ受領した。

2　Aは、甲所有の宅地（3,000万円）と乙所有の宅地（4,000万円）との交換契約を成立させ、甲及び乙からそれぞれ120万円ずつ受領した。

3　Aは、甲所有の居住用建物を1月当たりの借賃15万円で乙が借りるとの賃貸借契約を成立させ、甲及び乙からそれぞれ8万円ずつ受領した。

4　Aは、甲所有の店舗用建物を800万円の保証金（乙の退去時に乙に全額返還されるものをいい、消費税等相当額は含まない。）、1月当たりの借賃30万円（消費税等相当額は含まない。）で乙が借りるとの賃貸借契約を成立させ、甲及び乙からそれぞれ33万円ずつ受領した。

【問　34】　宅地建物取引業者Aは、土地付建物（価格1億2,000万円）を、建築工事の完了前に自ら売主として宅地建物取引業者でない買主Bに販売し、申込証拠金60万円を受領した後、売買契約を締結し、その際手付金として申込証拠金を充当するほか別に1,000万円を受領した。契約によれば、中間金5,000万円を10日後に、残代金5,940万円を物件の引渡し及び所有権移転登記完了後にそれぞれ支払うこととされている。この場合に関する次の記述のうち、宅地建物取引業法の規定に違反しないものはどれか。なお、この問において「保全措置」とは、同法第41条第1項の規定による手付金等の保全措置をいう。

1　Aは、Bが手付金を一括しては払えないというので、分割して受領することにして契約の締結を誘引した後に、手付金全額について保全措置を講じたうえで、4回に分けて手付金を受領した。

2　Aは、Bから手付金を受領するに当たって、1,000万円については、銀行と保証委託契約を締結して、その契約を証する書面をBに交付したが、申込証拠金として既に受領していた60万円については、何らの保全措置も講じずに手付金に充当した。

3　Aは、Bから手付金及び中間金を受領するに当たって、手付金及び中間金の全額について、銀行と保証委託契約を締結して、その契約を証する書面をBに交付したが、残代金を受領するに当たっては、何らの保全措置も講じなかった。

4　Aは、当該工事に必要とされる建築基準法に基づく建築確認を受けていなかったので、その旨をBに告げ、Bの承諾を得たうえで契約を締結し、保全措置を講じた後、手付金を受領した。

【問　35】　宅地建物取引業者が、土地付建物の売買の媒介を行う場合における宅地建物取引業法第35条の規定に基づく重要事項の説明に関する次の記述のうち、宅地建物取引業法の規定に違反するものはどれか。なお、説明の相手方は宅地建物取引業者でないものとする。

1　下水道が未整備であったので、整備の見通しについては説明したが、その整備についての特別の負担に関する事項を説明しなかった。

2　取引物件である建物が工事完了前のものであったので、当該物件の引渡しの時期については説明しなかった。

3　取引物件である建物について、登録住宅性能評価機関による耐震診断を受けていたが、当該建物が、平成4年10月に新築の工事に着手していたものだったので、耐震診断の内容を説明しなかった。

4　取引物件である建物について、その種類又は品質に関して契約の内容に適合しない場合の責任について、民法の規定と異なる定めをしていたが、その内容を説明しなかった。

【問　36】　甲県知事の免許を受けた宅地建物取引業者Aが、売主から、甲県内に所在する150戸のマンションの販売代理を一括して依頼され、Aが当該マンションの所在する場所以外の場所に案内所を設けて、売買契約の申込みを受ける場合に関する次の記述のうち、宅地建物取引業法の規定によれば、正しいものはいくつあるか。なお、当該案内所は、甲県内に所在するものとする。

ア　Aは、当該案内所に関する一定事項を、業務を開始しようとする日の前日までに、甲県知事に届け出なければならない。

イ　Aは、当該案内所に1名以上の成年者である専任の宅地建物取引士を置かなければならない。

ウ　Aは、当該案内所につき、その案内所の従業者名簿を備え、取引の関係者から請求があったときは、閲覧に供しなければならない。

エ　Aは、当該案内所の見やすい場所に、国土交通大臣の定める報酬額を掲示しなければならない。

1　一つ
2　二つ
3　三つ
4　なし

【問　37】　甲県知事の登録を受けているＡが、宅地建物取引士証の交付を受けようとし又は受けている場合に関する次の記述のうち、宅地建物取引業法の規定によれば、誤っているものはどれか。

1　Ａは、宅地建物取引士証の交付を受けようとする場合、所定の宅地建物取引士証交付申請書を甲県知事に提出しなければならない。

2　Ａは、宅地建物取引士証の交付を受けようとする場合、必ず甲県知事が指定する講習を受講しなければならない。

3　宅地建物取引士であるＡが住所を変更した場合、Ａは、遅滞なく変更の登録を申請するとともに、当該申請とあわせて、宅地建物取引士証の書換え交付を申請しなければならない。

4　宅地建物取引士であるＡが業務に関して事務禁止の処分を受けた場合、Ａは、速やかに、宅地建物取引士証を甲県知事に提出しなければならず、これを怠った場合には罰則の適用を受けることがある。

【問　38】　宅地建物取引業法（以下この問において「法」という。）第34条の2第1項第4号に規定する建物状況調査（以下この問において「建物状況調査」という。）に関する次の記述のうち、正しいものはどれか。

1　既存住宅の売買の媒介を行う宅地建物取引業者は、当該媒介の依頼者が建物状況調査を実施する者のあっせんを希望しなかった場合、建物状況調査を実施する者のあっせんに関する事項を法第34条の2の規定により交付すべき書面に記載する必要はない。

2　既存住宅の貸借の媒介を行う宅地建物取引業者は、建物状況調査に基づき判明した建物の構造耐力上主要な部分等の状況について、当事者の双方が確認した事項を法第37条の規定により交付すべき書面に記載しなければならない。

3　鉄筋コンクリート造である既存共同住宅の媒介を行う宅地建物取引業者は、建物状況調査を過去2年以内に実施しているかどうか、及びこれを実施している場合におけるその結果の概要を法第35条の規定により交付すべき書面に記載しなければならない。

4　宅地建物取引業者は、既存住宅の売買に関する広告を行うときは、建物状況調査を実施しているかどうかを明示しなければならない。

【問　39】　宅地建物取引業者が行う広告に関する次の記述のうち、宅地建物取引業法（以下この問において「法」という。）の規定によれば、正しいものはいくつあるか。

ア　宅地建物取引業者は、宅地の造成又は建物の建築に関する工事の完了前においては、当該工事に必要な都市計画法に基づく開発許可、建築基準法に基づく建築確認その他法令に基づく許可等の申請をした後であれば、当該工事に係る宅地又は建物の売買その他の業務に関する広告をすることができる。

イ　宅地建物取引業者は、販売する宅地又は建物の広告に著しく事実に相違する表示をした場合、監督処分の対象となるほか、6月以下の懲役又は100万円以下の罰金に処せられることがある。

ウ　宅地建物取引業の免許を取り消された者は、免許の取消し前に建物の売買の広告をしていれば、当該建物の売買契約を締結する目的の範囲内においては、なお宅地建物取引業者とみなされる。

エ　建物の所有者と賃貸借契約を締結し、当該建物を転貸するための広告をする際は、当該広告に自らが契約の当事者となって貸借を成立させる旨を明示しなければ、法第34条に規定する取引態様の明示義務に違反する。

1　一つ
2　二つ
3　三つ
4　四つ

【問　40】　宅地建物取引業法の規定に関する次の記述のうち、誤っているものはどれか。

1　「宅地建物取引業者は、その従業者に対し、その業務を適正に実施させるため、必要な教育を行うよう努めなければならない。」との規定がある。

2　「宅地建物取引業者は、取引の関係者に対し、信義を旨とし、誠実にその業務を行なわなければならない。」との規定がある。

3　「宅地建物取引業者は、宅地建物取引業に関連する業務に従事する者との連携に努めなければならない。」との規定がある。

4　「宅地建物取引業者は、その業務に関してなすべき宅地若しくは建物の登記若しくは引渡し又は取引に係る対価の支払を不当に遅延する行為をしてはならない。」との規定がある。

【問　41】　宅地建物取引業者Aが、自ら売主として、宅地建物取引業者でないBと、売買代金を4,000万円（手付金500万円、中間金1,000万円）とするマンションの売買契約を締結した。この場合に関する次の特約のうち、宅地建物取引業法の規定によれば、有効なものはどれか。

1　「売買契約締結後、マンションの引渡し又は所有権移転登記が完了するまでに、Aの責めに帰すべからざる事由によって当該マンションが滅失した場合には、Bは、残代金2,500万円の支払を免れる。」旨の特約をした。

2　Aが割賦販売を行い、「Bが賦払金の支払を怠った場合、Aがその支払を書面で催告し、8日以内にその義務の履行がなされないときは、Aは、売買契約を解除することができる。」旨の特約をした。

3　「AがBに引き渡したマンションの品質について契約内容に適合しない欠陥があり、契約の目的が達成できない場合には、その欠陥がAの責めに帰するものである場合に限り、Bは売買契約を解除することができる。」旨の特約をした。

4　「Bが売買代金支払債務を履行できなかったことによる契約の解除をするときは、Bは、Aに対する違約金として既に支払済の手付金をこれに充当するほか、損害賠償金として500万円を支払う。」旨の特約をした。

【問　42】　宅地建物取引業法第35条の規定に基づく重要事項の説明に関する次の記述のうち、宅地建物取引業法の規定に違反しないものはいくつあるか。なお、説明の相手方は宅地建物取引業者でないものとする。

ア　建物の貸借の媒介を行う場合に、当該建物が区分所有建物ではなかったので、当該建物の用途その他の利用に係る制限に関する事項について説明しなかった。

イ　宅地の貸借の媒介を行う場合に、契約終了時における当該宅地の上の建物の取壊しに関する事項を定めようとしたが、その内容を説明しなかった。

ウ　工事完了前の建物の貸借の媒介を行う場合に、建築の工事の完了時における当該建物の主要構造部、内装、外装の構造や仕上げについては説明したが、設備の設置及び構造については説明しなかった。

1　一つ
2　二つ
3　三つ
4　なし

【問　43】　宅地建物取引業者Ａ社が甲県知事から免許を受けている場合に関する次の記述のうち、宅地建物取引業法の規定によれば、正しいものはいくつあるか。

ア　Ａ社が宅地建物取引業者Ｂ社との合併により消滅した場合、合併の日から30日以内に、Ｂ社を代表する役員が、その旨を甲県知事に届け出なければならない。

イ　Ａ社が宅地建物取引業を廃業した場合、Ａ社は、廃業前に締結した契約の履行をすることができなくなる。

ウ　Ａ社が、乙県内で一団の宅地の分譲を行うための案内所を設置し、当該案内所において売買契約の申込みを受けようとする場合、Ａ社は、国土交通大臣へ免許換えの申請をする必要がある。

エ　Ａ社が免許の更新を受けようとする場合には、免許の有効期間満了の日の60日前までに免許申請書を提出しなければならない。

1　一つ
2　二つ
3　三つ
4　なし

【問　44】　宅地建物取引業者Ａが、宅地建物取引業保証協会（以下「保証協会」という。）に加入しようとし、又は加入した場合に関する次の記述のうち、宅地建物取引業法の規定によれば、正しいものはどれか。

1　保証協会から還付充当金を納付すべき旨の通知を受けたＡは、その通知を受けた日から２週間以内に、その通知された額の還付充当金を供託所に供託しないときは、保証協会の社員の地位を失う。

2　Ａが本店と３つの支店を有する場合、Ａに係る宅地建物取引業に関する取引により生じた債権に関し、弁済業務保証金の還付の権利を有する者は、150万円の限度で、還付請求をすることができる。

3　Ａが保証協会に加入した場合、Ａが保証協会に加入する前にＡと宅地建物取引業に関し取引をした宅地建物取引業者ではない者は、弁済業務保証金について弁済を受けることができる。

4　Ａは、保証協会に加入しようとするときは、その加入しようとする日の２週間前までに弁済業務保証金分担金を保証協会に納付しなければならない。

【問 45】 特定住宅瑕疵担保責任の履行の確保等に関する法律に基づく住宅販売瑕疵担保保証金の供託又は住宅販売瑕疵担保責任保険契約の締結（以下この問において「資力確保措置」という。）に関する次の記述のうち、正しいものはどれか。なお、この問において「瑕疵」とは、種類又は品質に関して契約の内容に適合しない状態をいうものとする。

1 宅地建物取引業者は、売主の代理人として宅地建物取引業者ではない買主との間で新築住宅の売買契約を締結し、当該住宅を引き渡す場合に、資力確保措置を講ずる義務を負う。

2 宅地建物取引業者は、一部の住宅は住宅販売瑕疵担保保証金の供託で、一部の住宅は住宅販売瑕疵担保責任保険契約の締結でという組合せで資力確保措置を講じることはできない。

3 住宅販売瑕疵担保責任保険契約は、新築住宅の引渡し時から10年以上有効でなければならないが、当該新築住宅の買主の承諾があれば、当該保険契約に係る保険期間を5年間に短縮することができる。

4 宅地建物取引業者が保険法人と締結した保険契約が資力確保措置と認められるためには、新築住宅の一定の瑕疵によって生じた損害を填補するための保険金額が2,000万円以上であることが必要である。

【問 46】 独立行政法人住宅金融支援機構（以下この問において「機構」という。）に関する次の記述のうち、誤っているものはどれか。

1 機構は、証券化支援事業（買取型）において、債務者又は債務者の親族が居住する住宅のみならず、賃貸住宅の建設又は購入に必要な資金の貸付けに係る金融機関の貸付債権についても譲受けの対象としている。

2 機構は、被災建築物の補修に必要な資金の貸付けをすることができる他、災害復興建築物の建設に必要な資金の貸付けを業務として行っている。

3 機構は、空家等対策の推進に関する特別措置法の規定による情報の提供その他の援助を行うことを業務として行っている。

4 機構は、団体信用生命保険業務として、貸付けを受けた者が死亡した場合のみならず、重度障害の状態となった場合においても、支払われる生命保険の保険金を当該貸付けに係る債務の弁済に充当することができる。

【問　47】　宅地建物取引業者が行う広告に関する次の記述のうち、不当景品類及び不当表示防止法（不動産の表示に関する公正競争規約を含む。）の規定によれば、正しいものはどれか。

1　新築分譲マンションの広告に徒歩による所要時間について記載する場合、直線距離80mにつき1分間を要するものとして算出し、1分未満の端数は1分として表示しなければならない。

2　新築分譲マンションの広告に新設予定の駅について記載する場合、鉄道会社が開設時期を明らかにして公表していたときでも、開業後でなければ、新設予定駅を最寄駅として表示することはできない。

3　電車、バス等の交通機関の所要時間については、朝の通勤ラッシュ時の所要時間を明示し、乗換えを要するときは、その旨を明示し、朝の通勤ラッシュ時の所要時間には乗り換えにおおむね要する時間を含めなければならない。

4　新聞広告や新聞折込チラシにおいて、表示内容を裏付ける合理的な根拠を示す資料を現に有しているときであっても、競争事業者の供給するものよりも優位に立つことを意味する用語を使用することはできない。

【問　48】　次の記述のうち、正しいものはどれか。

1　令和6年地価公示（令和6年3月公表）によれば、令和5年1月以降の1年間の商業地の地価は、三大都市圏平均では、3年ぶりの下落となった。

2　年次別法人企業統計調査（令和4年度。令和5年9月公表）によれば、令和4年度における不動産業の経常利益は約5兆9,400億円となっており、前年度比では約2.0％の増加となっている。

3　公益財団法人不動産流通推進センターの「指定流通機構の活用状況について（2023年分）」（令和6年1月公表）によれば、2023年（2023年1月～2023年12月）の指定流通機構の総登録件数は、約91.1万件で、前年末比では7.4％の減少となっている。

4　建築着工統計調査報告（令和5年計。令和6年1月公表）によれば、令和5年の貸家の新設住宅着工戸数は約34.4万戸となっており、3年ぶりの減少となった。

【問　49】　土地に関する次の記述のうち、最も不適当なものはどれか。

1　宅地を選定するにあたり、大縮尺の地形図や空中写真を用いれば、土石流や洪水流の危険度をある程度判別することができる。

2　自然堤防は、主に砂や小礫からなり、排水性がよく地盤の支持力もあるため、宅地として良好な土地であることが多い。

3　谷出口に広がる扇状地は、地盤は堅固ではないが、土石流災害に対しては安全であることが多い。

4　台地は、一般に水はけもよく、地盤が安定していることが多いが、台地の縁辺部は、集中豪雨の際、がけ崩れによる被害を受けることが多い。

【問　50】　建築物に関する次の記述のうち、最も不適当なものはどれか。

1　木造の建築物では、構造耐力上主要な部分である柱、筋かい及び土台のうち、地面から１ｍ以内の部分には、有効な防腐措置を講ずるとともに、必要に応じて、しろありその他の虫による害を防ぐための措置を講じなければならない。

2　鉄筋コンクリート造における鉄筋に対するコンクリートのかぶり厚さは、耐力壁にあっては３ｃｍ以上としなければならない。

3　木造の建築物における梁(はり)、桁(けた)その他の横架材の中央部附近の下側に耐力上支障のある欠込み(かきこ)をする場合は、その部分を補強しなければならない。

4　鉄筋コンクリート造における構造耐力上主要な部分に係る型わく及び支柱は、コンクリートが自重及び工事の施工中の荷重によって著しい変形又はひび割れその他の損傷を受けない強度になるまでは、取り外してはならない。

第４回　問題

第1回　解答・解説

第1回　解答一覧

番号	正解	自己採点	出題項目	番号	正解	自己採点	出題項目
問 1	3		意思表示	問 26	3		３７条書面
問 2	4		時効	問 27	2		宅地建物取引士 （宅地建物取引士証）
問 3	2		代理	問 28	1		事務所以外の場所の規制
問 4	1		債務不履行・解除	問 29	2		重要事項の説明
問 5	1		契約不適合責任	問 30	2		宅地建物取引業の意味
問 6	1		物権変動	問 31	3		営業保証金
問 7	2		共有	問 32	1		重要事項の説明
問 8	3		抵当権	問 33	2		その他の業務上の規制
問 9	4		相続	問 34	4		免許（免許の効力）
問 10	1		賃貸借	問 35	4		報酬額の制限
問 11	4		借地借家法（借地）	問 36	4		媒介・代理契約
問 12	2		借地借家法（借家）	問 37	1		自ら売主制限
問 13	3		建物区分所有法	問 38	3		広告等に関する規制
問 14	4		不動産登記法	問 39	2		重要事項の説明
問 15	1		都市計画法 （都市計画の内容）	問 40	2		自ら売主制限 （クーリング・オフ
問 16	4		都市計画法 （開発行為の規制等）	問 41	3		監督・罰則
問 17	3		建築基準法（建築確認）	問 42	1		弁済業務保証金
問 18	4		建築基準法総合	問 43	4		宅建業法総合
問 19	1		国土利用計画法	問 44	3		宅地建物取引士
問 20	4		農地法	問 45	4		自ら売主制限 （住宅瑕疵担保履行法）
問 21	2		土地区画整理法	問 46	4		住宅金融支援機構法
問 22	2		盛土規制法	問 47	2		不当景品類 及び不当表示防止法
問 23	1		登録免許税	問 48	1		不動産の需給・統計
問 24	2		固定資産税	問 49	2		土地
問 25	3		地価公示法	問 50	1		建物

2

LEC東京リーガルマインド 2024 年版 出る順宅建士 当たる！ 直前予想模試 第 1 回　解説

予想正解率　85％以上

1　誤 ・・・・・・・・・・・・・・・・・・・・・・・・・・・・・　**重要度　★★★**

　未成年者は、法定代理人の同意を得ないでした売買契約を取り消すことができ、この取消しは、**善意の第三者にも対抗することができる**（民法5条2項）。よって、本肢は誤り。

2　誤 ・・・・・・・・・・・・・・・・・・・・・・・・・・・・・　**重要度　★★**

　公序良俗に反する契約は、**無効**である（民法90条）。また、この無効は、善意の第三者にも対抗することができる。よって、本肢は誤り。

3　正 ・・・・・・・・・・・・・・・・・・・・・・・・・・・・・　**重要度　★★★**

　虚偽表示による契約は、無効である（民法94条1項）。そして、**虚偽表示による無効は、善意の第三者には対抗することができない**（民法94条2項）。よって、本肢は正しく、本問の正解肢となる。

4　誤 ・・・・・・・・・・・・・・・・・・・・・・・・・・・・・　**重要度　★★★**

　強迫による意思表示は、取り消すことができる（民法96条1項）。そして、**強迫による意思表示の取消しは、善意かつ無過失の第三者にも対抗することができる**（民法96条3項反対解釈）。よって、本肢は誤り。

> **【解法の視点】**「善意かつ無過失の第三者に対抗できるか否か」については、"詐欺"との違いに注意しよう。詐欺の場合、意思表示を取り消しても、「善意かつ無過失の第三者に対抗できない（善意かつ無過失の第三者の勝ち）」という結論になる。

≪出る順宅建士合格テキスト①　第1章　意思表示≫

予想正解率　50％

1　正 ・・・・・・・・・・・・・・・・・・・・・・・・・・・・・　**重要度　★★**

　「占有」には、**代理人による占有も含まれる**（代理占有、民法181条、162条）。その結果、Bは、20年間所有の意思をもって平穏かつ公然に土地を占有していることになるので、時効により甲土地の所有権を取得できる（民法162条1項）。よって、本肢は正しい。

2　正・・・・・・・・・・・・・・・・・・・・・・・・・・・・・・・・　**重要度　★★**

　不動産賃借権等の所有権以外の権利も時効取得の対象となる（民法163条）。そして、土地の継続的な用益という外形的事実が存在し、かつ、それが賃借の意思に基づくことが客観的に表現されているときは、土地賃借権を時効取得することができる（判例）。よって、本肢は正しい。

3　正・・・・・・・・・・・・・・・・・・・・・・・・・・・・・・・・　**重要度　★★★**

　所有者から時効完成前に土地を譲り受けた者と、取得時効により所有権を取得した者とは、当事者の関係に立つ。したがって、時効完成前に土地を譲り受けた者は、登記がなければ所有権を対抗できない「第三者」にはあたらないことから、**時効により所有権を取得した者は、登記がなくても、時効完成前に土地を譲り受けた者に所有権の取得を対抗できる**（民法177条、判例）。よって、本肢は正しい。

> 【解法の視点】時効完成「前」か「後」かは、第三者の登場のタイミングで決まる。本肢のDは時効の完成「前」に登場している以上、Dがいつ登記をしたかは影響せずBは所有権を対抗できる。本肢の「Dの登記がBの取得時効完成の前であると後であるとを問わず……」という揺さぶり表現を無視して考えることができるかどうかがポイントである。

4　誤・・・・・・・・・・・・・・・・・・・・・・・・・・・・・・・・　**重要度　★★★**

　相続人は、相続により**被相続人の占有していた財産の占有を承継する**（民法187条1項、896条、判例）。したがって、相続人Bは、20年間所有の意思をもって平穏かつ公然に甲土地を占有していることになるので、時効により甲土地の所有権を取得できる（民法162条1項）。よって、本肢は誤りであり、本問の正解肢となる。

> 【解法の視点】占有期間も相続されるということである。単純に押さえてしまおう。

≪出る順宅建士合格テキスト①　第3章　時効≫

第**3**問　　　　　　　　　　　　代理　　　　　　　正解**2**　重要度**A**

予想正解率　75%

1　誤・・・・・・・・・・・・・・・・・・・・・・・・・・・・・・・・　**重要度　★★★**

　代理人が後見開始の審判を受けたことは、代理権の消滅事由となる（民法111条1項2号）。したがって、Aが後見開始の審判を受けると代理権は消滅するから、その後Aが行った代理行為は、無権代理となり、原則としてBに対してその効力を生じない（民法113条1項）。よって、本肢は誤り。

2　正・・・・・・・・・・・・・・・・・・・・・・・・・・・・・・・・　**重要度　★★★**

　代理人が本人のためにすることを示さないでした意思表示であっても、相手方が、**代理人が本人のためにすることを知り、又は知ることができたときは、本人のために**

することを示した意思表示があるものとして、**本人に対して直接にその効力を生ずる**（民法100条但書、99条１項）。ＣはＡがＢの代理人であることを知っているとき、当該売買契約によりＣは甲建物を取得することができる。よって、本肢は正しく、本問の正解肢となる。

3　誤・・・・・・・・・・・・・・・・・・・・・・・・・**重要度　★★★**

　代理人自らが買主となって売買契約を締結する行為は自己契約に該当し、債務の履行及び本人があらかじめ許諾した行為を除き、代理権を有しない者がした行為とみなされる（民法108条１項）。したがって、**自己契約は無権代理行為**となることから、Ａは甲建物を取得することができない。よって、本肢は誤り。なお、ＡがＤの代理人となってＢＤ間の売買契約を締結する行為は**双方代理**に該当し、自己契約と同様に、債務の履行及び本人があらかじめ許諾した場合を除き、**代理権を有しない者がした行為とみなされる**（民法108条１項）。したがって、Ｄは甲建物を取得することはできないとする点は正しい。

4　誤・・・・・・・・・・・・・・・・・・・・・・・・・**重要度　★★★**

　任意代理人は、①本人の許諾を得たとき、又は、②やむを得ない事由があるときは、復代理人を選任することができる（民法104条）。つまり、やむを得ない事由があれば、本人の許諾がなくても、復代理人を選任することができる。よって、本肢は誤り。

> **【解法の視点】**「どちらかがあればよい。」という意味である。難しく考えすぎないようにしよう。

≪出る順宅建士合格テキスト①　第４章　代理≫

 **債務不履行・解除**

第**4**問　債務不履行・解除　正解**1**　重要度**A**

予想正解率　75%

1　誤・・・・・・・・・・・・・・・・・・・・・・・・・**重要度　★★★**

　売主が手付に基づく解除をしようとする場合、その倍額を現実に提供しなければならない（民法557条１項）。したがって、Ａは、口頭で手付の額の倍額を償還することを告げて、受領を催告するだけでは足りない。よって、本肢は誤りであり、本問の正解肢となる。

2　正・・・・・・・・・・・・・・・・・・・・・・・・・**重要度　★★★**

　解約手付による解除は、自ら履行に着手している場合でも**相手方が契約の履行に着手するまで認められる**（民法557条１項、判例）。したがって、Ｂは自ら履行に着手していても、Ａが履行に着手していないので当該売買契約を解除することができる。よって、本肢は正しい。

3　正・・・・・・・・・・・・・・・・・・・・・・・・・・・・・・・・　**重要度　★★★**

　解約手付による解除は、相手方が契約の履行に着手するまでの間、買主は手付を放棄して、売主は手付の倍額を現実に提供して、契約を解除することができ、別途、**損害賠償の請求をすることはできない**（民法557条2項）。したがって、Aは手付の額を超える額の損害を受けたことを立証できたとしても、Bに対し損害賠償を請求することはできない。よって、本肢は正しい。

4　正・・・・・・・・・・・・・・・・・・・・・・・・・・・・・・・・　**重要度　★**

　民法上、手付の額について規制はない。したがって、手付の額が売買代金の額に比べて僅少であっても、当事者が当該手付を解約手付と約定すれば、当該約定は有効である。よって、本肢は正しい。

《出る順宅建士合格テキスト①　第5章　債務不履行・解除》

第 **5** 問	契約不適合責任	正解 **1**	重要度 **A**

予想正解率　75%

1　正・・・・・・・・・・・・・・・・・・・・・・・・・・・・・　**重要度　★★★**

　本肢のような**全部他人物売買**において、売主が、その売却した権利を他人から取得して買主に移転することができないときは、買主は、**契約の解除**をすることができ、さらに、**売主に帰責性がある場合には、損害賠償の請求**もすることができる（民法415条、541条、542条）。よって、本肢は正しく、本問の正解肢となる。

2　誤・・・・・・・・・・・・・・・・・・・・・・・・・・・・・　**重要度　★★★**

　本肢のような**一部他人物売買**において、売主が、その売却した権利を他人から取得して買主に移転することができないときは、買主は、**契約の解除のみならず、代金の減額請求**もすることができる。（民法565条、562条、563条、564条、541条、542条）。よって、本肢は誤り。

6

LEC東京リーガルマインド 2024 年版 出る順宅建士 当たる！ 直前予想模試　第1回　解説

とができる。

3　誤 ・・・・・・・・・・・・・・・・・・・・・・・・・　重要度　★★★

　本肢のような、引き渡された目的物が種類・品質に関して契約の内容に適合しない
ものであるときは、買主は、**契約の解除をすることができ**、さらに、**売主に帰責性が
みられる場合には、損害賠償の請求**もすることができる（民法562条、564条、415条１
項、541条、542条）。そして、種類・品質に関する契約不適合には、本肢のような法
律的な不適合も含まれる（判例）。よって、本肢は誤り。

4　誤 ・・・・・・・・・・・・・・・・・・・・・・・・・　重要度　★★

　本肢のような、引き渡された目的物が**権利に関して契約の内容に適合しないもの**で
あるときは、買主は、**代金の減額請求をすることができ**、さらに、売主に**帰責性がみ
られる場合には、損害賠償の請求**もすることができる（民法565条、562条、563条、
564条、415条）。そして、売買の目的物の上に地上権が存在していることは、権利に
関して契約の内容に適合しない場合にあたる。よって、本肢は誤り。

≪出る順宅建士合格テキスト①　第８章　契約不適合責任≫

 第**6**問　物権変動　正解**1**　重要度**A**

予想正解率　75%

1　誤 ・・・・・・・・・・・・・・・・・・・・・・・・・　重要度　★★★

　Ａが詐欺を理由としてＡＢ間の契約を取り消した場合、**詐欺による取消しは、取消
し前の善意無過失の第三者に対抗することができない**（民法96条３項）。この場合、
第三者が登記を備えているか否かは無関係である（判例）。したがって、Ｃが善意無
過失である以上、登記を備えていなくても、Ａは、Ｃに対抗することはできない。よ
って、本肢は誤りであり、本問の正解肢となる。

　【解法の視点】本肢は、詐欺による取消し前の第三者である。この場合は、第三者が善意無
過失であるか否かによるのであり、登記の有無は無関係である。「前」か「後」かによって正
誤の判断が変わってくる。読み間違いに注意してほしい。

2　正 ・・・・・・・・・・・・・・・・・・・・・・・・・　重要度　★★★

　登記がなければ対抗することができない「第三者」とは、当事者もしくはその包括
承継人以外の者で、不動産物権の得喪及び変更の登記欠缺（けんけつ）を主張する
につき正当の利益を有する者をいう（判例）。Ｄは、Ｆの前所有者にすぎず、**当事者と
同様の関係に立つことから第三者にあたらない**（民法177条、判例）。したがって、Ｆ
は、登記がなくてもＤに所有権を対抗することができる。よって、本肢は正しい。

　【講師からのアドバイス】「欠缺（けんけつ）」とは、文字通り欠けていることを意味する専

3 正 ‥‥‥‥‥‥‥‥‥‥‥‥‥‥‥ 重要度 ★★★

　Gが登記書類を偽造してH所有の土地を自己名義に登記しても、Gはその不動産について何らの権利も取得せず、実質的に**無権利者**である。このような無権利者は、**登記がなければ対抗することができない「第三者」にあたらない**（民法177条、判例）。したがって、その後正当な所有者Hから土地を譲り受けたIは、登記がなくてもGに対抗することができる。よって、本肢は正しい。

4 正 ‥‥‥‥‥‥‥‥‥‥‥‥‥‥‥ 重要度 ★★★

　第一の買主から登記移転の手続きをしてくれるように**頼まれたにもかかわらず**、第一の買主に登記を移転せずに、自ら第二の買主となって**自己に登記を移転した者**（他人のために登記を申請する義務を負う者）は、登記がないことを主張することができない（不登法5条2項）。したがって、Jは、登記がなくてもLに対抗することができる。よって、本肢は正しい。

≪出る順宅建士合格テキスト①　第10章　物権変動≫

第 7 問　　共有　　正解 ❷　　重要度 Ⓐ

予想正解率　75%

1 誤 ‥‥‥‥‥‥‥‥‥‥‥‥‥‥‥ 重要度 ★★★

　各共有者は、共有者**全員の同意**を得なければ、共有物に**変更（その形状又は効用の著しい変更を伴わないものを除く。）**を加えることができない（民法251条1項）。別荘を改築することは、形状又は効用の著しい変更と解される。よって、本肢は誤り。

2 正 ‥‥‥‥‥‥‥‥‥‥‥‥‥‥‥ 重要度 ★★★

　各共有者は、**単独で、共有物の保存行為**を行うことができる（民法252条5項）。共有不動産につき登記上不実の所有名義人である者に対してその登記の抹消を求めることは、共有物の保存行為にあたる（判例）。しかし、**損害賠償請求権については、各共有者は自己の持分についてのみ行使**でき、他人の持分については何ら請求権をもたないから、自己の持分の割合を超えて、損害の全額を請求することはできない（判例）。よって、本肢は正しく、本問の正解肢となる。

3 誤 ‥‥‥‥‥‥‥‥‥‥‥‥‥‥‥ 重要度 ★★

　各共有者は、他の共有者の同意を得ることなく、**単独でその持分を譲渡することができる**（民法206条参照）。また、持分の譲渡について、**登記をしなければ、他の共有者に対抗することができない**（民法177条、判例）。よって、本肢は誤り。

【解法の視点】持分も所有権である。不動産の所有権取得の対抗要件は登記である。ここは

単純に考えてほしい。

4　誤・・・・・・・・・・・・・・・・・・・・・・・・・　**重要度　★**

　各共有者は、特約がない限り、**いつでも共有物の分割を請求することができる**（民法256条1項）。そして、**共有物について権利を有する者及び各共有者の債権者**も、自己の費用で、**分割に参加することができる**（民法260条1項）。よって、本肢は誤り。

> 【実力ＵＰ情報】分割への参加請求があったにもかかわらず、その請求者を参加させないで分割をしたときは、その分割は、その請求者に対抗することができない。

≪出る順宅建士合格テキスト①　第14章　共有≫

第 **8** 問　　抵当権　　正解 **3**　重要度 **A**

予想正解率　60%

1　誤・・・・・・・・・・・・・・・・・・・・・・・・・　**重要度　★★★**

　抵当不動産の所有者は、原則として自由にその不動産を利用することができる（民法369条1項参照）。土地上に建物を建築することは、通常の土地の利用方法といえる。したがって、Aは、建物を建築することについて、Cの承諾を得る必要はない。よって、本肢は誤り。

2　誤・・・・・・・・・・・・・・・・・・・・・・・・・　**重要度　★★★**

　売買の目的である不動産について存した抵当権の行使により買主がその所有権を失ったときは、買主は、**契約の解除、損害賠償の請求**をすることができる（民法415条、542条1項1号）。したがって、Aは、Bに対し、損害賠償の請求、解除のいずれもすることができる。よって、本肢は誤り。

> 【解法の視点】権利移転の全部が不能の場合、債務不履行の一般原則に従い、損害賠償請求・解除をすることができる。

3　正・・・・・・・・・・・・・・・・・・・・・・・・・　**重要度　★★**

　弁済をするについて**正当な利益を有する者**は、弁済によって**当然に債権者に代位する**（法定代位、民法499条）。そして、**抵当不動産の第三取得者**は、弁済をするについて**正当な利益を有する者**にあたる。したがって、AがBに代わって弁済した場合、Aは、当然にCに代位する。よって、本肢は正しく、本問の正解肢となる。

> 【実力ＵＰ情報】「弁済をするについて正当な利益を有する者」として、物上保証人や抵当不動産の第三取得者などが挙げられる。

4　誤・・・・・・・・・・・・・・・・・・・・・・・・・　**重要度　★**

登記をした賃貸借は、その登記前に登記をした**抵当権を有するすべての者が同意を**し、かつ、**その同意の登記があるときは、その同意をした抵当権者に対抗することができる**（民法387条１項）。したがって、Dは、賃借権の登記がされたというだけでは、Cに対抗することはできない。よって、本肢は誤り。

《出る順宅建士合格テキスト①　第12章　抵当権》

第9問　相続　正解4　重要度A

予想正解率　75％

1　誤 ・・・・・・・・・・・・・・・・・・・・・・・　重要度　★★★

相続を放棄した者の子は、代襲相続しない（民法887条２項参照）。したがって、Cが相続を放棄した場合、Cの子Dは相続人とならない。よって、本肢は誤り。なお、本肢の場合、配偶者Bと、Eを代襲したF及びGが相続人となり、それぞれの相続分は、Bが２分の１、F及びGがそれぞれ４分の１となる（民法900条１号、901条１項）。

2　誤 ・・・・・・・・・・・・・・・・・・・・・・・　重要度　★★

胎児は、相続については、既に生まれたものとみなされ、相続人となる（民法886条１項）。したがって、Aが死亡した時の胎児Hも相続人となる。そして、本肢の場合、配偶者B、Aの子C、H、さらにEを代襲したF、Gが相続人となり、それぞれの相続分は、Bが２分の１、C、Hが各６分の１、F、Gが各12分の１となる（民法900条１号、901条１項）。よって、本肢は誤り。

> 【実力ＵＰ情報】胎児は、実際に生まれてはいないが、相続については生まれた子供と同じように考える。

3　誤 ・・・・・・・・・・・・・・・・・・・・・・・　重要度　★★★

ＪとＫはＡの実子であるから、**2人とも相続人となる**（民法890条参照、887条１項）。よって、本肢は誤り。

> 【実力ＵＰ情報】配偶者とは、婚姻届出を提出し受理された者を指す。元配偶者Ｉは、Ａの死亡時の配偶者ではないから、そもそも相続人とはならない。

4　正 ・・・・・・・・・・・・・・・・・・・・・・・　重要度　★★★

嫡出でない子Ｌも、Ａの子であるから相続人となる（民法887条１項）。このことは、遺産分割及びそれに伴う処分を終えた後に、認知の訴えの確定により、嫡出でない子がいたことが判明した場合であっても同様である。よって、本肢は正しく、本問の正解肢となる。なお、処分後は価額のみによる支払の請求しかできない（民法910条）。

《出る順宅建士合格テキスト①　第９章　相続》

第 10 問　　賃貸借　　正解 **1**　重要度 **B**

予想正解率　40%未満

1　正・・・・・・・・・・・・・・・・・・・・・・・・・・　重要度　★★

　本判決文は、「**通常損耗についての原状回復義務を負わせるのは、賃借人に予期しない特別の負担を課すことになるから、特別の合意なくして当該負担を課すことはできない**」としており、原則として**賃借人に負担させるものではない**としている。しかし、「通常損耗の範囲が賃貸借契約書の条項自体に具体的に明記されている場合であれば、その限度において補修費用を負担させることができる。」としており、例外的に負担させることもできるとしている。よって、本肢は正しく、本問の正解肢となる。

┌───┐
│ 【解法の視点】合意が明らかであるならば、その内容を優先させるという意味である。│
└───┘

2　誤・・・・・・・・・・・・・・・・・・・・・・・・・・　重要度　★★

　本判決文は、「**賃借物件の損耗の発生は、賃貸借という契約の本質上当然に予定されているものである**」としている。よって、「本質上当然に予定されているものではない」とする本肢は誤り。

3　誤・・・・・・・・・・・・・・・・・・・・・・・・・・　重要度　★★

　選択肢1で触れた通り、「通常損耗の範囲が賃貸借契約書の条項自体に具体的に明記されている場合であれば、その限度において補修費用を負担させることができる。」としており、**例外的に負担させることもできる**としている。よって、本肢は誤り。

4　誤・・・・・・・・・・・・・・・・・・・・・・・・・・　重要度　★★

　本判決文は、建物の賃貸借において、通常損耗に係る投下資本の減価の回収は、通常、賃料の中に含ませてその支払を受けることにより行われていることから、**特別の合意なくして当該負担を賃借人に課すことはできない**としている。すなわち、通常損耗を含めて賃料を支払っているということであり、賃料とは別に賃借人の負担として精算する方法を採用しているわけではない。よって、本肢は誤り。

┌───┐
│ 【解法の視点】通常損耗の典型例として「畳」や「クロス（壁紙）」の劣化がある。│
└───┘

≪出る順宅建士合格テキスト①　第16章　賃貸借≫

　借地借家法（借地）　正解 **4**　重要度 **A**

1　正 ・・・・・・・・・・・・・・・・・・・・・・・・・・・ **重要度　★★★**

　借地権を設定する場合において、借地権を消滅させるため、その設定後30年以上を経過した日に借地上の建物を借地権設定者に相当の対価で譲渡する旨を定めることができる（**建物譲渡特約付借地権**、借地借家法24条１項）。そして、**建物譲渡特約は書面で定める必要はない**（借地借家法24条参照）。したがって、口頭で契約した場合でも有効である。よって、本肢は正しい。

2　正 ・・・・・・・・・・・・・・・・・・・・・・・・・・・ **重要度　★★**

　増改築を制限する旨の借地条件がある場合において、土地の通常の利用上相当とすべき増改築につき当事者間に協議が調わないときは、裁判所は、**借地権者の申立てにより、その増改築についての借地権設定者の承諾に代わる許可**を与えることができる（借地借家法17条２項）。したがって、Aの申立てにより裁判所は許可を与えることができる。よって、本肢は正しい。

3　正 ・・・・・・・・・・・・・・・・・・・・・・・・・・・ **重要度　★**

　賃借人が建物の買取請求をした後、その建物を自己のために利用している場合には、その敷地の利用につき、**賃料相当額を不当利得として、賃貸人に支払わなければならない**（判例）。したがって、AはBに対し賃料相当額を支払わなければならない。よって、本肢は正しい。

4　誤 ・・・・・・・・・・・・・・・・・・・・・・・・・・・ **重要度　★★★**

　借地権者が借地上の建物を第三者に譲渡しようとする場合において、借地権設定者が不利となるおそれがないにもかかわらず、借地権設定者がその賃借権の譲渡を承諾しないときは、裁判所は、**借地権者の申立てにより借地権設定者の承諾に代わる許可**を与えることができる（借地借家法19条１項）。したがって、借地権者Aが申立てをすることができるのであって、第三者Cは申立てをすることはできない。よって、本肢は誤りであり、本問の正解肢となる。

> 【実力ＵＰ情報】承諾に代わる「裁判所の許可」という制度は、建物譲渡等に伴う土地の賃借権の譲渡又は転貸があった場合である。建物賃貸借の場合には「裁判所の許可」という制度はない。

≪出る順宅建士合格テキスト①　第18章　借地借家法②≫

| 第**12**問 | 借地借家法（借家） | 正解**2** | 重要度**A** |

1　誤 ・・・・・・・・・・・・・・・・・・・・・・・・・・・ **重要度　★★★**

賃貸借契約の**合意解除**は、承諾ある転貸借の**転借人に対抗することができない**（民法613条3項本文）。したがって、Cの権利は消滅しない。よって、本肢は誤り。

2　正　‥‥‥‥‥‥‥‥‥‥‥‥‥‥**重要度　★★★**

建物賃貸人が賃貸借の解約の申入れをし、建物の賃貸借が終了したとしても、**その後建物賃借人が使用を継続する場合、建物賃貸人が遅滞なく異議を述べなかったときは、建物賃貸借契約は法定更新される**（借地借家法27条2項、26条2項）。この規定は、**建物転借人が建物使用を継続する場合にも適用される**（借地借家法27条2項、26条3項）。したがって、ＡＢ間の賃貸借は更新される。よって、本肢は正しく、本問の正解肢となる。

> **【解法の視点】**建物の賃貸人の承諾を得て賃借人から建物を転借した者は、借地借家法上、原則として建物賃借人と同様の保護が与えられている。

3　誤　‥‥‥‥‥‥‥‥‥‥‥‥‥‥**重要度　★★★**

建物の転貸借がなされている場合、建物の賃貸借が**期間の満了によって終了する**ときは、建物の賃貸人は建物の転借人にその旨を**通知しなければ、その終了を建物転借人に対抗できない**（借地借家法34条1項）。したがって、ＢはＣに対して対抗できない。よって、本肢は誤り。

> **【実力ＵＰ情報】**賃貸人が転借人に通知をしたときは、転貸借は、その通知後6ヵ月を経過すると終了する。

4　誤　‥‥‥‥‥‥‥‥‥‥‥‥‥‥**重要度　★★★**

賃借人の賃料不払いを理由として賃貸借を解除するためには、賃貸人は賃借人に対して催告すれば足り、**転借人にその支払いの機会を与える必要はない**（民法613条3項但書参照、判例）。したがって、ＢはＣに対してＡに代わって賃料を支払う機会を与える必要はない。よって、本肢は誤り。

≪出る順宅建士合格テキスト①　第17章　借地借家法①≫

第13問　建物区分所有法　正解3　重要度C

予想正解率　40%未満

1　正　‥‥‥‥‥‥‥‥‥‥‥‥‥‥**重要度　★★**

数個の専有部分に通ずる廊下又は階段室その他構造上区分所有者の全員又はその一部の共用に供されるべき建物の部分は、**法定共用部分**であり、**区分所有権の目的とはならない**（区分所有法4条1項）。よって、本肢は正しい。

> **【講師からのアドバイス】**読み取りにくいが、「構造上区分所有者の全員又はその一部の共用

に供されるべき建物の部分」とは、いわゆる「法定共用部分」のことである。本肢は、「法定共用部分は単独所有できない。」といっているだけなので、分かってしまえば難解ではない。専門用語の読み取りには慣れも必要なので、できるだけ数多くの問題に挑戦しよう。

2　正 ・・・・・・・・・・・・・・・・・・・・・・・・・・・　重要度　★

区分所有者が建物及び建物が所在する土地と一体として管理又は使用をする庭、通路その他の土地は、**規約により建物の敷地とすることができる**（区分所有法5条1項、規約敷地）。よって、本肢は正しい。

3　誤 ・・・・・・・・・・・・・・・・・・・・・・・・・・・　重要度　★★

一部共用部分の管理のうち、区分所有者**全員の利害に関係するもの**又は区分所有者**全員の規約に定めがあるもの**は区分所有者**全員**で、**その他のものはこれを共用すべき区分所有者のみ**で行う（区分所有法16条）。一部共用部分であっても、区分所有者全員で管理を行う場合もある。よって、本肢は誤りであり、本問の正解肢となる。

> **【講師からのアドバイス】**一部共用部分であっても、全員で決めるべきものは全員で決めようという方向性である。単純に考えてしまおう。

4　正 ・・・・・・・・・・・・・・・・・・・・・・・・・・・　重要度　★

共用部分の各共有者の持分は、その有する専有部分の壁その他の区画の内側線で囲まれた部分の水平投影面積による床面積の割合によるが、規約で別段の定めをすることもできる（区分所有法14条1項、3項、4項）。そこで、**共用部分の各共有者の持分について、規約で、均等とすることができる。**よって、本肢は正しい。

> **【実力ＵＰ情報】**「規約で別段の定めをすることができる」とは、「規約を作ることによって、法律とは異なる内容のルールとすることができる」という趣旨である。

≪出る順宅建士合格テキスト① 第15章 建物区分所有法≫

| 第**14**問 | 不動産登記法 | 正解**4** | 重要度**A** |

予想正解率　40%未満

ア　正 ・・・・・・・・・・・・・・・・・・・・・・・・・・・　重要度　★★★

建物の滅失の登記は、表題部所有者又は所有権登記名義人が、その**建物の滅失の日から1カ月以内**に申請をしなければならない（不登法57条）。よって、本肢は正しい。

> **【実力ＵＰ情報】**表示に関する登記は、公益目的のために作成される。そのため、登記の申請義務があるとイメージしよう。

イ　正 ・・・・・・・・・・・・・・・・・・・・・・・・・・・　重要度　★★★

相続による所有権の移転の登記は、相続人が、自己のために相続の開始があったことを知り、かつ、当該所有権を取得したことを知った日から**3年以内に申請**をしなければならない（不登法76条の2第1項前段）。よって、本肢は正しい。

> **【実力ＵＰ情報】**近時の改正点である。権利に関する登記であるが、相続に基づく場合には、例外的に登記申請義務が生じる。単純知識として丸暗記してしまおう。

ウ　誤・・・・・・・・・・・・・・・・・・・・・・・・・　重要度　★★★

所有権の保存の登記には**申請義務は課されていない**（不登法74条参照）。本肢の所有権を有することが確定判決によって確認された者は、所有権の保存の登記の申請人になることができるが（不登法74条1項2号）、**申請期間の制限は設けられていない**ので、判決確定後1年以内に申請する必要もない。よって、本肢は誤り。

エ　誤・・・・・・・・・・・・・・・・・・・・・・・・・　重要度　★★★

登記名義人の氏名の変更の登記には**申請義務は課されていない**（不登法64条1項参照）。したがって、**申請期間の制限は設けられていない**ので、1カ月以内に申請する必要もない。よって、本肢は誤り。

以上より、誤っているものはウ、エであり、4が本問の正解肢となる。

≪出る順宅建士合格テキスト①　第11章　不動産登記法≫

 **都市計画法
（都市計画の内容）**

予想正解率　75%

1　誤・・・・・・・・・・・・・・・・・・・・・・・・・　重要度　★★★

地区整備計画が定められている地区計画区域内において、土地の区画形質の変更を行おうとする者は、原則として、当該**行為に着手する日の30日前までに**、行為の種類、場所、設計又は施行方法、着手予定日等一定の事項を**市町村長に届け出なければならない**（都計法58条の2第1項）。よって、本肢は誤りであり、本問の正解肢となる。

2　正・・・・・・・・・・・・・・・・・・・・・・・・・　重要度　★★★

都道府県は、**都市計画区域外**の区域のうち、将来における一体の都市としての整備、開発及び保全に支障が生じるおそれがあると認められる一定の区域を、**準都市計画区域として指定**することができる（都計法5条の2第1項）。よって、本肢は正しい。

> **【実力ＵＰ情報】**準都市計画区域は、街づくりはしないが、乱開発を防止し、環境を保全するために、都市計画区域とほぼ同様の規制をかけることを目的として都道府県が指定する。

3　正・・・・・・・・・・・・・・・・・・・・・・・・・　重要度　★★

市町村が定めた都市計画が、都道府県が定めた都市計画と**抵触**するときは、その限りにおいて、**都道府県が定めた都市計画が優先**する（都計法15条4項）。よって、本肢は正しい。

4　正・・・・・・・・・・・・・・・・・・・・・・・**重要度　★★★**

　田園住居地域は、農業の利便の増進を図りつつ、これと調和した**低層住宅に係る良好な住居の環境を保護**するため定める地域であり、低層住宅と農地が混在し調和しているところである（都計法9条8項）。よって、本肢は正しい。

> 【**実力UP情報**】田園住居地域では、農産物の集荷貯蔵施設等、床面積の合計が500㎡以内でかつ2階以下の農産物直売所、地元産の農産物を材料とする料理を提供するレストラン等を、特定行政庁の許可を受けることなく建築することができる。

≪出る順宅建士合格テキスト③　第1章　都市計画法（都市計画の内容）≫

予想正解率　75%

1　常に不要とはいえない・・・・・・・・・・・**重要度　★★★**

　学校教育法1条に規定する**学校**の建築の用に供する目的で行う開発行為は、原則として、**開発許可が必要**である（都計法29条1項本文）。よって、本肢の場合、常に開発許可が不要とはいえない。

2　常に不要とはいえない・・・・・・・・・・・**重要度　★★★**

　医療法に規定する**病院**の建築の用に供する目的で行う開発行為は、原則として、**開発許可が必要**である（都計法29条1項本文）。よって、本肢の場合、常に開発許可が不要とはいえない。

> 【**講師からのアドバイス**】学校、医療施設、社会福祉施設は「公益上必要な建築物ではない」ので、原則として開発許可が必要である。開発許可が不要となる「公益上必要な建築物」は、公民館、図書館、変電所、駅舎の4つを確実に覚えよう。

3　常に不要とはいえない・・・・・・・・・・・**重要度　★★★**

　市街化区域内においては、農業の用に供する建築物の建築の用に供する目的で行う開発行為であっても、**1,000㎡以上**であれば、原則として開発許可を受ける必要がある（都計法29条1項但書1号、2号参照、施行令19条1項）。よって、本肢の場合、常に開発許可が不要とはいえない。

4　常に不要である・・・・・・・・・・・・・・・・・**重要度　★★★**

　市街地再開発事業の施行として行う開発行為は、常に開発許可が不要である（都計

法29条1項但書6号）。よって、本肢が本問の正解肢となる。

【講師からのアドバイス】開発許可が不要となる例外は、本試験でも出題頻度が高い重要項目のひとつである。確実におさえておこう。

≪出る順宅建士合格テキスト③　第1章　都市計画法（開発行為の規制等）≫

第17問　建築基準法（建築確認）　正解③　重要度Ａ

予想正解率　75%

1　誤・・・・・・・・・・・・・・・・・・・・・・・・・・・・・・　重要度　★★★

防火地域及び準防火地域「外」において建築物を増築し、改築し、又は移転しようとする場合で、その増築、改築又は移転に係る部分の床面積の合計が10㎡以内であるとき、建築確認を受ける必要はない（建基法6条2項）。よって、本肢は誤り。

2　誤・・・・・・・・・・・・・・・・・・・・・・・・・・・・　重要度　★★★

用途に供する部分の床面積が200㎡を超える特殊建築物の大規模の修繕を行う場合には、建築確認を受ける必要がある（建基法6条1項1号）。しかし、事務所は特殊建築物にはあたらない。また、木造以外の建築物の大規模の修繕で建築確認が必要となるのは、階数が2以上又は延べ面積が200㎡を超える建築物の場合である（建基法6条1項3号）。本肢の場合は、階数が1で延べ面積が200㎡であるので、建築確認は不要である。よって、本肢は誤り。

【実力ＵＰ情報】特殊建築物には、劇場、映画館、演芸場、観覧場、公会堂、集会場、病院、診療所、ホテル、旅館、下宿、共同住宅、寄宿舎、学校、体育館、百貨店、マーケット、コンビニエンスストア、展示場、キャバレー、カフェー、ナイトクラブ、バー、ダンスホール、遊技場、倉庫、自動車車庫、自動車修理工場等がある。

3　正・・・・・・・・・・・・・・・・・・・・・・・・・・・・　重要度　★★＿＿＿

階数が3階以上の木造建築物を新築する場合、建築確認を受ける必要があり、さらに建築主事を経由して都道府県知事に届け出なければならない（建基法6条1項2号、6条の2第1項、15条1項）。よって、本肢は正しく、本問の正解肢となる。

【実力ＵＰ情報】この届出は建築物の床面積の合計が10㎡以内の場合は不要となる。

4　誤・・・・・・・・・・・・・・・・・・・・・・・・・・・・　重要度　★★★

特殊建築物への用途変更は、その用途に供する部分の床面積が200㎡を超える場合に建築確認が必要となる（建基法87条1項）。コンビニエンスストアは特殊建築物である（建基法別表第一）。しかし、その用途に供する部分の床面積が200㎡である本肢では、建築確認は不要である。よって、本肢は誤り。

【実力ＵＰ情報】用途変更とは、建築物の用途を変更して特殊建築物（200㎡超）のいずれかとする場合をいう。この場合、建築確認が必要である。ただし、政令で指定する類似の用途相互間での用途変更（劇場⇔映画館⇔演芸場、ホテル⇔旅館、下宿⇔寄宿舎等相互間）はこれに含まれない。

≪出る順宅建士合格テキスト③　第2章　建築基準法（建築確認）≫

第18問　建築基準法総合

予想正解率　75%

1　正・・・・・・・・・・・・・・・・・・・・・・・・・・・**重要度　★★★**

　住宅の居室には、原則として、**換気**のための窓その他の開口部を設け、その換気に有効な部分の面積は、その居室の床面積に対して、**20分の1以上**としなければならない（建基法28条2項）。よって、本肢は正しい。

2　正・・・・・・・・・・・・・・・・・・・・・・・・・・・**重要度　★★★**

　第一種低層住居専用地域内においては、建築物の**高さ**は、原則として、**10m又は12m**のうち当該地域に関する都市計画で定められた建築物の高さの限度を超えてはならない（建基法55条1項）。よって、本肢は正しい。

【実力ＵＰ情報】第二種低層住居専用地域・田園住居地域内においても同様の規制がある。

3　正・・・・・・・・・・・・・・・・・・・・・・・・・・・**重要度　★★**

　北側斜線制限は、第一種・第二種低層住居専用地域内、第一種・第二種中高層住居専用地域内（日影規制の対象区域は除く）、田園住居地域内において適用される（建基法56条1項3号）。建築物の敷地の過半が準住居地域である場合であっても、**第一種低層住居専用地域内**にある建築物の部分については北側斜線制限の適用がある（建基法56条5項）。よって、本肢は正しい。

4　誤・・・・・・・・・・・・・・・・・・・・・・・・・・・**重要度　★★★**

　防火地域内においては、地階を含む階数が3以上又は延べ面積が100㎡を超える建築物は、原則として、**耐火建築物**又は耐火建築物と同等以上の延焼防止性能を有する**一定の建築物**（いわゆる「延焼防止建築物」）としなければならない（建基法61条1項本文、施行令136条の2第1号）。準耐火建築物は認められていない。よって、本肢は誤りであり、本問の正解肢となる。

【講師からのアドバイス】階数と延べ面積のどちらかの条件に該当すれば耐火建築物又は延焼防止建築物とする必要がある。本肢の場合、延べ面積が150㎡（100㎡超）という状況だけで耐火建築物又は延焼防止建築物とする必要がある。

≪出る順宅建士合格テキスト③　第2章　建築基準法≫

予想正解率　75%

1　正 ・・・・・・・・・・・・・・・・・・・・・・・・・・・・・・ **重要度　★★★**

　契約の**当事者の一方又は双方が国、地方公共団体その他政令で定める法人である場合は、事後届出を行う必要はない**（国土法23条2項3号、18条）。したがって、土地の売買契約の当事者の一方又は双方が市町村である場合、事後届出をする必要はない。よって、本肢は正しく、本問の正解肢となる。

2　誤 ・・・・・・・・・・・・・・・・・・・・・・・・・・・・・・ **重要度　★★★**

　一定面積（都市計画区域外においては10,000㎡）以上の一団の土地に関する権利を、対価を得て移転・設定する契約を締結した場合、権利取得者は、原則として事後届出をする必要がある（国土法23条1項、2項1号ハ）。そして、**準都市計画区域は、都市計画区域外**であるから、事後届出が必要となるのは、10,000㎡以上の土地の取引をした場合である。したがって、6,000㎡である場合には、事後届出をする必要はない。よって、本肢は誤り。

> **【講師からのアドバイス】**本試験では、事後届出が必要となる面積要件がよく出題されている。この機会に確実に覚えておこう。

3　誤 ・・・・・・・・・・・・・・・・・・・・・・・・・・・・・・ **重要度　★★★**

　都道府県知事は、**土地の利用目的**について勧告した場合において、その勧告を受けた者がその**勧告に従わない**ときは、その旨及びその**勧告の内容を公表**することができる（国土法26条）。しかし、**勧告に従わなかったとしても、罰則が適用されることはない**。よって、本肢は誤り。

4　誤 ・・・・・・・・・・・・・・・・・・・・・・・・・・・・・・ **重要度　★★★**

　市街化区域内においては、**2,000㎡以上**の一団の土地に関する権利を得て移転・設定する契約を締結した場合には、**権利取得者**は、その**契約を締結した日から起算して2週間以内**に、都道府県知事に届け出なければならない（国土法23条1項、2項1号イ）。しかし、本肢においては、**権利取得者であるGは届出義務があるが、E、Fには届出義務はない**。よって、本肢は誤り。なお、事後届出が必要な契約には、**賃借権の設定契約等**（設定の対価があるもの）が含まれる。また、それぞれの契約においては届出対象面積に満たない場合であっても、**隣り合った土地**について、当初から計画的にそれぞれの契約を締結するときには、一団の土地として、権利取得者を基準にそれらの**土地全体で面積を判断**し、その結果届出対象面積を満たせば、それぞれの契約について届出が必要である。

19

LEC東京リーガルマインド　2024年版　出る順宅建士　当たる！　直前予想模試　第1回　解説

第**20**問　　農地法　　正解**4**　重要度**A**

予想正解率　75%

1　誤・・・・・・・・・・・・・・・・・・・・・・・・　**重要度　★★★**

　市街化区域外の農地を農地以外のものにする者は、原則として都道府県知事等の許可を受けなければならない（農地法4条1項）。農業者が自己所有の市街化区域外の農地に自己の居住用の住宅を建築するため転用する場合であっても、農地法4条の許可を不要とする規定はない。よって、本肢は誤り。

　【講師からのアドバイス】都市計画法の開発許可が不要となる例外と間違えないように気をつけよう。

2　誤・・・・・・・・・・・・・・・・・・・・・・・・　**重要度　★★★**

　農地又は採草放牧地について所有権その他の使用収益を目的とする権利を移転・設定する場合には、原則として農地法3条の許可を受ける必要がある（農地法3条1項）。しかし、抵当権の設定はこれにあたらず、農地法3条の許可を受ける必要はない。よって、本肢は誤り。

3　誤・・・・・・・・・・・・・・・・・・・・・・・・　**重要度　★★**

　農地の権利移動については、当該農地がその取得しようとする者の住所のある市町村の区域外にあるときであっても、原則として農業委員会の許可を必要とする（農地法3条1項本文）。よって、本肢は誤り。

4　正・・・・・・・・・・・・・・・・・・・・・・・・　**重要度　★★★**

　市街化区域内にある農地を農地以外のものにするため取得する場合には、あらかじめ農業委員会に届け出れば、農地法5条の許可を受ける必要はない（農地法5条1項但書6号、4条1項7号）。よって、本肢は正しく、本問の正解肢となる。

　【講師からのアドバイス】市街化区域内の特則は、農地法4条にも規定されている。しかし、3条には、このような規定はない。

≪出る順宅建士合格テキスト③　第4章　農地法≫

予想正解率　75%

1　正・・・・・・・・・・・・・・・・・・・・・・・・・・　**重要度　★★★**

　仮換地の指定は、その**仮換地となるべき土地の所有者**及び**従前の宅地の所有者**に対し、仮換地の位置及び地積ならびに仮換地の**指定の効力発生の日を通知して行う**ものとされる（区画法98条5項）。よって、本肢は正しい。

> 【**実力UP情報**】仮換地となるべき土地や従前の宅地について地上権、賃借権等を有する者があるときは、これらの者に対しても、一定の事項を通知しなければならない。

2　誤・・・・・・・・・・・・・・・・・・・・・・・・・・　**重要度　★★★**

　保留地は換地処分の公告のあった日の翌日において**施行者**が取得する（区画法104条11項）。したがって、土地区画整理組合が施行者となる場合、保留地は換地処分の公告のあった日の翌日においてすべて土地区画整理組合が取得する。よって、本肢は誤りであり、本問の正解肢となる。

3　正・・・・・・・・・・・・・・・・・・・・・・・・・・　**重要度　★★**

　市町村が施行する土地区画整理事業については、事業ごとに、**土地区画整理審議会**が置かれる（区画法56条1項）。よって、本肢は正しい。

> 【**実力UP情報**】施行者が都道府県又は市町村などの公的機関の場合、土地区画整理審議会が置かれる。

4　正・・・・・・・・・・・・・・・・・・・・・・・・・・　**重要度　★★**

　施行地区（個人施行者の施行する土地区画整理事業に係るものを除く）内の宅地について**所有権以外の権利で登記のないものを有する者**は、施行者に申告しなければならず（区画法85条1項）、個人施行者以外の施行者は、この申告のないものについては，これを存しないものとみなして、仮換地の指定、換地処分等を行うことができる（区画法85条5項）。よって、本肢は正しい。

≪出る順宅建士合格テキスト③　第5章　土地区画整理法≫

予想正解率　60%

1　誤・・・・・・・・・・・・・・・・・・・・・・・・・・　**重要度　★★★**

　宅地造成等工事規制区域内において行われる宅地造成等に関する工事については、

原則として、**工事主**が、当該工事に着手する前に、**都道府県知事の許可**を受けなければならない（盛土規制法12条1項）。よって、本肢は誤り。

> **【実力UP情報】**工事主とは、宅地造成、特定盛土等もしくは土石の堆積に関する工事の請負契約の注文者又は請負契約によらないで自らその工事をする者をいう。

2　正 ・・・・・・・・・・・・・・・・・・・・・・・・・・・　重要度　★★★

宅地造成とは、**宅地以外の土地を宅地にする**ために行う盛土その他の土地の形質の変更で、一定のものをいう（盛土規制法2条2号）。よって、本肢は正しく、本問の正解肢となる。

> **【講師からのアドバイス】**農地・採草放牧地・森林・公共施設用地が、ここでいう「宅地以外の土地」である。

3　誤 ・・・・・・・・・・・・・・・・・・・・・・・・・・・　重要度　★★★

特定盛土等とは、**宅地又は農地等において行う盛土**その他の土地の形質の変更で、一定のものをいう（盛土規制法2条3号）。よって、本肢は誤り。

> **【講師からのアドバイス】**特定盛土等に関する規制対象に宅地・農地・採草放牧地・森林は含まれるが、公共施設用地（道路、公園、河川その他政令で定める公共の用に供する施設の用に供されている土地）は含まれない。

4　誤 ・・・・・・・・・・・・・・・・・・・・・・・・・・・　重要度　★★

都道府県知事は、基本方針に基づき、かつ、基礎調査の結果を踏まえ、宅地造成等工事規制区域以外の土地の区域であって、当該区域内の土地において**特定盛土等又は土石の堆積が行われた場合**には、これに伴う災害により市街地等区域その他の区域の居住者等の生命又は身体に危害を生ずるおそれが特に大きいと認められる区域を、**特定盛土等規制区域として指定**することができる。（盛土規制法26条1項）。よって、本肢は誤り。

≪出る順宅建士合格テキスト③　第6章　盛土規制法等≫

第㉓問　　登録免許税　　正解❶　重要度Ⓑ

予想正解率　**75%**

1　正 ・・・・・・・・・・・・・・・・・・・・・・・・・・・　重要度　★★★

住宅用家屋の所有権の移転の登記に係る登録免許税の税率の軽減措置の適用を受けることができる住宅用家屋は、**個人の住宅の用に供される家屋**で、床面積の合計が**50㎡以上であることが必要**である（租特法73条、施行令42条1項、2項、41条1号）。これは、建築基準法施行令第3章及び第5章の4の規定による新耐震基準に適合する

もの又は昭和57年１月１日以後に建築されたものである建築物に該当していても同様である（租特法73条、施行令42条１項２号）。よって、本肢は正しく、本問の正解肢となる。

> 【講師からのアドバイス】細かい部分は気にしなくてよい。「床面積の合計が50㎡以上であることが必要である」という部分をしっかり覚えよう。

2　誤・・・・・・・・・・・・・・・・・・・・・・・・　**重要度　★★★**

住宅用家屋の所有権の移転の登記に係る登録免許税の税率の軽減措置の適用を受けるためには、**住宅用家屋を取得した個人が自己の居住の用に供することが必要である**（租特法73条）。したがって、会社の社宅として取得した住宅用家屋については、適用されない。よって、本肢は誤り。

3　誤・・・・・・・・・・・・・・・・・・・・・・・・　**重要度　★★**

住宅用家屋の所有権の移転の登記に係る登録免許税の税率の軽減措置の適用を受けるためには、適用対象となる住宅用家屋の**取得後１年以内に所有権の移転登記を受ける**必要がある（租特法73条）。取得後６か月以内に所有権の移転登記を受けるのではない。よって、本肢は誤り。

4　誤・・・・・・・・・・・・・・・・・・・・・・・・　**重要度　★★**

住宅用家屋の所有権の移転の登記に係る登録免許税の税率の軽減措置の適用を受けるためには、**売買又は競落**により**住宅用家屋を取得**することが必要である（租特法73条、施行令42条３項）。したがって、贈与により取得した場合には、適用されない。よって、本肢は誤り。

> 【解法の視点】ここでいう取得は、売買と競落に限られる。贈与・交換・相続によって取得した場合にはこの特例は適用されない。

≪出る順宅建士合格テキスト③　税・価格　第５章　登録免許税≫

第24問　固定資産税　正解❷　重要度Ⓐ

予想正解率　60%

1　正・・・・・・・・・・・・・・・・・・・・・・・・　**重要度　★★★**

固定資産税の納税義務者は、**固定資産の所有者**（質権又は100年より永い存続期間の定めのある地上権の目的である土地については、その**質権者又は地上権者**）である（地方税法343条１項）。よって、本肢は正しい。

2　誤・・・・・・・・・・・・・・・・・・・・・・・・　**重要度　★★**

所定の要件を満たす住宅については、新築後３年度分（所定の中高層耐火建築物に

あっては5年度分）、**120㎡までの人の居住の用に供する部分**について、その**固定資産税額の2分の1が減額される**（地方税法附則15条の6、施行令附則12条4項）。200㎡ではない。よって、本肢は誤りであり、本問の正解肢となる。

> **【実力ＵＰ情報】**この特例の適用を受ける住宅の床面積要件は、50㎡以上280㎡以下である。

3　正 ・・・・・・・・・・・・・・・・・・・・・・・・・・　重要度　★★

　固定資産税の**納税通知書**は、遅くとも、**納期限前10日までに納税者に交付しなければならない**（地方税法364条9項）。よって、本肢は正しい。

> **【実力ＵＰ情報】**固定資産税の納期は、4月、7月、12月及び2月中において、「市町村の条例で定める」が、特別の事情がある場合には、これと異なる納期を定めることができる。

> **【実力ＵＰ情報】**固定資産税に係る徴収金について滞納者が督促を受け、その督促状を発した日から起算して10日を経過した日までに、その督促に係る固定資産税の徴収金について完納しないときは、市町村の徴税吏員は、滞納者の財産を差し押さえなければならない。「差し押さえなければならない。」という強い表現であるが、2013年にこのまま正しい選択肢として出題されたことがあるので余裕のある方は知っておこう。

4　正 ・・・・・・・・・・・・・・・・・・・・・・・・・・　重要度　★★

　固定資産税の納税者は、固定資産課税台帳に登録された**価格について不服がある場合**においては、**固定資産評価審査委員会に審査の申出をすることができる**（地方税法432条1項）。よって、本肢は正しい。

> **【実力ＵＰ情報】**固定資産評価審査委員会は、市町村に置かれる行政委員会であり、固定資産課税台帳に登録された価格に関する不服の審査決定その他の事務を行う。

《出る順宅建士合格テキスト③　税・価格　第2章　固定資産税》

第**25**問	地価公示法	正解**3**	重要度**A** 

予想正解率　75%

1　正 ・・・・・・・・・・・・・・・・・・・・・・・・・・　重要度　★★★

　都市及びその周辺の地域等において、**土地の取引を行う者**は、取引の対象土地に類似する利用価値を有すると認められる標準地について公示された価格を**指標として取引を行うよう努めなければならない**（地価公示法1条の2）。よって、本肢は正しい。

> **【解法の視点】**都市及びその周辺地域等において土地の「取引」を行う者は、公示価格を指標として取引を行うよう「努め」なければならない。

2　正 ・・・・・・・・・・・・・・・・・・・・・・・・・・・　重要度　★★★

　地価公示が行われる**標準地**は、土地鑑定委員会が、自然的及び社会的条件からみて**類似の利用価値を有する**と認められる地域において、土地の利用状況、環境等が**通常と認められる一団の土地**について選定するものとされている（地価公示法3条）。よって、本肢は正しい。

3　誤 ・・・・・・・・・・・・・・・・・・・・・・・・・・・　重要度　★★★

　標準地の正常な価格とは、土地について、自由な取引が行われるとした場合におけるその取引において通常成立すると認められる価格をいい、当該土地に地上権が存する場合には、地上権が**存しないもの**として通常成立すると認められる価格をいう（地価公示法2条2項）。よって、「地上権が存するものとして」とする本肢は誤りであり、本問の正解肢となる。

4　正 ・・・・・・・・・・・・・・・・・・・・・・・・・・・　重要度　★★★

　標準地の鑑定評価は、近傍類地の**取引価格から算定される推定の価格**、近傍類地の**地代等から算定される推定の価格**及び同等の効用を有する**土地の造成に要する推定の費用の額**を勘案して行わなければならない（地価公示法4条）。よって、本肢は正しい。

《出る順宅建士合格テキスト③　税・価格　第7章　地価公示法》

第26問　37条書面　正解③　重要度Ⓐ

予想正解率　75%

ア　記載しなければならない事項ではない　重要度　★★★

　宅地又は建物の上に存する**登記された権利**の種類及び内容ならびに登記名義人又は登記簿の表題部に記録された所有者の氏名（法人にあっては、その名称）は重要事項の説明書面（35条書面）の記載事項であるが、**37条書面の記載事項ではない**（業法35条1項1号、37条参照）。よって、本肢の事項は必ず記載しなければならない事項ではない。

イ 記載しなければならない・・・・・・・・・・ **重要度 ★★★**

代金又は交換差金の額ならびにその**支払の時期及び方法**は、**必ず37条書面に記載し**
なければならない（業法37条1項3号）。よって、本肢の事項は必ず記載しなければ
ならない。

ウ 記載しなければならない・・・・・・・・・・ **重要度 ★★★**

宅地又は建物の**引渡し**の時期は、**必ず37条書面に記載しなければならない**（業法37
条1項4号）。よって、本肢の事項は必ず記載しなければならない。

> **【実力ＵＰ情報】**売買・交換契約での必要的記載事項としては、①既存建物であるときは、
> 建物の構造耐力上主要な部分等の状況について当事者の双方が確認した事項、②代金・交換
> 差金の額、支払時期、支払方法、③物件の引渡時期、④移転登記の申請時期がある。

エ 記載しなければならない・・・・・・・・・・ **重要度 ★★★**

売買の場合、移転登記の申請の時期は、**必ず37条書面に記載しなければならない**（業
法37条1項5号）。よって、本肢の事項は必ず記載しなければならない。

オ 記載しなければならない事項ではない 重要度 ★★★

保証人の氏名及び住所は、37条書面の記載事項とはされていない。よって、本肢の
事項は必ず記載しなければならない事項ではない（業法37条参照）。

以上より、必ず記載すべき事項はイ、ウ、エの三つであり、3が本問の正解肢とな
る。

≪出る順宅建士合格テキスト② 第11章 37条書面≫

 **第27問** **宅地建物取引士証** 正解**2** 重要度**A**

予想正解率 40%未満

1 誤・・・・・・・・・・・・・・・・ **重要度 ★★★**

宅地建物取引士証の有効期間の更新を受けなかったときは、速やかに、宅地建物取
引士証をその交付を受けた都道府県知事に**返納しなければならない**（業法22条の2第
6項）。よって、本肢は誤り。

2 正・・・・・・・・・・・・・・・・ **重要度 ★★★**

宅地建物取引士が事務禁止処分を受けたことにより、宅地建物取引士証の提出を受
けた都道府県知事は、事務禁止期間が満了した場合においてその**提出者から返還の請**
求があったときは、直ちに、宅地建物取引士証を返還しなければならない（業法22条
の2第8項）。よって、本肢は正しく、本問の正解肢となる。

26

LEC東京リーガルマインド 2024年版 出る順宅建士 当たる！ 直前予想模試 第1回 解説

3　誤・・・・・・・・・・・・・・・・・・・・・・・・・・・・・・　**重要度　★★**

　宅地建物取引士証が交付された後、**登録の移転があったときは、その宅地建物取引士証の効力は失われる**（業法22条の２第４項）。したがって、**移転前の宅地建物取引士証を用いて引き続き業務を行うことはできない**。よって、本肢は誤り。

4　誤・・・・・・・・・・・・・・・・・・・・・・・・・・・・・・　**重要度　★★★**

　宅地建物取引士が、**事務禁止処分を受けたときは、速やかに、宅地建物取引士証をその交付を受けた都道府県知事に提出**しなければならない（業法22条の２第７項）。したがって、Ａは、丙県知事ではなく**甲県知事**に宅地建物取引士証を提出しなければならない。よって、本肢は誤り。

≪出る順宅建士合格テキスト② 　第５章　宅地建物取引士≫

第28問　事務所以外の場所の規制　正解 **1**　

重要度 **A**

予想正解率　60%

ア　正・・・・・・・・・・・・・・・・・・・・・・・・・・・・・・　**重要度　★★★**

　宅建業者は、他の宅建業者が行う一団の宅地建物の分譲の代理・媒介を行う案内所を設置する場合には、当該案内所の見やすい場所に、自己の商号又は名称、免許証番号等に加え、売主の商号又は名称、免許証番号等を記載した**標識を掲示しなければならない**（業法50条１項、規則19条１項４号、２項５号、様式11号の２）。よって、本肢は正しい。

イ　誤・・・・・・・・・・・・・・・・・・・・・・・・・・・・・・　**重要度　★★★**

　宅建業者は、その**事務所ごと**に、従業者名簿を備えなければならないが、案内所には、その設置義務はない（業法48条３項参照）。よって、本肢は誤り。

ウ　誤・・・・・・・・・・・・・・・・・・・・・・・・・・・・・・　**重要度　★★★**

　宅建業者は、一団の宅地の分譲を案内所を設置して行う場合、**業務を開始する日の10日前までに**、その旨を、**免許を受けた国土交通大臣又は都道府県知事及び案内所の所在地を管轄する都道府県知事**に届け出なければならない（業法50条２項、規則19条３項）。したがって、Ａは、**免許権者であり当該案内所の所在地を管轄する都道府県知事**である**甲県知事**に対してのみ届出をすれば足りることになる。乙県知事に対しては届出の必要はない。よって、本肢は誤り。

27

LEC東京リーガルマインド 2024年版 出る順宅建士 当たる！ 直前予想模試　第１回　解説

エ 誤・・・・・・・・・・・・・・・・・・・・・・・・・・・・ **重要度 ★★★**

　宅建業者は、一団の宅地建物の分譲の代理・媒介を行う案内所を設けて、その案内所において契約の締結又は申込みを受ける場合、成年者である専任の宅地建物取引士を設置しなければならず、その数は**従業者数にかかわりなく1人以上で足りる**（業法31条の3第1項、規則15条の5の3）。よって、本肢は誤り。

　以上より、正しいものはアの一つであり、1が本問の正解肢となる。
　　　　　　　　≪出る順宅建士合格テキスト② 第4章 事務所以外の場所の規制≫

 **重要事項の説明**

予想正解率　85％以上

1 誤・・・・・・・・・・・・・・・・・・・・・・・・・・・・ **重要度 ★★★**

　宅建業者は、**売買契約が成立するまでの間に、宅地建物取引士をして、重要事項の説明をさせなければならない**（業法35条1項）。**専任の宅地建物取引士が説明する必要はない。**よって、本肢は誤り。

2 正・・・・・・・・・・・・・・・・・・・・・・・・・・・・ **重要度 ★★★**

　重要事項の説明をする**義務は、売主に対しては課されていない**（業法35条1項）。本問においては、AはC（買主）にのみ説明すれば足り、Bに対しては、説明義務はない。よって、本肢は正しく、本問の正解肢となる。

3 誤・・・・・・・・・・・・・・・・・・・・・・・・・・・・ **重要度 ★★**

　重要事項説明書の電磁的方法による提供については、宅建業者が、あらかじめ、重要事項説明を受ける者に対して電磁的方法による提供に用いる電磁的方法の種類及び内容を示した上で、重要事項説明を受ける者から**電磁的方法でよい旨の書面又は電子情報処理組織を使用する方法等による承諾が必要である**（業法35条8項、施行令3条の3第1項）。したがって、**口頭で承諾を受けることはできない。**よって、本肢は誤り。

4 誤・・・・・・・・・・・・・・・・・・・・・・・・・・・・ **重要度 ★★**

　電磁的方法により提供を受ける旨の承諾を得た場合であっても、相手方から書面等で電磁的方法による提供を受けない旨の申出があった場合には、電磁的方法による提供をしてはならない。ただし、**相手方から再び書面等で承諾を得た場合には、この限りでない**（解釈・運用の考え方）。したがって、再び適法に承諾を得れば、電磁的方法により提供することは可能である。よって、本肢は誤り。
　　　　　　　　　　≪出る順宅建士合格テキスト② 第10章 重要事項の説明≫

予想正解率　85%以上

1　誤・・・・・・・・・・・・・・・・・・・・・・・・・　**重要度　★★**

　本肢のリゾートクラブ会員権は、宿泊施設等のリゾート施設の所有権を会員が共有するものであることから、**実質的には建物の売買と同視することができる**。したがって、その売買の媒介を不特定多数の者に反復継続して行う行為は、宅建業に該当することから、Aは、免許を受ける必要がある（業法2条2号、3条1項、旧建設省通達）。よって、本肢は誤り。

2　正・・・・・・・・・・・・・・・・・・・・・・・・・　**重要度　★★**

　自ら貸借することは、宅建業の「取引」にはあたらない（業法2条2号参照）。そして、**転貸することも「取引」にはあたらない**。したがって、複数の所有者から一括して借り上げた物件を賃貸するBは、免許を受ける必要はない。このことは、自ら行う場合も、宅建業者に媒介を依頼して行う場合も同様である。よって、本肢は正しく、本問の正解肢となる。

3　誤・・・・・・・・・・・・・・・・・・・・・・・・・　**重要度　★★**

　宅地又は建物の売買の媒介を業として行うことは、宅建業にあたり、免許を受ける必要がある（業法2条2号、3条1項）。そして、このことは、依頼者が破産管財人である場合でも同様である。したがって、Cは、免許を受ける必要がある。よって、本肢は誤り。

> 【実力UP情報】なお、破産管財人が裁判所の監督の下で、破産財団の換価のために、自らの名において任意売却により宅地又は建物の取引を反復継続的に行うことは「業として行うもの」に該当しないことから、この場合、破産管財人は、宅建業の免許を受ける必要はない。

4　誤・・・・・・・・・・・・・・・・・・・・・・・・・　**重要度　★★**

　宅地の売買の媒介を業として行うことは、宅建業にあたるので、免許が必要となる（業法2条2号、3条1項）。そして、**組合方式による住宅の建築という名目で、組合員以外の者が、業として、住宅取得者となるべき組合員を募集し、当該組合員による宅地の購入等に関して指導、助言等を行うことは、通常、宅地建物の売買の媒介にあたる**（解釈・運用の考え方）。したがって、Dは、原則として、免許を受ける必要がある。よって、本肢は誤り。

≪出る順宅建士合格テキスト②　第1章　宅地建物取引業の意味≫

 第**31**問 営業保証金 正解**③** 重要度**A**

1　誤・・・・・・・・・・・・・・・・・・・・・・・・・・・・　**重要度　★★★**

　宅建業者が、**事務所の一部を廃止**したために、供託している営業保証金の額が政令で定める額を超えるときは、その超過額について、当該営業保証金につき還付の権利を有する者に対し、6カ月を下らない一定期間内に申し出るべき旨を**公告**し、その期間内に申出がなかった場合でなければ、**営業保証金を取り戻す**ことはできない（業法30条1項、2項）。よって、本肢は誤り。

2　誤・・・・・・・・・・・・・・・・・・・・・・・・・・・・　**重要度　★★★**

　宅建業に関する取引をした者（宅建業者を除く）は、取引により生じた**債権**につき、宅建業者が供託した営業保証金の範囲で弁済を受ける権利を有する（業法27条1項）。Bが有する債権は、ビルの管理費用債権であるから、宅建業に関する取引により生じた債権とはいえず、弁済を受ける権利を有しない。よって、本肢は誤り。

┌───┐
│【実力UP情報】弁済（還付）を受ける権利を有することになる宅建業に関する取引とは、│
│「自ら売買・交換」「代理又は媒介して売買・交換・貸借」のことである。　　　　　　│
└───┘

3　正・・・・・・・・・・・・・・・・・・・・・・・・・・・・　**重要度　★★★**

　宅建業者は、その**主たる事務所を移転**したためその最寄りの供託所が変更した場合において、**金銭のみをもって営業保証金を供託**しているときは、遅滞なく、費用を予納して、営業保証金を供託している供託所に対し、移転後の主たる事務所の最寄りの供託所への**営業保証金の保管替えを請求しなければならない**（業法29条1項）。よって、本肢は正しく、本問の正解肢となる。

4　誤・・・・・・・・・・・・・・・・・・・・・・・・・・・・　**重要度　★★★**

　宅建業に関する取引をした者（宅建業者を除く）は、宅建業者が**供託した営業保証金の範囲で弁済を受ける権利**を有する（業法27条1項）。本問では、Aの事務所数が2であることから、Cは、1,500万円（本店につき1,000万円、支店1つにつき500万円、施行令2条の4）を限度として、弁済を受けることができる。よって、本肢は誤り。

┌───┐
│【実力UP情報】支店で取引した者であっても、1,500万円を限度に弁済を受ける権利を有す│
│る。　　　　　　　　　　　　　　　　　　　　　　　　　　　　　　　　　　　　　　│
└───┘

≪出る順宅建士合格テキスト②　第6章　営業保証金≫

第**32**問	重要事項の説明	正解**1**	重要度**A**

1　誤・・・・・・・・・・・・・・・・・・・・・・・・　**重要度　★★**

　設計図書、点検記録その他の建物の建築及び維持保全の状況に関する書類で国土交通省令で定めるものの保存の状況が重要事項の説明事項となるのは、既存建物の**売買又は交換の契約の場合**である（業法35条１項６号の２ロ、規則16条の２の３）。既存建物の貸借の媒介の場合は、説明する必要はない。よって、本肢は誤りであり、本問の正解肢となる。

> 【実力ＵＰ情報】建物状況調査の有無及び実施している場合の結果の概要は、建物の貸借においても説明事項となる。

2　正・・・・・・・・・・・・・・・・・・・・・・・・　**重要度　★★★**

　建物の貸借の場合、台所、浴室、便所その他の当該建物の**設備の整備**の状況について、重要事項として説明しなければならない（業法35条１項14号、規則16条の４の３第７号）。よって、本肢は正しい。

> 【解法の視点】マンションに限らず、「建物の貸借」の場合に必要とされる説明事項である。売買・交換のときには説明不要であることにも注意しよう。

3　正・・・・・・・・・・・・・・・・・・・・・・・・　**重要度　★★★**

　区分所有法に規定する**共用部分**に関する規約の定め(その案を含む)があるときは、その内容は、**貸借以外**の場合に説明が必要となる（業法35条１項６号、規則16条の２第２号）。貸借においては説明の必要はない。よって、本肢は正しい。

4　正・・・・・・・・・・・・・・・・・・・・・・・・　**重要度　★★★**

　当該一棟の建物及びその敷地の**管理が委託**されているときは、その委託を受けている者の**氏名**（法人にあっては、その**商号又は名称**）のみならず**住所**（法人にあっては、その**主たる事務所の所在地**）についても重要事項として説明しなければならない（業法35条１項６号、規則16条の２第８号）。よって、本肢は正しい。

≪出る順宅建士合格テキスト②　第10章　重要事項の説明≫

第**33**問　その他の業務上の規制　正解**2**　重要度**A**

ア　違反しない・・・・・・・・・・・・・・・・・・・・・・・・　**重要度　★★**

　宅建業者は、宅地又は建物を**売買すべき価額又はその評価額**について意見を述べるときは、その**根拠を明らかに**しなければならない（業法34条の２第２項）。この根拠としては、価格査定マニュアル（公益財団法人不動産流通推進センターが作成した価

格査定マニュアル又はこれに準じた価格査定マニュアル）や同種の取引事例等他に合理的な説明がつくものである必要がある（解釈・運用の考え方）。もっとも、**必ずしも当該マニュアルを使用する必要はない**。よって、本肢は宅建業法の規定に違反しない。

イ 違反しない ・・・・・・・・・・・・・・・・・・・・ 重要度 ★★★

宅建業者は、手付について貸付けその他信用の供与をすることにより契約の締結を誘引する行為をしてはならない（業法47条3号）。しかし、**手付金について当初提示していた金額を減額することは、信用の供与にあたらない**。よって、本肢は宅建業法の規定に違反しない。

ウ 違反する ・・・・・・・・・・・・・・・・・・・・・・ 重要度 ★★

宅建業者は、宅建業に係る契約の締結の勧誘をするに際し、宅建業者の相手方等に対し、当該契約の目的物である宅地又は建物の**将来の環境又は交通その他の利便について誤解させるべき断定的判断を提供してはならない**（業法47条の2第3項、規則16条の11第1号イ）。よって、本肢は宅建業法の規定に違反する。

以上より、宅建業法の規定に違反しないものはア、イの二つであり、2が本問の正解肢となる。

≪出る順宅建士合格テキスト② 第12章 その他の業務上の規制≫

第34問 **免許の効力** 正解 **4** 重要度 **A**

予想正解率 85%以上

1 正 ・・・・・・・・・・・・・・・・・・・・・・・・・ 重要度 ★

宅建業者が、**免許の更新の申請を怠り、その有効期間が満了した場合には、免許証を返納する必要はない**（規則4条の4）。よって、本肢は正しい。

2 正 ・・・・・・・・・・・・・・・・・・・・・・・・・ 重要度 ★★★

宅建業者が、破産手続開始の決定を受けた場合においては、破産管財人は、その日から**30日以内にその旨を免許権者に届け出なければならない**（廃業等の届出、業法11条1項3号）。よって、本肢は正しい。

3 正 ・・・・・・・・・・・・・・・・・・・・・・・・・ 重要度 ★★

宅建業者は、免許証を亡失し、滅失し、汚損し、又は破損したときは、遅滞なく、その免許を受けた国土交通大臣又は都道府県知事に**免許証の再交付を申請しなければならない**。そして、この申請は、汚損し、又は破損した免許証を添えてしなければならない（規則4条の3第1項、2項）。よって、本肢は正しい。

32

LEC東京リーガルマインド 2024年版 出る順宅建士 当たる！ 直前予想模試 第1回 解説

4 誤・・・・・・・・・・・・・・・・・・・・・・・ **重要度 ★★★**

　宅建業者が、案内所を設置・移転・廃止しても、免許権者に変更はなく、**免許換え
が必要となることはない**。したがって、Aは、国土交通大臣に免許換えの申請をする
必要はない。よって、本肢は誤りであり、本問の正解肢となる。

≪出る順宅建士合格テキスト② 第3章 免許≫

第35問 報酬額の制限 正解4 重要度A

予想正解率 40%未満

ア 誤・・・・・・・・・・・・・・・・・・・・・ **重要度 ★★★**

　Aは依頼者ではない乙から報酬を受領することはできない（業法46条1項）。よっ
て、受領額を問わず、Aが乙から受領することはできない。よって、本肢は誤り。

イ 誤・・・・・・・・・・・・・・・・・・・・・ **重要度 ★★★**

　代理の場合、一方から受領することができる上限は、媒介の場合の2倍となり、本
肢の場合は、{（800万円×3％＋6万円）×2）}×1.1＝**66万円まで受領することが
できる**。但し、双方から受領する額の合計は、66万円までである（業法46条1項、2
項、報酬告示第3）。したがって、ABがそれぞれ66万円を受領することはできない。
よって、本肢は誤り。

ウ 誤・・・・・・・・・・・・・・・・・・・・・ **重要度 ★★**

　代金が400万円以下の宅地又は建物については、**18万円（消費税等を除く。）を限度**
に報酬額に現地調査等の費用として通常の売買の媒介に比べて多く要する費用を加
算した額を報酬として受領することができる（業法46条1項、2項、報酬告示第7）。
本肢の場合は、報酬額が18万円（税込19万8,000円）となるので、それ以上に現地調
査費の費用を加算することはできない。したがって、本肢の場合も19万8,000円が報
酬の限度額となる。よって、本肢は誤り。

エ 誤・・・・・・・・・・・・・・・・・・・・・ **重要度 ★**

　代金が400万円以下の宅地又は建物については、18万円（消費税等を除く。）を限度
に報酬額に現地調査等の費用として通常の売買の代理に比べて多く要する費用を加
算した額を報酬として受領することができる。そして、代理の場合、本来の報酬の限
度額は媒介の倍額となるが、**現地調査費として加算して報酬額とできる範囲は、媒介
と同額**である（業法46条1項、2項、報酬告示第7）。したがって本肢の場合、{200
万円×5％×2＋8万円（現地調査費の加算分)}×1.1＝30万8,000円が報酬の上限
額となる。よって、本肢は誤り。

　以上より、正しいものは一つもなく、4が本問の正解肢となる。

≪出る順宅建士合格テキスト② 第14章 報酬額の制限≫

予想正解率　60%

1　正・・・・・・・・・・・・・・・・・・・・・・・　重要度　★★★

　宅建業者は、専属専任媒介契約を締結したときは、当該契約の締結の日から5日以内（休業日を除く。）に、一定の事項を当該宅地又は建物の所在地を含む地域を対象として登録業務を現に行っている指定流通機構に登録しなければならない（業法34条の2第5項、規則15条の10、15条の12）。よって、本肢は正しい。

2　正・・・・・・・・・・・・・・・・・・・・・・・　重要度　★★

　宅建業者は、専任媒介契約を締結したときは、契約の相手方を探索するため、当該専任媒介契約の目的物である宅地又は建物につき、**所在、規模、形質、売買すべき価額**のみならず、当該宅地又は建物に係る都市計画法その他の法令に基づく制限で主要なものについても、指定流通機構に登録しなければならない（業法34条の2第5項、規則15条11第1号）。よって、本肢は正しい。

> 【実力UP情報】「当該法令に基づく制限で主要なもの」とは、例えば、目的物である宅地又は建物が所在する用途地域に関する情報などであると考えよう。

3　正・・・・・・・・・・・・・・・・・・・・・・・　重要度　★★★

　宅建業者は、専属専任媒介契約を締結したときは、**当該契約が専属専任媒介契約である旨**を、指定流通機構に登録しなければならない（業法34条の2第5項、規則15条の11第3号）。これに対し、**登録に係る宅地又は建物の所有者の氏名及び住所は指定流通機構に登録する必要がない**。よって、本肢は正しい。

4　誤・・・・・・・・・・・・・・・・・・・・・・・　重要度　★★

　宅建業者が、売買契約を成立させたときに、指定流通機構に通知しなければならない事項は、①登録番号、②取引価格、③売買契約の成立した年月日である（業法34条の2第7項、規則15条の13）。当該宅地の所在及び規模は、指定流通機構に通知しなければならない事項ではない。よって、本肢は誤りであり、本問の正解肢となる。

≪出る順宅建士合格テキスト②　第8章　媒介・代理契約≫

1　正・・・・・・・・・・・・・・・・・・・・・・・・・・・　**重要度　★★★**

　宅建業者は、原則として、自ら売主となって自己の所有に属しない物件について売買契約を締結することができない。しかし、自己の所有に属しない物件でも、**宅建業者が物件を取得する契約を締結しているときは、自ら売主として、売買契約を締結することができる**（業法33条の２第１号）。そして、**この場合の売買契約は、停止条件付でも差し支えない。**したがって、Aは、Cとの間で当該建物の売買契約を締結しているので、Bとの停止条件付きの売買契約を締結することができる。よって、本肢は正しく、本問の正解肢となる。

2　誤・・・・・・・・・・・・・・・・・・・・・・・・・・・　**重要度　★★★**

　宅建業者が自ら売主となる場合において、**契約不適合責任**については、種類又は品質に関して契約の内容に適合しない場合における当該不適合を通知する期間についてその目的物の引渡しの日から２年以上となる特約をする場合を除き、**民法の規定より買主に不利なものは無効**となる（業法40条１項、２項）。この点、民法はこの不適合である旨の通知期間に関して、「買主がその不適合を**知った時**から１年以内にその旨を売主に通知しないときは、買主は、その不適合を理由として、履行の追完の請求、代金の減額の請求、損害賠償の請求及び契約の解除をすることができない」としている（民法566条）。本肢の特約は、**起算点を「引渡し」**として**通知期間を１年**としていることから、民法の規定よりも買主に不利であり、無効である。よって、本肢は誤り。

3　誤・・・・・・・・・・・・・・・・・・・・・・・・・・・　**重要度　★★★**

　建築に関する**工事の完了後**において締結される宅建業者が自ら売主となる契約に関して、代金額の**10％又は1,000万円を超える**手付金等を受領しようとするときは、宅建業者は、**保全措置を講じた後**でなければ、買主から手付金等を受領してはならない（業法41条の２第１項、施行令３条の５）。したがって、Aは、「**受領前**」に保全措置を講じる必要がある。よって、本肢は誤り。

4　誤・・・・・・・・・・・・・・・・・・・・・・・・・・・　**重要度　★★★**

　宅建業者が自ら売主となる場合において、**売買代金額の10分の２を超える手付金を受領することはできない**（業法39条１項）。これは、**手付金について保全措置を講じたとしても同様である**。そして、本肢の場合、売買代金が2,000万円であることから、その10分の２は400万円である。したがって、Aは、手付金として500万円を受領することはできない。よって、本肢は誤り。

≪出る順宅建士合格テキスト②　第13章　自ら売主制限≫

 第**38**問　広告等に関する規制　正解**3**　重要度 **A**

1　誤・・・・・・・・・・・・・・・・・・・・・・・・・・・　**重要度　★★★**

　誇大広告等の禁止の対象となるのは、宅地建物の所在・規模・形質や、現在もしくは将来の利用の制限・環境・交通その他の利便等である（業法32条）。したがって、**将来の環境や利用の制限に関することについても、実際のものよりも著しく優良であり、又は有利であると人を誤認させるような表示をすることはできない。**宅建業者の予想である旨を明示した場合であっても、同様である。よって、本肢は誤り。

2　誤・・・・・・・・・・・・・・・・・・・・・・・・・・・　**重要度　★★**

　代金又は交換差金に関する金銭の貸借のあっせんについても、著しく有利であると人を誤認させるような表示をしてはならない（業法32条）。よって、本肢は誤り。

3　正・・・・・・・・・・・・・・・・・・・・・・・・・・・　**重要度　★★★**

　鉄道会社などの**運行主体が開業予定である旨を公表したものについて本肢のような表示をしても、著しく事実に相違する、又は実際のものよりも著しく優良であり、もしくは有利であると人を誤認させる表示には該当しない**ので、誇大広告等の禁止の規定には違反しない（業法32条）。よって、本肢は正しく、本問の正解肢となる。

4　誤・・・・・・・・・・・・・・・・・・・・・・・・・・・　**重要度　★★★**

　現実に売買等の契約が成立しなくても、宅地建物の価格等について、著しく有利であると人を誤認させるような広告をした場合には、誇大広告等の禁止の規定に違反する（業法32条）。よって、本肢は誤り。

≪出る順宅建士合格テキスト②　第9章　広告に関する規制≫

| 第**39**問 | 重要事項の説明 | 正解**②** | 重要度 **B** |

予想正解率　60％

ア　正・・・・・・・・・・・・・・・・・・・・・・・・・・・　**重要度　★**

　宅建業者は、媒介に係る宅地の換地又は仮換地が住宅先行建設区内に指定されているときには、その宅地の買主は一定期間内に住宅を建設しなければならないので、重要事項の説明においては、その**住宅建設の時期の制限の概要を説明しなければならない**ものとされている（業法35条1項2号、施行令3条8号）。よって、本肢は正しい。

> **【解法の視点】**区画整理を行っても換地の所有者・借地権者の中に住宅を建てない者がいるのでは、整った街並みの住宅街にならない。そこで、すぐに住宅を建てる者については、換地を1カ所に集めて指定しようとするのが住宅先行建設区の制度である。

イ 誤・・・・・・・・・・・・・・・・・・・・・・・・・・ **重要度 ★★**

　宅建業者は、所定の支払金又は預り金を受領しようとする場合において、一定の保証その他国土交通省令で定める**保全措置を講ずるかどうか、及びその措置を講ずる場合におけるその措置の概要**は、重要事項として説明しなければならない（業法35条1項11号）。本肢では、「講じない」旨を説明する必要がある。よって、本肢は誤り。

ウ 誤・・・・・・・・・・・・・・・・・・・・・・・・・・ **重要度 ★★**

　宅建業者は、当該契約が、**建物の貸借の契約以外のものであるときは、私道に関する負担に関する事項**は重要事項として説明しなければならない（業法35条1項3号）。私道に関する負担がある場合だけでなく、ない場合も説明しなければならない。よって、本肢は誤り。

エ 正・・・・・・・・・・・・・・・・・・・・・・・・・・ **重要度 ★★★**

　宅建業者は、当該宅地が宅地の造成に関する工事の完了前のものであるときは、その**完了時における形状、構造等**を重要事項として説明しなければならない（業法35条1項5号、規則16条）。よって、本肢は正しい。

　以上より、正しいものはアとエの二つであり、2が本問の正解肢となる。

≪出る順宅建士合格テキスト② 第10章 重要事項の説明≫

第**40**問　**クーリング・オフ**　正解**2**　重要度**A**

予想正解率　85%以上

1 誤・・・・・・・・・・・・・・・・・・・・・・・・・・ **重要度 ★★★**

　クーリング・オフが行われた場合、宅建業者は、速やかに、売買契約の締結に際して受領した手付金その他の金銭を返還しなければならない（業法37条の2第3項）。よって、本肢は誤り。

2 正・・・・・・・・・・・・・・・・・・・・・・・・・・ **重要度 ★★★**

　買主等が、解除できる旨及びその方法について、一定事項を記載した書面を交付して告げられた場合において、その告げられた日から起算して8日を経過したときは、クーリング・オフをすることはできない（業法37条の2第1項1号、規則16条の6）。**口頭のみの告知であり書面で告げられていない場合は、告知されてから9日間が経過したときでも、買主は、クーリング・オフをすることができる**。よって、本肢は正しく、本問の正解肢となる。

3 誤・・・・・・・・・・・・・・・・・・・・・・・・・・ **重要度 ★★**

　「事務所等」で買受けの申込みをし、「事務所等」以外の場所で売買契約を締結した場合は、買主は、クーリング・オフをすることはできない（業法37条の2第1項）。

そして、買主が自ら申し出た場合の買主の自宅・勤務先は、ここにいう「事務所等」にあたる（規則16条の5第2号）。しかし、**売主から申し出た場合は、買主の自宅で買受けの申込みをしたときでも、「事務所等」で買受けの申込みをしたことにならず、買主は、クーリング・オフできることになる。**したがって、Bは、クーリング・オフできる。よって、本肢は誤り。

4　誤・・・・・・・・・・・・・・・・・・・・・・・・・・・　**重要度　★★★**

テント張りの案内所は、クーリング・オフをすることができなくなる「**事務所等**」にはあたらない（業法37条の2第1項、規則16条の5第1号ロ、解釈・運用の考え方）。よって、本肢は誤り。

【解法の視点】クーリング・オフができなくなる案内所は、「土地に定着している」「専任の宅地建物取引士設置義務がある」の2つがポイントである。

≪出る順宅建士合格テキスト② 第13章 自ら売主制限≫

| 第**41**問 | 監督・罰則 | 正解**3** | 重要度**A** |

予想正解率　85%以上

1　誤・・・・・・・・・・・・・・・・・・・・・・・・・・・　**重要度　★★★**

宅建業者は、専任の宅地建物取引士に欠員が生じた場合、**2週間以内に必要な措置を執らなければならず、これに違反すると、指示処分や業務停止処分を受けることがある**（業法31条の3第3項、65条1項本文、2項2号）。直ちに宅建業法違反となるわけではない。よって、本肢は誤り。

2　誤・・・・・・・・・・・・・・・・・・・・・・・・・・・　**重要度　★★★**

宅建業者が法人である場合において、その**役員又は政令で定める使用人**のうちに一定の免許欠格事由に該当する者があるに至ったときは、免許権者は、当該免許を取り消さなければならない（業法66条1項3号）。そして、**懲役刑に処せられた場合、免許欠格事由に該当する**（業法5条1項5号）。このことは、執行猶予がついていても同様である。したがって、Aの免許は取り消される。よって、本肢は誤り。

3　正・・・・・・・・・・・・・・・・・・・・・・・・・・・　**重要度　★★★**

国土交通大臣又は都道府県知事は、宅建業者に対し監督**処分をしようとするときは、聴聞を行わなければならない**（業法69条1項、65条）。指示処分の際も聴聞を行う必要がある。よって、本肢は正しく、本問の正解肢となる。

【実力UP情報】都道府県知事は、宅地建物取引士に対し何らかの監督処分をする場合も同様に、聴聞を行わなければならない。

---

4 誤・・・・・・・・・・・・・・・・・・・・・・・・・ **重要度　★★★**

　都道府県知事は、その免許を受けた宅建業者が**業務停止の処分に違反したとき**は、**当該宅建業者の免許を取り消さなければならない**（業法66条1項9号）。Aの免許を取り消さなければならないのであって、指示処分をしなければならないわけではない。よって、本肢は誤り。

≪出る順宅建士合格テキスト② 第15章 監督・罰則≫

 第**42**問　　弁済業務保証金　　正解**1**　重要度**A**

予想正解率　85%以上

1 正・・・・・・・・・・・・・・・・・・・・・・・・・ **重要度　★★★**

　宅建業者は、保証協会の**社員の地位を失ったとき**は、当該地位を失った日から**1週間以内**に、主たる事務所の最寄りの供託所に**営業保証金を供託**しなければならない（業法64条の15）。よって、本肢は正しく、本問の正解肢となる。

> 【解法の視点】ここは「1週間以内」である。期間の長短は正確に押さえよう

2 誤・・・・・・・・・・・・・・・・・・・・・・・・・ **重要度　★★★**

　保証協会の社員である宅建業者が新たに事務所を設置した場合には、**設置した日から2週間以内**に、**保証協会に弁済業務保証金分担金を納付**しなければならない（業法64条の9第2項）。したがって、Aは保証協会に弁済業務保証金分担金を納付しなければならないのであって、供託所に供託するのではない。よって、本肢は誤り。

3 誤・・・・・・・・・・・・・・・・・・・・・・・・・ **重要度　★★★**

　宅建業者は、保証協会から**特別弁済業務保証金分担金**を納付すべき旨の通知を受けた場合、その通知を受けた日から**1カ月以内**に通知された額の特別弁済業務保証金分担金を保証協会に納付しなければならない（業法64条の12第4項）。「2週間」ではない。よって、本肢は誤り。

> 【解法の視点】ここは「1カ月以内」である。

4 誤・・・・・・・・・・・・・・・・・・・・・・・・・ **重要度　★★★**

　宅建業者が**社員の地位を失い**、弁済業務保証金分担金の返還を受けようとする場合、**保証協会**は、還付請求権者に対して、保証協会の認証を受けるための申出をすべき旨を**公告**しなければならない（業法64条の11第1項、2項、4項）。よって、本肢は誤り。

> 【解法の視点】社員たる宅建業者が一部の事務所を廃止した場合、公告は不要である。

≪出る順宅建士合格テキスト② 第7章 弁済業務保証金≫

39

LEC 東京リーガルマインド　2024年版 出る順宅建士 当たる！ 直前予想模試 第1回 解説

 **宅建業法総合**　正解 **④**　重要度 **A**

予想正解率　60%

ア　正 ・・・・・・・・・・・・・・・・・・・・・・・・・　重要度　★★★

　宅建業者は、工事完了前の宅地又は建物については、その工事に必要な開発許可、建築確認等の処分がなされた後でなければ、売買・交換契約をしてはならない（業法36条）。この規定は、宅建業者が買主である契約においても適用される（業法78条2項参照）。よって、本肢は正しい。

イ　正 ・・・・・・・・・・・・・・・・・・・・・・・・・　重要度　★★★

　宅建業者が自ら売主となる場合において、当事者の債務不履行を理由とする**損害賠償の額を予定し、又は違約金を定めるときは、これらを合算した額が代金の額の20%を超える**こととなる定めをしてはならない（業法38条1項）。本肢では、代金3,500万円に対し、損害賠償の予定額と違約金の合計額は700万円であるから代金の額の20%を超えていない。よって、本肢は正しい。

ウ　正 ・・・・・・・・・・・・・・・・・・・・・・・・・　重要度　★★★

　宅建業者が自ら売主となる場合の制限は、**宅建業者相互間の取引には適用されない**（業法78条2項）。したがって、手付金等の保全措置の規定も適用されない（業法78条2項、41条、41条の2）。よって、本肢は正しい。

　以上より、正しいものはア、イ、ウであり、4が本問の正解肢となる。

≪出る順宅建士合格テキスト② 第9章 広告等に関する規制≫
≪出る順宅建士合格テキスト② 第13章 自ら売主制限≫

 **宅地建物取引士**　正解 **③**　重要度 **B**

予想正解率　60%

1　正 ・・・・・・・・・・・・・・・・・・・・・・・・・　重要度　★★

　宅建業法15条には、「宅地建物取引士は、宅地建物取引業の業務に従事するときは、宅地又は建物の取引の専門家として、購入者等の利益の保護及び円滑な宅地又は建物の流通に資するよう、公正かつ誠実にこの法律に定める事務を行うとともに、宅地建物取引業に関連する業務に従事する者との連携に努めなければならない。」と規定されている。よって、本肢は正しい。

2　正 ・・・・・・・・・・・・・・・・・・・・・・・・・・・・　**重要度　★★**

　１の解説のとおり、宅建業法15条には、「宅地建物取引士は、宅地建物取引業の業務に従事するときは、宅地又は建物の取引の専門家として、購入者等の利益の保護及び円滑な宅地又は建物の流通に資するよう、公正かつ誠実にこの法律に定める事務を行うとともに、**宅地建物取引業に関連する業務に従事する者との連携に努めなければならない。**」と規定されている。よって、本肢は正しい。

3　誤 ・・・・・・・・・・・・・・・・・・・・・・・・・・・・　**重要度　★★**

　宅建業法15条の２には、「宅地建物取引士は、宅地建物取引士の信用又は品位を害するような行為をしてはならない。」と規定されていて、「**業務に従事するとき**」と限定されているわけではない。よって、本肢は誤りであり、本問の正解肢となる。

> 【解法の視点】「宅建業法の解釈・運用の考え方」によれば、宅地建物取引士の信用を傷つけるような行為とは、宅地建物取引士の職責に反し、又は職責の遂行に著しく悪影響を及ぼすような行為で、宅地建物取引士としての職業倫理に反するような行為であり、職務として行われるものに限らず、職務に必ずしも直接関係しない行為や私的な行為も含まれるとされている。

4　正 ・・・・・・・・・・・・・・・・・・・・・・・・・・・・　**重要度　★★**

　宅建業法15条の３には、「**宅地建物取引士は、宅地又は建物の取引に係る事務に必要な知識及び能力の維持向上に努めなければならない。**」と規定されている。よって、本肢は正しい。

≪出る順宅建士合格テキスト②　第５章　宅地建物取引士≫

第45問　住宅瑕疵担保履行法　正解4　重要度A

予想正解率　75%

1　誤 ・・・・・・・・・・・・・・・・・・・・・・・・・・・・　**重要度　★★★**

　宅建業者は、自ら売主となる売買契約に基づき買主に引き渡した新築住宅について、特定住宅販売瑕疵担保責任の履行を確保するため、資力確保措置を講ずる義務がある（住宅瑕疵担保履行法11条１項、２項）。しかし、**宅建業者が売買の媒介を行う場合、当該媒介を行う宅建業者は資力確保措置を講ずる義務を負うものではない。**よって、本肢は誤り。

2　誤 ・・・・・・・・・・・・・・・・・・・・・・・・・・・・　**重要度　★★★**

　住宅販売瑕疵担保責任とは、当該住宅を引き渡した時から10年間負う、**住宅の構造耐力上主要な部分又は雨水の浸入を防止する部分の瑕疵**についての担保責任をいう（住宅瑕疵担保履行法２条７項、住宅品質確保法95条１項、94条１項）。住宅の雨水の

浸入を防止する部分の瑕疵に限られるのではない。よって、本肢は誤り。

3 誤・・・・・・・・・・・・・・・・・・・・・・・・・ **重要度 ★★★**

　新築住宅を引き渡した宅建業者は、基準日に係る資力確保措置の状況の届出をしなければ、当該**基準日の翌日から起算して50日を経過した日以後**においては、新たに自ら売主となる新築住宅の売買契約を締結してはならない（住宅瑕疵担保履行法13条）。当該基準日以後ではない。よって、本肢は誤り。

4 正・・・・・・・・・・・・・・・・・・・・・・・・・ **重要度 ★★★**

　宅建業者は、自ら売主となる新築住宅の買主に対し、当該新築住宅の**売買契約を締結するまでに**、その住宅販売瑕疵担保保証金の供託をしている供託所の所在地等について、これらの事項を記載した書面を交付して説明しなければならない（住宅瑕疵担保履行法15条1項）。また、当該**書面の交付に代えて、買主の承諾**を得て、当該書面に記載すべき事項を**電磁的方法**により提供することができる（住宅瑕疵担保履行法15条2項、10条2項）。よって、本肢は正しく、本問の正解肢となる。

> 【講師からのアドバイス】住宅瑕疵担保履行法は、出題される項目が固定化しており、得点しやすい項目である。過去問も合わせて、しっかり覚えよう。

≪出る順宅建士合格テキスト② 第13章 自ら売主制限≫

第46問 住宅金融支援機構法

予想正解率 60%

1 誤・・・・・・・・・・・・・・・・・・・・・・・ **重要度 ★★**

　機構は、**住宅を購入しようとする者**のみならず、**住宅の建設等に関する事業を行う者**に対しても、**必要な資金の調達等に関する情報の提供を行うことができる**（機構法13条1項4号）。よって、本肢は誤り。

2 誤・・・・・・・・・・・・・・・・・・・・・・・ **重要度 ★★**

　機構は、一般の金融機関による融通を補完するため**災害復興建築物の建築等に必要な資金の貸付け**の業務を行う（機構法4条、13条参照）。このことから、機構は、自ら居住するために住宅を建設しようとする者に対し、**土地の取得に必要な資金のみの貸付けを行うことはできない**。よって、本肢は誤り。

3 誤・・・・・・・・・・・・・・・・・・・・・・・ **重要度 ★★★**

　機構は、**高齢者が自ら居住する住宅**に対して、**高齢者の家庭に適した良好な居住性能及び居住環境を有する住宅**とすることを主たる目的とする住宅の改良に必要な資金の貸付け（機構の直接融資）を行う（機構法13条1項9号）。この貸付金の償還は、当該高齢者の死亡時に一括償還をする方法によることができる（高齢者向け返済特例

制度、機構業務方法書24条４項２号）。しかし、**証券化支援事業（保証型）**において、このような本人の死亡時に一括返済できる旨の制度はない。よって、本肢は誤り。

4 正 ・・・・・・・・・・・・・・・・・・・・・・・・・・・ **重要度 ★★**

機構は、**地震に対する安全性の向上を主たる目的とする住宅の改良に必要な資金の貸付け**を行うことができる（機構法13条１項６号）。よって、本肢は正しく、本問の正解肢となる。

　　　　《出る順宅建士合格テキスト③　免除科目　第１章　住宅金融支援機構法》

 第**47**問 　不当景品類及び
　不当表示防止法 正解**2**  重要度 **A**

予想正解率　60%

1 誤 ・・・・・・・・・・・・・・・・・・・・・・・・・・・ **重要度 ★★★**

宅建業者は、**新築という用語**については、**建築工事完了後１年未満**であって、**居住の用に供されたことがないもの**であるという意味で用いなければならない（表示規約18条１項１号）。したがって、宅建業者Ａは、工事完成後１年以上経過しているのであれば、未使用の建物であっても、新築物件として販売広告することができない。よって、本肢は誤り。

2 正 ・・・・・・・・・・・・・・・・・・・・・・・・・・・ **重要度 ★★**

面積は、メートル法により表示しなければならない。そして、この場合において１㎡未満の数値は、**切り捨てて表示することができる**（表示規約15条６号、規則９条13号）。よって、本肢は正しく、本問の正解肢となる。

3 誤 ・・・・・・・・・・・・・・・・・・・・・・・・・・・ **重要度 ★★**

土地の全部又は一部が**高圧電線路下**にある場合は、**その旨及び「そのおおむねの面積」**を表示し、この場合において、建物その他の工作物の建築が禁止されているときは、**その旨**も併せて明示することとされている（表示規約規則７条12号）。したがって、宅建業者Ａは、建物の建築が禁止されていなくても、高圧電線路下にある場合は、その旨及びそのおおむねの面積を表示しなければならない。よって、本肢は誤り。

4 誤 ・・・・・・・・・・・・・・・・・・・・・・・・・・・ **重要度 ★★★**

市街化調整区域に所在する土地については、「**市街化調整区域。宅地の造成及び建物の建築はできません。**」と明示しなければならない（表示規約規則７条６号本文）。本肢のような「現在は建築不可」と表示しているものは、近い将来において建築物の建築ができるかのような誤認を期待する表示であることから、不当な表示として取り扱われる。よって、本肢は誤り。

┌───┐
【実力ＵＰ情報】この場合、新聞折込チラシ等及びパンフレット等であれば16ポイント以上

第48問　不動産の需給・統計　正解 ❶　重要度 Ⓑ

予想正解率　50%

1　正・・・・・・・・・・・・・・・・・・・・・・・・　**重要度　★★**

令和６年地価公示（令和６年３月公表）によれば、令和５年１月以降の１年間の工業地の地価は、全国の平均変動率が4.2％と**8年連続の上昇**となった。よって、本肢は正しく、本問の正解肢となる。

> **【実力ＵＰ情報】**大手半導体メーカーの工場が進出する地域では、関連企業も含めた従業員向けの住宅用地等の需要のほか、関連企業の事務所用地等の需要も旺盛となっており、住宅地、商業地、工業地とも高い上昇となっている。

2　誤・・・・・・・・・・・・・・・・・・・・・・・・　**重要度　★★★**

建築着工統計調査報告（令和５年計。令和６年１月公表）によれば、令和５年の**分譲住宅の新設住宅着工戸数は246,299戸**（前年比3.6％減）で、**3年ぶりの減少**となった。よって、本肢は誤り。

> **【実力ＵＰ情報】**分譲住宅のうち、マンションは107,879戸（前年比0.3％減）で昨年の増加から再びの減少、一戸建住宅は137,286戸（前年比6.0％減）で３年ぶりの減少となった。

3　誤・・・・・・・・・・・・・・・・・・・・・・・・　**重要度　★★**

年次別法人企業統計調査（令和４年度。令和５年９月公表）によれば、令和４年度における**全産業の売上高は前年度に比べ9.0％増加**（２年連続で増加）したが、**不動産業の売上高は4.8％減少**（前年度の増加から再びの減少）した。よって、本肢は誤り。

4　誤・・・・・・・・・・・・・・・・・・・・・・・・　**重要度　★★★**

令和６年地価公示（令和６年３月公表）によれば、令和５年１月以降の１年間の地価変動率は、**地方圏**では、地方四市（札幌市・仙台市・広島市・福岡市）の**住宅地**は、**11年連続で上昇**となった。よって、本肢は誤り。

≪出る順宅建士合格テキスト③　免除科目　第２章　不動産の需給・統計≫

第49問　土地　正解 ❷　重要度 Ⓑ

1　適当・・・・・・・・・・・・・・・・・・・・・・・・　**重要度　★★**

　丘陵地を切土と盛土により造成した場合、**切土部と盛土部の境目**では地盤の強度が異なり、一般に**盛土部で沈下量が大きい**ため、沈下量の相違で**不同沈下**が起こりやすい。よって、本肢は適当である。

2　最も不適当・・・・・・・・・・・・・・・・・・・・・　**重要度　★★**

　等高線が山頂に向かって**高い方に弧を描いている部分は谷**で、山頂から見て等高線が**張り出している部分は尾根**である。本肢は、谷と尾根の記述が逆である。よって、本肢は最も不適当であり、本問の正解肢となる。

3　適当・・・・・・・・・・・・・・・・・・・・・・・・　**重要度　★★**

　旧河道は、**過去に河川流路**となっていた土地である。したがって、旧河道は、**軟弱**で水はけの悪い土が堆積していることが多く、**宅地として選定する場合は注意を要する**。よって、本肢は適当である。

4　適当・・・・・・・・・・・・・・・・・・・・・・・・　**重要度　★★**

　埋立地は、**海抜数メートルの比高**を有するのが一般であるので、**十分な工事がなされていれば、宅地として用いる**ことができる。それに対して、干拓地は、海面以下の場合が多く、洪水のおそれが高く、地盤が軟弱で、宅地として用いることは不適当な土地である。よって、本肢は適当である。

≪出る順宅建士合格テキスト③　免除科目　第4章　土地≫

| 第**50**問 | 建物 | 正解 **1** | 重要度 **C** |

1　最も不適当・・・・・・・・・・・・・・・・・・・・・　**重要度　★★**

　筋かいには、原則として、欠込み（＝かきこみ）をしてはならないが、筋かいをたすき掛けにするためやむを得ない場合において、**必要な補強を行ったときは、欠込みをすることができる**（建基法施行令45条4項）。よって、本肢は最も不適当であり、本問の正解肢となる。

> 【実力ＵＰ情報】「欠込み」とは、材の一部を他材の幅の分だけ欠き取って納める仕口方法をいう。

2　適当・・・・・・・・・・・・・・・・・・・・・・・・　**重要度　★★**

　鉄筋コンクリート造における**柱の帯筋やはりのあばら筋**は、地震力に対するせん断補強のほか、内部のコンクリートを拘束したり、柱主筋の座屈（＝ざくつ）を防止す

る効果がある。よって、本肢は適当である。

3　適当 ・・・・・・・・・・・・・・・・・・・・・・・・・・・・　**重要度　★**

　コンクリートを生成する場合、一般に、**水セメント比が大きくなるほどワーカビリ**
ティーと経済性は高まるが、乾燥収縮による亀裂が生じやすく、また、**耐久性は低下**
する。よって、本肢は適当である。

> **【実力ＵＰ情報】**「ワーカビリティー」とは、コンクリートを流し込むための作業のしやすさ
> のことを指す。

4　適当 ・・・・・・・・・・・・・・・・・・・・・・・・・・・・　**重要度　★★**

　枠組壁工法（ツーバイフォー工法）は、**耐震性に優れている**。また、**3階建てにす**
ることもできる。よって、本肢は適当である。

> **【実力ＵＰ情報】**枠組壁工法は、木材で組まれた枠組みに構造用合板等を釘打ちした壁及び
> 床により構造体が形成される。主に壁の耐力によって地震などの外力に抵抗する方式である
> ため耐震性が高い。

≪出る順宅建士合格テキスト③　免除科目　第5章　建物≫

第2回　解答・解説

第2回　解答一覧

番号	正解	自己採点	出題項目	番号	正解	自己採点	出題項目
問 1	4		意思表示	問 26	2		宅建業法総合
問 2	4		制限行為能力者	問 27	3		免許（免許の基準）
問 3	2		代理	問 28	2		重要事項の説明
問 4	4		債務不履行・解除	問 29	1		広告等に関する規制
問 5	1		不法行為	問 30	4		営業保証金
問 6	2		抵当権	問 31	1		３７条書面
問 7	3		物権変動	問 32	3		宅地建物取引業の意味
問 8	1		請負	問 33	3		自ら売主制限（手付金等の保全措置）
問 9	3		委任	問 34	3		報酬額の制限
問 10	1		相続	問 35	4		自ら売主制限
問 11	4		借地借家法（借地）	問 36	3		３５条書面・３７条書面
問 12	3		借地借家法（借家）	問 37	4		媒介・代理契約
問 13	2		建物区分所有法	問 38	2		自ら売主制限（クーリング・オフ）
問 14	3		不動産登記法	問 39	3		監督・罰則
問 15	3		都市計画法（都市計画の内容）	問 40	3		媒介・代理契約
問 16	2		都市計画法（開発行為の規制等）	問 41	1		弁済業務保証金
問 17	2		建築基準法総合	問 42	2		宅地建物取引士
問 18	2		建築基準法総合	問 43	4		事務所以外の場所の規制
問 19	1		国土利用計画法	問 44	2		重要事項の説明
問 20	3		農地法	問 45	3		自ら売主制限（住宅瑕疵担保履行法）
問 21	3		土地区画整理法	問 46	4		住宅金融支援機構法
問 22	3		盛土規制法等	問 47	2		不当景品類及び不当表示防止法
問 23	4		印紙税	問 48	1		不動産の需給・統計
問 24	1		不動産取得税	問 49	2		土地
問 25	4		不動産鑑定評価基準	問 50	4		建物

意思表示

1　誤 ・・・・・・・・・・・・・・・・・・・・・・・・・・・・　**重要度　★★★**

　第三者が詐欺をした場合は、詐欺による意思表示の相手方がその事実を知り又は知ることができたとき、詐欺による意思表示をした者は、当該意思表示を取り消すことができる（民法96条2項）。したがって、本肢の場合、Aが取り消すことができるか否かは、相手方であるBが、Cの詐欺を知っているか否かにかかわることになる。よって、本肢は誤り。

2　誤 ・・・・・・・・・・・・・・・・・・・・・・・・・・・・　**重要度　★★★**

　強迫による意思表示は取り消すことができる（民法96条1項）。そして、強迫の場合、詐欺と異なり、**第三者が強迫したときであっても、相手方が強迫を知っているか否かにかかわらず取り消すことができる**。よって、本肢は誤り。

3　誤 ・・・・・・・・・・・・・・・・・・・・・・・・・・・・　**重要度　★★**

　意思表示は、表意者がその真意ではないことを知ってしたときであっても、そのためにその効力を妨げられることはない（心裡留保、民法93条1項本文）。要するに、心裡留保は、**原則として有効**ということである。ただし、相手方がその意思表示が表意者の**真意ではないことを知り、又は知ることができたときは、例外的に無効**となる（民法93条1項但書）。本肢の場合、相手方BがAの意思表示が真意でないことを知っていたので、例外的に売買契約は無効となる。よって、本肢は誤り。

> 　**【講師からのアドバイス】**心裡留保は出題頻度の低いテーマなので、難しく考えすぎないようにしよう。本肢を使って「原則＝有効、例外＝無効」の対応が押さえられれば十分である。

4　正 ・・・・・・・・・・・・・・・・・・・・・・・・・・・・　**重要度　★★★**

　相手方と通じてした虚偽の意思表示は無効である（虚偽表示、民法94条1項）。本肢においてAは、強制執行を逃れるために、実際には売り渡す意思はないのにBと通謀して売買契約をしたかのように装っているので、虚偽表示にあたり売買契約は無効となる。よって、本肢は正しく、本問の正解肢となる。

≪出る順宅建士合格テキスト①　第1章　意思表示≫

制限行為能力者

1　誤・・・・・・・・・・・・・・・・・・・・・・・・・・・・　**重要度　★★**

　意思能力を欠いている者（意思無能力者）の行為は、そもそも**無効**である（民法3条の2）。取り消すことができるものではない。よって、本肢は誤り。

> **【解法の視点】**「無効」と「取消」は性質が異なる。安易に「同じようなもの。」と考えてはならない。

2　誤・・・・・・・・・・・・・・・・・・・・・・・・・・・・　**重要度　★**

　未成年者が法定代理人の同意を得ないでした行為は、原則として取り消すことができる（民法5条1項、2項）。この取消権は、追認をすることができる時から5年間行使しないときは、時効によって消滅する（民法126条前後）。そして、追認は、取消しの原因となっていた状況が消滅し、かつ、取消権を有することを知った後にしなければならない（民法124条1項）。未成年者は、成年に達すると追認することができるから、**成年に達し、かつ、取消権を有することを知った後5年間経過することによって取消権が消滅**する。成年に達したというだけで、取り消すことができなくなるわけではない。よって、本肢は誤り。

3　誤・・・・・・・・・・・・・・・・・・・・・・・・・・・・　**重要度　★★★**

　成年後見人には同意権が認められていないため、成年被後見人が単独で行った契約は、**成年後見人の同意を得ていたとしても、取り消すことができる**（民法9条本文）。よって、本肢は誤り。

4　正・・・・・・・・・・・・・・・・・・・・・・・・・・・・　**重要度　★★★**

　被保佐人が、保佐人の同意を得ないでした不動産の売買は取り消すことができる（民法13条1項3号、4項）。そして、**制限行為能力を理由とする取消しは、善意の第三者にも対抗することができる**。したがって、Aは、売却の意思表示の取消しをもって、善意のCに対抗することができる。よって、本肢は正しく、本問の正解肢となる。

《出る順宅建士合格テキスト①　第2章　制限行為能力者》

第**3**問	代理	正解**2**	重要度**B**

1　誤・・・・・・・・・・・・・・・・・・・・・・・・・・・・　**重要度　★★**

　判決文は、無権代理人が本人を他の相続人と共に共同相続した場合において、他の共同相続人全員が無権代理行為の追認をしている場合に無権代理人が追認を拒絶することは信義則上許されないとする。よって、本肢は誤り。

2　正 ・・・・・・・・・・・・・・・・・・・・・・・・・・　重要度　★★

　判決文は、無権代理人が本人を他の相続人と共に共同相続した場合において、無権代理行為を追認する権利は、その性質上相続人全員に不可分に帰属するとする。よって、本肢は正しく、本問の正解肢となる。

3　誤 ・・・・・・・・・・・・・・・・・・・・・・・・・・　重要度　★★

　判決文は、無権代理人が本人を他の相続人と共に共同相続した場合、共同相続人全員が共同して行使しない限り、無権代理行為が有効になるものではないとし、さらに、他の共同相続人全員の追認がない限り、無権代理行為は、無権代理人の相続分に相当する部分においても、当然有効になるものではないとする。よって、本肢は誤り。

4　誤 ・・・・・・・・・・・・・・・・・・・・・・・・・・　重要度　★★

　肢3で述べた通り、判決文は、他の共同相続人全員の追認がない限り、無権代理行為は、無権代理人の相続分に相当する部分においても、当然有効になるものではないとする。よって、本肢は誤り。

≪出る順宅建士合格テキスト①　第4章　代理≫

 第**4**問　　債務不履行・解除　　正解**4**　重要度**A**

予想正解率　40%未満

ア　正 ・・・・・・・・・・・・・・・・・・・・・・・・・・　重要度　★★★

　履行遅滞に基づく解除は、権利であって義務ではない（民法541条）。したがって、相手方に債務不履行があるからといって、必ずしも契約を解除する必要はなく、債務の履行を請求し続けることも、当然可能である。よって、本肢は正しい。

> 【実力UP情報】契約の解除や損害賠償の請求は債権者に認められた権利である。したがって、この権利を行使するか否かは債権者が自由に決めるべきものである。

イ　正 ・・・・・・・・・・・・・・・・・・・・・・・・・・　重要度　★★★

　債権者は、債務者が債務の本旨に従った履行をしない場合、**契約の解除のほか、債務者に帰責事由（故意又は過失）がある場合には、損害賠償請求をすることができる**（民法541条本文、545条4項、415条）。したがって、Aは、Bが決済日に代金全額を支払っていれば、その後の値下がりによる損害を被ることはなかったのであるから、契約を解除するとともに、生じた損害の賠償請求をすることができる。よって、本肢は正しい。

ウ　正 ・・・・・・・・・・・・・・・・・・・・・・・・・・　重要度　★

　当事者の一方に履行遅滞があった場合、相手方は、**相当期間を定めて催告をし、その期間内に履行がないときには、解除することができる**（民法541条本文）。AB間の

51

契約において、Cは当事者ではないから、Cに履行遅滞があったとしても、Bは、AB間の契約を解除することができない。よって、本肢は正しい。

> **【解法の視点】**状況が把握しにくい選択肢である。このような場合は、当事者の発言等を具体的にイメージしよう。本肢のBは、Aに対し、「Cが約束を守らないから、私はあなたとの契約を解除するからね。」と発言しているのと同様である。Aの立場に立って考えれば、このBの発言が納得できないことは分かるであろう。

以上より、誤っているものは一つもないことから、4が本問の正解肢となる。

≪出る順宅建士合格テキスト① 第5章 債務不履行・解除≫

第**5**問　不法行為　正解**1**　重要度**C**

予想正解率　40%未満

1 誤・・・・・・・・・・・・・・・・・・・・・・・ 重要度 **★★**

土地の工作物の設置又は保存の瑕疵によって他人に損害を生じた場合、第一次的には工作物の占有者が損害賠償責任を負うが、**占有者が免責されるときは、所有者が損害賠償責任を負う**（民法717条1項）。この所有者の責任は免責事由のない無過失責任であり、所有者は、瑕疵が前所有者の所有していた際に生じたものであっても、現に所有するというだけで、損害賠償責任を負う（判例）。したがって、所有者であるBは、Cが免責されるときは、Dに対して損害賠償責任を負うことがある。よって、本肢は誤りであり、本問の正解肢となる。

2 正・・・・・・・・・・・・・・・・・・・・・・・ 重要度 **★★**

注文者は、**注文及び指図についてその注文者に過失がなければ、請負人がその仕事について第三者に加えた損害を賠償する責任を負わない**（民法716条）。したがって、Aに注文又は指図について過失がない限り、請負人Eの過失によって生じた瑕疵による損害について、Aは、Dに対して損害賠償責任を負うことはない。よって、本肢は正しい。

> **【解法の視点】**本肢の場合、直接の加害者はEであってAではない。したがって、不法行為責任に関する限り、Aに過失がなければ不法行為責任を負うこともない。難しく考えすぎないように注意してほしい。

3 正・・・・・・・・・・・・・・・・・・・・・・・ 重要度 **★★**

土地の工作物の設置又は保存の瑕疵によって他人に損害を生じた場合、第一次的には工作物の**占有者が損害賠償責任を負う**（民法717条1項本文）。ただし、**占有者が損害の発生を防止するのに必要な注意をしたときは、占有者は免責され、所有者が損害賠償責任を負う**（民法717条1項但書）。したがって、占有者であるCは、損害の発生

を防止するのに必要な注意をしていたときは、免責され、Dに対して損害賠償責任を負うことはない。よって、本肢は正しい。

4　正・・・・・・・・・・・・・・・・・・・・・・・・・・　**重要度　★**

　不法行為による損害賠償の方法は、**別段の意思表示がないときは、金銭賠償による**こととされている（民法722条1項、417条）。したがって、損害賠償の方法は、原則として金銭賠償の方法によるが、別段の意思表示（合意）があれば、金銭以外によることもできる。よって、本肢は正しい。

≪出る順宅建士合格テキスト①　第19章　不法行為≫

第**6**問　　　　抵当権　　　正解**2**　重要度**A**

予想正解率　60%

1　正・・・・・・・・・・・・・・・・・・・・・・・・　**重要度　★★**

　土地と建物は別個の不動産であるから、**土地に設定した抵当権の効力**は、土地上の**建物には及ばない**（民法370条本文）。よって、本肢は正しい。

2　誤・・・・・・・・・・・・・・・・・・・・・・・・　**重要度　★★★**

　一括競売をすることができるのは、更地に抵当権を設定した後に建物が築造された場合である（民法389条1項本文）。本肢のように、土地上に建物が存在する場合に、土地のみに抵当権が設定されたときは、抵当権の実行により土地のみを競売することができるにすぎず、土地及び建物の一括競売をすることはできない。よって、本肢は誤りであり、本問の正解肢となる。

3　正・・・・・・・・・・・・・・・・・・・・・・・・　**重要度　★★★**

　土地及びその上に存する建物が同一の所有者に属する場合において、その土地又は建物につき抵当権が設定され、その実行により所有者を異にするに至ったときは、その建物について、法定地上権が成立する（民法388条）。この場合、**抵当権設定時に土地上に建物が存在し、土地と建物が同一の所有者に属していれば、建物がまだ前主の名義で土地所有者への移転登記がされていなかった場合にも、法定地上権が成立する**（判例）。よって、本肢は正しい。

> **【解法の視点】**登記名義で判断するわけではないということである。

4　正・・・・・・・・・・・・・・・・・・・・・・・・　**重要度　★★**

　抵当権者は、**利息その他の定期金を請求する権利を有するときは、その満期となった最後の2年分**についてのみ、その抵当権を行使することができる（民法375条1項本文）。これは、他の債権者との関係で抵当権者の優先弁済権の範囲を制限したものであるから、**債務者又は設定者は、元本債権のほか、利息・損害金の全額を弁済しな**

ければ抵当権を消滅させることはできない（判例）。よって、本肢は正しい。

≪出る順宅建士合格テキスト①　第12章　抵当権≫

第**7**問　　　　　物権変動　　　　　正解**3**　重要度**A**

予想正解率　75%

ア　できない・・・・・・・・・・・・・・・・・・・・・・　重要度　★★★

　虚偽表示による契約は無効であるが、この無効は**善意の第三者に対しては対抗す
ることはできない**（民法94条2項）。本肢の場合、Cから善意で甲土地を買い受けた
Dに対しては無効を主張できないので、Dは無権利者とはならない。結果、**BとD
は二重譲渡と類似の関係となる**（民法177条、判例）。よって、登記を受けたDに対
し、登記を受けていないBは甲土地の所有権を主張することができない。

イ　できる・・・・・・・・・・・・・・・・・・・・・・・・　重要度　★★★

　登記がなければ自己の土地の所有権を主張できない「第三者」には、不法占拠者
や無権利者は含まれない（民法177条、判例）。そして、賃貸借契約解除後も理由な
く占有を続ける者はここでいう不法占拠者となる。よって、**不法占拠者であるEに
対して、Bは登記なくして甲土地の所有権を主張することができる。**

ウ　できる・・・・・・・・・・・・・・・・・・・・・・・・　重要度　★★★

　FはBの時効の完成前に甲土地を取得している。時効によって不動産の所有権を
取得した者は、**時効完成前に不動産を取得した第三者に対しては、登記がなくても
時効による所有権の取得を主張することができる**（民法177条。判例）。よって、B
は、所有権の登記がなくても、Fに対して甲土地の所有権を主張することができる。

エ　できない・・・・・・・・・・・・・・・・・・・・・・　重要度　★★★

　BはGの解除前に土地を取得している、いわゆる「解除前の第三者」である。**解
除前の第三者として保護されるためには、不動産については登記を備えていなけれ
ばならない**（民法545条1項但書、判例）。したがって、Bは、Gに対して、登記な
く甲土地の所有権を主張することができない。

　以上より、所有権移転登記を受けていないBが甲土地の所有権を主張できる者は
EとFであり、3が本問の正解肢となる。

≪出る順宅建士合格テキスト①　第10章　物権変動≫

第**8**問　　　　　請負　　　　　正解**1**　重要度**B**

1　正・・・・・・・・・・・・・・・・・・・・・・・・・・　**重要度　★★**

　完成し引き渡された目的物に、種類又は品質に関して契約の内容の不適合が存在する場合、注文者は、**目的物の修補等履行の追完請求ができ、請負人に帰責性が認められれば損害賠償請求**をすることができる（民法559条、562条１項、564条）。そして、このどちらを選択するかは**注文者が判断すべき**内容であって、修補が可能な場合には修補を請求しなければならないものではない。したがって、Aは、修補を請求せずに、直ちに損害賠償請求をすることができる。よって、本肢は正しく、本問の正解肢となる。

2　誤・・・・・・・・・・・・・・・・・・・・・・・・・・　**重要度　★★**

　完成し引き渡された目的物に、種類又は品質に関して契約の内容の不適合が存在する場合、注文者は、**目的物の修補等履行の追完請求**をすることができる（民法559条、562条１項）。不適合の程度が重大か否かによって左右されるものではない。よって、本肢は誤り。

3　誤・・・・・・・・・・・・・・・・・・・・・・・・・・　**重要度　★★**

　請負人が種類又は品質に関して契約の内容に適合しない仕事の目的物を注文者に引き渡した場合において、注文者が当該不適合を**知った時から１年以内**にその旨を**請負人に通知**しないときは、注文者は、その不適合を理由として、履行の追完請求をすることができない（民法637条１項）。よって、本肢は誤り。

4　誤・・・・・・・・・・・・・・・・・・・・・・・・・・　**重要度　★★★**

　目的物の契約内容の不適合が契約及び取引上の社会通念に照らして**軽微であるとき**を除いて、注文者は、その**不適合を理由として契約を解除することができる**（民法559条、564条、541条、542条）。よって、本肢は誤り。

> **【解法の視点】**不適合が軽微でなければ、完成後であっても請負契約を解除することができる。

≪出る順宅建士合格テキスト① 第20章　請負≫

第9問　　委任　　正解**3**　重要度**B**

予想正解率　60％

1　誤・・・・・・・・・・・・・・・・・・・・・・・・・・　**重要度　★★★**

　受任者は、報酬の有無・多少にかかわらず、**善良な管理者の注意**をもって委任事務を処理する義務（**善管注意義務**）を負う（民法644条）。自己の財産に対するのと同一の注意では足りない。よって、本肢は誤り。

2　誤 ・・・・・・・・・・・・・・・・・・・・・・・・・・・・　重要度　★★

　委任事務を処理するについて費用を要するときは、委任者は、受任者の請求により、その**前払をしなければならない**（民法649条）。したがって、Ｂは、委任事務を終了する前においても、委任事務を処理するため必要な費用の請求をすることができる。よって、本肢は誤り。

3　正 ・・・・・・・・・・・・・・・・・・・・・・・・・・・・　重要度　★★

　受任者は、委任事務を処理するのに必要と認められる費用を支出したときは、委任者に対し、その**費用及び支出の日以後におけるその利息の償還**を請求することができる（民法650条１項）。よって、本肢は正しく、本問の正解肢となる。

4　誤 ・・・・・・・・・・・・・・・・・・・・・・・・・・・・　重要度　★★★

　委任契約は、**各当事者**、すなわち委任者においても受任者においても、**いつでも解除することができる**（民法651条１項）。しかし、当事者の一方が相手方に不利な時期に委任の解除をしたときは、原則として、その当事者の一方は、相手方の**損害を賠償しなければならない**（民法651条２項１号）。したがって、損害賠償をすることなく、解除することができるわけではない。よって、本肢は誤り。

≪出る順宅建士合格テキスト①　第21章　委任≫

| 第⑩問 | 相続 | 正解❶ | 重要度Ⓑ |

予想正解率　40％未満

1　正 ・・・・・・・・・・・・・・・・・・・・・・・・・・・・　重要度　★

　被相続人の全財産が相続人の一部の者に遺贈された場合において、遺留分侵害額請求権を有する相続人が、**遺贈の効力を争うことなく**、遺産分割協議の申入れをしたときは、特段の事情のない限り、その申入れには**遺留分侵害額請求の意思表示が含まれている**（民法1046条、判例）。したがって、本肢の場合、特段の事情のない限り、遺留分侵害額請求の意思表示をしたことになる。よって、本肢は正しく、本問の正解肢

となる。

> **【解法の視点】**遺産分割協議の申入れをしたということは、遺留分侵害額請求をして、自己の遺留分を主張していると考えられるからである。

2　誤 ‥‥‥‥‥‥‥‥‥‥‥‥‥‥‥‥‥‥　重要度　★★★

前の遺言が後の遺言と抵触するときは、その抵触する部分については、後の遺言で前の遺言が撤回されたものとみなされる（民法1023条1項）。これは、前の遺言と後の遺言の方式が異なる場合でも適用されるから、Bに土地を遺贈する旨の前の遺言は、Cに遺贈するとの後の遺言で撤回されたものとみなされる。したがって、Aが死亡しても、Bが土地の所有権を取得することはない。よって、本肢は誤り。

> **【実力ＵＰ情報】**遺言者が、遺言をした後に、遺言と抵触する生前処分をしたときも、遺言は撤回されたものとみなされる（民法1023条2項）。

3　誤 ‥‥‥‥‥‥‥‥‥‥‥‥‥‥‥‥‥　重要度　★★★

被相続人がその全財産を相続人以外の者に遺贈した場合、遺留分を侵害された遺留分権利者は、遺留分侵害額の請求をすることができるのであって、**遺留分を侵害する遺贈**であっても、**無効とはならない**（民法1046条、判例）。よって、本肢は誤り。

4　誤 ‥‥‥‥‥‥‥‥‥‥‥‥‥‥‥‥‥　重要度　★★

遺言は、原則として、**遺言者の死亡の時からその効力を生ずる**（民法985条1項）。そして、遺言書の検認は、遺言の方式に関する一切の事実を調査して遺言書の状態を確定し、その現状を明確にするものであって、**遺言書の実体上の効果を判断するものではない**（民法1004条1項、判例）。したがって、検認の手続を経ているか否かと、遺言の効力が生ずるか否かとはまったく別であり、検認の手続を経ることによって遺言の効力が生じるのではない。よって、本肢は誤り。

≪出る順宅建士合格テキスト①　第9章　相続≫

第⑪問	借地借家法（借地）	正解④	重要度Ⓐ

予想正解率　75%

1　誤 ‥‥‥‥‥‥‥‥‥‥‥‥‥‥‥‥‥　重要度　★★

借地権の存続期間を当事者が契約で定める場合、その期間は**30年以上**でなければならない（借地借家法3条）。そして、この規定に反する特約で借地権者に不利なものは、無効となる（借地借家法9条）。したがって、本肢では、**30年未満とする特約**は借地権者にとって不利なものであることから無効であり、その**存続期間は30年**となる。よって、本肢は誤り。

2　誤・・・・・・・・・・・・・・・・・・・・・ **重要度　★★★**

　借地権の存続期間満了の際、借地権者による契約の更新請求等がなされた場合でも、借地権設定者が遅滞なく「正当事由」ある異議を述べたとき、契約の更新はなされない（借地借家法5条1項但書、6条）。そして、正当事由の有無の判断は、借地権設定者が借地権者に対して提供する財産上の給付の申出（立退料等）も考慮される（借地借家法6条）。しかし、**相当額の立退料さえ支払えば必ず正当事由があると認められ、常に更新が拒絶できる、というわけではない**。したがって、本肢のような特約は、借地借家法の規定よりも借地権者に不利なものであるから、無効となる（借地借家法9条）。よって、本肢は誤り。

> 【解法の視点】正当事由の有無は、①借地権設定者及び借地権者が土地の使用を必要とする事情、②借地に関する従前の経過、③土地の利用状況、④借地権設定者が土地の明渡しの条件として又は土地の明渡しと引換えに借地権者に対して財産上の給付をする旨の申出を総合的に考慮して判断される。

3　誤・・・・・・・・・・・・・・・・・・・・・ **重要度　★★★**

　譲受人が賃貸人の地位や権利を賃借人に主張するためには、**譲受人は所有権移転の登記を備えることが必要**である（民法605条の2第3項、判例）。したがって、Cは登記を備えていない以上、賃貸人の権利の実行としての賃料を請求をAに対してすることはできない。よって、本肢は誤り。

4　正・・・・・・・・・・・・・・・・・・・・・ **重要度　★★★**

　借地上の建物を賃貸する場合は、借地権設定者（B）の承諾は不要である（判例）。借地権者（A）がBから借りているものは土地である。そして、AがDに貸そうとしているのはAが所有する建物である。したがって、この場合は土地を転貸したことにはならないので、AはBの承諾を得る必要はない。よって、本肢は正しく、本問の正解肢となる。

> 【解法の視点】借地上の建物を「譲渡」する場合⇒原則、借地権設定者の承諾必要
> 　　　　　　　借地上の建物を「賃貸」する場合⇒借地権設定者の承諾不要

≪出る順宅建士合格テキスト①　第18章　借地借家法②≫

| 第**12**問 | 借地借家法（借家） | 正解**3** | 重要度**A** |

予想正解率　75%

1　誤・・・・・・・・・・・・・・・・・・・・・ **重要度　★★**

　居住の用に供する建物の賃貸借も、**定期建物賃貸借契約とすることができる**（借地借家法38条参照）。よって、本肢は誤り。

2　誤・・・・・・・・・・・・・・・・・・・・・・・・・・・・・・　**重要度　★★★**

定期建物賃貸借は、**書面、又は電磁的記録によって契約する必要がある**（借地借家法38条１項、２項）。しかし、公正証書に限定されるわけではない。よって、本肢は誤り。

3　正・・・・・・・・・・・・・・・・・・・・・・・・・・・・・・　**重要度　★★★**

定期建物賃貸借契約を締結しようとするときは、**賃貸人は、**あらかじめ、**賃借人に対し、契約の更新がなく、期間の満了により当該賃貸借が終了することについて、その旨を記載した書面を交付し、又は賃借人の承諾を得て、当該書面に記載すべき事項を電磁的方法により提供して、説明しなければならない**（借地借家法38条３項、４項）。よって、本肢は正しく、本問の正解肢となる。

4　誤・・・・・・・・・・・・・・・・・・・・・・・・・・・・・・　**重要度　★★★**

定期建物賃貸借契約において、期間が１年以上である場合には、原則として、賃貸人は、**期間の満了の１年前から６カ月前まで**の間に賃借人に対し期間の満了により賃貸借が終了する旨の**通知**をしなければ、その終了を賃借人に対抗することができない（借地借家法38条６項）。期間満了日の１カ月前までではない。よって、本肢は誤り。

≪出る順宅建士合格テキスト①　第17章　借地借家法①≫

 建物区分所有法

予想正解率　75%

1　正・・・・・・・・・・・・・・・・・・・・・・・・・・・・・・　**重要度　★★★**

建物区分所有法又は規約により集会において決議をすべき場合において、区分所有**者全員の承諾があるときは、書面又は電磁的方法による決議をすることができる**（区分所有法45条１項）。よって、本肢は正しい。

2　誤・・・・・・・・・・・・・・・・・・・・・・・・・・・・・・　**重要度　★★★**

議長は、集会の議事について、書面又は電磁的記録により、議事録を作成しなけれ

ばならない（区分所有法42条1項）。そして、当該議事録が書面で作成されているときは、**議長及び集会に出席した区分所有者の2人がこれに署名しなければならないところ、当該署名者の押印は求められていない**（区分所有法42条3項参照）。よって、本肢は誤りであり、本問の正解肢となる。

> 【解法の視点】近時の改正点である。押印不要と丸暗記してしまおう。

3　正 ・・・・・・・・・・・・・・・・・・・・・・・・・・・・・・ 重要度　★

大規模復旧の決議が行われた場合、当該決議に係る集会を招集した者は、4か月以上の期間を定めて、当該決議に賛成した区分所有者以外の区分所有者に対し、建物及び敷地に関する権利の買取請求権を行使するか否かを確答すべき旨を書面により催告することができるが、**当該催告は、区分所有者の承諾を得て電磁的方法により行うこともできる**（区分所有法61条11項、12項、5項）。よって、本肢は正しい。

4　正 ・・・・・・・・・・・・・・・・・・・・・・・・・・・・・・ 重要度　★

建替え決議があったときは、当該決議に係る集会を招集した者は、遅滞なく、当該決議に賛成しなかった区分所有者に対し、建替えに参加するか否かを回答すべき旨を書面により催告しなければならないが、**当該催告は、区分所有者の承諾を得て電磁的方法により行うこともできる**（区分所有法63条1項、2項）。よって、本肢は正しい。

> 【実力ＵＰ情報】選択肢3、4ともに、近時の改正点である。電磁的方法でも構わないと丸暗記してしまおう。

≪出る順宅建士合格テキスト①　第15章　建物区分所有法≫

 第14問　不動産登記法　正解 　重要度

予想正解率　40％未満

1　正 ・・・・・・・・・・・・・・・・・・・・・・・・・・・・・・ 重要度　★★★

仮登記は、登記の申請をするために登記所に対し提供しなければならない情報であって、申請情報と併せて提供しなければならないものとされているもののうち一定のものを**提供することができないとき**のほか、所有権等の権利の設定、移転、変更又は消滅に関して**請求権を保全しようとするとき**にも申請することができる（不登法105条）。よって、本肢は正しい。

2　正 ・・・・・・・・・・・・・・・・・・・・・・・・・・・・・・ 重要度　★★★

仮登記は、仮登記の登記義務者の承諾がある場合のほか、仮登記を**命ずる処分**があるときにも、仮登記の登記権利者が単独で申請することができる（不登法107条1項）。よって、本肢は正しい。

3　誤・・・・・・・・・・・・・・・・・・・・・・・・・・・**重要度　★**

　抵当権設定の仮登記に基づく本登記を申請する場合に関し、**本肢のような規定は存在しない**。よって、本肢は誤りであり、本問の正解肢となる。

> 【**実力ＵＰ情報**】所有権に関する仮登記に基づく本登記は、登記上の利害関係を有する第三者がある場合には、当該第三者の承諾があるときに限り、申請することができる（不登法109条）。

4　正・・・・・・・・・・・・・・・・・・・・・・・・・・・**重要度　★★★**

　仮登記の抹消は、仮登記の登記名義人が単独で申請することができる（不登法110条）。よって、本肢は正しい。

> 【**実力ＵＰ情報**】仮登記の登記上の利害関係人も、仮登記の登記名義人の承諾がある場合には、仮登記の抹消を単独で申請することができる。

≪出る順宅建士合格テキスト①　第11章　不動産登記法≫

第15問　都市計画法（都市計画の内容）　正解 **3**　重要度 **A**

予想正解率　**75%**

1　誤・・・・・・・・・・・・・・・・・・・・・・・・・・・**重要度　★★★**

　都市計画区域について無秩序な市街化を防止し、計画的な市街化を図るため必要があるときは、都市計画に、**市街化区域と市街化調整区域との区分を定めることができる**（都計法7条1項）。しかし、**準都市計画区域は都市計画区域外**に指定されることから、区域区分を定めることができない。よって、本肢は誤り。

2　誤・・・・・・・・・・・・・・・・・・・・・・・・・・・**重要度　★★★**

　市街化区域については、少なくとも用途地域を定めるものとし、**市街化調整区域については、原則として用途地域を定めない**ものとする（都計法13条1項7号）。よって、本肢は誤り。

3　正・・・・・・・・・・・・・・・・・・・・・・・・・・・**重要度　★★★**

　田園住居地域内の農地の区域内において、土地の形質の変更、建築物の建築その他工作物の建設又は土石その他の政令で定める物件の堆積を行おうとする者は、原則として**市町村長の許可を受けなければならない**（都計法52条1項本文）。よって、本肢は正しく、本問の正解肢となる。

> 【**実力ＵＰ情報**】田園住居地域は、農業の利便の増進を図りつつ、これと調和した低層住宅に係る良好な住居の環境を保護するため定める地域である。

4　誤・・・・・・・・・・・・・・・・・・・・・・・・・・　**重要度　★★★**

　都市計画区域については、都市計画に、都市施設で必要なものを定めるものとする。この場合において、特に必要があるときは、当該**都市計画区域外においても、これらの都市施設を定めることができる**（都計法11条1項）。よって、本肢は誤り。

> 【講師からのアドバイス】都市施設は、道路、上下水道、学校等である。

≪出る順宅建士合格テキスト③　第1章　都市計画法（都市計画の内容）≫

第 16 問　都市計画法（開発行為の規制等）　　

予想正解率　60％

1　誤・・・・・・・・・・・・・・・・・・・・・・・・・・　**重要度　★★**

　開発許可を受けた者の**相続人**その他の一般承継人は、被承継人が有していた当該許可に基づく**地位を承継**する（都計法44条）。したがって、都道府県知事の承認を受ける必要はない。よって、本肢は誤り。

2　正・・・・・・・・・・・・・・・・・・・・・・・・・・　**重要度　★★★**

　開発許可を受けた者は、**開発区域内**において**予定される建築物の用途を変更しよう**とする場合においては、原則として、**都道府県知事の許可を受けなければならない**（都計法35条の2第1項、30条1項2号）。よって、本肢は正しく、本問の正解肢となる。

> 【実力ＵＰ情報】開発許可不要な内容に変更するとき等一定の場合は、許可を受ける必要はない。

3　誤・・・・・・・・・・・・・・・・・・・・・・・・・・　**重要度　★★**

　開発許可を受けた者は、開発行為に関する**工事を廃止**したときは、**遅滞なく**、その旨を**都道府県知事に届け出**なければならない（都計法38条）。しかし、あらかじめ許可を受ける必要はない。よって、本肢は誤り。

4　誤・・・・・・・・・・・・・・・・・・・・・・・・・・　**重要度　★★**

　開発許可を受けた開発区域内の土地においては、当該工事が完了した旨の公告があるまでの間は、建築物を建築し、又は特定工作物を建設してはならない。ただし、**都道府県知事が支障がないと認めたとき等一定の場合は、建築等をすることができる**（都計法37条）。よって、本肢は誤り。

> 【講師からのアドバイス】その他の例外として、工事のための仮設建築物・特定工作物を建築・建設する場合、開発行為に同意していない者が、その権利の行使として建築物を建築する場合がある。

≪出る順宅建士合格テキスト③　第1章　都市計画法（開発行為の規制等）≫

予想正解率　60%

ア　正・・・・・・・・・・・・・・・・・・・・・・　重要度　★★★

準都市計画区域内における建築物の新築については、原則として、建築物の用途・構造・規模に関係なく、建築確認を受ける必要がある（建基法6条1項4号）。よって、本肢は正しい。

> 【講師からのアドバイス】都市計画区域内と準景観地区内も同様である。

イ　誤・・・・・・・・・・・・・・・・・・・・・・　重要度　★★★

店舗、飲食店、展示場等の用途に供する建築物でその用途に供する部分の床面積の合計が10,000㎡を超えるものは、近隣商業地域内において建築することができる（建基法48条9項、建基法別表第二（り））。よって、本肢は誤り。

ウ　正・・・・・・・・・・・・・・・・・・・・・・　重要度　★★★

都市計画で定められた建蔽率の限度が10分の8とされている地域外で、かつ、防火地域内にある耐火建築物等の建蔽率については、都市計画において定められた数値に10分の1を加えたものが限度となる（建基法53条3項1号）。よって、本肢は正しい。

> 【講師からのアドバイス】10分の8とされている地域「外」であって「内」ではないことに注意しよう。

エ　誤・・・・・・・・・・・・・・・・・・・・・・　重要度　★★★

第一種・第二種低層住居専用地域及び田園住居地域内の建築物には、隣地斜線制限は適用されない（建基法56条1項2号参照）。よって、本肢は誤り。

> 【解法の視点】第一種・第二種低層住居専用地域及び田園住居地域においては、都市計画で10m又は12mの絶対的高さ制限が定められている。

　以上より、正しいものはア、ウの二つであり、2が本問の正解肢となる。
　　　　　≪出る順宅建士合格テキスト③　第2章　建築基準法（建築確認）≫

 第 **18** 問　　　　　建築基準法総合　　　正解 **2**　重要度 **B**

1　正 ・・・・・・・・・・・・・・・・・・・・・・・・・・・・・・ **重要度　★★★**

　延べ面積が1,000㎡を超える建築物は、防火上有効な構造の**防火壁又は防火床**によって有効に区画し、かつ、各区画における**面積の合計**をそれぞれ**1,000㎡以内**としなければならない（建基法26条本文）。ただし、耐火建築物又は準耐火建築物等一定の建築物については、この限りでない（建基法26条但書）。よって、本肢は正しい。

2　誤 ・・・・・・・・・・・・・・・・・・・・・・・・・・・・・・ **重要度　★★**

　建築協定は、一定の者を除き、認可の公告があった日以後において当該**建築協定区域内の土地の借地権者**となった者に対しても、その**効力が及ぶ**（建基法75条）。よって、本肢は誤りであり、本問の正解肢となる。

3　正 ・・・・・・・・・・・・・・・・・・・・・・・・・・・・・・ **重要度　★★★**

　住宅の地上階における居住のための居室には、**採光のための窓**その他の開口部を設け、その採光に有効な部分の面積は、**原則**として、その居室の床面積に対して**7分の1以上**としなければならない（建基法28条1項、施行令19条3項）。よって、本肢は正しい。

> 【実力ＵＰ情報】国土交通大臣が定める基準に従い一定の措置が講じられているものにあっては、10分の1まで緩和されることがある。

4　正 ・・・・・・・・・・・・・・・・・・・・・・・・・・・・・・ **重要度　★★**

　居室を有する建築物にあっては、その居室内において衛生上の支障を生ずるおそれがあるものとして定める**ホルムアルデヒド及びクロルピリホス**の区分に応じ、建築材料及び換気設備について一定の技術的基準に適合しなければならない（建基法28条の2第3号、施行令20条の5）。よって、本肢は正しい。

> 【実力ＵＰ情報】居室を有する建築物の建築材料についてのクロルピリホスに関する具体的な技術的基準は、①建築材料にクロルピリホスを添加しないこと、②クロルピリホスをあらかじめ添加した建築材料を原則として使用しないこととなっている（施行令20条の6）。結果、クロルピリホスは居室にはほぼ使用できないことになっている。

> 【実力ＵＰ情報】建築基準法における「居室」とは、居住、執務、作業、集会、娯楽その他これらに類する目的のために継続的に使用する室をいう（建基法2条4号）。居住に限られない。

≪出る順宅建士合格テキスト③　第2章　建築基準法（単体規定など）≫

第⑲問　国土利用計画法　正解❶　重要度Ⓐ

1　正・・・・・・・・・・・・・・・・・・・・・・・・・・・・**重要度　★★★**

　一団の土地に関する権利を対価を得て移転・設定する売買等の契約を締結した場合には、事後届出が必要となる（国土法23条１項）。そして、**一団の土地といえるか否かは、権利取得者を基準に判断される**（国土法23条２項１号かっこ書）。したがって、土地が不特定多数の者に分譲された場合、**それぞれの分譲面積が事後届出の対象面積に達しなければ、事後届出は不要である**。よって、本肢は正しく、本問の正解肢となる。

2　誤・・・・・・・・・・・・・・・・・・・・・・・・・・・・**重要度　★★**

　農地法３条１項の許可を受けて農地の売買契約を締結した場合、事後届出をする必要はない（国土法23条２項３号、施行令17条１号、同６条７号）。しかし、**農地法５条１項の許可については、このような規定はなく、原則として事後届出が必要である。**よって、本肢は誤り。

3　誤・・・・・・・・・・・・・・・・・・・・・・・・・・・・**重要度　★★★**

　民事調停法の調停に基づく場合、事後届出は不要である（国土法23条２項３号）。よって、本肢は誤り。

4　誤・・・・・・・・・・・・・・・・・・・・・・・・・・・・**重要度　★★★**

　一団の土地に関する権利を**対価を得て**移転又は設定する契約（予約を含む。）を締結した場合には、権利取得者は、事後届出を行わなければならない（国土法23条１項、14条１項）。しかし、**贈与契約は対価がないから、そもそも届出が必要な土地売買等の契約に該当しない。**よって、本肢は誤り。

> **【講師からのアドバイス】**準都市計画区域は、都市計画区域外であるため、事後届出が必要となるのは、10,000㎡以上の土地の取引をした場合となる。したがって、本肢が、たとえば売買契約であれば正しい選択肢となる。

《出る順宅建士合格テキスト③　第３章　国土利用計画法》

| 第**20**問 | 農地法 | 正解**③** | 重要度**Ⓐ** |

1　誤・・・・・・・・・・・・・・・・・・・・・・・・・・・・**重要度　★★**

　国又は都道府県等が、道路、農業用用排水施設その他の**地域振興上又は農業振興上の必要性が高いと認められる施設の用に供するため、農地を農地以外のものにする場合は農地法４条の許可は不要**である。国又は都道府県が行う場合であれば、常に法第４条第１項の許可が不要となるわけではない（農地法４条１項２号）。よって、本肢は誤り。

【**実力UP情報**】都道府県等とは、都道府県又は指定市町村をいう。そして、指定市町村とは、農地又は採草放牧地の農業上の効率的かつ総合的な利用の確保に関する施策の実施状況を考慮して農林水産大臣が指定する市町村のことである。

2　誤 ・・・・・・・・・・・・・・・・・・・ **重要度　★★★**

　農地法上の農地とは、耕作の目的に供される土地をいう（農地法2条1項）。そして、耕作の目的に供されているかどうかは、登記簿上の地目等とは関係なく、**土地の現況によって判断される**。よって、本肢は誤り。

3　正 ・・・・・・・・・・・・・・・・・・ **重要度　★★**

　土地収用法に基づく収用等については、農地法3条の許可は必要ない（農地法3条1項但書11号）。よって、本肢は正しく、本問の正解肢となる。

4　誤 ・・・・・・・・・・・・・・・・・・・ **重要度　★**

　農地所有適格法人でない法人も、**農地の借入れ**について農地法3条の許可を受けることができる（農地法3条3項3号）。よって、本肢は誤り。

【**講師からのアドバイス**】農地所有適格法人に関しては、複数回出題されているが、そのほとんどが本肢の「借り入れることはできる」という選択肢である。細かい内容は気にせずに、「農地所有適格法人でなくても、農地を借りることはできる。」という結論だけを単純知識として覚えてしまおう。

≪出る順宅建士合格テキスト③　第4章　農地法≫

第**㉑**問　　　　**土地区画整理法**　　　　正解**❸**　　重要度**Ⓐ**

予想正解率　**75%**

1　正 ・・・・・・・・・・・・・・・・・・・ **重要度　★★★**

　換地処分は、施行者が、関係権利者に換地計画において定められた関係事項を**通知**してするものとする（区画法103条1項）。よって、本肢は正しい。

【**講師からのアドバイス**】「換地処分は、公告して行う。」という引っ掛けが定番である。読み落としに注意しよう。

2　正 ・・・・・・・・・・・・・・・・・・・ **重要度　★★★**

　換地計画において定められた**清算金**は、**換地処分の公告があった日の翌日**において確定する（区画法104条8項）。よって、本肢は正しい。

【**講師からのアドバイス**】「換地処分の公告があった日の終了した時→消滅」、「換地処分の公告があった日の翌日→確定・取得」というキーワードの組合せも覚えておこう。

3　誤・・・・・・・・・・・・・・・・・・・・・・・・・・・・・・・**重要度　★★**

　施行者は、換地処分の公告があった場合において、施行地区内の土地及び建物について事業の施行により変動があったときは、遅滞なく、その変動に係る登記を申請し、又は嘱託しなければならない（区画法107条２項）。**登記を申請又は嘱託するのは、換地の取得者ではなく、施行者である**。よって、本肢は誤りであり、本問の正解肢となる。

4　正・・・・・・・・・・・・・・・・・・・・・・・・・・・・・・・**重要度　★★★**

　当該事業の施行地区内の宅地について存する**地役権は、行使する利益がなくなった場合を除き、換地処分の公告があった日の翌日以後においても、なお従前の宅地の上に存する**（区画法104条４項、５項）。よって、本肢は正しい。

> 【実力ＵＰ情報】事業の施行により行使する利益がなくなった地役権は、換地処分の公告があった日が終了した時において消滅する。

≪出る順宅建士合格テキスト③　第５章　土地区画整理法≫

第㉒問　盛土規制法等　　　正解**③**　　重要度**Ⓐ**

予想正解率　60%

1　誤・・・・・・・・・・・・・・・・・・・・・・・・・・・・・・・**重要度　★★★**

　宅地造成等工事規制区域（以下「規制区域」という。）内において行われる宅地造成等に関する工事については、原則として、工事主は、当該工事に着手する前に、都道府県知事の許可を受けなければならない（盛土規制法12条１項）。そして、宅地造成とは、**宅地以外の土地を宅地にする**ために行う土地の形質の変更で、①.盛土部分に高さが**１ｍを超える崖**を生ずることとなる盛土、②.切土部分に高さが**２ｍを超える崖**を生ずることとなる切土、③.盛土と切土とを同時にする場合であって、当該盛土及び切土をした土地の部分に高さが２ｍを超える崖を生ずることとなるもの、④.①又は③に該当しない**盛土**であって、**高さが２ｍを超えるもの**、⑤.①から④に該当しない盛土又は切土であって、**面積が500㎡を超えるもの**をいう（盛土規制法２条２号、施行令３条）。本肢の場合は、④に該当するため、宅地造成に該当し、工事主は、原則として、当該工事に着手する前に、都道府県知事の許可を受けなければならない。よって、本肢は誤り。

2　誤・・・・・・・・・・・・・・・・・・・・・・・・・・・・・・・**重要度　★★**

　規制区域内において宅地造成等に関する工事を行う場合において、当該宅地造成等に伴う災害を防止するために高さ**５ｍを超える擁壁**の設置に係る工事をするときは、政令で定める**資格を有する者の設計**によらなければならない。（盛土規制法13条２項、施行令21条１号）。よって、本肢は誤り。

3　正 ‥‥‥‥‥‥‥‥‥‥‥‥‥‥　重要度　★★★

　　規制区域の指定の際、当該規制区域内において行われている宅地造成等に関する工事の工事主は、その指定があった日から21日以内に、当該工事について都道府県知事に届け出なければならない（盛土規制法21条1項）。よって、本肢は正しく、本問の正解肢となる。

4　誤 ‥‥‥‥‥‥‥‥‥‥‥‥‥‥　重要度　★★★

　　都道府県知事は、宅地造成又は特定盛土等（宅地において行うものに限る。）に伴う災害で相当数の居住者等に危害を生ずるものの発生のおそれが大きい一団の造成宅地（これに附帯する道路その他の土地を含み、規制区域内の土地を除く。）の区域であって政令で定める基準に該当するものを、造成宅地防災区域として指定することができる（盛土規制法45条1項）。よって、本肢は誤り。

≪出る順宅建士合格テキスト③　第6章　盛土規制法等≫

| 第23問 | 印紙税 | 正解 ❹ | 重要度 Ⓐ |

予想正解率　75%

1　誤 ‥‥‥‥‥‥‥‥‥‥‥‥‥‥　重要度　★★★

　　贈与契約書においては、譲渡の対価たる金額はないから、契約金額はないものとして取り扱う（印紙税法基本通達23条（1）ホ）。したがって、記載金額のない契約書として印紙税（200円）が課される。よって、本肢は誤り。

【実力UP情報】契約金額を減少させる場合も、記載金額がないものとして扱われる（印紙税額は200円）。

2　誤 ‥‥‥‥‥‥‥‥‥‥‥‥‥‥　重要度　★★★

　　一の契約書が不動産の譲渡契約書と請負契約書の両方に該当する場合は、原則として不動産の譲渡契約書とされ、その総額が記載金額となる。ただし、譲渡契約として記載された金額と請負契約として記載された金額を区分できる場合には、請負契約の記載金額の方が大きい額であれば、請負契約書としてその額が記載金額となる（印紙税法・別表第一・課税物件表の適用に関する通則3ロ、印紙税法基本通達24条（2））。よって、本肢は誤り。

3　誤 ‥‥‥‥‥‥‥‥‥‥‥‥‥‥　重要度　★★

　　課税文書となる「契約書」とは、名称のいかんを問わず、契約の成立もしくは更改又は契約の内容の変更もしくは補充の事実を証すべき文書をいう（別表第一課税物件

表、課税物件表の適用に関する通則５）。したがって、後日、本契約書を作成することを文書上で明らかにした、土地を１億円で譲渡することを証した仮契約書には、印紙税は課される。よって、本肢は誤り。

> 【実力ＵＰ情報】この契約には予約契約も含まれる。

4　正 ・・・・・・・・・・・・・・・・・・・・・・・・・・　**重要度　★★★**

　交換契約書において、交換対象物の**双方の価額が記載**されている場合には、**いずれか高いほう**の金額を記載金額とする（印紙税基本通達23条（１）ロ）。よって、本肢は正しく、本問の正解肢となる。

≪出る順宅建士合格テキスト③　税・価格　第４章　印紙税≫

第 24 問　不動産取得税　　

予想正解率　60％

1　正 ・・・・・・・・・・・・・・・・・・・・・・・・・・　**重要度　★**

　不動産取得税は、土地や建物を購入したり、家屋を建築する等により不動産を取得した場合に課される税である（地方税法73条の２第１項）。この**家屋とは住宅、店舗、工場、倉庫その他の建物をいう**（地方税法73条３号）。したがって、不動産取得税の課税対象である家屋には、工場や倉庫も含まれる。よって、本肢は正しく、本問の正解肢となる。

> 【解法の視点】「家屋」とは建物全般のことを指し、「住宅」とは家屋の中でも人の居住の用に供するもの又は家屋のうち人の居住の用に供する部分で、別荘以外のもののことを指す。

2　誤 ・・・・・・・・・・・・・・・・・・・・・・・・・・　**重要度　★★★**

　法人の合併により不動産を取得した場合には、**不動産取得税は課されない**（地方税法73条の７第２号）。よって、本肢は誤り。

> 【解法の視点】不動産取得税は、相続（包括遺贈及び被相続人から相続人に対してなされた遺贈を含む）又は法人の合併による不動産の取得には、課税されない。不動産取得税の徴収については、普通徴収の方式がとられている。

3　誤 ・・・・・・・・・・・・・・・・・・・・・・・・・・　**重要度　★★★**

　不動産取得税は、**不動産の取得**に対して課される税である（地方税法73条の２第１項）。家屋を**改築**したことにより当該**家屋の価格が増加**した場合には、当該改築をもって家屋の取得とみなして、**不動産取得税が課される**（地方税法73条の２第３項）。よって、本肢は誤り。

4　誤 ・・・・・・・・・・・・・・・・・・・・・・・・・・・・・　**重要度　★★★**

　宅地を取得した場合、当該取得に係る**不動産取得税の課税標準**は、当該**宅地価格の2分の1**とされる（地方税法附則11条の5第1項）。課税標準が価格の2分の1とされるのであって、税額から2分の1に相当する額が減額されるわけではない。よって、本肢は誤り。

≪出る順宅建士合格テキスト③　税・価格　第1章　不動産取得税≫

第25問　不動産鑑定評価基準　正解❹　重要度Ⓑ

予想正解率　60%

1　誤 ・・・・・・・・・・・・・・・・・・・・・・・・・・・・・　**重要度　★★**

　不動産の鑑定評価によって求める価格は、基本的には**正常価格**であるが、鑑定評価の依頼目的に対応した条件により**限定価格**、**特定価格**又は**特殊価格**を求める場合があるので、依頼目的に対応した条件を踏まえて価格の種類を適切に判断し、明確にすべきである（不動産鑑定評価基準総論5章3節Ⅰ）。本肢では、「正常価格」と「限定価格、特定価格又は特殊価格」の説明が逆になっている。よって、本肢は誤り。

2　誤 ・・・・・・・・・・・・・・・・・・・・・・・・・・・・・　**重要度　★★**

　市場における不動産の取引価格の上昇が著しいときは、取引価格と収益価格との乖離が増大するものであるので、先走りがちな取引価格に対する有力な検証手段として、**収益還元法**が活用されるべきである（不動産鑑定評価基準総論7章1節Ⅳ1）。よって、「原価法」とする本肢は誤り。

3　誤 ・・・・・・・・・・・・・・・・・・・・・・・・・・・・・　**重要度　★★**

　不動産の価格を求める鑑定評価の基本的な手法は、原価法、取引事例比較法及び収益還元法に大別される（不動産鑑定評価基準総論7章1節）。鑑定評価の手法の適用に当たっては、地域分析及び個別分析により把握した対象不動産に係る市場の特性等を適切に反映した**複数の鑑定評価の手法を適用**すべきである（不動産鑑定評価基準総論8章7節）。よって、本肢は誤り。

着目する原価法、不動産の取引事例に着目する取引事例比較法、不動産から生み出される収益に着目する収益還元法に大別される。

4　正・・・・・・・・・・・・・・・・・・・・・・・・　重要度　★★

　特定価格とは、**市場性を有する不動産**について、法令等による社会的要請を背景とする鑑定評価目的の下で、**正常価格の前提となる諸条件を満たさないこと**により正常価格と同一の市場概念の下において形成されるであろう市場価値と乖離することとなる場合における不動産の経済価値を適正に表示する価格をいう（不動産鑑定評価基準総論5章3節I3）。よって、本肢は正しく、本問の正解肢となる。

≪出る順宅建士合格テキスト③　税・価格　第8章　不動産鑑定評価基準≫

第26問　宅建業法総合　　

予想正解率　85％以上

ア　正・・・・・・・・・・・・・・・・・・・・・　重要度　★★★

　宅建業者は、取引の関係者から請求があったときは、**従業者名簿をその者の閲覧に供しなければならない**（業法48条4項）。よって、本肢は正しい。

イ　正・・・・・・・・・・・・・・・・・・・・・　重要度　★★★

　宅建業者は、その事務所ごとに、従業者名簿を備え、従業者の氏名等一定の事項を記載しなければならない（業法48条3項）。そして、当該一定の事項が、**電子計算機に備えられたファイル又は電磁的記録媒体**に記録され、必要に応じ当該事務所において**明確に紙面に表示**されるときは、当該記録をもって従業者名簿への記載に代えることができる（規則17条の2第3項）。よって、本肢は正しい。

ウ　誤・・・・・・・・・・・・・・・・・・・・・　重要度　★★★

　宅地建物取引士は、取引の関係者から請求があったときは、**宅地建物取引士証を提示**しなければならない（業法22条の4）。従業者証明書では、宅地建物取引士証の代わりはできない。よって、本肢は誤り。

> 【実力UP情報】宅建業者の従業者は、取引の関係者から従業者証明書の提示請求があったときは、従業者証明書を提示しなければならない。宅地建物取引士証をもって、従業者証明書の代わりとすることはできない。

エ　誤・・・・・・・・・・・・・・・・・・・・・　重要度　★★★

　宅建業者は、従業者に、従業者証明書を携帯させなければ、その者をその業務に従事させてはならない（業法48条1項）。この**従業者**の中には、**代表者**、いわゆる社長**も含まれる**（解釈・運用の考え方）。したがって、代表者は従業者証明書を携帯しなければならない。よって、本肢は誤り。

以上より、正しいものはア、イの二つであり、2が本問の正解肢となる。

≪出る順宅建士合格テキスト② 第4章 事務所以外の場所の規制≫

 免許の基準

予想正解率 75%

1 正・・・・・・・・・・・・・・・・・・・・ **重要度 ★★★**

法人であるＡ社の**取締役**（役員）Ｂが執行猶予付きの**懲役刑**に処せられた場合、Ｂの**執行猶予期間中**は、**Ａ社も免許を受けることができない**（業法5条1項5号、12号）。よって、本肢は正しい。

2 正・・・・・・・・・・・・・・・・・・・・ **重要度 ★★★**

営業に関し**成年者と同一の行為能力を有しない未成年者**は、本人のほか、**法定代理人が免許の基準に該当すれば免許を受けることができない**。背任罪を犯し罰金刑に処せられた法定代理人Ｄは、刑の執行を終わった日から5年間免許を受けることができないので、未成年者Ｃも免許を受けることができない（業法5条1項6号、11号）。よって、本肢は正しい。

3 誤・・・・・・・・・・・・・・・・・・・・ **重要度 ★★★**

業務停止処分事由に該当するとして聴聞の期日及び場所の公示日から当該処分をする日又は当該処分をしないことを決定する日までの間に、相当の理由なく宅建業の廃止の届出をした場合は、業法66条1項8号、9号による免許取消しの場合ではない。したがって、Ｅは、届出後5年を経過しなくても、免許を受けることができる（業法5条1項3号参照）。よって、本肢は誤りであり、本問の正解肢となる。

> **【実力ＵＰ情報】**業法66条1項8号、9号による免許取消しとは、①不正の手段により免許を受けたとき、②業務停止処分事由のいずれかに該当し情状が特に重いとき、③業務停止処分に違反したとき、のいずれかに該当することを理由とする免許取消しのことである。

4 正・・・・・・・・・・・・・・・・・・・・ **重要度 ★★★**

不正手段により免許を取得したことによる免許取消しに係る聴聞の期日及び場所の公示の日前60日以内にＦ社の取締役であったＧは、Ｆ社の免許取消しの日から5年を経過しないと、免許を受けることができない（業法66条1項8号、5条1項2号）。よって、本肢は正しい。

≪出る順宅建士合格テキスト② 第3章 免許≫

 第 **28** 問 　 重要事項の説明 　 正解 　 重要度

予想正解率　75%

ア　誤・・・・・・・・・・・・・・・・・・・・・・・・・・・・・　**重要度　★★★**

　代金、交換差金及び借賃以外に授受される金銭の額及び当該金銭の授受の目的は、重要事項として説明しなければならない（業法35条1項7号）。よって、本肢は誤り。

イ　正・・・・・・・・・・・・・・・・・・・・・・・・・・・・・　**重要度　★★★**

　契約の目的物である宅地又は建物が、土砂災害警戒区域等における土砂災害防止対策の推進に関する法律7条1項により指定された**土砂災害警戒区域内にあるときはその旨を**、重要事項として説明しなければならない（業法35条1項14号、規則16条の4の3第2号）。よって、本肢は正しい。

ウ　誤・・・・・・・・・・・・・・・・・・・・・・・・・・・・・　**重要度　★★★**

　区分所有建物の売買の場合、当該建物を所有するための**一棟の建物の敷地に関する権利の種類及び内容**は、重要事項として説明しなければならない（業法35条1項6号、規則16条の2第1号）。よって、本肢は誤り。

エ　正・・・・・・・・・・・・・・・・・・・・・・・・・・・・・　**重要度　★★★**

　区分所有建物の売買の場合、当該建物の所有者が負担しなければならない**通常の管理費用の額**は、重要事項として説明しなければならない（業法35条1項6号、規則16条の2第7号）。よって、本肢は正しい。

　以上より、誤っているものはア、ウの二つであり、2が本問の正解肢となる。
　　　　　　　《出る順宅建士合格テキスト②　第10章　重要事項の説明》

 第 **29** 問 　 広告等に関する規制 　 正解 　 重要度

予想正解率　60%

1　正・・・・・・・・・・・・・・・・・・・・・・・・・・・・・　**重要度　★★★**

　宅建業者は、宅地建物の売買、交換又は貸借（自ら貸借を除く）に関する注文を受けたときは、**遅滞なく、その注文をした者に対し、取引態様の別を明らかにしなければならない**（業法34条2項）。広告のときに明示していても同様である。よって、本肢は正しく、本問の正解肢となる。

2　誤・・・・・・・・・・・・・・・・・・・・・・・・・・・・・　**重要度　★★★**

　宅建業者の取引態様の明示義務は、**注文者が宅建業者だからといって省略できるも**

のではない（業法34条2項）。したがって、Aは、注文をした宅建業者に対して取引態様の別を明示する必要がある。よって、本肢は誤り。

3 誤・・・・・・・・・・・・・・・・・・・・・・・・・・・・ **重要度 ★★**

宅建業者は、工事の完了前の未完成物件であれば、許可や確認等があった後でなければ、広告をしてはならないが、未完成物件でも完成物件でも、必ずしも**建築確認を受けた旨の記載をしなくてもよい**（業法33条）。よって、本肢は誤り。

4 誤・・・・・・・・・・・・・・・・・・・・・・・・・・・・ **重要度 ★★★**

宅建業者は、その業務に関して広告をするときは、当該広告に係る宅地建物の代金、借賃等の対価の額又はその支払方法について著しく事実に相違する表示をしてはならず、これに違反したときは、**業務停止処分の対象となるとともに、6月以下の懲役もしくは100万円以下の罰金又はこれらの併科に処せられることがある**（業法32条、業法65条2項2号、81条1号）。これは、**現実に被害が生じたか否かは影響しない**。よって、本肢は誤り。

≪出る順宅建士合格テキスト②　第9章　広告に関する規制≫

| 第**30**問 | 営業保証金 | 正解**4** | 重要度**A** |

予想正解率　85%以上

1 誤・・・・・・・・・・・・・・・・・・・・・・・・・・・・ **重要度 ★★★**

宅建業者は、営業保証金が不足することとなったときは、免許権者から不足の**通知があった日から2週間以内**に、その**不足額を供託**しなければならない（業法28条1項、営業保証金規則5条）。よって、「不足が生じた日から」2週間以内としている本肢は誤り。

2 誤・・・・・・・・・・・・・・・・・・・・・・・・・・・・ **重要度 ★★★**

Aは、本店と2つの支店を有していることから、営業保証金として供託しなければならない額は2,000万円（＝1,000万円＋500万円×2）である（業法25条2項、3項、施行令2条の4）。営業保証金の供託は一定の有価証券でもでき、**国債証券はその額面金額が当該有価証券の価額となる**（規則15条1項1号）。したがって、Aが供託すべき金銭の額は、1,000万円となる。よって、本肢は誤り。

> **【実力ＵＰ情報】** 地方債証券・政府保証債証券はその額面金額の100分の90、その他の有価証券はその額面金額の100分の80が評価額となる。

3 誤・・・・・・・・・・・・・・・・・・・・・・・・・・・・ **重要度 ★★★**

宅建業者は、事業の開始後新たに事務所を設置したときは、当該事務所について、政令で定める額の営業保証金を、**主たる事務所の最寄りの供託所**に供託し、その旨を

届け出なければ、当該事務所で事業を開始してはならない（業法26条、25条1項、4項、5項）。「その支店の最寄りの供託所」ではない。よって、本肢は誤り。

4　正・・・・・・・・・・・・・・・・・・・・・・・・・・　**重要度　★★★**

　免許権者は、その免許を与えた宅建業者が免許の日から**3カ月以内**に営業保証金を供託した旨の届出をしないときは、届出をすべき旨の**催告**をしなければならず、この催告が到達した日から**1カ月以内**に届出をしないときは、免許権者は、その免許を**取り消すことができる**（業法25条4項、6項、7項）。したがって、甲県知事は、Aの免許を取り消すことができる。よって、本肢は正しく、本問の正解肢となる。

≪出る順宅建士合格テキスト②　第6章　営業保証金≫

 **37条書面**　 正解 **1**　 重要度 **A**

予想正解率　60%

ア　記載する必要はない・・・・・・・・・・・・・・　**重要度　★★★**

　建物の**貸借**の契約が成立した場合、当該建物が**既存の建物**であるときでも、建物の構造耐力上主要な部分等の状況について当事者の双方が確認した事項は、37条書面に記載する必要はない（業法37条1項2号の2）。よって、本肢は記載する必要はない。

イ　記載する必要はない・・・・・・・・・・・・・・　**重要度　★★★**

　当該建物が**住宅性能評価を受けた新築住宅**であるときでも、その内容を37条書面に記載する必要はない（業法37条2項参照）。よって、本肢は記載する必要はない。

ウ　記載する必要はない・・・・・・・・・・・・・・　**重要度　★★**

　建物の貸借の契約が、借地借家法38条に規定する**定期建物賃貸借**であるときでも、その内容を37条書面に記載する必要はない（業法37条2項参照）。よって、本肢は記載する必要はない。

エ　必ず記載しなければならない・・・・・・・　**重要度　★★★**

　建物の**貸借**の契約が成立した場合、**損害賠償額の予定又は違約金に関する定め**があるときのその内容は、37条書面に必ず記載しなければならない（業法37条2項、1項8号）。

　以上より、必ず記載しなければならないものはエの一つであり、1が本問の正解肢となる。

≪出る順宅建士合格テキスト②　第11章　37条書面≫

第32問　宅地建物取引業の意味　正解 **3**　重要度 **A**

予想正解率　75%

ア　正・・・・・・・・・・・・・・・・・・・・・・・・・・　重要度　★★★

　宅地を不特定多数の者に反復継続して売却することは、宅建業にあたり、免許が必要である（業法2条2号、3条1項）。したがって、Aは免許を受けなければならない。よって、本肢は正しい。

イ　正・・・・・・・・・・・・・・・・・・・・・・・・・・　重要度　★★★

　宅地の**貸借の代理**を不特定多数の者に反復継続して行うことは、**宅建業にあたり、免許が必要である**（業法2条2号、3条1項）。したがって、宅地の賃貸借契約の代理を行っているCは、免許を受けなければならない。よって、本肢は正しい。なお、Bは自ら貸借をしていることになるので免許は不要である（業法2条2号、3条1項）。

> 【解法の視点】誰についての免許の要否かを慎重に読み取ることを心がけよう。

ウ　誤・・・・・・・・・・・・・・・・・・・・・・・・・・　重要度　★★★

　宅地を不特定多数の者に反復継続して売却することは、宅建業にあたり、免許が必要である（業法2条2号、3条1項）。そして、多数の知人に対して売却することは、不特定多数の者に売却することにあたる。したがって、Dは免許を受けなければならない。よって、本肢は誤り。

エ　正・・・・・・・・・・・・・・・・・・・・・・・・・・　重要度　★★

　国及び地方公共団体には、宅建業法が適用されない（業法78条1項）。したがって、E市は、免許を受ける必要はない。よって、本肢は正しい。

> 【実力ＵＰ情報】国及び地方公共団体には、免許以外の宅建業法の規定も適用されない。

　以上より、正しいものはア、イ、エの三つであり、3が本問の正解肢となる。
　　　　　　≪出る順宅建士合格テキスト②　第1章　宅地建物取引業の意味≫

第33問　手付金等の保全措置　正解 **3**　重要度 **A**

予想正解率　75%

1　誤・・・・・・・・・・・・・・・・・・・・・・・・・・　重要度　★★★

　宅建業者は、自ら売主となる宅地又は建物の売買契約の締結に際して、①代金の額の10分の2を超える額の手付を受領することができない（業法39条1項）。したがっ

て、本問では、受領できる手付金の上限額は1,000万円となる。②目的物が**完成物件**の場合、宅建業者が受領しようとする手付金等の額（既に受領した手付金等があるときは、その額を加えた額）が**代金の10分の１（10％）又は1,000万円のいずれかを超えるときは、その合計額について保全措置が必要である**（業法41条の２第１項、施行令３条の５参照）。したがって、本問では、500万円を超える額の手付金等を受領しようとするには、保全措置が必要である。以上から、Aは、保全措置を講ずることにより、手付金として800万円を受領することができる。よって、本肢は誤り。

2　誤······················· **重要度　★★★**

完成物件の場合、肢１の通り保全措置が必要である。本問では、合計金額である3,000万円について保全措置を講じなければならない。よって、本肢は誤り。

> **【解法の視点】** 未完成物件の場合、手付金等の額が代金の100分の５（５％）又は1,000万円のいずれかを超えるとき、保全措置が必要となる。

3　正······················· **重要度　★★★**

売主である宅建業者が**保全措置を講じないときは、買主は、手付金等を支払わないことができる**（業法41条の２第５項）。したがって、Aが必要な保全措置を講じないときは、Bは中間金を支払わなくてもよい。よって、本肢は正しく、本問の正解肢となる。

> **【解法の視点】** 買主保護の観点から単純に考えてみよう。

4　誤······················· **重要度　★★★**

買主への所有権移転の登記がされたときは、保全措置が不要となる（業法41条の２第１項柱書）。よって、本肢は誤り。

≪出る順宅建士合格テキスト②　第13章　自ら売主制限≫

| 第**34**問 | 報酬額の制限 | 正解**3** | 重要度**A** |

予想正解率　60％

　本問のような居住用建物の賃貸借の場合、借賃の１カ月分（消費税課税事業者の場合は、1.1カ月分、免税事業者の場合は1.04カ月分）が依頼者から受領することができる報酬の限度額になる。したがって、本問の場合、消費税課税事業者であるA及びBが受領できる報酬の合計額の上限は16万5,000円（15万円×1.1）となる。

　さらに、**居住用建物の賃貸借の媒介においては、依頼者の承諾がない限り、依頼者の一方からは借賃の月額の２分の１までしか報酬を受領することができない。**したがって、媒介の依頼を受けるに当たり報酬額について別段の定めがない本問の場合、A及びBのそれぞれが受領することができる報酬の限度額は、借賃の月額の２

分の1に相当する8万2,500円（7万5,000円×1.1）である（業法46条1項、2項、報酬告示第4）。

1 違反する ・・・・・・・・・・・・・・・・・・・・・ 重要度 ★★★

　宅建業者は**依頼者以外の者から報酬を受領**することはできない。よって、Aが依頼者でない乙から報酬を受領している本肢は宅建業法の規定に違反する。

2 違反する ・・・・・・・・・・・・・・・・・・・・・ 重要度 ★★★

　Aが限度額である8万2,500円を超えて報酬を受領しており、本肢は宅建業法の規定に違反する。

3 違反しない ・・・・・・・・・・・・・・・・・・・・・ 重要度 ★★★

　ABともに限度額の範囲内で報酬を受領しており、合計額も範囲内である。よって、本肢は宅建業法の規定に違反せず、本問の正解肢となる。

4 違反する ・・・・・・・・・・・・・・・・・・・・・ 重要度 ★★★

　貸借の媒介の場合、空家等の売買又は交換の媒介における特則（現地調査等の費用として通常の媒介に比べて多く要する額の加算）の適用はない（報酬告示第7）。本問の1カ月分の借賃は15万円であるから、Aが甲から受け取ることができる報酬の上限額は、原則として、2分の1カ月分である7万5,000円×1.1＝8万2,500円となる（業法46条1項、報酬告示第4）。よって、本肢は宅建業法の規定に違反する。

≪出る順宅建士合格テキスト② 第14章 報酬額の制限≫

第35問 自ら売主制限 正解4 重要度A

予想正解率　85%以上

1 誤 ・・・・・・・・・・・・・・・・・・・・・ 重要度 ★★★

　宅建業者は、自ら売主として宅地建物の割賦販売を行った場合、当該割賦販売に係る宅地建物を買主に引き渡し、かつ、**代金の額の10分の3を超える額の金銭の支払を受けた後は、担保の目的で当該宅地建物を譲り受けてはならない**（業法43条2項）。本肢では、Aは代金の額の2割（＝10分の2）の支払しか受けていないことから、担保の目的で当該宅地を譲り受けてもよい。よって、本肢は誤り。

2 誤 ・・・・・・・・・・・・・・・・・・・・・ 重要度 ★★★

　宅建業者は、原則として、自己の所有に属しない宅地又は建物について、自ら売主となる売買契約（予約を含む。）を締結してはならない（業法33条の2）。しかし、**この規制は業者間取引には適用されない**（業法78条2項）。したがって、AD間の取引には、自己の所有に属しない宅地又は建物の売買契約締結の制限の適用がなく、Aは

Dと売買契約を締結することができる。よって、本肢は誤り。

3　誤 ・・・・・・・・・・・・・・・・・・・・・・・・・・・・　**重要度　★★★**

　宅建業者が自ら売主となる宅地建物の売買契約において、当事者の債務不履行を理由とする契約の解除に伴う**損害賠償の額を予定し、又は違約金を定めるときは、これらを合算した額が代金の額の10分の2（2割）を超える**こととなる定めをしてはならない。そして、これに反する特約は代金の額の10分の2を超える部分について無効となる（業法38条）。3割（10分の3）ではない。よって、本肢は誤り。

4　正 ・・・・・・・・・・・・・・・・・・・・・・・・・・・・　**重要度　★★★**

　宅建業者は、自己の所有に属しない物件であっても、当該**物件を取得する契約を、その所有者と締結しているときは、宅建業者でない買主と売買契約（停止条件付売買契約を含む。）を締結することができる**（業法33条の2第1号）。よって、本肢は正しく、本問の正解肢となる。

≪出る順宅建士合格テキスト②　第13章　自ら売主制限≫

| 第**36**問 | 35条書面・37条書面 | 正解 **3** | 重要度 **A** |

予想正解率　60%

1　誤 ・・・・・・・・・・・・・・・・・・・・・・・・・・・・　**重要度　★★★**

　重要事項説明書面の**交付**及び重要事項の**説明場所**、そして契約書面の**交付場所**については、**これを制限する規定はない**。よって、本肢は誤り。

2　誤 ・・・・・・・・・・・・・・・・・・・・・・・・・・・・　**重要度　★★★**

　宅建業者は、**重要事項説明書面について、宅地建物取引士をして記名させなければならない**（業法35条5項、7項）。また、宅建業者は、**契約書面についても、宅地建物取引士をして記名させなければならない**（業法37条3項）。したがって、Aは、契約書面に、**宅地建物取引士をして記名させなければならない**。よって、本肢は誤り。

3　正 ・・・・・・・・・・・・・・・・・・・・・・・・・・・・　**重要度　★★★**

　重要事項説明書面の交付は、物件を取得し又は借りようとする者に対して行う（業法35条1項）。一方、契約書面の交付は、契約の両当事者に対して行わなければならない（業法37条2項）。したがって、Aは、**重要事項説明書面を借主に交付すればよく、貸主に交付する必要はない**。また、Aは、**契約書面を貸主及び借主に対して交付しなければならない**。よって、本肢は正しく、本問の正解肢となる。

4　誤 ・・・・・・・・・・・・・・・・・・・・・・・・・・・・　**重要度　★★★**

　宅建業者は、**重要事項説明書の交付に代えて相手方の承諾を得て、当該書面に記載すべき事項を電磁的方法で提供することができる**（業法35条8項）。契約書面（37条

書面）も当該書面の交付に代えて、相手方の承諾を得て、当該書面に記載すべき事項を電磁的方法で提供することができる（業法37条5項）。よって、本肢は誤り。

≪出る順宅建士合格テキスト② 第10章 重要事項の説明≫
≪出る順宅建士合格テキスト② 第11章 37条書面≫

第37問 媒介・代理契約 正解**4** 重要度**B**

予想正解率 60%

ア 誤・・・・・・・・・・・・・・・・・・・・・・・・・ **重要度 ★★★**

34条の2書面には、宅建業者が営業保証金を供託した供託所及びその所在地に関する事項を記載する必要はない（業法34条の2）。よって、本肢は誤り。

イ 誤・・・・・・・・・・・・・・・・・・・・・・・・・ **重要度 ★★★**

34条の2書面には、代金以外の金銭の額、授受時期、授受目的については記載する必要はない（業法34条の2第1項参照）。よって、本肢は誤り。

ウ 誤・・・・・・・・・・・・・・・・・・・・・・・・・ **重要度 ★★★**

宅建業者は、宅地又は建物の売買又は交換の媒介の契約を締結したときは、遅滞なく、一定事項を記載した書面を作成して記名押印し、依頼者にこれを交付しなければならない（業法34条の2第1項）。しかし、宅建業者は、34条の2書面について宅地建物取引士をして説明させる必要はない。よって、本肢は誤り。

エ 誤・・・・・・・・・・・・・・・・・・・・・・・・・ **重要度 ★★★**

宅建業者は、宅地又は建物の売買又は交換の媒介の契約を締結したときは、遅滞なく、一定事項を記載した書面を作成して記名押印し、依頼者にこれを交付しなければならない（業法34条の2第1項）。これは、依頼者が宅建業者であるときも同様である（業法78条2項参照）。したがって、AはBが宅建業者であっても、Bに対して34条の2書面を交付しなければならない。よって、本肢は誤り。

以上より、正しいものは一つもなく、4が本問の正解肢となる。

≪出る順宅建士合格テキスト② 第8章 媒介・代理契約≫

第38問 クーリング・オフ 正解**2** 重要度**A**

予想正解率 40%未満

ア 正・・・・・・・・・・・・・・・・・・・・・・・・・ **重要度 ★★★**

売主である宅建業者から代理の依頼を受けた他の宅建業者の事務所において買受けの申込みがなされ売買契約が締結されたときは、「**事務所等**」で買受けの申込みがされたことになるので、買主は、**クーリング・オフをすることができない**（業法37条の2第1項、規則16条の5第1号ハ）。売主である宅建業者の申出による場合であっても同様である。よって、本肢は正しい。

イ　誤・・・・・・・・・・・・・・・・・・・・・・・・・　重要度　★★★

買主の申出により買主の自宅又は勤務先で買受けの申込みがされたときには、「事務所等」で買受けの申込みがされたことになるので、買主は、クーリング・オフができない（業法37条の2第1項、規則16条の5第2号）。しかし、**買主の申出による場合であっても、売主の取引先の建設業者の事務所内**で買受けの申込みをしたときには、買主は、クーリング・オフをすることができる。よって、本肢は誤り。

ウ　誤・・・・・・・・・・・・・・・・・・・・・・・・・　重要度　★★★

買主の申出により買主の自宅又は勤務先で買受けの申込みがされたときには、買主は、クーリング・オフできない（業法37条の2第1項、規則16条の5第2号）。しかし、**売主の従業員の申出**による場合であれば、買主は、**クーリング・オフができる**。よって、本肢は誤り。

エ　正・・・・・・・・・・・・・・・・・・・・・・・・・　重要度　★★★

売主の**テント張りの案内所**で買受けの申込みがされたときには、「**事務所等**」にあたらない（業法37条の2第1項、規則16条の5第1号ロ参照）。しかし、買主が、**物件の引渡しを受け、かつ、その代金の全部を支払ったときには、クーリング・オフはできない**（業法37条の2第1項2号）。よって、本肢は正しい。

以上より、正しいものはア、エの二つであり、**2**が本問の正解肢となる。
≪出る順宅建士合格テキスト② 第13章 自ら売主制限≫

第39問　監督・罰則　正解③　重要度 Ⓑ

予想正解率　40%未満

1　誤・・・・・・・・・・・・・・・・・・・・・・・・・　重要度　★

宅建業者は、正当な理由がある場合でなければ、その業務上取り扱ったことについて知り得た秘密を他に漏らしてはならない（業法45条）。そして、この規定に関する違反については、**告訴がなければ公訴を提起することができない**（業法83条2項、1項3号）。よって、本肢は誤り。

2　誤・・・・・・・・・・・・・・・・・・・・・・・・・　重要度　★★★

宅建業者が業務停止処分に違反した場合、免許取消処分を受けることになり、免許の取消しは、免許権者のみが行うことができる（業法66条1項9号）。したがって、本肢の場合、甲県知事がAの免許を取り消すことになる。よって、乙県知事が取り消すとしている本肢は誤り。

3　正 ・・・・・・・・・・・・・・・・・・・・・・・・・・・・・　重要度　★★★

貸主Aは「自ら貸借」を行っているにすぎず、宅建業に該当しないから、37条書面の作成・交付義務はない（業法2条2号、37条2項）。したがって、37条書面に違反があったとしても、交付義務のあるBのみが、監督処分・罰則の対象となる（業法65条1項、2項2号、66条1項9号、83条1項2号）。よって、本肢は正しく、本問の正解肢となる。

4　誤 ・・・・・・・・・・・・・・・・・・・・・・・・・・・・・　重要度　★

宅建業者が媒介契約に関する規定に違反した場合、監督処分に処せられることはあっても、罰則の適用を受けることはない（業法65条1項、2項2号、66条1項9号、79条〜86条）。よって、本肢は誤り。

≪出る順宅建士合格テキスト②　第15章　監督・罰則≫

第**40**問　媒介・代理契約　正解**3**　

予想正解率　85%以上

1　誤 ・・・・・・・・・・・・・・・・・・・・・・・・・・・・・　重要度　★★★

宅建業者は、専属専任媒介契約を締結した場合、契約締結の日から5日以内に、宅地・建物を国土交通大臣が指定する流通機構に登録しなければならない（業法34条の2第5項、規則15条の10）。この規定に反する特約は無効である（業法34条の2第10項）。本肢のAは、登録を省略することができない。よって、本肢は誤り。

2　誤 ・・・・・・・・・・・・・・・・・・・・・・・・・・・・・　重要度　★★★

媒介契約に対する規制は、売買又は交換の媒介契約の場合に適用があり（業法34条の2第1項）、貸借の媒介契約の場合には適用はない。したがって、契約の有効期間を4カ月と定めても3カ月に短縮されることはない。よって、本肢は誤り。

3　正 ・・・・・・・・・・・・・・・・・・・・・・・・・・・・・　重要度　★★★

宅建業者は、専任媒介契約又は専属専任媒介契約を締結した場合、当該媒介契約に係る業務の処理状況を、専任媒介契約の場合は2週間に1回以上、専属専任媒介契約の場合は1週間に1回以上、依頼者に報告しなければならない（業法34条の2第9項）。これに対し、一般媒介契約を締結した場合には、宅建業法上、業務の処理状況の報告義務がない。しかし、特約によって業務の処理状況の報告義務を負うとすることは可能であり、その回数等を自由に定めることもできる。したがって、本肢のような特約

も有効である。よって、本肢は正しく、本問の正解肢となる。

4　誤・・・・・・・・・・・・・・・・・・・・・・・・**重要度　★★★**

　専任媒介契約及び専属専任媒介契約の有効期間は３カ月を超えることができず、３カ月より長い期間を定めたときは、３カ月とされる（業法34条の２第３項）。しかし、**これより短い期間を定めることは自由である**。したがって、本肢の場合、有効期間は２カ月となる。よって、本肢は誤り。

≪出る順宅建士合格テキスト②　第８章　媒介・代理契約≫

 **弁済業務保証金**

予想正解率　85％以上

1　正・・・・・・・・・・・・・・・・・・・・・・・・**重要度　★★★**

　保証協会は、**社員が一部の事務所を廃止したため**その社員が納付した弁済業務保証金の額が政令で定める額を超えることになったときは、その超過額に相当する額の弁済業務保証金を、**公告することなく、返還することができる**（業法64条の11第１項、４項参照）。よって、本肢は正しく、本問の正解肢となる。

2　誤・・・・・・・・・・・・・・・・・・・・・・・・**重要度　★★★**

　保証協会は、弁済業務保証金分担金の納付を受けたときは、その日から１週間以内に、その納付を受けた額に相当する額の弁済業務保証金を供託しなければならない（業法64条の７第１項）。そして、保証協会は、弁済業務保証金を供託したときは、その供託物受入れの記載のある供託書の写しを添附して、社員たる宅建業者の免許権者に供託した旨を届け出なければならない（業法64条の７第１項、３項、25条４項）。したがって、**弁済業務保証金を供託した旨の届出を行うのは、保証協会であり、Ａではない**。よって、本肢は誤り。

3　誤・・・・・・・・・・・・・・・・・・・・・・・・**重要度　★★★**

　保証協会に加入しようとする者は、その加入しようとする日までに、政令で定める額の弁済業務保証金分担金を当該保証協会に納付しなければならない（業法64条の９第１項１号、施行令７条）。そして、**この納付は金銭でしなければならず、有価証券による納付は認められていない**。よって、本肢は誤り。

4　誤・・・・・・・・・・・・・・・・・・・・・・・・**重要度　★★★**

　保証協会の社員である宅建業者が、保証協会から還付充当金を納付すべき旨の通知を受けた場合、その日から**２週間以内**に、還付充当金を納付しなければ社員の地位を失う（業法64条の10第２項、３項）。「１週間以内」ではない。よって、本肢は誤り。

≪出る順宅建士合格テキスト②　第７章　弁済業務保証金≫

予想正解率　60％

ア　誤・・・・・・・・・・・・・・・・・・・・・・・・・・・・**重要度　★★★**

　宅建業者は、事務所ごとに、一定数の成年者である専任の宅地建物取引士を置かなければならない（業法31条の３第１項）。ここでいう「専任」とは、原則として、宅建業を営む事務所に常勤（宅建業者の通常の勤務時間を勤務することをいう。）して、専ら当該事務所に係る宅建業の業務に従事する状態をいう（解釈・運用の考え方）。したがって、異なる宅建業者の２つの支店における専任の宅地建物取引士となることはできない。よって、本肢は誤り。

イ　誤・・・・・・・・・・・・・・・・・・・・・・・・・・・・**重要度　★★★**

　免許権者に変更が生じる場合は免許換えが必要であるが、国土交通大臣免許の宅建業者が事務所を新設しても免許権者に変更は生じない。したがって、国土交通大臣の免許を受けた宅建業者が事務所を増設しても、免許換えの申請をする必要はない。また、宅地建物取引士も変更の登録を申請する必要はない。よって、本肢は誤り。

ウ　正・・・・・・・・・・・・・・・・・・・・・・・・・・・・**重要度　★★★**

　宅地建物取引士は、その**住所**を変更したとき、遅滞なく、**変更の登録の申請**をしなければならない（業法20条、18条２項）。また、宅地建物取引士は、住所を変更したとき、変更の登録の申請とあわせて、**宅地建物取引士証の書換え交付の申請**をしなければならない（規則14条の13第１項）。よって、本肢は正しい。

> 【実力ＵＰ情報】宅地建物取引士が氏名・住所を変更したときには、変更の登録の申請とあわせて、宅地建物取引士証の書換え交付の申請をしなければならない。

エ　正・・・・・・・・・・・・・・・・・・・・・・・・・・・・**重要度　★★★**

　宅地建物取引士証が交付された後、**登録の移転**があったときは、当該**宅地建物取引士証**は、その**効力を失う**（業法22条の２第４項）。よって、本肢は正しい。

　以上より、正しいものはウとエの二つであり、２が本問の正解肢となる。
　　　　　　　　≪出る順宅建士合格テキスト②　第５章　宅地建物取引士≫

1　正・・・・・・・・・・・・・・・・・・・・・・・・・・・　**重要度　★★★**

　宅建業者は、事務所には従業者名簿を備え付ける必要があるが、**案内所には従業者名簿を備え付ける必要はない**（業法48条3項参照）。よって、本肢は正しい。

2　正・・・・・・・・・・・・・・・・・・・・・・・・・・・　**重要度　★★★**

　宅建業者は、他の宅建業者が行う一団の宅地建物の分譲の代理・媒介を案内所を設置して行う場合、その案内所が契約を締結し、又は申込みを受けるものであるときは、**その案内所について、免許権者及び案内所の所在地を管轄する都道府県知事に対して、届出をする必要がある**（業法50条2項、規則19条3項）。本問では、Aの免許権者及び案内所の所在地を管轄する都道府県知事はともに甲県知事であることから、Aは甲県知事に対して届出をすればよい。よって、本肢は正しい。

> 【実力ＵＰ情報】案内所についての届出は、業務を開始する日の10日前までに行う必要がある。

3　正・・・・・・・・・・・・・・・・・・・・・・・・・・・　**重要度　★★★**

　宅建業者は、一団の宅地建物を分譲する場合、その宅地又は建物の所在する場所に**標識を掲げなければならない**（業法50条1項、規則19条1項2号）。したがって、当該標識を掲示する必要があるのは、Bであり、Aは掲げる必要はない。よって、本肢は正しい。

4　誤・・・・・・・・・・・・・・・・・・・・・・・・・・・　**重要度　★★**

　宅建業者の標識の様式及び記載事項は、**事務所と、契約の締結等を行う**（宅地建物取引士の設置義務のある）**案内所等とでは、別に定められている**（業法50条1項、規則19条2項1号別記様式9号、5号別記様式11号の2）。よって、本肢は誤りであり、本問の正解肢となる。

≪出る順宅建士合格テキスト②　第4章　事務所以外の場所の規制≫

第**44**問　　**重要事項の説明**　　正解**2**　重要度**A**

ア　誤・・・・・・・・・・・・・・・・・・・・・・・・・・・　**重要度　★★★**

　建物の貸借においては、**容積率に関する制限は重要事項として説明する必要はない**（業法35条1項2号、施行令3条3項）。よって、本肢は誤り。

イ　正・・・・・・・・・・・・・・・・・・・・・・・・・・・　**重要度　★★★**

区分所有建物の場合、**専有部分の用途その他の利用の制限に関する規約の定め（案を含む。）があるとき**は、その内容を重要事項として**説明しなければならない**（業法35条1項6号、規則16条の2第3号）。よって、本肢は正しい。

ウ　正・・・・・・・・・・・・・・・・・・・・・・・・・・・・・・・　重要度　★★★

　区分所有建物の場合、**一棟の建物の計画的な維持修繕のための費用の積立てを行う旨の規約の定め（案を含む。）の内容とすでに積み立てられている額は、売買と交換の場合に説明しなければならない**（業法35条1項6号、規則16条の2第6号）。これに対し、**貸借の場合は説明をする必要はない**。よって、本肢は正しい。

> **【実力ＵＰ情報】**売買・交換の場合、案であっても、その内容を説明しなければならない点に注意しよう。

　以上より、正しいものはイ、ウの二つであり、**2**が本問の正解肢となる。
　　　　　　　　　　　≪出る順宅建士合格テキスト②　第10章　重要事項の説明≫

 **第45問**　　**住宅瑕疵担保履行法**　　正解 **3**　　重要度 **A**

　　　　　　　　　　　　　　　　　　　　　　　　　　　予想正解率　60%

1　誤・・・・・・・・・・・・・・・・・・・・・・・・・・・・・・・　重要度　★★

　住宅販売瑕疵担保保証金を供託する場合、販売新築住宅の合計戸数の算定に当たっては、**床面積の合計が55㎡以下の住宅のものは、2戸をもって1戸と数える**ものとする（住宅瑕疵担保履行法11条3項、施行令6条）。100㎡以下ではない。よって、本肢は誤り。

2　誤・・・・・・・・・・・・・・・・・・・・・・・・・・・・・・・　重要度　★★

　住宅瑕疵担保履行法における「新築住宅」とは品確法2条2項に規定する新築住宅をいい、**新たに建設された住宅で、まだ人の居住の用に供したことのないもの（建設工事の完了の日から起算して1年を経過したものを除く。）**をいう（住宅瑕疵担保履行法2条1項、品確法2条2項）。6カ月を経過していても、1年以内であれば含まれる。よって、本肢は誤り。

3　正・・・・・・・・・・・・・・・・・・・・・・・・・・・・・・・　重要度　★★

　住宅瑕疵担保履行法における売主の瑕疵担保責任とは、品確法95条1項の規定による担保の責任をいい、その内容は、**宅建業者でない買主に引き渡した時から10年間、住宅の構造耐力上主要な部分等の瑕疵について、担保の責任を負う**というものである（住宅瑕疵担保履行法2条5項、品確法95条1項）。よって、本肢は正しく、本問の正解肢となる。

4　誤・・・・・・・・・・・・・・・・・・・・・・・・・・・**重要度　★★★**

　宅建業者は、毎年、基準日から３週間を経過する日までの間において、当該基準日前10年間に自ら売主となる売買契約に基づき宅建業者でない買主に引き渡した新築住宅について、当該買主に対する特定住宅販売瑕疵担保責任の履行を確保するため、**住宅販売瑕疵担保保証金の供託**をしていなければならない（住宅瑕疵担保履行法11条１項）。基準日前１年間ではない。よって、本肢は誤り。

≪出る順宅建士合格テキスト②　第13章　自ら売主制限≫

| 第**46**問 | 住宅金融支援機構法 | 正解**4** | 重要度**B** |

予想正解率　60%

1　正・・・・・・・・・・・・・・・・・・・・・・・・・・・**重要度　★★**

　機構は、一定の勤労者で、事業主もしくは**事業主団体から独立行政法人勤労者退職金共済機構の行う住宅資金の貸付けを受けることができない**ものに対し、**住宅資金の貸付け**（勤労者財産形成持家融資）の業務を行う（機構法13条２項６号、勤労者財産形成促進法10条１項、９条１項）。よって、本肢は正しい。

2　正・・・・・・・・・・・・・・・・・・・・・・・・・・・**重要度　★★**

　機構は、**マンションの共用部分の改良に必要な資金の貸付けを行うことができる**（マンション共用部分リフォーム融資、機構法13条１項７号）。よって、本肢は正しい。

┌─────────────────────────────
│**【実力ＵＰ情報】**マンション共用部分リフォーム融資は、マンション管理組合が共用部分の
│リフォーム工事を行うときに、借入れできる融資である。
└─────────────────────────────

3　正・・・・・・・・・・・・・・・・・・・・・・・・・・・**重要度　★★**

　機構は、建築物のエネルギー消費性能の向上等に関する法律に規定する**住宅のエネルギー消費性能の向上**を主たる目的とする住宅の改良に必要な資金の貸付けを行うことができる（機構法13条１項10号）。よって、本肢は正しい。

4　誤・・・・・・・・・・・・・・・・・・・・・・・・・・・**重要度　★★**

　機構は、貸付けを受けた者が、元利金の支払いをすることが著しく困難となった場合には、所定の手続きにより、**貸付条件の変更又は延滞元利金の支払方法の変更をすることができるが、元利金の支払いの免除をすることはできない**（機構業務方法書26条参照）。よって、本肢は誤りであり、本問の正解肢となる。

≪出る順宅建士合格テキスト③　免除科目　第１章　住宅金融支援機構法≫

予想正解率　75%

1　誤・・・・・・・・・・・・・・・・・・・・・・・・・・・・　重要度　★★★

　取引態様は、「売主」、「貸主」、「代理」又は「媒介」(「仲介」)の別をこれらの用語を用いて**表示しなければならない**(表示規約15条1号、規則9条1号)。そして、取引態様については、事実に相違する表示又は実際のものもしくは競争事業者に係るものよりも優良もしくは有利であると誤認されるおそれのある表示をしてはならない(表示規約23条1項1号)。したがって、どの物件がどの取引態様かを明示しなければ、不当表示に問われることがある。よって、本肢は誤り。

2　正・・・・・・・・・・・・・・・・・・・・・・・・・・・・　重要度　★★★

　事業者は、継続して物件に関する広告その他の表示をする場合において、当該広告その他の**表示の内容に変更があったときは、速やかに修正し、又はその表示を取りやめなければならない**(表示規約24条1項)。そして、売却済みの古い物件情報が消除されないまま掲載がされていた場合、実際には取引の対象となりえない物件について、取引できると誤認されるおそれのある表示として、不当表示となるおそれがある(表示規約21条2号)。よって、本肢は正しく、本問の正解肢となる。

3　誤・・・・・・・・・・・・・・・・・・・・・・・・・・・・　重要度　★★

　建物の増築、改築、改装又は改修したことを表示する場合は、その**内容及び時期を明示**しなければならない(表示規約15条7号、規則9条21号)。この規制は表示する場合についての規制であり、増築等がなされたものであることについての表示を義務付けるものではない。また、他に当該表示を義務付ける規定も存在しない。よって、「改装済みである旨を必ず表示しなければならない」とする本肢は誤り。

4　誤・・・・・・・・・・・・・・・・・・・・・・・・・・・・　重要度　★★

　宅地又は建物の写真は、取引するものの写真を用いて表示しなければならない。ただし、取引しようとする建物が建築工事の完了前である等その建物の写真を用いることができない事情がある場合においては、**取引しようとする建物と構造、階数、仕様が同一の他の建物の外観写真を、他の建物のものである旨を写真に接する位置に明示**することによって用いることができる(表示規約15条8号、規則9条22号ア)。構造、階数、仕様が同一でなければならない。よって、本肢は誤り。

≪出る順宅建士合格テキスト③　免除科目　第3章　不当景品類及び不当表示防止法≫

第 **48** 問　　不動産の需給・統計　　　正解 **①**　重要度 **B**

1　正 ・・・・・・・・・・・・・・・・・・・・・・ **重要度　★★★**

　建築着工統計調査報告（令和5年計。令和6年1月公表）によれば、令和5年の**持家の新設住宅着工戸数**は224,352戸（前年比11.4%減）となっており、**2年連続の減少**となった。よって、本肢は正しく、本問の正解肢となる。

2　誤 ・・・・・・・・・・・・・・・・・・・・・・ **重要度　★★**

　年次別法人企業統計調査（令和4年度。令和5年9月公表）によれば、令和4年度における不動産業の**売上高経常利益率**は12.8%であり、**前年度（12.5%）と比べて増加**し、全産業の売上高経常利益率（6.0%）よりも高くなっている。よって、本肢は誤り。

3　誤 ・・・・・・・・・・・・・・・・・・・・・・ **重要度　★★**

　令和4年度宅地建物取引業法の施行状況調査（令和5年10月公表）によれば、令和5年3月末（令和4年度末）における宅建業者の全事業者数は129,604業者であり、**10万業者を上回り、9年連続で増加**となった。よって、本肢は誤り。

> **【実力UP情報】**令和4年度の宅建業者に対する監督処分の件数は139件（免許取消63件、業務停止38件、指示38件）であった。

4　誤 ・・・・・・・・・・・・・・・・・・・・・・ **重要度　★★★**

　令和6年地価公示（令和6年3月公表）によれば、令和5年1月以降の1年間の地価変動率は、**地方圏平均**での**全用途平均・商業地**はそれぞれ1.3%増、1.5%増であり、ともに3年連続の上昇となった。よって、本肢は誤り。

　　　　≪出る順宅建士合格テキスト③　免除科目　第2章　不動産の需給・統計≫

第49問　土地　正解②　重要度 B

1　適当 ・・・・・・・・・・・・・・・・・・・ **重要度　★★**

　三角州は、河川の運搬した土砂が河口付近に沈積して形成された堆積面であり、細砂、泥質土ででき、傾斜はごく緩やかであり、**自然状態では排水が悪く、土地は極めて低湿**である。よって、本肢は適当である。

> **【解法の視点】**土地が低湿とは、土地が低く、湿り気が多いことである。

2　最も不適当 ・・・・・・・・・・・・・・・・ **重要度　★★**

　切土斜面は、盛土斜面よりも安定している。しかし、**切土によって地盤のバランス**

が崩れる結果、時間の経過とともに、**地すべりや土砂崩れが起こりやすくなる**場合もある。したがって、切土掘削直後の斜面安定が確認できたとしても、以後も安心できるわけではない。よって、本肢は最も不適当であり、本問の正解肢となる。

3 適当・・・・・・・・・・・・・・・・・・・・・・・・ **重要度 ★★**

建物の基礎の支持力は、**粘土地盤よりも小礫などで構成される砂礫地盤の方が発揮されやすい**。よって、本肢は適当である。

4 適当・・・・・・・・・・・・・・・・・・・・・・・・ **重要度 ★★**

天井川は、河床の砂礫堆積の進行により、**河床面が周辺地域より高い河川**である。平地の土地利用の発展に伴い堤防による河道の固定化が進み、砂礫の堆積を増長して河床が高くなり、結果的に氾濫の危険が増大することから**堤防のかさ上げが行われる**ことにより、**周辺地域より高い河床を持つ天井川が形成**される。よって、本肢は適当である。

> 【実力ＵＰ情報】「河床（かしょう）」とは、川の底の地盤のことをいう。「氾濫（はんらん）」とは、河川の水が堤防からあふれ出ることをいう。

≪出る順宅建士合格テキスト③　免除科目　第４章　土地≫

 **第50問** | **建物** | **正解④** | **重要度 B**

予想正解率　60%

1 適当・・・・・・・・・・・・・・・・・・・・・・・・ **重要度 ★★**

免震構造は、一般に、建物の下部構造と上部構造との間に積層ゴムなどを設置して、建物に揺れを伝わりにくくし、**地震による揺れを減らす構造**である。よって、本肢は適当である。

> 【実力ＵＰ情報】制震構造は、建物の骨組み（ブレースなど）に制震ダンパーなどを設置して、建物に伝わった揺れを吸収し、地震による揺れを制御する構造である。耐震構造とは、建物自体の剛性を高めて地震に対応する構造をいう。

2 適当・・・・・・・・・・・・・・・・・・・・・・・・ **重要度 ★★**

ラーメン構造は、柱と梁といった部材の各接点が剛に接合されて一体となった骨組みによる構造をいう。この骨組みは、**柱と梁を組み合わせて直方体を形成**することとなる。よって、本肢は適当である。

> 【解法の視点】ラーメン構造は、太い柱や梁で建物を支えているので、住戸内の壁で建物を支える必要がなく、リフォームで間仕切り壁を動かすことが比較的しやすい。
> 【実力ＵＰ情報】ラーメン構造は、主として曲げで外力に抵抗する構造である。ラーメンと

はドイツ語で「枠」のことである。

3　適当・・・・・・・・・・・・・・・・・・・・・・・・・・・　**重要度　★★**

給気口は居室の天井の高さの２分の１以下の高さの位置に設け、**排気口**は**給気口**よりも**高い位置**に設けなければならない（建基法施行令129条の２の５第１項２号、３号）。よって、本肢は適当である。

4　最も不適当・・・・・・・・・・・・・・・・・・・・・　**重要度　★**

モルタルは、一般に**セメントと砂**を混ぜ、水で練ったものであって、砂利を混ぜたものではない。よって、本肢は最も不適当であり、本問の正解肢となる。

【**実力ＵＰ情報**】コンクリートは、セメントと砂と砂利を混ぜ、水で練ったものをいう。なお、セメントと砂と砂利の割合は１：３：６が一般的である。

≪出る順宅建士合格テキスト③　免除科目　第５章　建物≫

第3回 解答・解説

第3回　解答一覧

番号	正解	自己採点	出題項目	番号	正解	自己採点	出題項目
問 1	4		意思表示	問 26	2		広告等に関する規制
問 2	3		時効	問 27	3		重要事項の説明
問 3	1		代理	問 28	1		営業保証金
問 4	2		民法総合	問 29	4		その他の業務上の規制
問 5	3		弁済	問 30	2		事務所以外の場所の規制
問 6	2		契約不適合責任	問 31	1		宅地建物取引業の意味
問 7	2		抵当権	問 32	4		宅地建物取引士
問 8	4		保証・連帯債務	問 33	1		３７条書面
問 9	1		民法総合	問 34	1		監督・罰則
問 10	2		相続	問 35	2		宅地建物取引士
問 11	3		借地借家法（借地）	問 36	2		自ら売主制限
問 12	1		借地借家法（借家）	問 37	4		媒介・代理契約
問 13	3		建物区分所有法	問 38	3		３５条書面・３７条書面
問 14	4		不動産登記法	問 39	4		免許（免許の基準）
問 15	1		都市計画法（都市計画の内容）	問 40	4		弁済業務保証金
問 16	1		都市計画法（開発行為の規制等）	問 41	4		自ら売主制限（損害賠償額の予定等の制限）
問 17	4		建築基準法総合	問 42	3		報酬額の制限
問 18	3		建築基準法（防火・準防火地域内の建築制限）	問 43	4		重要事項の説明
問 19	4		盛土規制法	問 44	1		媒介・代理契約
問 20	2		農地法	問 45	4		自ら売主制限（住宅瑕疵担保履行法）
問 21	2		土地区画整理法	問 46	4		住宅金融支援機構法
問 22	1		その他法令上の制限	問 47	1		不当景品類及び不当表示防止法
問 23	3		所得税（譲渡所得）	問 48	3		不動産の需給・統計
問 24	3		固定資産税	問 49	2		土地
問 25	2		地価公示法	問 50	1		建物

予想正解率　60%

1　誤・・・・・・・・・・・・・・・・・・・・・・・・・・・・・**重要度　★★**

　虚偽表示による意思表示は無効であるが、この無効を善意の第三者に対抗することはできない（民法94条１項、２項）。そして、虚偽表示によって仮装譲渡された目的物を差し押さえた仮装譲受人の一般債権者も、この場合の「第三者」にあたる（判例）。したがって、甲土地を差し押さえたＢの一般債権者Ｃが善意である以上、Ａは、Ｃに対し、甲土地の所有権を対抗することができない。よって、本肢は誤り。

2　誤・・・・・・・・・・・・・・・・・・・・・・・・・・・・・**重要度　★**

　土地の仮装譲受人が土地上に建物を建築してこれを他人に賃貸した場合、その建物賃借人は、土地の仮装譲渡に関して「第三者」にはあたらない（民法94条２項、判例）。建物の賃借人は、仮装譲渡された土地については法律上の利害関係を有しないからである。したがって、Ｄは、善意であっても「第三者」にあたらないから、Ａは、Ｄに対し、甲土地の所有権を対抗することができる。よって、本肢は誤り。

　┌─────────────────────────────────────┐
　│【講師からのアドバイス】本肢については、単純に「土地所有権の対抗の可否」だけを意識　│
　│してほしい。「Ｄの保護はどうなるのだろう。」等を考えると混乱する。Ｄは、債務不履行等　│
　│の様々な根拠からＢに対して責任追及をすることが可能なので、泣き寝入りにはならない。　│
　└─────────────────────────────────────┘

3　誤・・・・・・・・・・・・・・・・・・・・・・・・・・・・・**重要度　★**

　仮装譲渡の買主がその目的物について第三者と売買予約を締結した場合に、その第三者が善意であるかどうかは、予約成立の時ではなく、予約完結権の行使により売買契約が成立した時を基準とする（判例）。Ｅは予約完結権を行使した時に悪意である以上、悪意の第三者と扱われる。したがって、Ａは、Ｅに対して、甲土地の所有権を対抗することができる。よって、本肢は誤り。

4　正・・・・・・・・・・・・・・・・・・・・・・・・・・・・・**重要度　★★★**

　虚偽表示の無効は、善意の第三者に対抗することができないが、この「第三者」には、転得者も含まれる（判例）。したがって、転得者Ｇが善意である以上、Ａは、Ｇに対して、甲土地の所有権を対抗することができない。よって、本肢は正しく、本問の正解肢となる。

　┌─────────────────────────────────────┐
　│【実力ＵＰ情報】第三者と転得者の両者又はどちらかが善意ならば転得者は保護される。転　│
　│得者が保護されないのは、第三者と転得者の両者が悪意のときである。　│
　└─────────────────────────────────────┘

≪出る順宅建士合格テキスト①　第１章　意思表示≫

予想正解率　**75%**

1　正・・・・・・・・・・・・・・・・・・・・・・・・・・ **重要度　★★★**

　裁判上の請求をした場合において、確定判決によって権利が確定したときは、時効は、その時から新たにその進行を始める（時効の更新　民法147条1項1号、2項）。よって、本肢は正しい。

2　正・・・・・・・・・・・・・・・・・・・・・・・・・・ **重要度　★★★**

　催告があったときは、その時から6カ月を経過するまでの間は、時効は、完成しない（時効の完成猶予　民法150条）。本肢の内容証明郵便による支払いの請求は、催告にあたる。あくまでも6カ月間時効の完成が猶予されるに留まり、消滅時効が新たな進行を始めるものではない。よって、本肢は正しい。

> **【講師からのアドバイス】**完成猶予は「一時停止」、更新は「リセット」というイメージである。

3　誤・・・・・・・・・・・・・・・・・・・・・・・・・・ **重要度　★★★**

　裁判上の請求を提起した場合において、確定判決又は確定判決と同一の効力を有するものによって**権利が確定することなくその事由が終了**した場合にあっては、その終了の時から**6カ月を経過するまでの間は、時効は完成しない**（時効の完成猶予　民法147条1項かっこ書き）。したがって、本肢のように、請求中に当初の時効期間を経過した場合に請求を取り下げたとしても、当該取下げの時から6カ月間は、時効は完成しないこととなる。よって、本肢は誤りであり、本問の正解肢となる。

> **【解法の視点】**取り下げているとはいえ、いきなり時効が完成したら不都合が生ずるのではないかと考えるとよいだろう。

4　正・・・・・・・・・・・・・・・・・・・・・・・・・・ **重要度　★★★**

　権利の**承認**があったときは、時効は、その時から**新たにその進行を始める**（時効の更新、民法152条1項）。これは、裁判外の承認でも同様である。よって、本肢は正しい。

≪出る順宅建士合格テキスト①　第3章　時効≫

1　正 ・・・・・・・・・・・・・・・・・・・・・・・・・・・・　重要度　★★

　代理人がだまされた場合、詐欺による取消権は原則として本人が取得し、本人が契約を取り消すことができる。しかし、特定の法律行為を委託された代理人がその行為をした場合、**本人は、自己が知っていた事情につき代理人が知らなかったことを主張できない**（民法101条3項前段）。したがって、本人Bが、代理人Aがだまされたことを知っていた場合は、その契約を取り消すことができない。よって、本肢は正しく、本問の正解肢となる。

2　誤 ・・・・・・・・・・・・・・・・・・・・・・・・・・・・　重要度　★★★

　制限行為能力者が代理人としてした行為は、行為能力の制限によっては取り消すことができない（民法102条本文）。したがって、未成年者が代理行為をする場合は、法定代理人（親権者など）の同意を必要としないから、本人Bが、親権者の同意がないことを理由として、Aの締結した契約を取り消すことはできない。よって、本肢は誤り。

> 【**実力ＵＰ情報**】たとえば被保佐人である親が未成年者である子の代理人として建物を売却した場合のように、制限行為能力者が他の制限行為能力者の法定代理人としてした行為は取り消すことができる。この例でいえば、親は自らが被保佐人であることを理由に、建物の売却を取り消すことができる。

3　誤 ・・・・・・・・・・・・・・・・・・・・・・・・・・・・　重要度　★★★

　代理人が、本人のためにすることを示さないでした意思表示は、原則として、自己（代理人）のためにしたものとみなされる（民法100条本文）。例外として、**相手方が、代理人が本人のためにすることを知り、又は知ることができたときは、本人にその効力が生ずる**（民法100条但書、99条1項）。よって、本人Bに契約の効力が生ずることはないとする本肢は誤り。

> 【**講師からのアドバイス**】代理人が顕名をしなかった場合である。この場合、相手方が悪意又は過失がある場合は契約が有効となるとイメージすればよい。

4　誤 ・・・・・・・・・・・・・・・・・・・・・・・・・・・・　重要度　★★★

　代理人が、同時に相手方の代理人にもなることは双方代理であり、原則として無権代理となる（民法108条1項本文）。しかし、双方代理も、あらかじめ**本人及び相手方の許諾（同意）があれば有効な代理行為となる**（民法108条1項但書）。したがって、Aは、Cの同意だけでは足りず、Bの同意もなければ、Cの代理人になることはできない。よって、本肢は誤り。

> 【**解法の視点**】自己契約と異なり、双方代理の場合、本人は2人いることに注意しよう。この2人の許諾が必要ということである。

≪出る順宅建士合格テキスト①　第4章　代理≫

第 ④ 問　　　　　民法総合　　　　　正解 ②  重要度 Ｃ

予想正解率　40％未満

ア 誤・・・・・・・・・・・・・・・・・・・・・・・・・・ **重要度　★**

　当事者双方の責めに帰することができない事由によって債務を履行することができなくなったときは、債権者は、反対給付の**履行を拒むことができる**（危険負担、民法536条１項）。したがって、Ａは、代金を支払う必要はない。よって、本肢は誤り。

イ 正・・・・・・・・・・・・・・・・・・・・・・・・・・ **重要度　★★**

　買い受けた不動産について契約の内容に適合しない抵当権の登記があるときは、買主は、抵当権消滅請求の手続が終わるまで、その**代金の支払を拒むことができる**（民法577条１項前段）。よって、本肢は正しい。

ウ 正・・・・・・・・・・・・・・・・・・・・・・・・・・ **重要度　★★**

　本問における目的物引渡債務と代金支払債務とは**同時履行の関係**にある。この場合、相手方の債務不履行（履行遅滞）責任を追及するためには、**自己の債務の履行の提供**をしていなければならない。したがって、Ａは、代金支払の提供をしなければ、催告をしたとしても契約の解除をすることはできない。よって、本肢は正しい。

> **【解法の視点】**同時履行の場合、自己の債務の履行を提供しなければ、そもそも相手方は履行遅滞とならないのである。

エ 誤・・・・・・・・・・・・・・・・・・・・・・・・・・ **重要度　★★**

　売買契約が解除された場合、両当事者は原状回復義務を負う（民法545条１項本文）。この場合、**金銭を返還するときは、その受領の時からの利息**を付さなければならない（民法545条２項）。解除の時からではない。よって、本肢は誤り。

　以上より、正しいものはイとウの二つであり、２が本問の正解肢となる。
≪出る順宅建士合格テキスト①　第５章　債務不履行・解除≫
≪出る順宅建士合格テキスト①　第６章　危険負担≫

第 ⑤ 問　　　　　　弁済　　　　　　正解 ③  重要度 Ｂ

予想正解率　60％

1 誤・・・・・・・・・・・・・・・・・・・・・・・・・・ **重要度　★★★**

取引上の社会通念に照らして受領権者としての外観を有する者に対して弁済した場合、その者に受領権限がなくても、弁済者が、その者に受領権限がないことにつき**善意であり、かつ、過失がないときは有効となる**（民法478条）。そして、受取証書（領収証）の持参人は、取引上の社会通念に照らして受領権者としての外観を有する者にあたるものの、**善意というだけでは、弁済は有効とはならない**。したがって、Bは債務を免れることにはならない。よって、本肢は誤り。

2　誤・・・・・・・・・・・・・・・・・・・・・・・・・・・・・**重要度　★★**

弁済をするについて**正当な利益を有する者でない第三者**は、原則として**債権者の意思に反して弁済をすることができない**（民法474条3項）。よって、本肢は誤り。

> 【講師からのアドバイス】弁済をするについて正当な利益を有する者でない第三者は、「債務者」の意思に反する場合も、原則として弁済をすることはできないが、本肢は「債権者」の意思に反する場合である。早とちりがあった方は注意しよう。

3　正・・・・・・・・・・・・・・・・・・・・・・・・・・・・・**重要度　★★**

弁済をするについて**正当な利益を有する者**は、弁済によって**当然に債権者に代位する**（民法499条、500条かっこ書）。そして、**連帯保証人は、弁済をするについて正当な利益を有する**（判例）。したがって、連帯保証人Dは、弁済により、当然にAに代位し、Aの抵当権を行使することができる。よって、本肢は正しく、本問の正解肢となる。

> 【実力ＵＰ情報】弁済をするについて正当な利益を有する者とは、保証人、連帯保証人、物上保証人、抵当不動産の第三取得者などである。

4　誤・・・・・・・・・・・・・・・・・・・・・・・・・・・・・**重要度　★**

弁済した額が、元本、利息、費用の全部を消滅させるのに足りないときは、順次に**費用、利息及び元本の順に充当しなければならない**（民法489条1項）。元本、利息、費用の順ではない。よって、本肢は誤り。

《出る順宅建士合格テキスト①　第7章　弁済》

 第**6**問　契約不適合責任　正解**2**　重要度**A**

予想正解率　85%以上

1　誤・・・・・・・・・・・・・・・・・・・・・・・・・・・・・**重要度　★★★**

引き渡された目的物が種類、品質又は数量に関して契約の内容に適合しないものであるときは、買主は、売主に対し、目的物の修補、代替物の引渡し又は不足分の引渡しによる履行の追完を請求することができる。**この請求は、売主の帰責性の有無を問わず可能である**（民法562条参照）。よって、本肢は誤り。

2　正 ‥‥‥‥‥‥‥‥‥‥‥‥‥‥‥‥‥‥‥ **重要度　★★★**

　買主は、肢1で述べた通り履行の追完を請求することができるが、この場合、売主は、**買主に不相当な負担を課するものでないときは、買主が請求した方法と異なる方法による履行の追完をすることができる**（民法562条1項但書）。よって、本肢は正しく、本問の正解肢となる。

3　誤 ‥‥‥‥‥‥‥‥‥‥‥‥‥‥‥‥‥‥‥ **重要度　★★★**

　買主は、肢1で述べた通り履行の追完を請求することができる。そして、買主が相当の期間を定めて履行の追完の催告をしたにもかかわらず、その期間内に**履行の追完がないときは、買主は、その不適合の程度に応じて代金の減額を請求することができる**（民法563条1項）。原則的には先に履行の追完請求がなされなければならず、直ちに代金減額請求をすることは許されない。よって、本肢は誤り。

> 【実力ＵＰ情報】「履行の追完が不能であるとき」や「売主が履行の追完を拒絶する意思を明確に表示したとき」など一定の場合には、買主は、催告をすることなく、直ちに代金の減額を請求することができる（民法563条2項）。

4　誤 ‥‥‥‥‥‥‥‥‥‥‥‥‥‥‥‥‥‥‥ **重要度　★★★**

　買主は、肢1で述べた通り履行の追完を請求することができるが、この場合、買主がその不適合を**知った時から1年以内にその旨を売主に通知**しないときは、買主は、その不適合を理由として、履行の追完その他売主の契約不適合責任を追及することができない。ただし、**売主が引渡しの時にその不適合を知り、又は重大な過失によって知らなかったときは、この限りでない**（民法566条但書）。よって、本肢は誤り。

> 【講師からのアドバイス】売主が引渡しの時にその不適合を知り、又は重大な過失によって知らなかった場合は、買主は、当該不適合を知った時から1年以内にその旨を通知しなかったとしても追完請求をすることはできる。ただし、通常の消滅時効の適用はあるので、この請求権は、行使することができることを知った時から5年間、又は権利を行使することができる時から10年間を経過すると、時効により消滅する（民法166条1項）。

《出る順宅建士合格テキスト①　第8章　契約不適合責任》

| 第**⑦**問 | 抵当権 | 正解**❷** | 重要度**Ⓑ** |

予想正解率　40%未満

> 【解法の視点】法定地上権の成立要件は、①抵当権設定時に土地の上に建物が存在すること、②抵当権設定時に土地と建物が同一人に帰属していること、③土地と建物の一方又は双方に抵当権が設定されていること、④競売の結果、土地と建物の所有者が別々になることの4つであり、この要件をすべて満たしたときに法定地上権が成立する（民法388条、判例）。そして本問は、②の要件に関する判決文である。

100

東京リーガルマインド 2024 年版　出る順宅建士　当たる！　直前予想模試　第3回　解説

1　誤 ・・・・・・・・・・・・・・・・・・・・・・・・・・・・　<u>重要度　★★</u>

　判決文は、「（先順位抵当権が解除により消滅した場合、）甲抵当権の設定時には同一の所有者に属していなかったとしても、乙抵当権の設定時に同一の所有者に属していたときは、法定地上権が成立する」とする。つまり、**先順位抵当権が解除により消滅**した場合、上記の解法の視点②の要件は、**後順位抵当権設定時を基準とする**という意味である。よって、「法定地上権の成否を判断する基準時は、常に先順位抵当権設定時」とする本肢は誤り。

2　正 ・・・・・・・・・・・・・・・・・・・・・・・・・・・・　<u>重要度　★★</u>

　判決文は、**先順位抵当権の消滅後に後順位抵当権が実行された場合**、先順位抵当権設定時には土地と建物の所有者が別人であっても、**後順位抵当権設定時には土地と建物が同一人に帰属**していたときは、**法定地上権が成立する**としている。よって、本肢は正しく、本問の正解肢となる。

3　誤 ・・・・・・・・・・・・・・・・・・・・・・・・・・・・　<u>重要度　★★</u>

　抵当権設定時に土地と建物が同一人に帰属していない場合は、上記の解法の視点②の要件を欠くことから法定地上権は成立しない。しかし、判決文は、**先順位抵当権が消滅**した場合、**後順位抵当権設定時に同一の所有者に属していたときは法定地上権が成立する**としている。よって、本肢は誤り。

4　誤 ・・・・・・・・・・・・・・・・・・・・・・・・・・・・　<u>重要度　★★</u>

　民法の規定は、上記の解法の視点②の要件のように、抵当権設定時に**土地と建物が同一人に帰属**している必要があるとする。また、判決文も、**先順位抵当権が設定契約の解除により消滅した後**に後順位抵当権が実行されている場合において「**後順位抵当権設定時に同一の所有者**に属していたときは、**法定地上権が成立する**」としており、抵当権設定時に土地と建物が同一人に帰属していることを要件としている。よって、本肢は誤り。

≪出る順宅建士合格テキスト①　第12章　抵当権≫

 保証・連帯債務 　正解 **4**　

予想正解率　75%

1　誤 ・・・・・・・・・・・・・・・・・・・・・・・・・・・・　<u>重要度　★★★</u>

　主たる債務者が債務を承認して時効が更新すると、保証債務の付従性により、連帯保証債務の時効も更新する（民法457条１項、判例）。したがって、Ｂが債務を承認して時効が更新すると、Ａの連帯保証債務についても時効が更新する。よって、本肢は誤り。なお、債務の承認には絶対効が認められていないから（民法458条、441条本文）、連帯保証人Ａが債務を承認して時効が更新しても、Ｂの主たる債務の時効は更新しないとする点は正しい。

2　誤・・・・・・・・・・・・・・・・・・・・・・・・・・・・・　**重要度　★★**

　保証人（Ａ）は、主たる債務者（Ｂ）の債権による相殺権の行使によって主たる債務者が債務を免れるべき限度において、債権者に対して債務の**履行を拒むことができる**から、Ａは、その債権による相殺権の行使によって、Ｂが債務を免れるべき限度において債務の履行を拒むことができる（民法457条３項）。一方、**主たる債務者（Ｂ）は、保証人（Ａ）の債権による相殺権**の行使によって保証人が債務を免れるべき限度において、債権者に対して債務の**履行を拒むことはできない**（民法457条３項、458条参照）。したがって、Ｂは、Ａの債権による相殺権の行使によって、Ａが債務を免れるべき限度において債務の履行を拒むことができない。本肢は結論が逆である。よって、本肢は誤り。

3　誤・・・・・・・・・・・・・・・・・・・・・・・・・・・・・　**重要度　★★**

　混同には絶対効が認められているので、連帯保証人に混同が生じて連帯保証債務が消滅すると、主たる債務も消滅する（民法458条、440条）。したがって、**ＡがＣを相続して混同により連帯保証債務が消滅すると、Ｂの主たる債務も消滅する**。よって、本肢は誤り。なお、主たる債務者に混同が生じて債務が消滅すると、保証債務の付従性により、連帯保証債務も消滅するから、Ａの連帯保証債務も消滅するとする点は正しい。

> 【解法の視点】債権の混同とは、債務者が債権者を相続した場合のように、債権と債務が同一人に帰属することをいう。この場合、債権は存在意義を失い、原則として消滅する。

4　正・・・・・・・・・・・・・・・・・・・・・・・・・・・・・　**重要度　★★★**

　主たる債務が時効により消滅すると、保証債務の付従性により、**連帯保証債務も消滅する**（民法457条１項）。したがって、Ｂの債務について消滅時効が完成して債務が消滅すると、Ａの連帯保証債務も消滅する。しかし、連帯保証債務について、時効の完成には絶対効が認められていないので、**連帯保証債務の消滅時効が完成して債務が消滅しても、主たる債務は消滅しない**（民法458条、441条本文）。したがって、Ａの連帯保証債務について消滅時効が完成しても、Ｂの債務は消滅しない。よって、本肢は正しく、本問の正解肢となる。

> 【実力ＵＰ情報】連帯保証債務については、弁済（履行）、相殺、更改、混同に絶対効が認められている。

≪出る順宅建士合格テキスト①　第13章　保証・連帯債務≫

 | 第**9**問 | 民法総合 | 正解**1** | 重要度**C**

予想正解率　40％未満

1　誤・・・・・・・・・・・・・・・・・・・・・・・・・・・・・　**重要度　★★**

賃借人は、賃貸人の承諾を得なければ、賃借権の譲渡又は賃借物の転貸をすることができない（民法612条１項）。そして、賃借人が賃貸人の承諾を得ないで賃借権を譲渡して第三者に賃借物の使用又は収益をさせたときは、賃貸人は、**契約の解除をすることができる**（民法612条２項）。賃借人が賃貸人の承諾なしに賃借権を譲渡するだけで、賃貸借契約が終了するわけではない。よって、本肢は誤りであり、本問の正解肢となる。

> 【実力ＵＰ情報】賃借権の無断譲渡、賃借物の無断転貸をして、第三者に賃借物の使用収益をさせた場合であっても、賃貸人に対する背信的行為と認めるに足りない特段の事情があるときは、賃貸人は、賃貸借契約を解除することができない。

2 正・・・・・・・・・・・・・・・・・・・・・・・・・・・・・ **重要度 ★**

使用貸借は、**借主の死亡によって終了する**（民法597条３項）。したがって、借主が死亡すれば、使用貸借は当然に終了する。よって、本肢は正しい。

3 正・・・・・・・・・・・・・・・・・・・・・・・・・・・・・ **重要度 ★**

注文者が破産手続開始の決定を受けたときは、請負人又は破産管財人は、**契約の解除をすることができる**（民法642条１項本文）。ただし、**注文者が破産手続開始の決定を受けたことを理由とする請負人による契約の解除**については、仕事を完成した後はすることができない（民法642条１項但書）。よって、本肢は正しい。

4 正・・・・・・・・・・・・・・・・・・・・・・・・・・・・・ **重要度 ★**

当事者が寄託物の返還の時期を定めたときであっても、**寄託者は、いつでもその返還を請求することができる**（民法662条１項）。よって、本肢は正しい。

> 【実力ＵＰ情報】返還の時期の定めがあるときは、受寄者は、やむを得ない事由がなければ、その期限前に返還をすることができない。

≪出る順宅建士合格テキスト①　第16章　賃貸借≫
≪出る順宅建士合格テキスト①　第25章　使用貸借≫
≪以上　出る順宅建士合格テキスト①　第20章　請負≫
≪出る順宅建士合格テキスト①　第25章　寄託≫

第 10 問　　　　　　**相続**　　　　　　　正解 **2**　　重要度 **A**

予想正解率　50%

1 誤・・・・・・・・・・・・・・・・・・・・・・・・・・・ **重要度 ★★**

相続は死亡によって開始するから、DがAと**同時に死亡**すると、死亡者相互間に相続は起こらない。しかし、代襲相続は起こる（民法882条、887条２項）。したがって、本肢の場合はEとFが相続人となり、それぞれの相続分は２分の１となる。よって、

本肢は誤り。

2 正 ・・・・・・・・・・・・・・・・・・・・・・・・・ 重要度 ★★★

　相続の放棄は、代襲相続の原因とはならない（民法887条2項）。したがって、Dが相続を放棄すると、Dの子Fは相続人とならず、本肢の場合はEが単独で相続する。よって、本肢は正しく、本問の正解肢となる。

> 【解法の視点】相続放棄は、代襲相続の原因とならない。この知識は、確実にしておこう。

3 誤 ・・・・・・・・・・・・・・・・・・・・・・・・・ 重要度 ★★

　相続人となる「配偶者」とは、**法的な婚姻関係にある者**をいう（民法890条）。したがって、内縁の妻であるBが相続人となることはない。よって、本肢は誤り。なお、肢2で述べたように、相続を放棄したDの子Fが相続人とならないとする点は正しい。

4 誤 ・・・・・・・・・・・・・・・・・・・・・・・・・ 重要度 ★★

　DとEが相続を放棄すると、Dの子Fには**代襲相続権が認められない**から、Aの妹が相続人となる（民法889条1項2号）。しかし、Aの妹はAの死亡前に死亡しているから、この場合は**その子Gが代襲相続する**（民法889条2項、887条2項）。よって、本肢は誤り。

> 【実力ＵＰ情報】兄弟姉妹の場合、その子は代襲相続することができるが、さらに子の子（孫）が再代襲相続することは認められない。

≪出る順宅建士合格テキスト① 第9章 相続≫

第11問 借地借家法（借地） 正解❸ 重要度Ⓐ

予想正解率 75%

1 正 ・・・・・・・・・・・・・・・・・・・・・・・・・ 重要度 ★★

　借地権は、その登記がなくても、**借地上に借地権者名義の登記ある建物を所有すれ**ば、第三者に対抗することができる（借地借家法10条1項）。そして、この登記は表示に関する登記でもよい（判例）。よって、本肢は正しい。

> 【解法の視点】借地の場合の対抗要件は、借地権の登記をすること又は借地権者名義の登記
> （表示の登記でもよい）ある建物を所有することである。

2 正 ・・・・・・・・・・・・・・・・・・・・・・・・・ 重要度 ★★★

　肢1で述べたように、借地権は、その登記を備えるか、又は借地上に借地権者名義の登記ある建物を所有しなければ、第三者に対抗できない。**このことは、定期借地権であっても同様である**。したがって、Aは、乙建物について登記をしていなければ、

借地権をCに対抗することはできない。よって、本肢は正しい。

3　誤・・・・・・・・・・・・・・・・・・・・・・・・　**重要度　★★★**

　　肢1で述べたように、借地上に借地権者名義の登記ある建物を所有すれば、第三者に対抗できるが、**借地上の建物登記は、借地権者本人の名義でなければならない**（判例）。したがって、乙建物についてAの長男D名義の所有権保存登記であるため、Aは、借地権をCに対抗することはできない。よって、本肢は誤りであり、本問の正解肢となる。

4　正・・・・・・・・・・・・・・・・・・・・・・・・　**重要度　★★★**

　　本肢のような**明認方法**（めいにんほうほう）による対抗力が認められるのは、**借地上の建物に借地権者名義の登記がされていた場合に限られる**（借地借家法10条1項、2項本文）。したがって、Aは、乙建物の登記をしていないので、たとえ掲示をしていても借地権をCに対抗することはできない。よって、本肢は正しい。

> 　**【実力UP情報】**明認方法とは、①建物を特定するために必要な事項、②滅失があった日、③建物を新たに築造する旨を、土地の見やすい場所に掲示することである。この場合、借地権者は建物の滅失があった日から2年まで借地権を対抗することができる。

≪出る順宅建士合格テキスト①　第18章　借地借家法②≫

第12問　借地借家法（借家）　正解 ❶　重要度 Ⓐ

予想正解率　75%

1　誤・・・・・・・・・・・・・・・・・・・・・・・・　**重要度　★★★**

　　建物の賃貸借には賃貸人の承諾に代わる裁判所の許可という制度はない。よって、本肢は誤りであり、本問の正解肢となる。なお、**土地賃借人が借地上の建物を第三者に譲渡**しようとする場合において、借地権設定者（賃貸人）が土地の賃借権の譲渡又は転貸について承諾しないとき、裁判所は借地権設定者の**承諾に代わる許可を与える**ことができる（借地借家法19条1項）。

> 　**【講師からのアドバイス】**土地か建物かで結論が変わる。注意しよう。

2　正・・・・・・・・・・・・・・・・・・・・・・・・　**重要度　★★★**

　　期間を**1年未満**とする建物の賃貸借は、**期間の定めがない建物の賃貸借**とみなされる（借地借家法29条1項）。よって、本肢は正しい。

3　正・・・・・・・・・・・・・・・・・・・・・・・・　**重要度　★★**

　　借地権の存続期間の満了により、借地上の建物の賃借人が土地を明け渡すべき場合は、建物の賃借人は、期間満了をその**1年前**までに知らなかったときに限り、裁

判所に対して土地の**明渡しの猶予を請求することができる**（借地借家法35条1項）。したがって、Bは期間満了を1年前までに知らなかったので、裁判所に明渡しの猶予の請求ができる。よって、本肢は正しい。

4　正・・・・・・・・・・・・・・・・・・・・・・・・・・・　**重要度　★★★**

建物の借賃が近傍同種の建物の借賃に比較して不相当になったときは、契約の条件にかかわらず、**当事者は、将来に向かって建物の借賃の額の増減を請求することができる**（借地借家法32条1項本文）。したがって、Bは家賃の減額を請求することができる。よって、本肢は正しい。

≪出る順宅建士合格テキスト①　第17章　借地借家法①≫

第13　建物区分所有法　　正解❸　重要度Ⓒ

予想正解率　40%未満

1　正・・・・・・・・・・・・・・・・・・・・・・・・・・・　**重要度　★★★**

規約及び集会の決議は、区分所有者の**特定承継人に対しても、その効力を生ずる**（区分所有法46条1項）。よって、本肢は正しい。

> **【講師からのアドバイス】**「特定承継人」は、既存マンションの購入者を意味すると考えればよい。マンションを買った以上、そのマンションの取り決めには従わねばならないという趣旨である。

2　正・・・・・・・・・・・・・・・・・・・・・・・・・・・　**重要度　★★★**

区分所有者の承諾を得て**専有部分を占有する者**は、会議の目的たる事項について**利害関係を有する場合には、集会に出席して意見を述べることができる**（区分所有法44条1項）。よって、本肢は正しい。

> **【解法の視点】**議決権を行使することはできない。

3　誤・・・・・・・・・・・・・・・・・・・・・・・・・・・　**重要度　★**

区分所有者の承諾を得て**専有部分を占有する者**は、その専有部分又は共用部分を保存し、又は改良するため**必要がある場合でも、**他の区分所有者の専有部分又は自己の所有に属しない共用部分の**使用を請求することはできない**（区分所有法6条2項参照）。よって、本肢は誤りであり、本問の正解肢となる。

> **【実力ＵＰ情報】**区分所有者は、専有部分又は共用部分を保存する等のため必要な範囲内において、他の区分所有者の専有部分又は自己の所有に属しない共用部分の使用を請求することができる（区分所有法6条2項）。

4　正・・・・・・・・・・・・・・・・・・・・・・・・・　**重要度　★★**

　区分所有者は、敷地利用権が数人で有する所有権の場合には、規約に別段の定めが
あれば、その有する**専有部分**とその専有部分にかかる**敷地利用権**とを分離して処分す
ることができる（区分所有法22条１項）。よって、本肢は正しい。

≪出る順宅建士合格テキスト① 第15章 建物区分所有法≫

第14問　不動産登記法　正解④　重要度A

予想正解率　75%

1　正・・・・・・・・・・・・・・・・・・・・・・・・・　**重要度　★★★**

　所有権の保存の登記は、表題部所有者又はその相続人その他の一般承継人が単独で
申請することができる（不登法74条１項１号）。よって、本肢は正しい。

2　正・・・・・・・・・・・・・・・・・・・・・・・・・　**重要度　★★★**

　権利に関する登記の申請は、法令に別段の定めがある場合を除き、**登記権利者及び
登記義務者**が共同してしなければならない（不登法60条）。よって、本肢は正しい。

3　正・・・・・・・・・・・・・・・・・・・・・・・・・　**重要度　★★★**

　登記名義人の氏名の変更の登記は、登記名義人が単独で申請することができる（不
登法64条）。よって、本肢は正しい。

4　誤・・・・・・・・・・・・・・・・・・・・・・・・・　**重要度　★★★**

　相続による権利の移転の登記は、登記権利者が単独で申請することができる（不登
法63条２項）。よって、本肢は誤りであり、本問の正解肢となる。

> 【実力ＵＰ情報】相続による所有権の移転の登記は、相続人が、自己のために相続の開始が
> あったことを知り、かつ、当該所有権を取得したことを知った日から３年以内に申請をしな
> ければならない（不登法76条の２第１項前段）。

≪出る順宅建士合格テキスト① 第11章 不動産登記法≫

第15問　都市計画法（都市計画の内容）　正解①　重要度B

予想正解率　60%

1　誤・・・・・・・・・・・・・・・・・・・・・・・・・　**重要度　★**

　地区整備計画においては、建築物の用途の制限のほか、建築物の形態又は色彩に関

する制限も定めることができる（都計法12条の5第7項2号）。よって、本肢は誤りであり、本問の正解肢となる。

2　正 ・・・・・・・・・・・・・・・・・・・・・・・・・・・　重要度　★★★

　第一種低層住居専用地域、第二種低層住居専用地域又は田園住居地域内については、建築物の延べ面積の敷地面積に対する割合（＝容積率）、建築物の建築面積の敷地面積に対する割合（＝建蔽率）及び建築物の高さの限度が定められる（都計法8条3項2号イ、ロ）。よって、本肢は正しい。

> 【実力ＵＰ情報】必要な場合に限り、建築物の敷地面積の最低限度（200㎡を超えない範囲）及び外壁の後退距離の限度（1.5m又は1m）が定められる。

3　正 ・・・・・・・・・・・・・・・・・・・・・・・・・・・　重要度　★★

　市町村は、都市計画区域又は準都市計画区域について都市計画を決定しようとするときは、あらかじめ、都道府県知事に協議しなければならない（都計法19条3項）。同意を得る必要はない。よって、本肢は正しい。

> 【実力ＵＰ情報】市町村が、都市計画区域について都市計画を決定しようとするときも同様である。また、準都市計画区域内の都市計画は、都道府県又は市町村が定める。

4　正 ・・・・・・・・・・・・・・・・・・・・・・・・・・・　重要度　★★★

　市街化区域は、すでに市街地を形成している区域及びおおむね10年以内に優先的かつ計画的に市街化を図るべき区域であり（都計法7条2項）、市街化調整区域は、市街化を抑制すべき区域である（都計法7条3項）。よって、本肢は正しい。
　《出る順宅建士合格テキスト③　第1章　都市計画法（都市計画の内容）》

第**16**問	都市計画法 （開発行為の規制等）	正解 **1**	重要度 Ⓐ

予想正解率　85％以上

1　正 ・・・・・・・・・・・・・・・・・・・・・・・・・・・　重要度　★★★

　市街化調整区域内においては、開発行為の規模により開発許可が不要となる例外はない（都計法29条1項但書1号参照）。そして、農産物の加工に必要な建物は、開発許可が不要となる農林漁業用建築物（都計法29条1項但書2号、施行令20条参照）には該当しない。したがって、本肢の場合、開発許可を受ける必要がある。よって、本肢は正しく、本問の正解肢となる。

2　誤 ・・・・・・・・・・・・・・・・・・・・・・・・・・・　重要度　★★★

　開発行為とは、主として建築物の建築又は特定工作物の建設の用に供する目的で行う土地の区画形質の変更をいう（都計法4条12項）。都市計画区域及び準都市計画区

域外の区域内において、1ヘクタール（10,000㎡）以上の開発行為をしようとする者は、原則として**開発許可を受ける必要がある**（都計法29条2項本文、施行令22条の2）。したがって、開発規模が10,000㎡である本肢は、開発許可を受ける必要がある。よって、本肢は誤り。

> **【解法の視点】**「以上」はジャストを含む表現なので、「10,000㎡ジャスト」は許可が必要な規模となる。

3 誤 ‥‥‥‥‥‥‥‥‥‥‥‥‥‥‥‥‥‥ 重要度 ★★★

準都市計画区域内において、3,000㎡以上の開発行為をしようとする者は、原則として**開発許可を受ける必要がある**（都計法29条1項但書1号、施行令19条1項）。したがって、準都市計画区域内における4,000㎡の土地の区画形質の変更をする場合は開発許可を受ける必要がある。よって、本肢は誤り。

> **【解法の視点】**開発許可が不要となる「公益上必要な建築物」は、公民館、図書館、変電所、駅舎の4つを確実に覚えておけば十分である。学校、医療施設、社会福祉施設の建築を目的とした開発行為は、原則として開発許可が必要である。

4 誤 ‥‥‥‥‥‥‥‥‥‥‥‥‥‥‥‥‥‥ 重要度 ★★★

1ヘクタール（10,000㎡）未満の庭球場は、第二種特定工作物にあたらず、それを建設する目的で行う土地の区画形質の変更は、**そもそも開発行為に該当しない**（都計法4条11項、施行令1条2項）。したがって、本肢の場合、開発許可は不要である。よって、本肢は誤り。

> **【実力ＵＰ情報】**ゴルフコースは規模にかかわらず第二種特定工作物に該当するが、野球場・庭球場・陸上競技場・遊園地・動物園その他の運動・レジャー施設については規模が1ヘクタール以上のものが第二種特定工作物に該当する。

《出る順宅建士合格テキスト③　第1章　都市計画法（開発行為の規制等）》

| 第**17**問 | 建築基準法総合 | 正解**4** | 重要度 **B** |

予想正解率　40%未満

ア 正 ‥‥‥‥‥‥‥‥‥‥‥‥‥‥‥‥‥ 重要度 ★★

準住居地域内においては、特定行政庁の許可を受けなくても、**自動車車庫を建築することができる**（建基法48条7項、別表第二（と））。よって、本肢は正しい。

> **【解法の視点】**準住居地域は、「道路の沿道としての地域の特性にふさわしい業務の利便の増進を図りつつ、これと調和した住居の環境を保護するため定める地域（都計法9条7項）」であり、規模にかかわらず自動車車庫を建築することができる。

イ 正 ‥‥‥‥‥‥‥‥‥‥‥‥‥‥‥ 重要度 ★★

屋上広場又は2階以上の階にあるバルコニーその他これに類するものの周囲には、安全上必要な**高さが1.1m以上の手すり壁、さく又は金網**を設けなければならない（建基法施行令126条1項）。よって、本肢は正しい。

ウ 正 ‥‥‥‥‥‥‥‥‥‥‥‥‥‥‥ 重要度 ★

長屋又は共同住宅の各戸の界壁は、原則として、**小屋裏又は天井裏に達するもの**としなければならない（建基法30条1項2号）。ただし、長屋又は共同住宅の天井の構造が、遮音性能に関して政令で定める**技術的基準に適合するもの**で、**国土交通大臣が定めた構造方法**を用いるもの又は**国土交通大臣の認定を受けたもの**である場合には、当該各戸の界壁を小屋裏又は天井裏に達するものとしなくてもよい（建基法30条2項）。よって、本肢は正しい。

エ 正 ‥‥‥‥‥‥‥‥‥‥‥‥‥‥‥ 重要度 ★★★

容積率は、都市計画において定める数値以下でなければならないが（建基法52条1項）、前面道路（前面道路が2以上あるときは、その幅員の最大のもの）の幅員が12m未満の場合には、**前面道路の幅員のメートルの数値に一定の数値を乗じたもの以下**でなければならない（建基法52条2項）。すなわち、都市計画で定められた数値と前面道路の幅員によって算出された数値とを比較して、小さい方の数値となる。よって、本肢は正しい。

以上より、誤っているものは一つもなく、4が本問の正解肢となる。

≪出る順宅建士合格テキスト③　第2章　建築基準法≫

 第**18**問 建築基準法（防火・準防火地域内の建築制限）　正解**③**　 重要度**A**

予想正解率　50%

1 正 ‥‥‥‥‥‥‥‥‥‥‥‥‥‥‥ 重要度 ★★★

建築物が、**防火地域及び準防火地域にわたる場合**には、原則として、その**全部**について**防火地域内の建築物に関する規定**が適用される（建基法65条2項本文）。よって、本肢は正しい。なお、建築物が**防火地域外**において**防火壁で区画されている**場合においては、その**防火壁外の部分**については、準防火地域内の建築物に関する規定が適用される（建基法65条2項但書）。

> **【解法の視点】**防火・準防火地域内の建築規制については、建築物が規制の異なる複数の地域にわたる場合、その全部について最も厳しい地域の規定が適用される。

2 正 ‥‥‥‥‥‥‥‥‥‥‥‥‥‥‥ 重要度 ★★

防火地域又は準防火地域内にある建築物で**外壁が耐火構造**のものは、その**外壁を隣**

地境界線に接して設けることができる（建基法63条）。原則的に建築物は、延焼防止の観点から、敷地境界線から50ｃｍ以上の距離をおいて建築しなければならないとされているが（民法234条１項）、外壁が耐火構造であれば延焼のおそれが少ないことから、例外的に外壁を隣地境界線に接して建築することができることになっている。よって、本肢は正しい。

3　誤・・・・・・・・・・・・・・・・・・・・・・・・・・・・　**重要度　★★★**

　防火地域内にある看板、広告塔等の工作物で、建築物の屋上に設けるもの又は高さ３ｍを超えるものは、その主要な部分を不燃材料で造り、又は覆わなければならない（建基法64条）。しかし、準防火地域内では、このような規制はない。よって、本肢は誤りであり、本問の正解肢となる。

> **【講師からのアドバイス】**"防火"地域内だけの規制である。ケアレスミスに注意しよう。

4　正・・・・・・・・・・・・・・・・・・・・・・・・・・・・　**重要度　★★★**

　準防火地域内においては、地階を除く階数が４以上又は延べ面積が1,500㎡を超える建築物は、原則として、耐火建築物又は耐火建築物と同等以上の延焼防止性能を有する一定の建築物としなければならない（建基法61条１項本文、施行令136条の２第１号）。したがって、地階を除く階数が４で、延べ面積が500㎡の建築物は、耐火建築物又は耐火建築物と同等以上の延焼防止性能を有する一定の建築物としなければならない。よって、本肢は正しい。

> **【解法の視点】**階数か延べ面積のいずれかの基準に該当すれば、耐火建築物又は耐火建築物と同等以上の延焼防止性能を有する一定の建築物としなければならない。

≪出る順宅建士合格テキスト③　第２章　建築基準法≫

第19問　盛土規制法　正解4　重要度A

予想正解率　75％

1　誤・・・・・・・・・・・・・・・・・・・・・・・・・・・・　**重要度　★★★**

　宅地造成等工事規制区域内で行われる、宅地以外の土地を宅地にするために行う切土で、面積が500㎡を超えるものは、宅地造成に該当し、一定の場合を除き、工事主は、あらかじめ、都道府県知事の許可を受けなければならない（盛土規制法12条１項、２条２号、施行令３条５号）。よって、本肢は誤り。

2　誤・・・・・・・・・・・・・・・・・・・・・・・・・・・・　**重要度　★★★**

　宅地造成等工事規制区域内の土地（公共施設用地を除く。）において行われる地表水等を排除するための排水施設の除却の工事については、一定の場合を除き、工事主は、その工事に着手する日の14日前までに、その旨を都道府県知事に届け出なければ

ならない（盛土規制法21条３項、施行令26条）。工事に着手する日までではない。よって、本肢は誤り。

3　誤 ・・・・・・・・・・・・・・・・・・・・・・・・・・　重要度　★★★

　宅地造成等工事規制区域内において行われる宅地造成等に関する工事の許可を受けた工事主は、当該許可に係る工事の計画の変更をしようとするときは、主務省令で定める軽微な変更を除き、都道府県知事の許可を受けなければならない（盛土規制法16条１項）。よって、本肢は誤り。

4　正 ・・・・・・・・・・・・・・・・・・・・・・・・・・　重要度　★★★

　特定盛土等規制区域内の宅地又は農地等において行われる、一定期間の経過後に除却する土石の堆積で、①.堆積の高さが２mを超え５m以下かつ面積が300㎡を超え1,500㎡以下、②.①を除いて堆積の面積が500㎡を超え3,000㎡以下となるものについては、一定の場合を除き、工事主は、工事着手の30日前までに、当該工事の計画を都道府県知事に届け出なければならない（盛土規制法27条１項、２条４号、施行令４条２号、施行規則８条10号イ）。よって、本肢は正しく、本問の正解肢となる。

≪出る順宅建士合格テキスト③　第６章　盛土規制法等≫

第20問　農地法　正解❷　重要度Ⓐ

予想正解率　75%

1　誤 ・・・・・・・・・・・・・・・・・・・・・・・・・・　重要度　★★★

　農地を農地以外のものにするため、所有権を移転し、又は賃借権、使用貸借による権利等を設定し、もしくは移転する場合には、原則として、農地法５条の許可が必要である（農地法５条１項）。よって、本肢は誤り。

2　正 ・・・・・・・・・・・・・・・・・・・・・・・・・・　重要度　★★★

　市街化区域内の農地を宅地に転用する目的で取得する場合、あらかじめ農業委員会に届け出れば、農地法５条の許可を受ける必要はない（農地法５条１項但書６号）。この特則は、面積を問わない。よって、本肢は正しく、本問の正解肢となる。

> 【解法の視点】市街化区域は積極的に市街化を図る区域である。そのため、農地保護の要請は弱くなる。

3　誤 ・・・・・・・・・・・・・・・・・・・・・・・・・・　重要度　★★

　農地法４条の許可は、農地を農地以外のものにする場合に必要となる。したがって、採草放牧地の転用は、農地法４条の許可を必要としない（農地法４条１項参照）。よって、本肢は誤り。

> 【実力ＵＰ情報】農家が農業用施設に供する目的で「２アール未満」の「農地」を転用する場合も、許可は不要である。

4　誤・・・・・・・・・・・・・・・・・・・・・・・・・・・・・　**重要度　★★★**

　農業者が**相続**により市街化調整区域内の農地を取得した場合、**農地法３条の許可を受ける必要はない**（農地法３条１項但書12号）。しかし、**市街化調整区域内の農地を**自己の住宅用地として**転用する場合には、農地法４条１項の許可を受ける必要がある**（農地法４条１項参照）。よって、本肢は誤り。

　　　　　　　　　　　　　　≪出る順宅建士合格テキスト③　第４章　農地法≫

　**土地区画整理法**　　

予想正解率　40%未満

1　正・・・・・・・・・・・・・・・・・・・・・・・・・・・・・　**重要度　★★**

　換地を定め、又は定めない場合において、**不均衡が生ずる**と認められるときは、従前の宅地の位置、地積、土質、水利、利用状況、環境等を総合的に考慮して、**金銭により清算する**ものとし、換地計画において**その額を定めなければならない**（区画法94条）。よって、本肢は正しい。

2　誤・・・・・・・・・・・・・・・・・・・・・・・・・・・・・　**重要度　★**

　施行地区（個人施行者の施行する土地区画整理事業に係るものを除く。）内の宅地についての**所有権以外の権利で登記のないもの**を有し、又は有することとなった者は、書面をもってその権利の種類及び内容を**施行者に申告**しなければならない（区画法85条１項）。「あらかじめ施行者の同意」といった制度はない。よって、本肢は誤りであり、本問の正解肢となる。

3　正・・・・・・・・・・・・・・・・・・・・・・・・・・・・・　**重要度　★★**

　施行者は、仮換地を指定した場合において、**従前の宅地に存する建築物を移転し、又は除却する**ことが必要となったときは、当該建築物を移転し、又は除却することができる（区画整理法77条１項）。よって、本肢は正しい。

4　正・・・・・・・・・・・・・・・・・・・・・・・・・・・・・　**重要度　★★**

　土地区画整理組合が施行する土地区画整理事業において、当該事業の**利害関係者**は、縦覧に供された事業計画について意見がある場合においては、原則として、**縦覧期間満了の日の翌日から起算して２週間を経過する日まで**に、都道府県知事に意見書を提出することができる（区画法20条２項）。よって、本肢は正しい。

　　　　　　　　　　　　≪出る順宅建士合格テキスト③　第５章　土地区画整理法≫

第22問　その他法令上の制限　

予想正解率　60%

1　正・・・・・・・・・・・・・・・・・・・・・・・・・　**重要度　★★**

　海岸保全区域内において、土石の採取等を行おうとする者は、原則として、**海岸管理者の許可を受けなければならない**（海岸法8条1項）。よって、本肢は正しく、本問の正解肢となる。

2　誤・・・・・・・・・・・・・・・・・・・・・・・・・　**重要度　★★**

　地すべり等防止法によれば、地すべり防止区域内において、地表水を放流し、又は停滞させる行為をしようとする者は、一定の場合を除き、**都道府県知事の許可を受けなければならない**（地すべり等防止法18条1項2号）。市町村長の許可ではない。よって、本肢は誤り。

3　誤・・・・・・・・・・・・・・・・・・・・・・・・・　**重要度　★★★**

　都道府県知事は、事後届出に係る土地の利用目的について勧告した場合において、**勧告を受けた者がその勧告に従わない**ときは、その旨及びその**勧告の内容を公表する**ことができる（国土法26条）。しかし、勧告に従わなかった場合でも、**契約は有効である**。よって、本肢は誤り。

> **【実力UP情報】**事後届出が必要な土地売買等の契約を締結して届出を行わなかった場合、権利取得者は、6月以下の懲役又は100万円以下の罰金に処せられる。

4　誤・・・・・・・・・・・・・・・・・・・・・・・・・　**重要度　★**

　景観計画区域内において、建築物の**新築、増築、改築**もしくは**移転**、外観を変更することとなる**修繕**もしくは**模様替え又は色彩の変更**をしようとする者は、**あらかじめ**、一定の事項を**景観行政団体の長に届け出なければならない**（景観法16条1項1号）。届出先は「景観行政団体の長」であり、「あらかじめ」届け出なければならない。本肢は2か所に誤りがあることになる。よって、本肢は誤り。

> **【実力UP情報】**景観行政団体の長とは、地方自治法に基づく指定都市及び中核市についてはその市長、それ以外の区域については原則として都道府県知事である。

≪出る順宅建士合格テキスト③　第3章　国土利用計画法≫
≪出る順宅建士合格テキスト③　第6章　盛土規制法等≫

第23問　所得税（譲渡所得）　

1　誤 ・・・・・・・・・・・・・・・・・・・・・・・・・・・・・　**重要度　★**

　被相続人の死亡によって**空き家となった**居住用家屋やその**家屋の取壊し後の敷地**を相続人が譲渡して得た**譲渡益から3,000万円を控除する**ことができる（空き家に係る譲渡所得の特別控除の特例、租特法35条３項）。よって、本肢は誤り。

> 【実力ＵＰ情報】この特例は、区分所有建物の譲渡については適用されない（租特法35条５項２号）。

2　誤 ・・・・・・・・・・・・・・・・・・・・・・・・・・・・・　**重要度　★★★**

　居住用財産の譲渡所得の3,000万円特別控除と、居住用財産を譲渡した場合の軽減税率の特例とは、併用適用が認められる（租特法35条２項、31条の３第１項）。したがって、居住用財産の譲渡所得の3,000万円特別控除の適用を受けるときでも、居住用財産を譲渡した場合の軽減税率の特例の適用を受けることができる。よって、本肢は誤り。

3　正 ・・・・・・・・・・・・・・・・・・・・・・・・・・・・・　**重要度　★★★**

　特定の買換え特例と居住用財産を譲渡した場合の軽減税率の特例とは、**併用適用が認められない**（租特法31条の３第１項、36条の２第１項）。したがって、特定の買換え特例の適用を受けるときは、居住用財産の軽減税率の適用を受けることができない。よって、本肢は正しく、本問の正解肢となる。

> 【講師からのアドバイス】「特定の居住用財産の買換えの場合の長期譲渡所得の課税の特例」とは、特定の買換え特例のことを指す。

4　誤 ・・・・・・・・・・・・・・・・・・・・・・・・・・・・・　**重要度　★★★**

　居住用財産を譲渡した場合の軽減税率の特例は、前年又は前々年において既に適用を受けている場合、適用を受けることができない（租特法31条の３第１項かっこ書）。したがって、令和３年に適用を受けている場合でも、令和６年に居住用財産を譲渡した場合の軽減税率の特例の適用を受けることができる。よって、本肢は誤り。

> 【講師からのアドバイス】居住用財産を譲渡した場合の軽減税率の特例は３年に１度しか適用されない。

≪出る順宅建士合格テキスト③　税・価格　第３章　所得税（譲渡所得）≫

第**24**問	固定資産税	正解 **❸**	重要度 **Ⓑ**

115

東京リーガルマインド 2024 年版 出る順宅建士 当たる！ 直前予想模試　第３回　解説

1　誤・・・・・・・・・・・・・・・・・・・・・・・・・**重要度　★★**

　市町村は、同一の者について当該市町村の区域内におけるその者の所有に係る土地又は家屋に対して課する固定資産税の課税標準となるべき額が土地にあっては30万円、家屋にあっては20万円に満たない場合においては、固定資産税を課することが原則としてできない（地方税法351条本文）。ただし、財政上その他特別の必要がある場合においては、当該市町村の条例の定めるところによって、その額がそれぞれ30万円又は20万円に満たないときであっても、固定資産税を課することができる（地方税法351条但書）。よって、本肢は誤り。

2　誤・・・・・・・・・・・・・・・・・・・・・・・・・**重要度　★**

　市町村長は、固定資産評価員又は固定資産評価補助員に当該市町村所在の固定資産の状況を毎年少なくとも1回実地に調査させなければならない（地方税法408条）。よって、本肢は誤り。

3　正・・・・・・・・・・・・・・・・・・・・・・・・・**重要度　★★**

　市町村長は、天災その他特別の事情がある場合において固定資産税の減免を必要とすると認める者、貧困に因り生活のため公私の扶助を受ける者その他特別の事情がある者に限り、当該市町村の条例の定めるところにより、固定資産税を減免することができる（地方税法367条）。よって、本肢は正しく、本問の正解肢となる。

4　誤・・・・・・・・・・・・・・・・・・・・・・・・・**重要度　★**

　市町村は、国並びに都道府県、市町村、特別区、これらの組合、財産区及び合併特例区に対しては、固定資産税を課することができない（地方税348条1項）。しかし、独立行政法人はこれらに含まれないため、固定資産税を課することができる。よって、本肢は誤り。

《出る順宅建士合格テキスト③　税・価格　第2章　固定資産税》

| 第25問 | 地価公示法 | 正解2 | 重要度A |

1　誤・・・・・・・・・・・・・・・・・・・・・・・・・**重要度　★★★**

　公示価格を規準とするとは、対象土地の価格を求めるに際して、当該対象土地とこれに類似する利用価値を有すると認められる1又は2以上の標準地との位置、地積、環境等の土地の客観的価値に作用する諸要因についての比較を行い、その結果に基づき、当該標準地の公示価格と当該対象土地の価格との間に均衡を保たせることをいう（地価公示法11条）。当該対象土地に最も近い位置に存する標準地との比較を行うのではない。よって、本肢は誤り。

2 正 ・・・・・・・・・・・・・・・・・・・・・・・・ 重要度 ★★★

土地鑑定委員会は、標準地の正常な価格を判定したときは、①標準地の所在地、②標準地の単位面積当たりの価格、③価格判定の基準日、④標準地の地積・形状、⑤標準地及びその周辺の土地の利用の現況等を官報で公示しなければならない（地価公示法6条）。よって、本肢は正しく、本問の正解肢となる。

3 誤 ・・・・・・・・・・・・・・・・・・・・・・・・ 重要度 ★★★

土地収用法その他の法律によって**土地を収用**することができる事業を行う者は、公示区域内の土地を当該事業の用に供するため取得する場合において、当該土地の取得価格を定めるときは、**公示価格を規準**としなければならない（地価公示法9条）。よって、本肢は誤り。

> 【実力UP情報】都市及びその周辺の地域等において、土地の取引を行う者は、取引の対象土地に類似する利用価値を有すると認められる標準地について公示された価格を指標として取引を行うよう努めなければならない。

4 誤 ・・・・・・・・・・・・・・・・・・・・・・・・ 重要度 ★★

標準地の単位面積あたりの正常な価格が判定されたときは、**土地鑑定委員会**は、その価格、所在地等について官報で公示し、**関係市町村長に所要の図書を送付**しなければならない（地価公示法7条1項）。よって、本肢は誤り。

≪出る順宅建士合格テキスト③ 税・価格 第7章 地価公示法≫

第 **26** 問　　広告等に関する規制　　正解 **②**　重要度 **A**

予想正解率　75%

ア 誤 ・・・・・・・・・・・・・・・・・・・・・・・・ 重要度 ★★★

宅建業者は、その広告をするときは、当該広告に係る宅地又は建物の①所在、規模、形質、②現在又は将来の利用の制限、③現在又は将来の環境・交通その他の利便、④代金・借賃等の額、支払方法、⑤代金・交換差金に関する金銭の貸借のあっせんについて、著しく事実に相違する表示をし、又は実際のものよりも**著しく優良であり、もしくは有利であると人を誤認させるような表示をしてはならない**（業法32条）。誤認させる表示を行えば、誤認による損害が実際に発生しなくても、監督処分の対象となる（業法65条1項、2項2号）。よって、本肢は誤り。

イ 正 ・・・・・・・・・・・・・・・・・・・・・・・・ 重要度 ★★★

宅建業者は、宅地の造成又は建物の建築に関する**工事の完了前**においては、**当該工事に関し必要とされる許可・確認等の処分があった後**でなければ、当該工事に係る宅地又は建物の売買その他の業務に関する**広告をしてはならない**（業法33条）。これはすべての取引態様における広告の禁止事項であって、貸借の媒介広告であるからとい

って許されるわけではない。よって、本肢は正しい。

ウ 誤・・・・・・・・・・・・・・・・・・・・・・・ **重要度 ★★★**

　宅建業者は、その業務に関して広告をするときは、当該広告に係る宅地又は建物の所在、規模、形質等について、**著しく事実に相違する表示**をし、又は**実際のものよりも著しく優良**であり、もしくは**有利**であると人を誤認させるような表示をしてはならない（業法32条）。したがって、実在しないことが客観的に明らかである物件や取引する意思がない物件の広告をすることはできない。よって、本肢は誤り。

> 　**【解法の視点】**素直に考えよう。

　以上より、誤っているものはア、ウの二つであり、**2**が本問の正解肢となる。
≪出る順宅建士合格テキスト②　第9章　広告等に関する規制≫

 **重要事項の説明**

予想正解率　60%

1　義務付けられている・・・・・・・・・・・・・ **重要度 ★★★**

　都市計画法、建築基準法その他の法令に基づく制限で契約内容の別に応じて政令で定めるものに関する事項の概要は、記載が義務付けられている（業法35条1項2号）。

2　義務付けられている・・・・・・・・・・・・・ **重要度 ★★★**

　契約の解除に関する事項については、記載が義務付けられている（業法35条1項8号）。

3　義務付けられていない・・・・・・・・・・・・ **重要度 ★★★**

　天災その他不可抗力による損害の負担（危険負担）に関する定めがあるときは、その内容を37条書面に記載することが義務付けられている（業法37条1項10号）。しかし、重要事項説明書においては、記載を義務付けられていない。よって、本肢が本問の正解肢となる。

4　義務付けられている・・・・・・・・・・・・・ **重要度 ★★★**

　割賦販売における賦払金（ふばらいきん）の額ならびにその支払の時期及び方法については、記載が義務付けられている（業法35条2項3号）。
≪出る順宅建士合格テキスト②　第10章　重要事項の説明≫

予想正解率　**85％以上**

1　誤 ・・・・・・・・・・・・・・・・・・・・・・・・・・ 重要度　★★★

　宅建業者は、営業保証金を供託し、その旨を届け出た後でなければ、その事業を開始することはできない（業法25条5項）。本肢の場合、Aは、本店と支店3カ所につき、2,500万円（＝1,000万円＋500万円×3）の営業保証金を供託し、その旨の届出をした後でなければ、事業を開始することはできない。よって、本肢は誤りであり、本問の正解肢となる。

2　正 ・・・・・・・・・・・・・・・・・・・・・・・・・・ 重要度　★

　営業保証金の還付は、還付請求をしようとする者が、**供託物払渡請求書を供託所に提出することによって行う**（業法27条2項、営業保証金規則2条、供託規則22条）。よって、本肢は正しい。

3　正 ・・・・・・・・・・・・・・・・・・・・・・・・・・ 重要度　★★★

　宅建業者は、**営業保証金の還付により不足した営業保証金を供託したときは**、その供託物受入れの記載のある供託書の写しを添附して、**2週間以内に**、その旨をその免許を受けた**国土交通大臣又は都道府県知事に届け出なければならない**（業法28条2項）。したがって、Aは、2週間以内に供託した旨を甲県知事に届け出なければならない。よって、本肢は正しい。

4　正 ・・・・・・・・・・・・・・・・・・・・・・・・・・ 重要度　★★★

　営業保証金を供託している宅建業者が、**営業保証金を取り戻そうとする場合**、当該営業保証金につき還付を受ける権利を有する者に対し、6カ月を下らない一定期間内に申し出るべき旨を**公告することが原則である。ただし、営業保証金を取り戻すことができる事由が発生した時から10年を経過したときは、当該公告は不要である**（業法30条2項）。よって、本肢は正しい。

> **【解法の視点】**取引により生じた債権が時効消滅しているからである。

≪出る順宅建士合格テキスト② 　第6章　営業保証金≫

予想正解率　**60％**

ア　違反する ・・・・・・・・・・・・・・・・・・ 重要度　★★★

　宅建業者は、宅建業者の相手方等が手付を放棄して契約の解除を行うに際し、正当

119

LEC東京リーガルマインド 2024 年版 出る順宅建士 当たる！ 直前予想模試 　第3回　解説

な理由なく、当該契約の解除を拒み、又は妨げることをしてはならない（業法47条の2第3項、規則16条の11第3号）。よって、本肢は宅建業法の規定に違反する。

イ　違反する ・・・・・・・・・・・・・・・・・・・・・・・・ 重要度 ★★★

宅建業者は、その業務に関して、宅建業者の相手方等に対し、**不当に高額の報酬を要求する行為をしてはならない**（業法47条2号）。実際に受領した報酬額が国土交通大臣の定めた報酬額の限度以内でも、不当に高額の報酬を要求した以上、宅建業法の規定に違反する。よって、本肢は宅建業法の規定に違反する。

ウ　違反する ・・・・・・・・・・・・・・・・・・・・・・・・ 重要度 ★★★

宅建業者は、その業務に関して、宅建業者の相手方等に対し、手付について貸付けその他信用の供与をすることにより契約の締結を誘引する行為をしてはならない（業法47条3号）。**手付金の分割受領を認めることは、手付について信用の供与をすることにあたる**（解釈・運用の考え方）。よって、本肢は宅建業法の規定に違反する。

エ　違反する ・・・・・・・・・・・・・・・・・・・・・・・・ 重要度 ★★★

宅建業者は、宅建業に係る契約の締結の勧誘をするに際し、宅建業者の相手方等に対し、当該契約の目的物である宅地又は建物の**将来の環境又は交通その他の利便について誤解させるべき断定的判断を提供してはならない**（業法47条の2第3項、規則16条の11第1号イ）。そして、本肢のようなことを告げることは、建物の将来の環境又は交通その他の利便について誤解させるべき断定的判断を提供することにあたる。よって、本肢は宅建業法の規定に違反する。

以上より、宅建業法に違反するものはア、イ、ウ、エの四つであり、4が本問の正解肢となる。

≪出る順宅建士合格テキスト② 第12章 その他の業務上の規制≫

 第**30**問　事務所以外の場所の規制　正解**2**　重要度

予想正解率　60%

1　誤 ・・・・・・・・・・・・・・・・・・・・・・・・ 重要度 ★★★

宅建業者が自ら売主となる売買契約において、**事務所等以外の場所において買受けの申込み又は売買契約を締結した宅建業者でない買主**は、**その申込みの撤回・契約の解除をすることができる**（クーリング・オフ、業法37条の2第1項）。そして、この事務所等には、テント張りの案内所は含まれていない。したがって、Bは、クーリング・オフをすることができる。よって、本肢は誤り。

2　正 ・・・・・・・・・・・・・・・・・・・・・・・・ 重要度 ★★★

宅建業者は、10区画以上の一団の宅地又は10戸以上の一団の建物の分譲を行うため

案内所を設置し、買受けの申込み又は契約の締結を行う場合は、①免許権者と、②案内所の所在地を管轄する都道府県知事に、当該案内所に関する一定事項を届け出なければならない（業法50条2項）。よって、本肢は正しく、本問の正解肢となる。

3　誤 ・・・・・・・・・・・・・・・・・・・・・・・・　重要度　★★★

案内所については、営業保証金を供託する義務はない。よって、本肢は誤り。

> 【実力UP情報】営業保証金は、事務所の数に応じて額が決まる。案内所の数は影響しない。

4　誤 ・・・・・・・・・・・・・・・・・・・・・・・・　重要度　★★★

宅建業者は、案内所についての届出をしなかった場合、50万円以下の罰金の刑に処せられることがある（業法83条1項1号、50条2項）。よって、本肢は誤り。

≪出る順宅建士合格テキスト② 第4章 事務所以外の場所の規制≫

　宅地建物取引業の意味　

予想正解率　75%

ア　正 ・・・・・・・・・・・・・・・・・・・・・・・・　重要度　★★★

自らが当事者となって賃貸借契約を行うことは、宅建業にあたらず免許は不要である（業法2条2号、3条1項）。したがって、Aは免許を受ける必要はない。よって、本肢は正しい。

イ　誤 ・・・・・・・・・・・・・・・・・・・・・・・・　重要度　★★★

本肢の土地は用途地域外に存しており、建物の敷地として供せられない限り、「宅地」にあたらない（業法2条1号）。土石の堆積場として利用する本肢の土地は建物の敷地に供せられるものとはいえず、宅建業法に規定する「宅地」にあたらない（業法2条1号）。そして、「宅地以外の土地」を不特定多数の者に反復継続して売却する場合は宅建業にあたらず、免許は不要である（業法2条2号、3条1項）。したがって、Bは免許を必要としない。よって、本肢は誤り。

ウ　誤 ・・・・・・・・・・・・・・・・・・・・・・・・　重要度　★★★

賃貸借契約の媒介を反復継続して行うことは、宅建業にあたり、免許が必要となる（業法2条2号、3条1項）。したがって、Dは免許が必要である。よって、本肢は誤り。

> 【実力UP情報】「自ら貸借は免許不要」という肢アの知識と混乱しないように注意しよう。

エ　誤 ・・・・・・・・・・・・・・・・・・・・・・・・　重要度　★★

信託会社が宅建業を営もうとする場合、一定の場合を除き、宅建業の免許を受ける

必要はない（業法77条1項）。よって、本肢は誤り。

> 【実力ＵＰ情報】信託業法3条の免許を受けた信託会社が、宅建業を営もうとする場合、国土交通大臣に届け出なければならない。

以上より、正しいものはアの一つであり、1が本問の正解肢となる。

≪出る順宅建士合格テキスト②　第1章　宅地建物取引業の意味≫

| 第**32**問 | 宅地建物取引士 | 正解**4** | 重要度**A** |

予想正解率　75%

1　正 ・・・・・・・・・・・・・・・・・・・・・・・・・・・・ **重要度　★★★**

都道府県知事は、その登録を受けている宅地建物取引士が、**宅地建物取引士として行う事務に関し不正な行為をした場合**で、情状が特に重いときは、その**登録を消除しなければならない**（業法68条の2第1項4号、68条1項3号）。よって、本肢は正しい。

2　正 ・・・・・・・・・・・・・・・・・・・・・・・・・・・・ **重要度　★★★**

都道府県知事は、不正の手段により登録を受けたとき、**不正の手段により宅地建物取引士証の交付を受けたとき**のどちらの場合においても、その**登録を消除しなければならない**（業法68条の2第1項2号、3号）。よって、本肢は正しい。

3　正 ・・・・・・・・・・・・・・・・・・・・・・・・・・・・ **重要度　★★**

都道府県知事は、不正の手段によって試験を受け、又は受けようとした者に対しては、合格の決定を取り消し、又はその試験を受けることを禁止することができる（業法17条1項）。そして、都道府県知事は、合格の決定が取り消された者に対し、情状により、**3年以内の期間を定めて試験を受けることができないものとすることができる**（業法17条3項）。よって、本肢は正しい。

4　誤 ・・・・・・・・・・・・・・・・・・・・・・・・・・・・ **重要度　★★★**

宅地建物取引士証の有効期間の更新を受けようとする者は、原則として、登録をしている**都道府県知事**が国土交通省令の定めるところにより**指定する講習**で更新の申請前**6カ月以内**に行われるものを受講しなければならない（**法定講習**、業法22条の3第2項、22条の2第2項本文）。よって、本肢は誤りであり、本問の正解肢となる。

≪出る順宅建士合格テキスト②　第5章　宅地建物取引士≫

予想正解率　85％以上

ア　記載する必要はない・・・・・・・・・・・・・・ **重要度　★★★**

　　損害賠償額の予定又は違約金に関する定めがあるときは、その内容を37条書面に記載しなければならない（業法37条1項8号）。よって、**定めの有無による**のであり、定めの有無にかかわらず必ず記載しなければならない事項ではない。

イ　記載する必要はない・・・・・・・・・・・・・ **重要度　★★★**

　　媒介契約の更新に関する事項は、そもそも37条書面に記載すべき事項ではない（業法37条）。よって、本肢は必ず記載しなければならない事項ではない。

ウ　記載しなければならない・・・・・・・・・・ **重要度　★★★**

　　宅地又は建物の売買又は交換の場合、**移転登記の申請の時期は、37条書面に必ず記載**しなければならない（業法37条1項5号）。これは**定めの有無によらない**。よって、本肢は必ず記載しなければならない事項である。

エ　記載する必要はない・・・・・・・・・・・・・・ **重要度　★★★**

　　宅地又は建物の売買又は交換の場合、当該建物に係る**租税その他の公課の負担**に関する定めがあるときは、その内容を37条書面に記載しなければならない（業法37条1項12号）。よって、**定めの有無による**のであり、定めの有無にかかわらず必ず記載しなければならない事項ではない。

　　以上より、その定めの有無にかかわらず必ず記載しなければならない事項はウの一つであり、**1**が本問の正解肢となる。

　　　　　　　　　　　　　≪出る順宅建士合格テキスト②　第11章　37条書面≫

予想正解率　40％未満

1　誤・・・・・・・・・・・・・・・・・・・・・・・・・・・ **重要度　★**

　　宅建業者が、免許換えが必要であるにもかかわらず、その手続を経なかった場合、**免許権者は当該宅建業者の免許を取り消さなければならない**（業法66条1項5号、7条1項3号）。したがって、甲県知事は必ず免許を取り消さなければならないので、乙県知事から業務停止処分を受けることはない。よって、本肢は誤りであり、本問の正解肢となる。

2　正 ‥‥‥‥‥‥‥‥‥‥‥‥‥‥‥‥　重要度　★★★

　宅建業者は、著しく不当な行為をした場合、監督処分として、業務停止処分を受けることがある（業法65条2項5号）。そして、この業務停止処分は、免許権者のみならず、当該違反行為のあった都道府県を管轄する知事も行うことができる（業法65条4項5号）。よって、本肢は正しい。

3　正 ‥‥‥‥‥‥‥‥‥‥‥‥‥‥‥‥　重要度　★★★

　宅建業者が、取引態様を明示しない広告をした場合、免許権者から業務停止処分を受けることがある（業法65条2項2号、34条）。よって、本肢は正しい。

4　正 ‥‥‥‥‥‥‥‥‥‥‥‥‥‥‥‥　重要度　★★

　宅建業者は、従業者であることを証する証明書を携帯させることなく従業者を業務に従事させた場合、監督処分として、業務停止処分を受けることがある（業法65条2項2号、48条1項）。また、業務停止処分は、免許権者のみならず、当該違反行為のあった都道府県を管轄する知事も行うことができる（業法65条4項2号）。よって、本肢は正しい。

《出る順宅建士合格テキスト② 第15章 監督・罰則》

第35問　宅地建物取引士　正解2

予想正解率　60%

1　誤 ‥‥‥‥‥‥‥‥‥‥‥‥‥‥‥‥　重要度　★★★

　登録の移転は「することができる（任意）」のであって、「しなければならない（義務）」ものではない（業法19条の2）。よって、本肢は誤り。

2　正 ‥‥‥‥‥‥‥‥‥‥‥‥‥‥‥‥　重要度　★★★

　都道府県知事は、登録を受けている者が死亡した場合、その相続人による届出がなくても、死亡の事実が判明したときは、登録を消除しなければならない（業法22条3号、21条1号）。よって、本肢は正しく、本問の正解肢となる。

3　誤 ‥‥‥‥‥‥‥‥‥‥‥‥‥‥‥‥　重要度　★★★

　宅地建物取引士は、宅地建物取引士証が効力を失ったときは、速やかに、宅地建物取引士証をその交付を受けた都道府県知事に返納しなければならない（業法22条の2

第6項）。しかし、宅地建物取引士証の有効期間の更新を受けなかったことにより宅地建物取引士証が効力を失ったとしても、登録が消除されることはない。よって、本肢は誤り。

4　誤 ・・・・・・・・・・・・・・・・・・・・・・・・・・・ **重要度　★★★**

　登録の移転の申請とともに宅地建物取引士証の交付の申請があったときは、移転後の都道府県知事は、**前の宅地建物取引士証の有効期間が経過するまでの期間を有効期間**とする宅地建物取引士証を交付しなければならない（業法22条の2第5項）。よって、本肢は誤り。

≪出る順宅建士合格テキスト②　第5章　宅地建物取引士≫

 **自ら売主制限**

予想正解率　60%

ア　正 ・・・・・・・・・・・・・・・・・・・・・・・・・・・ **重要度　★★★**

　宅建業者は、自ら売主となる宅地又は建物の売買契約において、その目的物が種類又は品質に関して契約の内容に適合しない場合におけるその不適合を担保すべき責任に関し、通知期間についてその目的物の引渡しの日から2年以上となる特約をする場合を除き、買主に不利となる特約をしてはならない（業法40条）。ところで本肢は、**買主に帰責事由がある場合は修補責任を負わないとする特約なので、民法どおり**（民法562条2項）のものであり、有効である。よって、本肢は正しい。

イ　正 ・・・・・・・・・・・・・・・・・・・・・・・・・・・ **重要度　★★★**

　宅建業者が、自ら売主となる宅地又は建物の売買契約の締結に際して手付を受領したときは、その手付がいかなる性質のものであっても解約手付とされ（業法39条2項、3項）、売主が解約手付に基づく解除を行うには、買主に対して、**手付の倍額を現実に提供**することを要する（業法39条2項）。そして、宅建業者が自ら売主となる場合、手付に関し、原則として、当該規定より買主に不利な特約は無効となる（業法39条3項）。本肢の定めは、手付金相当額である330万円の現実の提供としているので買主に不利となり、無効である。よって、本肢は正しい。

ウ　誤 ・・・・・・・・・・・・・・・・・・・・・・・・・・・ **重要度　★★**

　宅建業者は、自ら売主となる宅地又は建物の**割賦販売**の契約について賦払金の支払の義務が履行されない場合においては、**30日以上の相当の期間を定めてその支払を書面で催告**し、その期間内にその義務が履行されないときでなければ、賦払金の支払の遅滞を理由として、契約を解除し、又は支払時期の到来していない賦払金の支払を請求することができず、これに反する特約は無効である（業法42条）。本肢のように電磁的方法による催告は許されない。よって、本肢は誤り。

【実力ＵＰ情報】書面の交付に代えて、電磁的方法による提供が認められているものは、①「代理・媒介契約書面」、②「指定流通機構から発行される登録済証」、③「重要事項説明書」、④「37条書面」、⑤「手付金等の保全措置を講じたことを証する書面」、⑥「住宅瑕疵担保履行法の資力確保の措置を講じたことを証する書面」となっている。「クーリング・オフできる旨の告知書面」、「クーリング・オフ行使書面」、「割賦販売契約解除の催告書」には、認められていない。

エ　誤‥‥‥‥‥‥‥‥‥‥‥‥‥‥‥**重要度　★★★**

　宅建業者が自ら売主として**完成物件**を目的物とする売買契約を締結する場合、手付金等の保全措置として、①**銀行等との保証委託契約**、②**保険事業者との保証保険契約**、③**指定保管機関との手付金等寄託契約**によることができる（業法41条１項、41条の２第１項）。よって、本肢は誤り。

【実力ＵＰ情報】未完成物件の場合、銀行等との保証委託契約、保険事業者との保証保険契約によることができるものの、指定保管機関との手付金等寄託契約によることはできない。

　以上により、正しいものはア、イの二つであり、**2**が本問の正解肢となる。

≪出る順宅建士合格テキスト②　第13章　自ら売主制限≫

<table>
<tr><td>第**37**問</td><td>媒介・代理契約</td><td>正解**4**</td><td>重要度**A**</td></tr>
</table>

予想正解率　75%

1　誤‥‥‥‥‥‥‥‥‥‥‥‥‥‥‥**重要度　★★**

　指定流通機構に登録をした宅建業者は、登録を証する書面を遅滞なく**依頼者に引き渡さなければならない**（業法34条の２第６項）。よって、本肢は誤り。

2　誤‥‥‥‥‥‥‥‥‥‥‥‥‥‥‥**重要度　★★★**

　媒介契約の有効期間は、依頼者の申出により更新することができる（業法34条の２第４項）。しかし、依頼者の申出があっても、**宅建業者が更新に同意しないときに契約は更新されない**（解釈・運用の考え方）。よって、本肢は誤り。

【解法の視点】媒介契約の更新も「契約」である。両当事者の合意が成立の前提であることに変わりはない。

3　誤‥‥‥‥‥‥‥‥‥‥‥‥‥‥‥**重要度　★★★**

　宅建業者が、依頼者との間で専属専任媒介契約を締結した場合、当該専属専任媒介契約の有効期間は、**３カ月を超えることができない**（業法34条の２第３項）。依頼者から**書面による申出があったことは影響しない**。よって、本肢は誤り。なお、３カ月より長い期間を定めたときは、その期間は３カ月となる。

4　正・・・・・・・・・・・・・・・・・・・・・・・・・ **重要度　★★★**

　宅建業者は、専任媒介契約を締結したときは、契約の相手方を探索するため、当該専任媒介契約の目的物である宅地又は建物について一定事項を**指定流通機構に登録**しなければならない。そして、この登録は、**専属専任媒介契約の場合は５日以内に行う必要がある**。この期間の計算については、**休業日数は算入しない**（業法34条の２第５項、規則15条の10）。よって、本肢は正しく、本問の正解肢となる。

> **【実力ＵＰ情報】**登録事項としては、宅地建物についての所在、規模、形質、売買すべき価額、宅地建物に係る都市計画法その他の法令に基づく制限で主要なもの等がある。

≪出る順宅建士合格テキスト②　第８章　媒介・代理契約≫

第 38 問　35条書面・37条書面　正解 **3**　重要度 **A**

予想正解率　85％以上

1　違反する・・・・・・・・・・・・・・・・・・・・ **重要度　★★★**

　宅建業者は、契約が成立するまでの間に、宅地建物取引士をして重要事項の説明をさせなければならない（業法35条）。よって、本肢は宅建業法の規定に違反する。

2　違反する・・・・・・・・・・・・・・・・・・・・ **重要度　★★★**

　宅建業者は、相手方が宅建業者である場合、重要事項の説明を省略することができるが、その場合でも書面を交付しなければならない（業法35条１項、６項）。よって、本肢は宅建業法の規定に違反する。

3　違反しない・・・・・・・・・・・・・・・・・・ **重要度　★★★**

　37条書面の交付場所及び交付者について制限はない（業法37条）。よって、本肢は宅建業法の規定に違反せず、本問の正解肢となる。

> **【解法の視点】**37条書面について、宅地建物取引士が行わなければならないのは、「記名」だけである。

4　違反する・・・・・・・・・・・・・・・・・・・・ **重要度　★★★**

　宅建業者は、その媒介により契約が成立した場合、37条書面の交付に代えて、当該契約の各当事者の**承諾を得て**、当該書面に記載すべき事項を**電磁的方法により提供する**ことができる（業法37条４項３号）。この提供を行う場合、当該書面の交付に係る**宅地建物取引士が明示されなければならない**（規則16条の４の12第２項４号）。よって、本肢は宅建業法の規定に違反する。

≪出る順宅建士合格テキスト②　第10章　重要事項の説明≫
≪出る順宅建士合格テキスト②　第11章　37条書面≫

予想正解率　85％以上

1　受けることができる・・・・・・・・・・・・・・　重要度　★★★

　禁錮以上の刑に処せられた者は、その刑の執行を終わり、又は執行を受けることがなくなった日から５年間は、免許を受けることができない（業法５条１項５号）。しかし、刑の執行猶予期間を満了すると、その翌日から直ちに**免許を受けることができる**。よって、本肢のAは免許を受けることができる。

2　受けることができる・・・・・・・・・・・・・・　重要度　★★★

　禁錮以上の刑に処せられた者は、その刑の執行を終わり、又は執行を受けることがなくなった日から５年間は、免許を受けることができない（業法５条１項５号）。また、傷害罪、**暴行罪**、脅迫罪、背任罪等の罪を犯し、**罰金の刑に処せられた者**は、その刑の執行を終わり、又は執行を受けることがなくなった日から５年間は、免許を受けることができない（業法５条１項６号）。しかし、暴行罪であっても、拘留又は科料の刑に処せられた場合には、免許を受けることができる。よって、本肢のBは免許を受けることができる。

3　受けることができる・・・・・・・・・・・・・・　重要度　★★★

　傷害罪、暴行罪、脅迫罪、背任罪等の罪を犯し、**罰金の刑に処せられた者**は、その刑の執行を終わり、又は執行を受けることがなくなった日から５年間は、免許を受けることができない（業法５条１項６号）。**この中に威力業務妨害罪は入っていない**。よって、本肢のCは免許を受けることができる。

4　受けることができない・・・・・・・・・・・・　重要度　★★★

　傷害罪、暴行罪、脅迫罪、**背任罪**等の罪を犯し、**罰金の刑に処せられた者**は、その刑の執行を終わり、又は執行を受けることがなくなった日から５年間は、免許を受けることができない（業法５条１項６号）。よって、本肢のDは免許を受けることができず、本問の正解肢となる。

> 【**実力ＵＰ情報**】いわゆる「宅」、「背」、「暴力」の場合は、罰金でも免許を受けることができない。

≪出る順宅建士合格テキスト②　第３章　免許≫

1　誤 ・・・・・・・・・・・・・・・・・・・・・・・・・・・　**重要度　★★★**

　保証協会は、社員が社員の地位を失ったときは、当該社員であった者が納付した弁済業務保証金分担金の額に相当する弁済業務保証金を取り戻し、その取り戻した額に相当する額を返還する。この場合、弁済業務保証金の還付請求権者に対して、６カ月を下らない一定期間内に保証協会の認証を受けるため申し出るべき旨の公告をしなければならない（業法64条の11第１項、２項、３項、４項）。「公告」「取戻し」のいずれも**保証協会が行う**のであって、**Aが行うのではない**。よって、本肢は誤り。

2　誤 ・・・・・・・・・・・・・・・・・・・・・・・・・・・　**重要度　★★★**

　宅建業者で保証協会に加入しようとする者は、その**加入しようとする日までに**弁済業務保証金分担金を当該保証協会に納付しなければならない（業法64条の９第１項１号）。「**加入の日から30日以内**」ではない。よって、本肢は誤り。

> **【実力ＵＰ情報】**宅建業者は、営業保証金の供託・届出をして、その事業を行うこともできるので、保証協会に加入することは宅建業者の任意である。

3　誤 ・・・・・・・・・・・・・・・・・・・・・・・・・・・　**重要度　★★★**

　弁済業務保証金の還付があった場合、当該還付に係る社員又は社員であった者に対し、還付額に相当する額の還付充当金を保証協会に納付すべき旨の通知がなされるが、**この通知は保証協会が行う**（業法64条の10第１項）。甲県知事（免許権者）ではない。よって、本肢は誤り。

4　正 ・・・・・・・・・・・・・・・・・・・・・・・・・・・　**重要度　★★**

　宅建業者は、保証協会の社員の地位を失ったときは、当該**地位を失った日から１週間以内**に、**営業保証金を供託**しなければならない（業法64条の15）。よって、本肢は正しく、本問の正解肢となる。

≪出る順宅建士合格テキスト②　第７章　弁済業務保証金≫

 **損害賠償額の予定等の制限**

1　誤 ・・・・・・・・・・・・・・・・・・・・・・・・・・・　**重要度　★★★**

　宅建業者が自ら売主となる宅地又は建物の売買契約において、債務不履行を理由とする契約の解除に伴う**損害賠償額の予定**及び**違約金**を定めるときは、**合算して代金額の10分の２を超えてはならず**、これに違反する特約は、代金額の10分の２を**超える部分について無効**となる（業法38条）。本問の場合、価格3,000万円の10分の２は600万円であることから、損害賠償の予定額も違約金の額もともに600万円とすると、その

合計額は1,200万円となり、代金額の10分の2を超えてしまう。したがって、本問の特約は、600万円を超える部分について無効となる。よって、本肢は誤り。

2 誤・・・・・・・・・・・・・・・・・・・・・・・ **重要度 ★★★**

肢1の解説のとおり、宅建業者が自ら売主となる宅地又は建物の売買契約において、債務不履行を理由とする契約の解除に伴う損害賠償額の予定及び違約金の額を定めたときは、合算して代金額の10分の2を超えてはならない（業法38条）。合計で1,200万円という額は基準とはなっていない。よって、本肢は誤り。

3 誤・・・・・・・・・・・・・・・・・・・・・・・ **重要度 ★★★**

肢1の解説のとおり、違反する特約は、代金額の10分の2を**超える部分について無効**となる（業法38条）。特約自体が無効となるわけではない。よって、本肢は誤り。

4 正・・・・・・・・・・・・・・・・・・・・・・・ **重要度 ★★★**

肢1の解説のとおり、宅建業者が自ら売主となる宅地又は建物の売買契約においてする、債務不履行を理由とする契約の解除に伴う損害賠償額の予定及び違約金の額は、合算して代金額の10分の2を超えてはならず、これに違反する特約は、代金額の10分の2を**超える部分について無効**となる（業法38条）。よって、本肢は正しく、本問の正解肢となる。

≪出る順宅建士合格テキスト② 第13章 自ら売主制限≫

第**42**問	報酬額の制限	正解**3**	重要度 **A**

予想正解率 **60%**

ア 違反しない・・・・・・・・・・・・・・・・・・・・ **重要度 ★★★**

本肢の場合、建物の代金に消費税等が含まれているから、その分を差し引いた本体価格である3,000万円を基準として算出しなければならない。Aは甲から代理の依頼を受けているので、（3,000万円×3％＋6万円）×1.1×2＝211万2,000円が報酬の限度額になる（業法46条1項、2項、報酬告示第3）。よって、本肢は宅建業法の規定に違反しない。

イ 違反しない・・・・・・・・・・・・・・・・・・・・ **重要度 ★★★**

代金額は5,000万円なので、これが報酬計算の基礎となる。そして、1つの取引に複数の宅建業者が関与した場合、その複数の宅建業者が依頼者から受け取ることのできる報酬の限度額は、1人の宅建業者が関与した場合と同じである。したがって、本肢の場合、（5,000万円×3％＋6万円）×1.1＝171万6,000円をAが甲から、Bが乙からそれぞれ受領することができる（業法46条1項、2項、報酬告示第2）。よって、本肢は宅建業法の規定に違反しない。

ウ　違反しない ・・・・・・・・・・・・・・・・・・・・・・・　**重要度　★★★**

　交換の場合、高い方の価格を基礎として計算する。本問の場合、消費税等を控除した本体価格である4,000万円が報酬計算の基礎となる。したがって、本肢の場合、Aは甲から（4,000万円×3％＋6万円）×1.1＝138万6,000円を受領することができ、Bは乙からその2倍である277万2,000円を受領できるが、**A及びBが受領できる報酬の合計の限度額は277万2,000円となる**（業法46条1項、2項、報酬告示第2、3）。よって、本肢は宅建業法の規定に違反しない。

　以上より、違反しないものはア、イ、ウの三つであり、3が本問の正解肢となる。

≪出る順宅建士合格テキスト②　第14章　報酬額の制限≫

| 第**43**問 | 重要事項の説明 | 正解**4** | 重要度**A** |

予想正解率　85％以上

1　違反する ・・・・・・・・・・・・・・・・・・・・・・・　**重要度　★★★**

　建物の貸借の媒介の場合、**敷金**その他いかなる名義をもって授受されるかを問わず、契約終了時において**精算することとされている金銭の精算に関する事項**を、重要事項として説明しなければならない。そして、当該事項が定まっていない場合でもその旨を説明しなければならない（業法35条1項14号、規則16条の4の3第11号）。よって、本肢は宅建業法の規定に違反する。

2　違反する ・・・・・・・・・・・・・・・・・・・・・・・　**重要度　★★★**

　区分所有建物の貸借の媒介の場合、当該一棟の建物及びその敷地の管理が法人に委託されているときは、**その委託を受けている法人の商号又は名称、及び主たる事務所の所在地**を重要事項として説明しなければならない（業法35条1項6号、規則16条の2第8号）。したがって、**法人の場合は、その主たる事務所の所在地も説明しなければならない**。よって、本肢は宅建業法の規定に違反する。

【実力ＵＰ情報】この内容は、売買・交換、貸借を問わず説明が必要である。

3　違反する ・・・・・・・・・・・・・・・・・・・・・・・　**重要度　★★★**

　既存建物の貸借の媒介の場合、**建物状況調査を実施**しているかどうか、及びこれを実施している場合におけるその**結果の概要**を説明しなければならない（業法35条1項6号の2イ）。したがって、実施していなければ、実施していない旨を説明しなければならない。よって、本肢は宅建業法の規定に違反する。

4　違反しない ・・・・・・・・・・・・・・・・・・・・・・・　**重要度　★★★**

区分所有建物の売買・交換契約においては、**当該一棟の建物又はその敷地の一部を特定の者にのみ使用を許す旨の規約の定め（その案を含む。）があるとき**は、その内容は重要事項の説明の対象である（業法35条1項6号、規則16条の2第4号）。しかし、**区分所有建物の貸借契約の場合は、重要事項の説明の対象ではない**。よって、本肢は宅建業法の規定に違反せず、本問の正解肢となる。

≪出る順宅建士合格テキスト② 第10章 重要事項の説明≫

第44問 媒介・代理契約 正解 1 重要度 A

予想正解率 60%

ア 正 ・・・・・・・・・・・・・・・・・・・・・・・・・・・・ 重要度 ★★★

宅建業者は、媒介契約を締結したときは、定められた事項を記載した34条の2書面を、依頼者に交付しなければならない（業法34条の2第1項）。この中には、**都市計画法、建築基準法その他の法令に基づく制限に関する事項は含まれていない**。したがって、これらのことを34条の2書面に記載する必要はない。よって、本肢は正しい。

イ 誤 ・・・・・・・・・・・・・・・・・・・・・・・・・・・・ 重要度 ★★★

宅建業者は、34条の2書面に、媒介契約の**有効期間及び解除に関する事項を記載**しなければならない（業法34条の2第1項5号）。これは媒介契約の種類に左右されない。よって、本肢は誤り。

ウ 誤 ・・・・・・・・・・・・・・・・・・・・・・・・・・・・ 重要度 ★★★

宅建業者は、34条の2書面に、当該宅地又は建物を**売買すべき価額又はその評価額を記載**しなければならない（業法34条の2第1項2号）。これは媒介契約の種類に左右されず、一般媒介契約でも同様である。よって、本肢は誤り。

> 【実力UP情報】当該価額又は評価額について意見を述べるときは、その根拠を明らかにしなければならない。

以上より、正しいものはアの一つであり、1が本問の正解肢となる。

≪出る順宅建士合格テキスト② 第8章 媒介・代理契約≫

第45問 住宅瑕疵担保履行法 正解 4 重要度 B

予想正解率 40%未満

1 正 ・・・・・・・・・・・・・・・・・・・・・・・・・・・・ 重要度 ★★

住宅販売瑕疵担保保証金の額は、基準日における**販売新築住宅の合計戸数を基礎**として、新築住宅に品確法に規定する瑕疵があった場合に生ずる損害の状況を勘案して政令で定めるところにより算定する額以上の額である（住宅瑕疵担保履行法11条2項）。よって、本肢は正しい。

2　正・・・・・・・・・・・・・・・・・・・・・・・・・・・　**重要度　★★**

　住宅販売瑕疵担保保証金は、国土交通省令で定めるところにより、国債証券、地方債証券その他の**国土交通省令で定める有価証券をもって、これに充てることができる**（住宅瑕疵担保履行法11条5項）。よって、本肢は正しい。

3　正・・・・・・・・・・・・・・・・・・・・・・・・・・・　**重要度　★★**

　住宅販売瑕疵担保保証金の供託は、当該宅地建物取引業者の**主たる事務所の最寄りの供託所にする**ものとする（住宅瑕疵担保履行法11条6項）。よって、本肢は正しい。

4　誤・・・・・・・・・・・・・・・・・・・・・・・・・・・　**重要度　★★**

　住宅販売瑕疵担保保証金の供託をしている宅建業者は、基準日において当該住宅販売瑕疵担保保証金の額が当該基準日に係る基準額を超えることとなったときは、その超過額を取り戻すことができる。この場合、免許を受けた**国土交通大臣又は都道府県知事の承認を受けなければならない**（住宅瑕疵担保履行法16条、9条1項、2項）。しかし、**公告を要する旨の規定はない**。よって、本肢は誤りであり、本問の正解肢となる。

　　　　　　　　≪出る順宅建士合格テキスト②　第13章　自ら売主制限≫

第**46**問	住宅金融支援機構法	正解**4**	重要度**B**

予想正解率　50%

1　正・・・・・・・・・・・・・・・・・・・・・・・・・・・　**重要度　★**

　政府は、国会の議決を経た金額の範囲内において、**機構の長期借入金について保証することができる**（機構法20条）。よって、本肢は正しい。

2　正・・・・・・・・・・・・・・・・・・・・・・・・・・・　**重要度　★★★**

　機構が金融機関から譲り受ける貸付債権は、住宅の**建設又は購入に付随する土地又は借地権の取得に必要な資金の貸付けに係る貸付債権を含む**（機構法13条1項1号、施行令5条1項）。よって、本肢は正しい。

3　正・・・・・・・・・・・・・・・・・・・・・・・・・・・　**重要度　★★**

　機構は、必要があると認めるときは、**業務の委託を受けた者に対し、その委託を受けた業務について報告を求め**、又は機構の役員もしくは職員に、その委託を受けた業務について必要な調査をさせることができる（機構法16条3項）。よって、本肢は正

しい。

4　誤・・・・・・・・・・・・・・・・・・・・・・・・・　重要度　★

　災害により、**住宅又は主として住宅部分からなる建築物**が滅失した場合、機構は、これらに代わるべき建築物又は建築物の部分（災害復興建築物）の建設又は購入に必要な資金の貸付けを行うことができる（機構法13条1項5号、2条2項）。「専ら商業の用に供する建築物」が滅失した場合には、このような制度はない。よって、本肢は誤りであり、本問の正解肢となる。

> 【**解法の視点**】「住宅」金融支援機構という名前をヒントに考えれば、判断できるであろう。

≪出る順宅建士合格テキスト③　免除科目　第1章　住宅金融支援機構法≫

 第**47**問　**不当景品類及び不当表示防止法**　正解**❶**　重要度**Ⓑ**

予想正解率　40%未満

1　正・・・・・・・・・・・・・・・・・・・・・・・・・　重要度　★

　ガスは、都市ガス又はプロパンガスの別を明示して表示しなければならない（表示規約15条9号、規則9条25号）。したがって、これらの別を明らかにして表示すれば、ガス事業者の名称を表示しなくてもよい。よって、本肢は正しく、本問の正解肢となる。

2　誤・・・・・・・・・・・・・・・・・・・・・・・・・　重要度　★

　宅地の価格については、**上下水道施設・都市ガス供給施設の設置のための**費用その他**宅地造成に係る費用を含めて表示**しなければならず、また、これらの費用に**消費税及び地方消費税が課されるときは、その額を含めて表示**しなければならない（表示規約15条11号、規則9条34号）。よって、本肢は誤り。

3　誤・・・・・・・・・・・・・・・・・・・・・・・・・　重要度　★★

　懸賞により提供する景品類の最高額は、原則として、取引価額の20倍又は**10万円**のいずれか低い価額の範囲でなければならない（景品規約3条1項1号本文）。そして、本肢のようにキャッシュバックする場合でも、懸賞によるときは単なる値引きとは認められず、景品類の提供に当たる。したがって、50万円のキャッシュバックは認められない。よって、本肢は誤り。

> 【**実力ＵＰ情報**】単に値引きをするだけであれば、景品類には該当しないが、懸賞による場合や、割り戻した金銭を旅行費用に充当させるように、その使途を制限する場合には景品類に該当し、景品表示法上の規制がかかる。

4　誤・・・・・・・・・・・・・・・・・・・・・・・・・　重要度　★★

宅建業者が、不動産の購入者に対し、**懸賞によらないで提供する景品類**の場合、その最高額は、原則として、**取引価額の10分の1又は100万円のいずれか低い価額の範囲内**でなければならない（景品規約3条1項2号）。本肢の場合、取引価格が2,800万円〜6,500万円であることから、100万円が上限となる。そして、景品類の価額の算定は、景品類の提供に係る**取引の相手方がそれを通常購入する場合の価格**により行われる（景品規約施行規則7条1項）。したがって、市価が120万円であるため、90万円で入手したものであったとしても、提供することができない。よって、本肢は誤り。

≪出る順宅建士合格テキスト③　免除科目　第3章　不当景品類及び不当表示防止法≫

 **不動産の需給・統計**

予想正解率　50%

1　誤・・・・・・・・・・・・・・・・・・・・・・・・・　**重要度　★★★**

令和6年地価公示（令和6年3月公表）によれば、令和5年1月以降の1年間の**住宅地**は、**全国の平均変動率は2.0％増**と**3年連続の上昇**となり、上昇率が拡大した。よって、本肢は誤り。

2　誤・・・・・・・・・・・・・・・・・・・・・・・・・　**重要度　★★★**

建築着工統計調査報告（令和5年計。令和6年1月公表）によれば、令和5年の**新設住宅着工総戸数**は819,623戸で、前年比では4.6％減となり、**3年ぶりの減少**となった。よって、本肢は誤り。

3　正・・・・・・・・・・・・・・・・・・・・・・・・・　**重要度　★★**

公益財団法人不動産流通推進センターの「指定流通機構の活用状況について（2023年分）」（令和6年1月公表）によれば、2023年（2023年1月〜2023年12月）の指定流通機構の**新規登録件数**は、4,259,525件（前年比0.6％増）となった。よって、本肢は正しく、本問の正解肢となる。なお、売り物件1,390,196件（前年比17.8％増）、賃貸物件2,869,329件（前年比6.1％減）となっている。

> **【実力ＵＰ情報】**一定の媒介契約を締結した宅建業者に対し、国土交通大臣が指定する不動産流通機構に不動産物件情報を登録し、オンラインシステム（レインズ）を通じて物件情報の交換を行うことが義務付けられている。現在、全国で4指定流通機構が不動産取引に活用されている。

4　誤・・・・・・・・・・・・・・・・・・・・・・・・・　**重要度　★★**

建築着工統計調査報告（令和5年計。令和6年1月公表）によれば、令和5年の**新設住宅着工床面積**は、6,417.8万㎡で、前年より7.0％減少し、**2年連続の減少**となった。よって、本肢は誤り。

≪出る順宅建士合格テキスト③　免除科目　第2章　不動産の需給・統計≫

予想正解率　60%

1　適当・・・・・・・・・・・・・・・・・・・・・・・・・・・・ **重要度　★★**

　地盤がゆるいうえ、浅い地下水位により地盤に多くの水が蓄えられると液状化が生じやすくなる。丘陵地帯は一般に地盤が強く、また地下水位が深いのであれば液状化は生じにくい。よって、本肢は適当である。

2　最も不適当・・・・・・・・・・・・・・・・・・・・・ **重要度　★★**

　樹木が生育する斜面地では、その根が土層と堅く結合することにより、その範囲では樹木による安定効果を期待することができる。しかし、根より深い位置の斜面崩壊に対しては、樹木による安定効果を期待することはできない。よって、本肢は最も不適当であり、本問の正解肢となる。

3　適当・・・・・・・・・・・・・・・・・・・・・・・・・・・・ **重要度　★★**

　地表面の傾斜は、等高線の密度で読み取ることができ、等高線の密度が高い（間隔が狭い）所は傾斜が急で、等高線の密度が低い（間隔が広い）所は傾斜が緩やかである。よって、本肢は適当である。

4　適当・・・・・・・・・・・・・・・・・・・・・・・・・・・・ **重要度　★★**

　まさ（真土＝砂混じりの粘土）、しらす（白砂＝火山噴火に伴う火砕流、降下軽石およびこれらの二次堆積物）、山砂（古い河床や海底などにあった砂の層が地殻の変動で丘陵地になり、そこから産する砂）、段丘砂礫などの主として砂質土からなるのり面（切土や盛土などの傾斜面）は、地表水（雨水または湧水が直接地表面を流れてきたもの）による浸食には比較的弱いので、簡易な排水施設の設置により安定を図ることは難しい。よって、本肢は適当である。

≪出る順宅建士合格テキスト③　免除科目　第4章　土地≫

予想正解率　60%

1　最も不適当・・・・・・・・・・・・・・・・・・・・・ **重要度　★★**

　木材の圧縮強度は、繊維方向（繊維と同一方向）の方が、一般的には直角方向（繊維と直角方向）より5～10倍程度大きい。よって、本肢は最も不適当であり、本問の正解肢となる。

2 　適当 ・・・・・・・・・・・・・・・・・・・・・・・・・・ 　**重要度　★★**

　鉄骨鉄筋コンクリート造は、耐火性が高いことに加え、強度と靭性が大きく、高層建物等の構造に適している。よって、本肢は適当である。

> 【実力ＵＰ情報】「靭性（じんせい）」とは、材料の粘り強さのことをいう。

3 　適当 ・・・・・・・・・・・・・・・・・・・・・・・・・・ 　**重要度　★★**

　建築物に用いる**木材**は、湿潤状態に比べて**気乾状態**の方が**強度が大きく**なる。木材は乾燥するにつれて縮んで収縮し、収縮するほど強度が大きくなるのである。よって、本肢は適当である。

4 　適当 ・・・・・・・・・・・・・・・・・・・・・・・・・・ 　**重要度　★★**

　鉄は、炭素含有量が「多い」ほど、**引張り強さ及び硬さが増大**し、**伸びが減少**する。また、**鉄骨造**には、一般に**炭素含有量が「少ない」鋼**が用いられる（建基法施行令64条1項参照）。よって、本肢は適当である。

> 【実力ＵＰ情報】鋼は、製錬の過程で、銑鉄から炭素を減らして得られるものである。

≪出る順宅建士合格テキスト③　免除科目　第5章　建物≫

第4回　解答・解説

第４回　解答一覧

番号	正解	自己採点	出題項目	番号	正解	自己採点	出題項目
問 1	1		意思表示	問 26	3		媒介・代理契約
問 2	3		民法—その他の問題点	問 27	2		自ら売主制限 （自己の所有でない物件の契約制限）
問 3	3		物権変動	問 28	3		宅地建物取引士
問 4	4		民法総合	問 29	1		自ら売主制限 （クーリング・オフ）
問 5	4		保証・連帯債務	問 30	4		宅地建物取引業の意味
問 6	1		不法行為	問 31	3		営業保証金
問 7	1		民法—その他の問題点 （相隣関係）	問 32	3		３５条書面・３７条書面
問 8	4		相続	問 33	4		報酬額の制限
問 9	2		相殺	問 34	3		その他の業務上の規制
問 10	2		民法—その他の問題点 （地役権）	問 35	1		重要事項の説明
問 11	3		借地借家法（借地）	問 36	1		事務所以外の場所の規制
問 12	3		借地借家法（借家）	問 37	2		宅地建物取引士 （宅地建物取引士証）
問 13	4		建物区分所有法	問 38	3		宅建業法総合
問 14	2		不動産登記法	問 39	1		広告等に関する規制
問 15	3		都市計画法 （都市計画の内容）	問 40	3		宅建業法総合
問 16	4		都市計画法 （開発行為の規制等）	問 41	1		自ら売主制限
問 17	1		建築基準法総合	問 42	4		重要事項の説明
問 18	1		建築基準法総合	問 43	4		免許（免許の効力）
問 19	3		国土利用計画法	問 44	3		弁済業務保証金
問 20	2		農地法	問 45	4		自ら売主制限 （住宅瑕疵担保履行法）
問 21	3		土地区画整理法	問 46	1		住宅金融支援機構法
問 22	4		盛土規制法	問 47	3		不当景品類 及び不当表示防止法
問 23	1		所得税（譲渡所得）	問 48	4		不動産の需給・統計
問 24	2		不動産取得税	問 49	3		土地
問 25	1		不動産鑑定評価基準	問 50	3		建物

予想正解率　60%

1　正 ・・・・・・・・・・・・・・・・・・・・・・・・・・・　**重要度　★★★**

　取り消された行為は、初めから**無効**であったものとみなされるため、契約を取り消せば、**所有権は初めから移転しなかったことになる**（民法121条）。したがって、Aが契約を取り消した場合、所有権はAにあり、初めからBに移転しなかったことになる。よって、本肢は正しく、本問の正解肢となる。

2　誤 ・・・・・・・・・・・・・・・・・・・・・・・・・・・　**重要度　★**

　取り消すことができる行為の相手方が確定している場合には、その取消し又は追認は、相手方に対する意思表示によって行う（民法123条）。要するに、Aの取消しの意思表示は、**相手方であるBに対して行う必要があり、第三者Cに対して行うのではない**という趣旨である。よって、本肢は誤り。

3　誤 ・・・・・・・・・・・・・・・・・・・・・・・・・・・　**重要度　★**

　詐欺による意思表示は、**取り消すことができる**（民法96条１項）。この点、目的物の第三者への転売の有無や当該第三者の主観は影響しない。いわゆる「取消し前の第三者」が詐欺の事実について善意かつ無過失の場合には、当該第三者に対して取消しの効果を対抗することができなくなるが（民法96条３項）、契約の**取消しそのものができなくなるわけではない**。よって、本肢は誤り。

　【講師からのアドバイス】取り消すこと自体が認められないのであれば、「取消し前の第三者」というテーマ自体が存在しないはずである。取消しの可否と対抗の可否は次元の異なるテーマなので混乱しないように注意してほしい。

4　誤 ・・・・・・・・・・・・・・・・・・・・・・・・・・・　**重要度　★★★**

　詐欺による意思表示の取消しは、**善意でかつ過失がない第三者に対抗することができ**ないが、悪意又は過失のある第三者には取消しを対抗することができる（民法96条３項）。したがって、悪意の第三者であるEは、Aに対して甲建物の所有権を対抗することはできない。よって、本肢は誤り。

　【講師からのアドバイス】詐欺取消し前の第三者に関する基本的問題である。Eが登記を備えていることは影響しないので注意しよう。

≪出る順宅建士合格テキスト①　第１章　意思表示≫

141

LEC東京リーガルマインド 2024年版 出る順宅建士 当たる！ 直前予想模試　第４回　解説

予想正解率　40%未満

1　誤・・・・・・・・・・・・・・・・・・・・・・・・・・・・　**重要度　★★**

　停止条件付きの契約は、条件成就の時からその効力を生じるから、停止条件が成否未定の間は、その効力は生じない（民法127条1項）。しかし、**契約は意思表示の合致によって成立する**のが原則であり、このことは停止条件付きの契約であっても異なるものではない（民法522条）。したがって、停止条件が成就するまでの間でも、**契約は成立している**のであり、その効力が生じていないだけである。よって、本肢は誤り。

> **【解法の視点】**たとえば「試験に受かったらご褒美をあげよう。」と約束したような場合である。約束＝契約は成立している。ただ、試験に受かるまではご褒美はもらえない＝効力は生じていないというイメージである。

2　誤・・・・・・・・・・・・・・・・・・・・・・・・・・・・　**重要度　★**

　条件が成就しないことが契約時に確定していた場合に、その条件が**停止条件である**ときは、その契約は**無効**となる（民法131条2項）。よって、本肢は誤り。

> **【解法の視点】**「もし〇〇できたらこれをあげる。」といった場合で、契約の時に〇〇を実行することが不可能となっていたのであれば、条件を実現することは不可能なので契約自体を無効とするのである。

3　正・・・・・・・・・・・・・・・・・・・・・・・・・・・・　**重要度　★★**

　条件付き契約の各当事者は、条件の成否未定の間は、**条件の成就によりその契約から生ずべき相手方の利益を害することができない**（民法128条）。停止条件の成否未定の間に、Aが甲土地をCに売却して所有権移転登記をすることは、条件成就によるBの利益を害する行為であるから、Bは、Aに対して損害賠償を請求することができる（民法415条、709条）。したがって、Aは、Bに対して損害賠償義務を負うことがある。よって、本肢は正しく、本問の正解肢となる。

> **【解法の視点】**停止条件付きとはいえ、契約を結んでいる以上、好き勝手なことはできないのである。

4　誤・・・・・・・・・・・・・・・・・・・・・・・・・・・・　**重要度　★**

　停止条件の成否未定の間であっても、契約は成立しているから、当事者の権利義務は、**処分、相続、保存又はそのために担保を供することができる**（民法129条）。したがって、Bの死亡により、その相続人が契約上の買主としての地位を承継する（民法896条）。よって、本肢は誤り。

≪出る順宅建士合格テキスト① 第1章　意思表示≫

142

LEC東京リーガルマインド　2024年版 出る順宅建士 当たる！ 直前予想模試　第4回　解説

予想正解率　85％以上

1　正 ・・・・・・・・・・・・・・・・・・・・・・・・・　**重要度　★★★**

　不動産の二重譲渡では、原則として、先に登記を備えた者が第三者に所有権を対抗することができる（民法177条）。よって、本肢は正しい。

2　正 ・・・・・・・・・・・・・・・・・・・・・・・・・　**重要度　★★★**

　不動産の売買契約が強迫を理由に取り消された場合、売主がその不動産の所有権を**取消し後に利害関係を有するに至った第三者に対抗するには、登記を備えることが必要である**（民法177条、判例）。取消しによる売主への所有権の復帰と第三者への所有権の移転は二重譲渡と同様の関係にあるからである。よって、本肢は正しい。

3　誤 ・・・・・・・・・・・・・・・・・・・・・・・・・　**重要度　★★★**

　時効取得者は、時効完成前に原所有者から所有権を取得し登記を備えた者に対し、登記を備えなくても所有権の取得を対抗することができる（民法162条、判例）。両者は当事者の関係にあると考えるからである。よって、本肢は誤りであり、本肢の正解肢となる。

4　正 ・・・・・・・・・・・・・・・・・・・・・・・・・　**重要度　★★★**

　相続による権利の承継は、法定相続分を超える部分については、登記その他の対抗要件を備えなければ、第三者に対抗することができない（民法899条の2第1項、判例）。要するに、本肢のAは、登記を備えなければ、甲不動産をBから取得して所有権移転登記を経たCに対し、Bの持分の取得を対抗できないということである。よって、本肢は正しい。

≪出る順宅建士合格テキスト①　第10章　物権変動≫

予想正解率　40％未満

1　正 ・・・・・・・・・・・・・・・・・・・・・・・・・　**重要度　★★**

　根抵当権は、一定の範囲に属する不特定の債権を担保するために**極度額を限度**として設定できるが（民法398条の2第1項）、その債権の範囲は債務者と**一定の種類の取引によって生ずるもの**などに限定して定めなければならない（民法398条の2第2項）。よって、本肢は正しい。

2　正 ‥‥‥‥‥‥‥‥‥‥‥‥‥‥‥**重要度　★★**

　根抵当権者は、**極度額を限度として**、確定した元本、利息、損害賠償請求権等の全部について優先弁済権を主張できる（民法398の３第１項）。よって、本肢は正しい。

3　正 ‥‥‥‥‥‥‥‥‥‥‥‥‥‥‥**重要度　★★**

　根保証契約は、保証契約のうち、一定の範囲に属する不特定の債務を主たる債務とするものである（民法465条の２第１項）。したがって、賃貸借契約に基づく賃借人が賃貸人に負う一切の債務の保証契約は、その性質から、根保証契約に該当すると解される。よって、本肢は正しい。

> **【実力ＵＰ情報】**難しく考えることはない。普通の保証契約では、債務は特定されている（債務Ａに対し保証Ｂが設定されているという関係）ものの、根保証契約では、債務は特定されていない（毎月発生する賃料債務Ａ、Ｂ、Ｃ…に対し保証Ｄが設定されているという関係）ということである。

4　誤 ‥‥‥‥‥‥‥‥‥‥‥‥‥‥‥**重要度　★★**

　根保証契約において、個人が保証人となる場合（個人根保証契約）は、**極度額を定めなければ、その効力を生じない**（民法465条の２第２項）。しかし、法人が保証人となる場合に、このような規定はない。よって、本肢は誤りであり、本問の正解肢となる。

　　　　≪出る順宅建士合格テキスト① 　第12章　抵当権　第13章　保証・連帯債務≫

第**⑤**問	保証・連帯債務	正解**④**	重要度**Ａ**

予想正解率　75％

1　誤 ‥‥‥‥‥‥‥‥‥‥‥‥‥‥‥**重要度　★**

　「連帯の免除」とは、債権者と債務者との関係において、債務者の債務額をその負担部分の範囲に制限することをいう。連帯債務者の１人が**連帯の免除**を受けると、その債務者は自己の負担部分について、他の連帯債務者と独立して債務を負うことになるが、これは**他の連帯債務者には影響を及ぼさない**（民法441条本文）。したがって、Ａが連帯の免除を受けると、Ａは独立して1,000万円の債務を負担するが、Ｂ及びＣは、依然として3,000万円の連帯債務を負担することになる。よって、本肢は誤り。

2　誤 ‥‥‥‥‥‥‥‥‥‥‥‥‥‥‥**重要度　★★★**

　連帯債務者の１人が債権者を相続した場合、混同により、**その債務は消滅する**（民法520条本文）。この場合、他の連帯債務者の債務も、**混同の絶対効により消滅する**（民法440条）。したがって、ＡがＤを相続すると、Ａの債務は消滅し、Ｂ及びＣの債務も消滅するから、Ｂ及びＣも、Ｄの相続人であるＡに連帯債務を負わない。よって、本

肢は誤り。

> 【実力ＵＰ情報】債権の混同とは、債務者が債権者を相続した場合のように、債権が同一人に帰属することをいい、この場合、債権は原則として消滅する。

3　誤・・・・・・・・・・・・・・・・・・・・・・・・・・・**重要度　★★★**

　連帯債務の場合、債権者は、その**すべての連帯債務者に対し、全部又は一部の履行を請求することができる**（民法436条）。すなわち、各連帯債務者は、全部の履行義務を負うのであり、このことは連帯債務者間で負担部分を定めていても、同じである。したがって、Ｃは、3,000万円全額を支払わなければならない。よって、本肢は誤り。

4　正・・・・・・・・・・・・・・・・・・・・・・・・・・・**重要度　★★★**

　連帯債務者の１人のために時効が完成したとしても、**他の連帯債務者は、債務を免れない**（民法441条本文）。したがって、負担部分を債務の全部と定めたＡの時効が完成したとしても、Ｂ及びＣは、債務を免れない。よって、本肢は正しく、本問の正解肢となる。

> 【解法の視点】時効は相対効である。

≪出る順宅建士合格テキスト①　第13章　保証・連帯債務≫

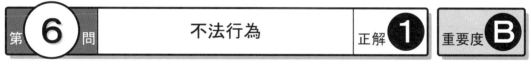

第６問　不法行為　正解①　重要度Ｂ

予想正解率　75%

1　正・・・・・・・・・・・・・・・・・・・・・・・・・**重要度　★★**

　被用者が、事業の執行について第三者に損害を与えたときは、被用者自身と並んで、使用者も損害賠償責任を負う（使用者責任、715条１項）。そして、事業の執行についてといえるための要件となる**被用者の職務の範囲内かどうかは、相手方保護のため、行為の外形から客観的に判断される**（判例）。したがって、Ｂの行為が職務行為そのものには属しない場合であっても、行為の外形から判断して、Ｂの職務の範囲内に属すると認められるとき、Ａは、Ｃに対して使用者責任を負うことがある。よって、本肢は正しく、本問の正解肢となる。

2　誤・・・・・・・・・・・・・・・・・・・・・・・・・**重要度　★**

　相手方が被用者に職務権限がないことについて悪意又は重過失で取引を行った場合、使用者は**使用者責任を負わない**（判例）。このような場合にまで相手方を保護する必要はないからである。したがって、Ｂが職務権限なく行為していることについて、Ｃが重過失で知らなかったとき、Ａは、Ｃに対して使用者責任を負わない。よって、本肢は誤り。

3　誤 ・・・・・・・・・・・・・・・・・・・・・・・・・・・・・・・・　**重要度　★★**

　被用者が負う損害賠償債務と使用者が負う損害賠償債務とは、連帯債務関係に立つ。そして、**一方の債務が時効によって消滅したとしても、もう一方の債務が消滅することはない**（相対効の原則、民法441条）。よって、本肢は誤り。

4　誤 ・・・・・・・・・・・・・・・・・・・・・・・・・・・・・・・・　**重要度　★★**

　使用者が使用者責任として損害賠償債務を履行した場合、**使用者は被用者に求償することができる**（民法715条３項）。これは、被用者の故意又は重過失とは無関係である。よって、本肢は誤り。

≪出る順宅建士合格テキスト①　第19章　不法行為≫

第**7**問　　　　**相隣関係**　　　正解**1**　重要度**C**

予想正解率　40％未満

1　正 ・・・・・・・・・・・・・・・・・・・・・・・・・・・・・・・・　**重要度　★★**

　他の土地に囲まれて公道に通じない土地の所有者は、公道に至るため、**その土地を囲んでいる他の土地を通行することができる**（民法210条１項）。そして、この場合、他の土地の通行権を有する者は、必要があるときは、**通路を開設することができる**（民法211条２項）。よって、本肢は正しく、本問の正解肢となる。

2　誤 ・・・・・・・・・・・・・・・・・・・・・・・・・・・・・・・・　**重要度　★★**

　土地の所有者は、隣地の竹木の枝が境界線を越えるときは、その竹木の所有者に、その枝を切除させることができる（民法233条１項）。あくまで、**切り取らせることができるのが原則であって、自分で切り取ることは認められていない**。ただし、①竹木の所有者に枝を切除するよう**催告**したにもかかわらず、竹木の所有者が相当の期間内に切除しないとき、②竹木の所有者を**知ることができず、又はその所在を知ることができないとき**、③**急迫の事情があるとき**のいずれかに該当する場合は、土地の所有者は、**自分でその枝を切り取ることができる**（民法233条３項各号）。本肢は②に該当す

る場合なので、例外的に自分でその枝を切り取ることができる。よって、本肢は誤り。

3　誤・・・・・・・・・・・・・・・・・・・・・・・・・・・・・・　重要度　★★

隣人の承諾がなければ、その住家に立ち入ることはできない（民法209条１項但書）。通知することによって、その住家に立入ることができるわけではない。よって、本肢は誤り。

> 【実力ＵＰ情報】土地の所有者は、境界又はその付近において障壁又は建物を築造、収去し又は修繕するため必要な範囲内で、隣地の使用を請求することができる（民法209条１項本文）。

4　誤・・・・・・・・・・・・・・・・・・・・・・・・・・・・・・　重要度　★

境界標の設置及び保存の費用は、相隣者が**等しい割合で負担する**（民法224条本文）。よって、本肢は誤り。

> 【実力ＵＰ情報】測量の費用は、その土地の広狭に応じて分担する（民法224条但書）。

≪出る順宅建士合格テキスト①　第24章　相隣関係≫

 **第8問**　相続（配偶者居住権）　正解**4**　重要度**B**

予想正解率　60%

1　誤・・・・・・・・・・・・・・・・・・・・・・・・・・・・・・　重要度　★★

配偶者居住権の取得者は、居住建物の全部について無償で**使用及び収益**をする権利を有する（民法1028条１項）。よって、本肢は誤り。

2　誤・・・・・・・・・・・・・・・・・・・・・・・・・・・・・・　重要度　★★

配偶者居住権の存続期間は、**原則として配偶者の終身**の間とするが、**別段の定めが可能**である（民法1030条）。よって、本肢は誤り。

3　誤・・・・・・・・・・・・・・・・・・・・・・・・・・・・・・　重要度　★★

配偶者居住権の取得者は、当該権利を**譲渡することはできない**（民法1032条２項）。よって、本肢は誤り。

> 【講師からのアドバイス】「配偶者居住権」は文字通り「配偶者」に認められる権利である。これを他人に譲渡できるということは、他人が配偶者としての権利を主張できることを意味するので、不自然極まりないとイメージできるであろう。

4　正・・・・・・・・・・・・・・・・・・・・・・・・・・・・・・　重要度　★★

配偶者居住権の**対抗要件は登記**である（民法1031条２項、605条）。よって、本肢は正しく、本問の正解肢である。

第9問 相殺 正解❷ 重要度Ⓒ

予想正解率 40%未満

1 誤 ・・・・・・・・・・・・・・・・・・・・・・ 重要度 ★

判決文は、「自働債権および受働債権の弁済期の前後を問わず」としているので、受働債権の弁済期が先に到来する場合でも、**相殺適状となれば相殺をすることができる**。よって、本肢は誤り。

【解法の視点】「自働債権」とは相殺しようとする者の債権のことであり、「受働債権」とは相殺しようとする者の債務のことである。

2 正 ・・・・・・・・・・・・・・・・・・・・・・ 重要度 ★

判決文は**差押前に取得した債権**であれば**差押後の相殺を認めている**。よって、本肢は正しく、本問の正解肢となる。

3 誤 ・・・・・・・・・・・・・・・・・・・・・・ 重要度 ★

判決文は、「その債権が差押後に取得されたものでないかぎり」としているため、**差押後に取得された債権で相殺をすることはできない**（民法511条1項）。よって、本肢は誤り。

4 誤 ・・・・・・・・・・・・・・・・・・・・・・ 重要度 ★

判決文は、「その債権が差押後に取得されたものでないかぎり、自働債権および受働債権の弁済期の前後を問わず、相殺適状に達しさえすれば」としているので、自働債権が差押前に取得されていれば足り、**差押前に相殺適状に達している必要はない**。よって、本肢は誤り。

≪出る順宅建士合格テキスト① 第23章 相殺≫

第10問 地役権 正解❷ 重要度Ⓒ

1　誤・・・・・・・・・・・・・・・・・・・・・・・・・・・　**重要度　★**

　地役権の設定行為で定める目的は、**他人の土地（承役地）を自己の土地（要役地）の便益に供するものであればよい**（民法280条）。したがって、眺望を目的とする地役権も設定することができる。よって、本肢は誤り。

> **【実力ＵＰ情報】**要役地とは、地役権者の土地であって、他人の土地から便益を受けるものをいう。一方、承役地とは、地役権者以外の者の土地であって、要役地の便益に供されるものをいう。

2　正・・・・・・・・・・・・・・・・・・・・・・・・・・・　**重要度　★★**

　地役権は、設定行為に別段の定めがない限り、要役地の所有権に従たるものとして、**その所有権とともに移転する**（地役権の付従性、民法281条１項本文）。つまり、地役権は、土地の便益のための権利であるから、土地の所有者が代わっても、そのままその土地上に存続するのである。したがって、Aが甲土地をCに譲渡すると、Cが所有権とともに地役権を取得し、Cが地役権者となる。よって、本肢は正しく、本問の正解肢となる。

> **【実力ＵＰ情報】**土地区画整理事業の換地処分があった場合、従前の宅地に存した地役権は、換地に移行せず、従前の宅地に存続するのもこのためである。

3　誤・・・・・・・・・・・・・・・・・・・・・・・・・・・　**重要度　★**

　地役権は、**継続的に行使**され、かつ、**外形上認識することができる**ものであれば、時効によって取得することができる（民法283条）。よって、本肢は誤り。

4　誤・・・・・・・・・・・・・・・・・・・・・・・・・・・　**重要度　★**

　地役権の承役地（Bの土地）と要役地（Aの土地）とは、必ずしも**隣接している必要はない**。よって、本肢は誤り。

≪出る順宅建士合格テキスト①　第24章　地役権≫

 **借地借家法（借地）** 　正解**③**　

1　誤・・・・・・・・・・・・・・・・・・・・・・・・・・・　**重要度　★★**

　建物所有を目的としないＡＢ間の土地賃貸借契約には、借地借家法は適用されず、民法のみが適用され、その**存続期間は50年が上限である**（民法604条１項）。よって、本肢は誤り。これに対して、建物所有を目的とするＣＤ間の土地賃貸借契約は借地借家法が適用されるので、その存続期間は30年以上でなければならないが（借地借家法

３条本文）、35年と定めれば35年（借地借家法３条但書）となるので、後半の記述は正しい。

2　誤‥‥‥‥‥‥‥‥‥‥‥‥‥‥‥‥‥　重要度　★★★

　ＡＢ間の土地賃貸借の期間が満了した後、Ｂが甲土地の使用を継続する場合、賃貸人Ａがこれを知りながら異議を述べないときは、ＡＢ間の賃貸借契約は更新したものと推定される（民法619条１項前段）。よって、本肢は誤り。また、ＣＤ間の土地賃貸借の期間満了後にＤが乙土地の使用を継続した場合、建物がある場合に限り、原則として、ＣＤ間の賃貸借契約が更新されたものとみなされるが（借地借家法５条２項）、最初の更新の期間は20年である（借地借家法４条本文かっこ書）。よって、後半の記述も誤り。

3　正‥‥‥‥‥‥‥‥‥‥‥‥‥‥‥‥‥　重要度　★★★

　ＡＢ間の土地賃貸借契約は、民法のみが適用されるので、賃借人Ｂは賃借権の登記をしなければ、新所有者Ｅに対抗することができない（民法605条）。これに対して、ＣＤ間の土地賃貸借契約は借地借家法が適用されるので、乙土地上に借地権者Ｄが登記されている建物を所有するときは第三者Ｆに対抗することができる（借地借家法10条１項）。よって、本肢は正しく、本問の正解肢となる。

4　誤‥‥‥‥‥‥‥‥‥‥‥‥‥‥‥‥‥　重要度　★★★

　ＡＢ間の土地賃貸借契約は、当事者の合意があれば、書面により契約を締結しなくても効力を生じる（民法601条）。これに対して、ＣＤ間の土地賃貸借契約は専ら事業の用に供する建物の所有を目的とし、かつ、存続期間を10年以上50年未満としている事業用借地権である（借地借家法23条１項、２項）。そして、事業用借地権の設定は公正証書によってしなければならない（借地借家法23条３項）。あくまで「公正証書」による必要があるのであって、「公正証書等の書面」ではない。よって、本肢は誤り。

> 【解法の視点】長期の定期借地権の設定は、公正証書等の書面によらなければならない。一方、建物譲渡特約付借地権は、書面で定める必要はない。

《出る順宅建士合格テキスト①　第18章　借地借家法②》

第⑫問	借地借家法（借家）	正解❸	重要度Ⓑ

予想正解率　75%

1　誤‥‥‥‥‥‥‥‥‥‥‥‥‥‥‥‥‥　重要度　★

　必要費とは単なる原状維持ないし原状回復のための費用に限らず、目的物を通常の用法に適する状態において保存するために支出された費用も含む（判例）。よって、本肢は誤り。

2　誤・・・・・・・・・・・・・・・・・・・・・・・・・・・・　**重要度　★★★**

　建物の賃借人が有益費を支出した後、その建物の賃貸人が交替した場合、特段の事情がない限り、**新賃貸人が有益費の償還義務を承継し、旧賃貸人は有益費の償還義務を負わない**（判例）。したがって、AはCに対し有益費の償還請求をすることができる。よって、本肢は誤り。

3　正・・・・・・・・・・・・・・・・・・・・・・・・・・・・　**重要度　★★★**

　建物の賃貸人の同意を得て建物に付加した造作がある場合、賃借人は建物賃貸借が期間満了又は解約申入れによって終了するとき、賃貸人に対し、その造作を時価で買い取るべきことを請求することができる（造作買取請求権、借地借家法33条1項）。そして、**造作買取請求権は転借人にも認められている**（借地借家法33条2項）。したがって、賃貸借契約終了の際、特約がない限り、DはBに対し造作を買い取ることを請求することができる。よって、本肢は正しく、本問の正解肢となる。

4　誤・・・・・・・・・・・・・・・・・・・・・・・・・・・・　**重要度　★★★**

　建物の賃貸借は、登記がなくても、**建物の引渡しがあれば、その賃借権を第三者に対抗することができる**（借地借家法31条）。そして、この場合、転借人が建物に居住していれば引渡しがあったといえる。したがって、AはFに対し賃借権を対抗することができる。よって、本肢は誤り。

≪出る順宅建士合格テキスト①　第17章　借地借家法①≫

| 第⑬問 | 建物区分所有法 | |

予想正解率　60%

1　誤・・・・・・・・・・・・・・・・・・・・・・・・・・・・　**重要度　★★★**

　共用部分の保存行為は、規約に別段の定めがない限り、集会の決議を経ずに各区分所有者が単独ですることができる（区分所有法18条1項但書）。よって、本肢は誤り。

2　誤・・・・・・・・・・・・・・・・・・・・・・・・・・・・　**重要度　★★★**

　「著しい変更を伴わないもの」を除く共用部分の変更とは、いわゆる重大変更のことを指すが、当該変更は、区分所有者及び議決権の各4分の3以上の多数による集会の決議で決するとされている（区分所有法17条1項本文）。ただし、**この区分所有者の定数は、規約でその過半数まで減ずることができる**（区分所有法17条1項但書）。しかし、議決権については、規約で減ずることはできない。よって、本肢は誤り。

3　誤・・・・・・・・・・・・・・・・・・・・・・・・・・・・　**重要度　★★**

　規約の設定・変更・廃止は、区分所有者及び議決権の各4分の3以上の多数による集会の決議によってする（区分所有法31条1項前段）。そして、この場合において、**規約の設定・変更・廃止が一部の区分所有者の権利に特別の影響を及ぼすべきときは、**

その承諾を得なければならない（区分所有法31条１項後段）。したがって、規約の変更によって特別の影響を受ける区分所有者の承諾を得られないときは、区分所有者及び議決権の各４分の３以上の多数による決議をもってしても、規約の変更をすることができない。よって、本肢は誤り。

4　正 ・・・・・・・・・・・・・・・・・・・・・・・・・・・　重要度　★★

区分所有建物の一部が滅失し、その**滅失した部分がその区分所有建物の価格の２分の１を超えるとき**は、集会において、**区分所有者及び議決権の各４分の３以上の多数**で、**滅失した共用部分を復旧する旨の決議をすることができる**（区分所有法61条５項）。この点については、規約で別段の定めができる旨の規定はないので、規約によっても別段の定めをすることはできない。よって、本肢は正しく、本問の正解肢である。

≪出る順宅建士合格テキスト①　第15章　建物区分所有法≫

第14問　不動産登記法　正解 ❷　重要度 Ⓑ

予想正解率　60%

1　正 ・・・・・・・・・・・・・・・・・・・・・・・・・・・　重要度　★★

区分建物の所有権の保存の登記は、**表題部所有者から所有権を取得した者も、申請することができる**（不登法74条２項）。よって、本肢は正しい。

2　誤 ・・・・・・・・・・・・・・・・・・・・・・・・・・・　重要度　★★

委任による登記申請の代理権は、本人の死亡によっても消滅しない（不登法17条１号）。よって、本肢は誤りであり、本問の正解肢である。

3　正 ・・・・・・・・・・・・・・・・・・・・・・・・・・・　重要度　★

登記官は、その登記をすることによって申請人自らが登記名義人となる場合において、当該登記を完了したときは、速やかに、当該申請人に対し、当該登記に係る登記識別情報を通知しなければならない（不登法21条）。ただし、**当該申請人があらかじめ登記識別情報の通知を希望しない旨の申出をした場合は、この限りでない**（不登法21条但書）。よって、本肢は正しい。

4　正 ・・・・・・・・・・・・・・・・・・・・・・・・・・・　重要度　★★

何人も、**正当な理由があるとき**は、登記官に対し、手数料を納付して、登記簿の附属書類（土地所在図、地積測量図、地役権図面、建物図面及び各階平面図を除く。）の全部又は一部（その正当な理由があると認められる部分に限る。）の**閲覧を請求することができる**（不登法121条３項、不登令21条１項）。よって、本肢は正しい。

≪出る順宅建士合格テキスト①　第11章　不動産登記法≫

第15問 都市計画法（都市計画の内容）　正解 ③　重要度 A

予想正解率　60%

1 誤・・・・・・・・・・・・・・・・・・・・・・・・・・・ 重要度 ★★

特定用途制限地域は、用途地域が定められていない土地の区域（市街化調整区域を除く）において定める地域である（都計法9条15項）。よって、「用途地域が定められている土地の区域内」とする本肢は誤り。

2 誤・・・・・・・・・・・・・・・・・・・・・・・・・・・ 重要度 ★★★

都市施設は、円滑な都市活動を確保し、良好な都市環境を保持するように定める。この場合において、**市街化区域及び区域区分が定められていない都市計画区域**については、少なくとも**道路、公園及び下水道を定める**（都計法13条1項11号）。よって、本肢は誤り。

> 【実力UP情報】住居系の用途地域においては、義務教育施設も定める。

3 正・・・・・・・・・・・・・・・・・・・・・・・・・・・ 重要度 ★

特定街区に関する都市計画の案については、一定の利害関係を有する者の同意を得なければならない（都計法17条3項、施行令11条）。よって、本肢は正しく、本問の正解肢となる。

> 【実力UP情報】特定街区は、市街地の整備改善を図るため、街区内における建築物について、建築基準法の容積率等の制限を適用せず、都市計画に別の規定を定める街区である。

4 誤・・・・・・・・・・・・・・・・・・・・・・・・・・・ 重要度 ★★

市街地開発事業に関する都市計画は、小規模な土地区画整理事業等については市町村、**大規模な事業**であって、国の機関又は都道府県が施行すると見込まれるものについては都道府県が定める（都計法15条1項6号）。すべて市町村が定めるわけではない。よって、本肢は誤り。

≪出る順宅建士合格テキスト③　第1章　都市計画法（都市計画の内容）≫

第16問 都市計画法（開発行為の規制等）　正解 ④　重要度 B

予想正解率　60%

1 誤・・・・・・・・・・・・・・・・・・・・・・・・・・・ 重要度 ★

主として、自己の居住の用に供する住宅の建築の用に供する目的で行う開発行為「以外」の開発行為にあっては、開発区域内に特定都市河川浸水被害対策法に規定す

る浸水被害防止区域その他政令で定める開発行為を行うのに適当でない区域内の土地を含んではならない（都計法33条１項８号）。しかし、自己の居住の用に供する住宅の建築の用に供する目的で行う開発行為にあっては、このような規定はない。よって、本肢は誤り。

> 【講師からのアドバイス】比較的近時の改正点である。自宅を建てるための開発行為を、あえて危険な場所で行おうとする行為には干渉しないとイメージすればよいだろう。

2　誤 ・・・・・・・・・・・・・・・・・・・・・・・・・・　重要度　★★

開発許可を受けようとする者は、所定の事項を記載した申請書を都道府県知事に提出しなければならない（都計法30条１項）。この場合、予定建築物については、その**用途は記載しなければならないが、構造及び設備に関しては、記載する必要はない**（都計法30条１項２号）。よって、本肢は誤り。

3　誤 ・・・・・・・・・・・・・・・・・・・・・・・・・・　重要度　★★

開発許可を受けようとする者は、開発区域内の土地又は建築物等につき工事の実施の妨げとなる権利を有する者の**相当数の同意を得れば足り**（都計法33条１項14号）、開発許可の申請書には、この権利者の相当数の同意を得たことを証する書類を添付しなければならない（都計法30条２項、施行規則17条１項３号）。したがって、権利者の全員の同意を得たことを証する書面を添付する必要はない。よって、本肢は誤り。

4　正 ・・・・・・・・・・・・・・・・・・・・・・・・・・　重要度　★

航空法に規定するいわゆる旅客ターミナルビルは、駅舎、図書館、公民館、変電所等と同様に**公益上必要な建築物**に当たる（都計法29条１項但書３号、施行令21条９号）。したがって、区域や規模にかかわらず、開発許可を受けなくてよい。よって、本肢は正しく、本問の正解肢となる。

≪出る順宅建士合格テキスト③　第１章　都市計画法（開発行為の規制等）≫

第17問　建築基準法総合　　正解❶　重要度Ⓑ

予想正解率　60%

1　誤 ・・・・・・・・・・・・・・・・・・・・・・・・・・　重要度　★★

建築物の**高さ31ｍ以下の部分にある３階以上の階**には、原則として**非常用の進入口**を設けなければならない（建基法施行令126条の６）。高さ31ｍ以下の部分にある全ての階に設けるのではない。よって、本肢は誤りであり、本問の正解肢となる。

> 【実力ＵＰ情報】高さ31ｍを超える建築物には、原則として非常用の昇降機を設けなければならない。

2 正 ・・・・・・・・・・・・・・・・・・・・・・・・・ **重要度 ★★**

　防災上の通路や避難経路を十分に確保するため、**特殊建築物、3階以上の建築物、敷地が袋路状道路にのみ接する延べ面積が150㎡を超える建築物（一戸建ての住宅を除く。）** などの一定の建築物については、**地方公共団体** が、それらの建築物の特殊性を考慮して、**条例で、接道義務を付加** することができる（建基法43条3項）。よって、本肢は正しい。

> **【実力ＵＰ情報】** 本肢の他、敷地が幅員4m以上の道（道路に該当するものを除き、避難及び通行の安全上必要な国土交通省令で定める基準に適合するものに限る。）に2m以上接する建築物のうち、利用者が少数である建築物で、特定行政庁が交通上、安全上、防火上及び衛生上支障がないと認めるものは、近時の改正により接道義務が適用除外となった。

3 正 ・・・・・・・・・・・・・・・・・・・・・・・・・ **重要度 ★★★**

　商業地域 は、日影による中高層の建築物の制限が適用されない（建基法56条の2第1項、別表（四）（い）参照）。しかし、**対象区域外** にある高さが10mを超える建築物で、**冬至日** において、**対象区域内** の土地に日影を生じさせるものは、当該対象区域内にある建築物とみなして、法56条の2第1項の規定による **日影規制が適用される**（建基法56条の2第4項）。よって、本肢は正しい。

> **【実力ＵＰ情報】** 商業地域、工業地域、工業専用地域においては、日影規制の対象区域として指定することができない。

4 正 ・・・・・・・・・・・・・・・・・・・・・・・・・ **重要度 ★★**

　工業地域内においては学校を建築することはできないが、この学校から幼保連携型認定こども園は除かれている（建基法別表第二（を））。したがって、**幼保連携型認定こども園は工業地域内に建築** することができる。よって、本肢は正しい。

> **【解法の視点】** 幼保連携型認定こども園は全ての用途地域で建築することができる。

≪出る順宅建士合格テキスト③　第2章　建築基準法≫

第 ⑱ 問　　建築基準法総合　　正解 ❶　重要度 Ⓐ

予想正解率　75%

1 正 ・・・・・・・・・・・・・・・・・・・・・・・・・ **重要度 ★★**

　建築物に **宅配ボックス** を設ける場合、宅配ボックスの設置部分について延べ面積に **100分の1** を乗じて得た面積を限度として、容積率規制における **延べ面積に算入しない**（建基法施行令2条1項4号ヘ、3項6号）。共同住宅に限らず、オフィスや商業施設など多様な用途の建築物が対象である。よって、本肢は正しく、本問の正解肢となる。

2　**誤**・・・・・・・・・・・・・・・・・・・・・・・・・・　**重要度　★★★**

　　都市計画区域内又は**準都市計画区域内**（いずれも都道府県知事が都道府県都市計画審議会の意見を聴いて指定する区域を除く。）において建築物を**新築**しようとする場合、建築物の規模を問わず、**建築確認を受ける必要がある**（建基法６条１項４号）。よって、本肢は誤り。

3　**誤**・・・・・・・・・・・・・・・・・・・・・・・・・・　**重要度　★★★**

　　建築物の敷地が用途規制の異なる地域にわたる場合は、敷地の全部について敷地の**過半の属する地域の用途規制が適用される**（建基法91条）。したがって、本肢の場合、敷地の過半の属する近隣商業地域として用途規制が適用される。そして、**劇場・映画館**等は、客席部分の床面積にかかわらず**近隣商業地域、商業地域、準工業地域において建築することができる**（建基法48条、別表第二）。したがって、客席部分の床面積の合計が300㎡の映画館は、建築することができる。よって、本肢は誤り。

4　**誤**・・・・・・・・・・・・・・・・・・・・・・・・・・　**重要度　★★★**

　　道路斜線制限は、**都市計画区域及び準都市計画区域内において適用**される（建基法56条１項１号、別表第三）。したがって、第一種低層住居専用地域内においても適用される。よって、本肢は誤り。

≪出る順宅建士合格テキスト③　第２章　建築基準法≫

| 第**19**問 | 国土利用計画法 | 正解**3** | 重要度**A** |

予想正解率　75%

1　**誤**・・・・・・・・・・・・・・・・・・・・・・・・・・　**重要度　★★★**

　　市街化区域内においては、2,000㎡以上の一団の土地の売買等の契約を締結した場合には、当事者のうち当該土地売買等の契約により土地に関する権利の移転又は設定を受けることとなる者（権利取得者）が事後届出をしなければならない（国土法23条１項、２項１号イ）。したがって、本肢の場合、Ｂは届出をする必要があるが、Ａは届出をする必要はない。よって、本肢は誤り。

2 誤 ・・・・・・・・・・・・・・・・・・・・・・・・・・・・・ **重要度 ★★★**

　都市計画区域以外の区域において10,000㎡以上の一団の土地売買等の契約を締結した場合、原則として**事後届出をする必要がある**（国土法23条１項、２項１号ハ）。そして、一団の土地であるか否かは、**権利取得者を基準に判断される**（国土法23条２項１号かっこ書）。準都市計画区域は都市計画区域以外の区域であり、Cは一定の計画に基づき18,000㎡の一団の土地を購入しているから、事後届出をする必要がある。よって、本肢は誤り。

3 正 ・・・・・・・・・・・・・・・・・・・・・・・・・・・・・ **重要度 ★★★**

　市街化調整区域内において5,000㎡以上の一団の土地売買契約等を締結した場合、原則として**事後届出をしなければならない**（国土法23条１項、２項１号ロ）。ここでいう売買契約等には**予約も含まれる**（国土法23条１項、14条１項かっこ書）。したがって、本肢の場合、事後届出をする必要がある。よって、本肢は正しく、本問の正解肢となる。

4 誤 ・・・・・・・・・・・・・・・・・・・・・・・・・・・・・ **重要度 ★★★**

　２の解説で述べたとおり、本肢は20,000㎡であるから、事後届出をする必要がある（国土法23条１項、２項１号ハ）。この場合、土地売買等の契約による土地に関する権利の移転又は設定後における**土地の利用目的**や土地売買等の契約にかかる土地に関する権利の移転又は設定の**対価の額**等一定の事項を届け出なければならない（国土法23条１項）。よって、本肢は誤り。

　【実力ＵＰ情報】対価が金銭以外のものであるときは、時価を基準として金銭に見積もった額を届け出る。

≪出る順宅建士合格テキスト③　第３章　国土利用計画法≫

| 第**20**問 | 農地法 | 正解**2** | 重要度**A** |

予想正解率　85%

1 正 ・・・・・・・・・・・・・・・・・・・・・・・・・・・・・ **重要度 ★★**

　土地区画整理法に基づく**土地区画整理事業**により道路、公園等公共施設を建設するために、農地を転用する場合には、**農地法４条の許可を必要としない**（農地法４条１項但書８号、規則29条５号）。よって、本肢は正しい。

2 誤 ・・・・・・・・・・・・・・・・・・・・・・・・・・・・・ **重要度 ★★★**

　農地を農地以外のものにするために取得する場合、原則として、**農地法５条の許可を受けなければならない**（農地法５条１項）。よって、本肢は誤りであり、本問の正解肢となる。なお、耕作の事業を行う者がその農地（２アール未満のものに限る）をその者の農作物の育成もしくは養畜の事業のための農業用施設に供する場合には、農

地法4条の許可を得る必要はない（農地法4条1項但書8号、規則29条1号）。

> 【講師からのアドバイス】「転用する目的で取得」するのか、「自己の農地を転用」するのか必ず確認しよう。

3　正・・・・・・・・・・・・・・・・・・・・・・・・・・・・・ 重要度　★★★

　農地の取得が競売によるものであっても許可を不要とする規定はなく、**抵当権の実行（競売）により農地を取得すること**は、農地の権利移動（農地法3条1項）又は農地の転用のための権利移動（農地法5条1項）にあたる。よって、本肢は正しい。

4　正・・・・・・・・・・・・・・・・・・・・・・・・・・・・・ 重要度　★★★

　農地又は採草放牧地について**相続・遺産の分割**により使用・収益を目的とする権利を取得する場合には、農地法3条1項の**許可を受ける必要はない**（農地法3条1項但書12号）。なお、農地又は採草放牧地について相続・遺産分割により使用・収益を目的とする権利を取得した場合、遅滞なく、その農地又は採草放牧地の存する市町村の**農業委員会にその旨を届け出なければならない**（農地法3条の3）。よって、本肢は正しい。

≪出る順宅建士合格テキスト③　第4章　農地法≫

第**㉑**問　土地区画整理法　　正解**❸**　重要度**Ⓐ**

予想正解率　60%

1　正・・・・・・・・・・・・・・・・・・・・・・・・・・・・・ 重要度　★★★

　仮換地を指定した場合において、その仮換地に使用又は収益の障害となる物件が存するときは、その仮換地について使用又は収益を開始することができる日を、**仮換地の指定の効力発生の日と別に定めることができる**（区画法99条2項）。よって、本肢は正しい。

2　正・・・・・・・・・・・・・・・・・・・・・・・・・・・・・ 重要度　★★

　換地計画において換地を定める場合においては、**換地及び従前の宅地の位置、地積、土質、水利、利用状況、環境等が照応するように定めなければならない**（区画法89条1項）。よって、本肢は正しい。

> 【講師からのアドバイス】換地照応の原則である。

3　誤・・・・・・・・・・・・・・・・・・・・・・・・・・・・・ 重要度　★★

　仮換地が指定された場合、**従前の宅地について権原に基づき使用又は収益することができる者は、その仮換地を使用又は収益することができる**（区画法99条1項）。土地区画整理事業の施行地区内の宅地を売買により取得した者も同様である。したがっ

て、施行者の許可を受けることなく使用又は収益することができる。よって、本肢は誤りであり、本問の正解肢となる。

> 【解法の視点】仮換地については、従前の宅地について有する権利の内容である使用又は収益と同じ使用又は収益をすることができる。

4　正・・・・・・・・・・・・・・・・・・・・・・・・・・・・・・　**重要度　★★★**

　土地区画整理事業の施行により公共施設が設置された場合においては、その公共施設は、換地処分に係る**公告があった日の翌日**において、**原則**として、その**公共施設の所在する市町村の管理に属する**（区画法106条1項）。よって、本肢は正しい。

> 【講師からのアドバイス】土地区画整理後、公共施設を管理するのは施行者ではない。

≪出る順宅建士合格テキスト③　第5章　土地区画整理法≫

 **盛土規制法**　正解**4**　重要度**A**

予想正解率　75%

1　誤・・・・・・・・・・・・・・・・・・・・・・・・・・・・・・　**重要度　★★**

　都道府県知事は、**宅地造成等工事規制区域内**において行われる宅地造成等に関する工事についての許可をするにあたり、当該工事の施行に伴う**災害を防止するため必要な条件**を付することができる（盛土規制法12条3項）。しかし、良好な都市環境の形成のために必要と認める場合に条件を付することができるとする規定はない。よって、本肢は誤り。

2　誤・・・・・・・・・・・・・・・・・・・・・・・・・・・・・・　**重要度　★★**

　宅地造成等工事規制区域内において、宅地造成、特定盛土等又は土石の堆積に関する工事を行うにあたり、当該宅地造成等に関する工事が政令で定める工程（**特定工程**）を含む場合、当該特定工程に係る工事を終えたときは、当該工事に関する許可を受けた工事主は、その都度、**4日以内**に、**都道府県知事の検査（中間検査）を申請しなければならない**（盛土規制法18条1項、規則45条）。「必要に応じて申請することができる」ものではない。よって、本肢誤り。

3　誤・・・・・・・・・・・・・・・・・・・・・・・・・・・・・・　**重要度　★★★**

　宅地造成等工事規制区域内において、**公共施設用地**を宅地又は農地等に転用した者は、その転用した日から**14日以内**に、その旨を**都道府県知事に届け出なければならない**（盛土規制法21条4項）。よって、本肢は誤り。

4　正・・・・・・・・・・・・・・・・・・・・・・・・・・・・・・　**重要度　★★★**

　特定盛土等規制区域内の農地等において行われる盛土であって、**2mを超える崖**は

生じないものの、高さが5mを超えるものに関する工事は、許可を要する特定盛土に該当する。したがって、原則として、工事主は、あらかじめ、**都道府県知事の許可**を受けなければならない（盛土規制法30条1項、2条3号、施行令28条1項、23条4号）。よって、本肢は正しく、本問の正解肢となる。

【講師からのアドバイス】本肢の場合、高さの視点だけで許可が必要となるので、面積が3,000㎡未満であることは許可の要否に影響しない。

≪出る順宅建士合格テキスト③　第6章　盛土規制法等≫

第23問　所得税（譲渡所得）　正解 **1**

予想正解率　40%未満

1　正・・・・・・・・・・・・・・・・・・・・・・・・・・・・**重要度　★**

　令和7年12月31日までの間に、自己の居住の用に供する家屋又はその敷地を譲渡し、譲渡資産を譲渡した年の翌年12月31日までの間に、自己の居住の用に供する家屋又はその敷地を取得する等の一定の条件を満たす場合には、特定の居住用財産の買換え等の場合の譲渡損失の繰越控除の適用を受けることができる（租特法41条の5）。そして、この特定の居住用財産の買換え等の場合の**譲渡損失の繰越控除と住宅ローン控除とは、重ねて適用を受けることができる**。よって、本肢は正しく、本問の正解肢となる。

【講師からのアドバイス】住宅ローン控除制度における「エネルギー消費性能向上住宅」とは、いわゆる「省エネ基準適合住宅」のことである。

2　誤・・・・・・・・・・・・・・・・・・・・・・・・・・・・**重要度　★**

　住宅ローン控除の適用を受けることができる期間は、令和6年中に居住を開始した場合、当該居住の用に供した日の属する年以後最長13年間である（租特法41条10項）。したがって、本問の場合、住宅ローン控除の適用を受けることができるのは、少なくとも、**居住の用に供することになる令和6年以降**となる。よって、「令和5年分から適用を受けることができる」とする本肢は誤り。

3　誤・・・・・・・・・・・・・・・・・・・・・・・・・・・・**重要度　★**

　住宅ローン控除の適用を受けるためには、住宅借入金等の**償還期間が13年以上**でなければならない（租特法41条10項4号）。よって、本肢は誤り。

4　誤・・・・・・・・・・・・・・・・・・・・・・・・・・・・**重要度　★**

　令和6年中に居住の用に供した場合において、住宅借入金等の**年末残高の0.7%相当額の税額控除**の適用を受けることができるのは、居住の用に供した日の属する年以後**13年間**に限られる（租特法41条10項、12項）。よって、本肢は誤り。

第24問　不動産取得税　　正解 ❷　　重要度 Ⓐ

予想正解率　60%

1　正 ‥‥‥‥‥‥‥‥‥‥‥‥‥‥‥‥　**重要度　★★★**

　都道府県は、**相続**による不動産の取得に対しては、**不動産取得税を課することができない**（地方税法73条の7第1号、1条2項）。よって、本肢は正しい。

2　誤 ‥‥‥‥‥‥‥‥‥‥‥‥‥‥‥‥　**重要度　★★**

　既存住宅（中古住宅）の取得に係る不動産取得税の課税標準の特例は、個人が自己の居住の用に供する既存住宅を取得した場合に適用され、**法人の取得に対しては適用されない**（地方税法73条の14第3項）。よって、本肢は誤りであり、本問の正解肢である。

3　正 ‥‥‥‥‥‥‥‥‥‥‥‥‥‥‥‥　**重要度　★★★**

　不動産取得税の免税点は、**土地**の取得にあっては**10万**、家屋の取得のうち**建築に係るもの**にあっては1戸につき**23万円**、その他の家屋の取得にあっては1戸につき**12万円**である（地方税法73条の15の2第1項）。よって、本肢は正しい。

4　正 ‥‥‥‥‥‥‥‥‥‥‥‥‥‥‥‥　**重要度　★★★**

　住宅以外の家屋を取得した場合、不動産取得税の標準税率は**100分の4**である（地方税法73条の15）。よって、本肢は正しい。

> **【実力UP情報】**不動産取得税における「住宅」とは、人の居住の用に供する家屋又は家屋のうち人の居住の用に供する部分で、「別荘以外のもの」をいう。

≪出る順宅建士合格テキスト③　税・価格　第1章　不動産取得税≫

第25問　不動産鑑定評価基準　　正解 ❶　　重要度 Ⓑ

予想正解率　60%

1　正 ‥‥‥‥‥‥‥‥‥‥‥‥‥‥‥‥　**重要度　★★**

　証券化対象不動産の鑑定評価における収益価格を求めるに当たっては、**DCF法を適用**しなければならない。この場合において、併せて直接還元法を適用することにより検証を行うことが適切である（不動産鑑定評価基準各論3章5節）。よって、本肢は正しく、本問の正解肢となる。

【実力ＵＰ情報】直接還元法とは、一期間の純収益を還元利回りによって還元する方法をいう。ＤＣＦ法（Discounted Cash Flow法）とは、連続する複数の期間に発生する純収益及び復帰価格を、その発生時期に応じて現在価値に割り引いて、それぞれを合計する方法をいう。

2　誤・・・・・・・・・・・・・・・・・・・・・・・・・　重要度　★★

　収益還元法は、対象不動産が将来生み出すであろうと期待される**純収益の現在価値の総和**を求めることにより対象不動産の試算価格（収益価格）を求める手法である。この手法は、**文化財の指定を受けた建造物等の一般的に市場性を有しない不動産以外のものには基本的にすべて適用すべき**ものであり、自用の不動産といえども賃貸を想定することにより適用されるものである（不動産鑑定評価基準総論７章１節Ⅳ１）。したがって、文化財の指定を受けた建造物等の一般的に市場性を有しない不動産には適用されない。よって、本肢は誤り。

3　誤・・・・・・・・・・・・・・・・・・・・・・・・・　重要度　★

　原価法における再調達原価を求める方法には、**直接法及び間接法**があるが、収集した建設事例等の資料としての信頼度に応じていずれかを適用するものとし、また、必要に応じて併用するものとする（不動産鑑定評価基準総論７章１節Ⅱ２(2)③）。ここで、**直接法とは、対象不動産について直接的に再調達原価を求める方法**をいう（不動産鑑定評価基準総論７章１節Ⅱ２(2)③ア）。よって、本肢は誤り。なお、**間接法**は、**近隣地域又は同一需給圏内の類似地域等に存する対象不動産と類似の不動産又は同一需給圏内の代替競争不動産から間接的に対象不動産の再調達原価を求める方法**である（不動産鑑定評価基準総論７章１節Ⅱ２(2)③イ）。

4　誤・・・・・・・・・・・・・・・・・・・・・・・・・　重要度　★★★

　取引事例等は、鑑定評価の各手法に即応し、適切にして合理的な計画に基づき、豊富に秩序正しく収集し、選択すべきであり、**投機的取引であると認められる事例等適正さを欠くものであってはならない**（不動産鑑定評価基準総論７章１節Ⅰ２（2））。もっとも、取引事例等に係る取引等が**特殊な事情**を含み、これが当該取引事例等に係る価格等に影響を及ぼしているときは**適切に補正**しなければならない（不動産鑑定評価基準総論７章１節Ⅰ３）。したがって、鑑定評価に当たって必要とされる取引事例は、特殊な事情の事例を補正して用いることもできる。よって、本肢は誤り。

≪出る順宅建士合格テキスト③　税・価格　第８章　不動産鑑定評価基準≫

| 第(26)問 | 媒介・代理契約 | 正解❸ | 重要度Ⓐ |

予想正解率　85%以上

1　誤・・・・・・・・・・・・・・・・・・・・・・・・・　重要度　★★★

　専任媒介契約の有効期間は、**3月**を超えることができず、これより長い期間を定めたときは、その期間は、**3月となる**（業法34条の２第３項）。「1月」ではない。よっ

て、本肢は誤り。

> 【実力ＵＰ情報】この有効期間は、依頼者の申出があるときに限り更新できるが、更新の時から３カ月を超えることはできない。

２　誤 ‥‥‥‥‥‥‥‥‥‥‥‥‥‥‥‥ 重要度　★★★

一般媒介契約を締結した場合でも、指定流通機構に**登録**することは**できる**（業法50条の３第１項１号）。よって、本肢は誤り。

３　正 ‥‥‥‥‥‥‥‥‥‥‥‥‥‥‥‥ 重要度　★★★

宅建業者は、指定流通機構への登録に係る宅地、建物の売買又は交換の**契約が成立**したときは、一定事項について、遅滞なく、当該**指定流通機構に通知**しなければならない（業法34条の２第７項、規則15条の13）。よって、本肢は正しく、本問の正解肢となる。

４　誤 ‥‥‥‥‥‥‥‥‥‥‥‥‥‥‥‥ 重要度　★★★

媒介契約が**専任媒介**契約である場合、宅建業者は、依頼者に対して、業務の処理状況については**２週間に１回以上**報告しなければならない（**専属**専任媒介契約ならば**１週間に１回以上**）。この規定より依頼者に不利な特約は無効となる（業法34条の２第９項、10項）。本肢の特約は、依頼者に不利となるので、無効となる。よって、本肢は誤り。

> 【解法の視点】「１カ月に５回」ということは、たとえば、月の初めに連続して５日間報告して、残りの期間は全く報告しない、ということもできてしまう。

≪出る順宅建士合格テキスト②　第８章　媒介・代理契約≫

 第**27**問　自己の所有でない物件の契約制限　正解**2**　重要度**A**

予想正解率　60％

ア　違反しない ‥‥‥‥‥‥‥‥‥‥ 重要度　★★★

Ａは、Ｂと売買契約を締結している以上、Ｃと売買契約を締結することができる（業法33条の２第１号）。ＡＣ間の売買契約は停止条件付であっても構わない。よって、本肢は宅建業法の規定に違反しない。

イ　違反しない ‥‥‥‥‥‥‥‥‥‥ 重要度　★★★

Ａは、Ｂと売買の予約をしている以上、Ｃと売買契約を締結することができる（業法33条の２第１号）。よって、本肢は宅建業法の規定に違反しない。

ウ　違反する ‥‥‥‥‥‥‥‥‥‥‥ 重要度　★★

宅建業者が、自己の所有に属しない建物について、当該建物の**所有者と停止条件付売買契約を締結**しているにすぎないときは、宅建業者でない買主と**売買契約を締結することができない**（業法33条の２第１号）。したがって、ＡＢ間の売買契約に停止条件が付されているときは、Ａは、Ｃに甲建物を売却する契約を締結することができない。よって、本肢は宅建業法の規定に違反する。

> 【**解法の視点**】ＡＢ間の土地又は建物を取得する契約に「予約」「停止条件付」等の事情があるか、問題文から確認しよう。

以上より、宅建業法の規定に違反しないものはア、イの二つであり、２が本問の正解肢となる。

≪出る順宅建士合格テキスト② 第13章 自ら売主制限≫

第28問 宅地建物取引士

予想正解率 85％以上

1 誤・・・・・・・・・・・・・・・・・・・・・・・・ 重要度 ★★★

登録を受けている者が、破産手続開始の決定を受けて復権を得ない者となった場合は、**本人**が、その日から**30日以内に登録をしている都道府県知事**にその届出をしなければならない（業法21条２号、18条１項２号）。したがって、破産管財人ではなく、本人であるＡが届け出なければならない。よって、本肢は誤り。

2 誤・・・・・・・・・・・・・・・・・・・・・・・・ 重要度 ★★★

登録を受けている者が心身の故障により宅地建物取引士の事務を適正に行うことができない者として国土交通省令で定めるものとなった場合、**本人又はその法定代理人**もしくは**同居の親族**が登録をしている都道府県知事に届け出なければならない（業法21条３号、18条１項12号）。よって、本肢は誤り。

> 【**実力ＵＰ情報**】この国土交通省令で定めるものとは、精神の機能の障害により宅地建物取引士の事務を適正に行うに当たって必要な認知、判断及び意思疎通を適切に行うことができない者をいう。

3 正・・・・・・・・・・・・・・・・・・・・・・・・ 重要度 ★★★

登録を受けている者が、事務禁止の処分を受け、その**禁止の期間が満了していないとき**は、登録の移転の申請をすることができない（業法19条の２但書）。したがって、Ａは登録の移転を申請することはできない。よって、本肢は正しく、本問の正解肢となる。

4 誤・・・・・・・・・・・・・・・・・・・・・・・・ 重要度 ★★★

事務の禁止処分を受けた宅地建物取引士から宅地建物取引士証の提出を受けた都道府県知事は、事務の禁止期間が満了した場合においてその提出者から**返還の請求があったときは、直ちに、当該宅地建物取引士証を返還しなければならない**（業法22条の2第8項）。したがって、Aからの返還請求がないときは、甲県知事はAに対して宅地建物取引士証を返還しなくてもよい。よって、本肢は誤り。

> 【講師からのアドバイス】事務禁止処分を受けたときは宅地建物取引士証を提出しなければならず、提出先は、その交付を受けた都道府県知事である。

≪出る順宅建士合格テキスト② 第5章 宅地建物取引士≫

 第**29**問 **クーリング・オフ** 正解**1** 重要度**A**

予想正解率 50%

1 正 ‥‥‥‥‥‥‥‥‥‥‥‥‥ 重要度 ★★

宅建業者はクーリング・オフの方法について書面で告知しなければならない（業法37条の2第1項1号、規則16条の6）。そして、その書面には**買主の氏名及び住所、売主の商号又は名称及び住所並びに免許証番号**を記載しなければならない（規則16条の6第1号、2号）。よって、本肢は正しく、本問の正解肢となる。

2 誤 ‥‥‥‥‥‥‥‥‥‥‥‥‥ 重要度 ★★★

クーリング・オフの方法を告知する書面には、クーリング・オフができなくなる場合を記載しなければならない（規則16条の6第3号）。当該書面には、**買主が宅地又は建物の引渡しを受け、かつ、代金の全部を支払った場合**という記載が必要となる（業法37条の2第1項2号）。したがって、本肢では、代金の全部の支払についての記載が不足しているということになる。よって、本肢は誤り。

3 誤 ‥‥‥‥‥‥‥‥‥‥‥‥‥ 重要度 ★★★

クーリング・オフの方法を告知する書面には、クーリング・オフの効力が生じるのは申込みの撤回の書面を**発した時**であることについて記載しなければならない（規則16条の6第5号）。書面が到達した時ではない。よって、本肢は誤り。

4 誤 ‥‥‥‥‥‥‥‥‥‥‥‥‥ 重要度 ★★★

クーリング・オフの方法を告知する書面には、告げられた日から起算して8日を経過する日までの間は、宅地又は建物の引渡しを受け、かつ、その代金の全部を支払った場合を除き、**書面により買受けの申込みの撤回又は売買契約の解除を行うことができる**ことについて記載しなければならない（業法37条の2第1項前段、規則16条の6第3号）。しかし、電磁的方法により行うことができることは法定されていない。よって、本肢は誤り。

【解法の視点】そもそも電磁的方法によりクーリング・オフをすることができるという旨の規定がない。

≪出る順宅建士合格テキスト②　第13章　自ら売主制限≫

第30問　宅地建物取引業の意味　正解④　重要度A

予想正解率　75%

1　誤 ・・・・・・・・・・・・・・・・・・・・・・・・　重要度　★★★

国その他宅建業法の適用のない者から宅地を購入する行為も不特定かつ多数人に対して取引を行うことに該当し、それを**転売目的で反復継続して行う以上、「業」に該当し、免許が必要となる**（業法2条2号、3条1項）。したがって、Aは、免許を受ける必要がある。よって、本肢は誤り。

2　誤 ・・・・・・・・・・・・・・・・・・・・・・・・　重要度　★★★

免許が必要となるのは、宅地又は建物の取引を業として行う場合である（業法2条2号、3条1項）。**宅地を一括して売却する場合のように、取引を反復継続して行わないときは「業」とは言えず、免許を必要としない。**したがって、Bは、宅地を一括して売却するので、免許を必要としない。よって、本肢は誤り。

3　誤 ・・・・・・・・・・・・・・・・・・・・・・・・　重要度　★★★

国及び地方公共団体には、宅建業法の規定は適用されないので、宅建業を行う場合でも、免許を受ける必要はない（業法78条1項）。しかし、**国及び地方公共団体などから宅地の売買の代理の依頼を受けて、不特定多数の者に対して分譲する場合は、免許を必要とする**（業法2条2号、3条1項）。したがって、Dは、免許を必要とする。よって、本肢は誤り。

4　正 ・・・・・・・・・・・・・・・・・・・・・・・・　重要度　★★★

ソーラーパネルは建物ではない。しかし、本肢の土地は**用途地域内の土地であることから、建物の敷地に供せられなくても「宅地」に当たる**（業法2条1号）。Fは宅地の売買の媒介を業として行うので、免許が必要となる（業法2条2号、3条1項）。よって、本肢は正しく、本問の正解肢となる。

【実力UP情報】仮に本肢の土地が都市計画法に規定する用途地域外に存するのであれば、「宅地」に当たらないので、Fは免許を必要としないこととなる。

≪出る順宅建士合格テキスト②　第1章　宅地建物取引業の意味≫

第31問 営業保証金

 正解 **3**　重要度 **A**

予想正解率　75%

1　誤 ・・・・・・・・・・・・・・・・・・・・・・・・・・・・ 重要度 ★★★

　宅建業に関する取引をした者は、**宅建業者が供託した営業保証金の範囲内で弁済を受けることができる**（業法27条1項）。本問では、Aは、本店と3つの支店を有していることから、Aが供託した営業保証金の額は2,500万円（＝本店1,000万円及び支店abcで3×500万円＝1,500万円）である（施行令2条の4）。したがって、Bは、2,500万円を限度として弁済を受けることができる。よって、本肢は誤り。なお、乙県内の支店dは、建設業のみを営むものだから、宅建業法上の事務所には該当しない。

2　誤 ・・・・・・・・・・・・・・・・・・・・・・・・・・・ 重要度 ★★★

　宅建業者は、還付により供託すべき営業保証金に不足が生じたときは、免許権者から不足額を供託すべき旨の通知書の送付を受けた日から2週間以内にその不足額を供託しなければならない（業法28条1項、営業保証金規則5条）。つまり、**通知は免許権者からなされる**。本問では、宅建業法上の事務所に該当するのは、甲県内の本店と宅建業を営む支店a、b、cだけであり、乙県内の建設業のみを営む支店dは宅建業法上の事務所には該当しない。したがって、Aの免許権者は甲県知事であることから、「乙県知事」から不足額を供託すべき旨の通知書の送付を受けるわけではない。よって、本肢は誤り。

3　正 ・・・・・・・・・・・・・・・・・・・・・・・・・・・ 重要度 ★★★

　免許権者は、その免許をした宅建業者が免許の日から3月以内に営業保証金を供託した旨の届出をしない場合は、届出をすべき旨の催告をしなければならず、この催告が到達した日から1月以内に宅建業者が届出をしないときは、その免許を取り消すことができる（業法25条4項、6項、7項）。そして、**実際に供託していても、届出がなければ免許が取り消されることがある**。よって、本肢は正しく、本問の正解肢となる。

4　誤 ・・・・・・・・・・・・・・・・・・・・・・・・・・・ 重要度 ★★★

　宅建業者は、事業の開始後新たに事務所を設置したときは、当該事務所について、500万円を**主たる事務所の最寄りの供託所に供託しなければならない**（業法26条、25条1項、2項）。「eの最寄りの供託所」ではない。よって、本肢は誤り。

≪出る順宅建士合格テキスト②　第6章　営業保証金≫

第32問 35条書面・37条書面

 正解 **3**　重要度 **A**

1　正・・・・・・・・・・・・・・・・・・・・・・・・・・・　**重要度　★★★**

　宅地建物取引士は、**重要事項の説明をするとき**には、宅建業者の相手方等に対し**宅地建物取引士証を提示**しなければならない（業法35条４項）。しかし、**書面の交付の際**は、その相手方から**請求がなければ**、宅地建物取引士証を提示する必要はない（業法22条の４）。よって、本肢は正しい。

> **【実力ＵＰ情報】**相手方が宅建業者の場合は、重要事項の説明を省略することができる。

2　正・・・・・・・・・・・・・・・・・・・・・・・・・・・　**重要度　★★★**

　宅建業者は、重要事項説明書の交付に代えて、相手方の承諾を得て、当該書面に記載すべき事項を電磁的方法により提供することができる（業法35条８項）。この提供を行う場合、当該書面の交付に係る**宅地建物取引士が明示**されなければならない（規則16条の４の８第２項４号）。よって、本肢は正しい。

3　誤・・・・・・・・・・・・・・・・・・・・・・・・・・・　**重要度　★★★**

　宅建業者は、37条書面を作成したときには、宅地建物取引士をして、当該書面に記名させなければならない（業法37条３項）。これは取引に関与するすべての宅地建物取引業者に求められ、**売主である宅建業者も省略できない**。よって、本肢は誤りであり、本問の正解肢となる。

4　正・・・・・・・・・・・・・・・・・・・・・・・・・・・　**重要度　★★**

　37条書面の電磁的方法による提供については、宅建業者が、あらかじめ、書面の交付を受ける者に対して電磁的方法による提供に用いる電磁的方法の種類及び内容を示した上で、その者から**電磁的方法でよい旨の書面又は電子情報処理組織を使用する方法等による承諾が必要**である（業法37条４項、５項、施行令３条の４）。したがって、口頭で依頼があったとしても、定められた方法で電磁的方法によることの承諾が必要である。よって、本肢は正しい。

≪出る順宅建士合格テキスト②　第10章　重要事項の説明≫
≪出る順宅建士合格テキスト②　第11章　37条書面≫

第33問　報酬額の制限　　正解④　重要度Ⓐ

1　違反しない・・・・・・・・・・・・・・・・・・・・・・　**重要度　★★★**

　本肢の場合、3,000万円が報酬額計算の基礎となるので、{3,000万円×３パーセント＋６万円}×1.1＝105万6,000円が、Ａが一方から受領することができる**報酬の限度額**となる（業法46条１項、報酬告示第２）。よって、Ａが100万円ずつ受領してい

る本肢は宅建業法の規定に違反しない。

2　違反しない ･･････････････････････ **重要度　★★★**

　交換の場合は、いずれか高い方が報酬額計算の基準となる。本肢の場合には4,000万円が基礎となるので、{4,000万円×3パーセント＋6万円}×1.1＝**138万6,000円**が、Aが一方から受領することができる**報酬の限度額**となる（業法46条1項、報酬告示第2）。よって、Aが120万円ずつ受領している本肢は宅建業法の規定に違反しない。

3　違反しない ･･････････････････････ **重要度　★★★**

　貸借の媒介の場合には、**借賃1カ月分**が依頼者双方から受領することができる**報酬の限度額**となる。また、居住用建物の貸借の媒介においては、依頼者の承諾がない限り、依頼者の一方からは月額借賃の**2分の1**が受領できる**報酬の限度額**となる（業法46条1項、報酬告示第4）。したがって、課税事業者であるAは、甲及び乙からそれぞれ、15万円の2分の1である7万5,000円に消費税等相当額を上乗せした**8万2,500円ずつまで受領することができる**。よって、本肢は宅建業法の規定に違反しない。

4　違反する ･････････････････････････ **重要度　★★★**

　貸借の媒介の場合、宅建業者は、依頼者双方から合計して、借賃1カ月分を限度として報酬を受領することができる（業法46条1項、報酬告示第4）。したがって、本肢の場合、借賃を基準にすると、1カ月分の借賃30万円に消費税等相当額を加算した**33万円**が、Aが甲乙から受領することのできる報酬の合計額の限度となり、双方から33万円ずつ受領すると、合計66万円受領することになるので本肢は宅建業法に違反する（業法46条2項）。また、居住用建物以外の貸借の場合、**権利金等を売買代金とみなして報酬額を計算することもできるが、基準とすることができるのは「返還されないもの」である**（報酬告示第6）。したがって、本肢の保証金はそもそも基準とすることができない。よって、本肢は宅建業法の規定に違反し、本問の正解肢となる。

≪出る順宅建士合格テキスト② 第14章 報酬額の制限≫

**第34問** その他の業務上の規制 **正解3** **重要度A**

予想正解率　75%

1　違反する ･････････････････････････ **重要度　★★★**

　宅建業者は、手付について貸付けその他信用を供与することにより契約の締結を誘引する行為をしてはならない（業法47条3号）。この**信用の供与の中には、手付を分割して受領することも含まれる**（解釈・運用の考え方）。よって、本肢は宅建業法の規定に違反する。

2　違反する ･････････････････････････ **重要度　★★★**

宅建業者は、自ら売主となる売買契約においては、原則として保全措置を講じた後でなければ、手付金等を受領することができない（業法41条、41条の２、施行令３条の５）。本肢の場合、手付金の額は、申込証拠金を充当した60万円と契約締結時に受領した1,000万円とを合計した1,060万円である。そして、**宅建業者は、既に受領した金銭も含めて全額について保全措置を講じなければならない**から、Aは、1,060万円について保全措置を講じなければならない。よって、申込証拠金を充当した60万円について保全措置を講じていない本肢は、宅建業法の規定に違反する。

> **【実力ＵＰ情報】**宅建業者は、銀行等との保証委託契約を証する書面を買主に交付する措置について、買主の承諾を得て、電磁的方法で講じることができる。

3　違反しない・・・・・・・・・・・・・・・・・・・・・・　**重要度　★★★**

　工事完了前に契約を締結した場合には、保全措置の方法は、①銀行等による保証、②保険事業者による保証保険の２つである（業法41条）。したがって、Aが、銀行による保証の方法により保全措置を講じて、手付金及び中間金を受領したことは宅建業法の規定に違反しない。また、引渡し後に受領する残代金については、保全措置を講じる必要はない。よって、本肢は宅建業法の規定に違反せず、本問の正解肢となる。

4　違反する・・・・・・・・・・・・・・・・・・・・・・　**重要度　★★★**

　宅建業者は、宅地の造成又は建物の建築に関する工事の完了前においては、その工事に必要な許可や確認等の処分があった後でなければ、売買・交換契約を自ら締結したり、その代理又は媒介をしたりしてはならない（業法36条）。このことは、相手方の承諾を受けているか、及び手付金等の保全措置を講じるかどうかに関係ない。よって、本肢は宅建業法の規定に違反する。

≪出る順宅建士合格テキスト②　第９章　広告等に関する規制≫
≪出る順宅建士合格テキスト②　第12章　その他の業務上の規制≫

第35問　重要事項の説明　正解❶　重要度Ⓐ

予想正解率　85％以上

1　違反する・・・・・・・・・・・・・・・・・・・・・・　**重要度　★★★**

　重要事項の説明においては、飲用水・電気・ガスの供給や排水のための**施設の整備の状況**を説明しなければならず、これらの施設が整備されていない場合においては、その**整備の見通し**や、その整備についての**特別の負担に関する事項**を説明しなければならない（業法35条１項４号）。よって、本肢の場合、整備についての特別の負担に関する事項について説明していないので、宅建業法の規定に違反し、本問の正解肢となる。

2　違反しない・・・・・・・・・・・・・・・・・・・・・・　**重要度　★★★**

物件の**引渡しの時期**は、重要事項の説明において**説明が義務付けられていない**（業法35条参照）。よって、本肢は宅建業法の規定に違反しない。

3　違反しない・・・・・・・・・・・・・・・・・・・・　重要度　★★★

宅建業者は、建物の売買の場合、重要事項の説明においては、当該建物（**昭和56年6月1日以降に新築の工事に着手したものを除く。**）が建築物の耐震改修の促進に関する法律4条1項に規定する一定の耐震診断を受けたものであるときは、その内容を買主に説明しなければならない（業法35条1項14号、規則16条の4の3第5号）。しかし、本肢の建物は平成4年10月に新築の工事に着手したものであるので、上記事項は説明不要である。よって、本肢は宅建業法の規定に違反しない。

4　違反しない・・・・・・・・・・・・・・・・・・・・　重要度　★★★

契約不適合責任の内容については、重要事項の説明対象とはなっていない。民法と異なる定めをした場合であっても、説明する必要はない（業法35条参照）。よって、本肢は宅建業法の規定に違反しない。なお、37条書面においては記載事項となる（業法37条1項11号）。

> 【解法の視点】目的物が種類又は品質に関して契約の内容に適合しない場合におけるその不適合を担保すべき責任について、①「責任の内容（特約等）」と②「責任の履行に関して講ずべき保証保険契約の締結その他の措置の内容」について分けて判断しよう。①は、重要事項説明対象ではなく、37条書面記載対象（定めあるとき）である。一方②は、重要事項説明対象であり、37条書面記載対象（定めあるとき）である。なお、①②いずれも売買又は交換の場合に説明や記載が必要となる。

≪出る順宅建士合格テキスト②　第10章　重要事項の説明≫

 **事務所以外の場所の規制**

予想正解率　75%

ア　誤・・・・・・・・・・・・・・・・・・・・・・・・・　重要度　★★★

宅建業者は、一定の事務所以外の場所について、一定事項をその業務を開始する日の**10日前までに**、**免許を受けた国土交通大臣又は都道府県知事及びその所在地を管轄する都道府県知事**に届け出なければならない（業法50条2項、31条の3第1項、規則15条の5の2第3号、規則19条3項）。前日までに行えばよいわけではない。よって、本肢は誤り。

イ　正・・・・・・・・・・・・・・・・・・・・・・・・・　重要度　★★★

宅建業者は、売買契約の**申込みを受ける案内所**には、成年者である専任の宅地建物取引士を**1名以上**置かなければならない（業法31条の3第1項、規則15条の5の2第3号、15条の5の3）。よって、本肢は正しい。

ウ 誤‥‥‥‥‥‥‥‥‥‥‥‥‥‥‥ **重要度 ★★★**

宅建業者は、事務所において従業者名簿を備え付けなければならないが（業法48条3項）、**案内所においては従業者名簿の備付け義務はない**。よって、本肢は誤り。

> 【解法の視点】案内所には報酬額の掲示、帳簿・従業者名簿の備え付けは不要である。

エ 誤‥‥‥‥‥‥‥‥‥‥‥‥‥‥‥ **重要度 ★★★**

宅建業者は、事務所において報酬額の掲示が必要であるが（業法46条4項）、**案内所には掲示は不要**である。よって、本肢は誤り。

以上より、正しいものはイの一つであり、1が本問の正解肢となる。

≪出る順宅建士合格テキスト② 第4章 事務所以外の場所の規制≫

第 37 問 宅地建物取引士証

予想正解率 85%以上

1 正‥‥‥‥‥‥‥‥‥‥‥‥‥‥‥ **重要度 ★★**

宅地建物取引士証の交付を申請しようとする者は、①申請者の氏名、生年月日及び住所、②登録番号、③宅建業者の業務に従事している場合にあっては、当該宅建業者の商号又は名称及び免許証番号、④試験に合格した後1年を経過しているか否かの別を記載した宅地建物取引士証交付申請書を、登録をしている都道府県知事に提出しなければならない（業法22条の2第1項、規則14条の10第1項）。よって、本肢は正しい。

2 誤‥‥‥‥‥‥‥‥‥‥‥‥‥‥‥ **重要度 ★★★**

宅地建物取引士証の交付を受けようとする者は、登録をしている都道府県知事が国土交通省令の定めるところにより指定する講習（＝**法定講習**）を受講しなければならない。ただし、**試験に合格した日から1年以内に宅地建物取引士証の交付を受けようとする者又は登録の移転の申請とともに宅地建物取引士証の交付を受けようとする者は、法定講習を受講する必要はない**（業法22条の2第2項）。よって、「必ず受講しなければならない」とする本肢は誤りであり、本問の正解肢となる。

> 【実力ＵＰ情報】法定講習の受講義務がある場合は、宅地建物取引士証の交付の申請前6カ月以内に行われるものを受講しなければならない。

3 正‥‥‥‥‥‥‥‥‥‥‥‥‥‥‥ **重要度 ★★**

宅地建物取引士は、その**氏名又は住所を変更したとき**は、**変更の登録の申請とあわせて、宅地建物取引士証の書換え交付を申請しなければならない**（業法20条、規則14条の13第1項）。よって、本肢は正しい。

4　正・・・・・・・・・・・・・・・・・・・・・・・・・・・・・　**重要度　★★★**

　宅地建物取引士は、事務禁止処分を受けたときは、速やかに、**宅地建物取引士証を、その交付を受けた都道府県知事に提出しなければならない**（業法22条の2第7項）。これを怠った場合、10万円以下の過料に処せられる場合がある（業法86条）。よって、本肢は正しい。

《出る順宅建士合格テキスト②　第5章　宅地建物取引士》

 宅建業法総合

予想正解率　60%

1　誤・・・・・・・・・・・・・・・・・・・・・・・・・・・・・　**重要度　★★★**

　当該建物が既存の建物であるときは、依頼者に対する建物状況調査を実施する者のあっせんに関する事項を、宅建業法34条の2第1項に基づき交付すべき書面（媒介契約書面）に記載しなければならない（業法34条の2第1項4号）。**あっせんを希望しなかった場合はその旨を記載**しなければならない。よって、本肢は誤り。

2　誤・・・・・・・・・・・・・・・・・・・・・・・・・・・・・　**重要度　★★★**

　貸借の媒介の場合、当該建物が既存の建物であったとしても、建物の**構造耐力上主要な部分等の状況について当事者の双方が確認した事項**は、37条書面に記載しなくてよい（業法37条2項、1項2号の2参照）。よって、本肢は誤り。

3　正・・・・・・・・・・・・・・・・・・・・・・・・・・・・・　**重要度　★★★**

　宅建業者は、既存建物の売買の媒介を行う場合において、当該建物について、建物状況調査を過去1年（**鉄筋コンクリート造又は鉄骨鉄筋コンクリート造の共同住宅等にあっては、2年**）以内に実施しているかどうか、及びこれを実施している場合におけるその結果の概要を買主に説明しなければならない（業法35条1項6号の2イ、規則16条の2の2）。本肢は、鉄筋コンクリート造の共同住宅であり、建物状況調査は過去2年以内に実施されたものが対象となる。よって、本肢は正しく、本問の正解肢となる。

4　誤・・・・・・・・・・・・・・・・・・・・・・・・・・・・・　**重要度　★★**

　宅建業者が既存の住宅の**広告**を行うときに、**建物状況調査**（業法34条の2第1項4号）の実施の有無を明示しなければならないとする**規定はない**。よって、本肢は誤り。

《出る順宅建士合格テキスト②　第8章　媒介・代理契約》
《出る順宅建士合格テキスト②　第9章　広告等に関する規制》
《出る順宅建士合格テキスト②　第10章　重要事項の説明》
《出る順宅建士合格テキスト②　第11章　37条書面》

予想正解率　75%

ア　誤・・・・・・・・・・・・・・・・・・・・・・　重要度　★★★

　宅建業者は、宅地の造成又は建物の建築に関する工事の完了前においては、当該工事に関し必要とされる**開発許可、建築確認等の処分があった後**でなければ、当該工事に係る宅地又は建物の売買その他の業務に関する**広告をしてはならない**（業法33条）。許可等の申請をした後であっても、許可等があるまでは広告をすることができない。よって、本肢は誤り。

イ　正・・・・・・・・・・・・・・・・・・・・・・　重要度　★★★

　宅建業者は、その業務に関して広告をするときは、当該広告に係る宅地又は建物に関する一定の事項について、著しく事実に相違する表示をしてはならない（誇大広告等の禁止、業法32条）。そして、この規定に違反した場合、**監督処分**の対象となるほか、**6月以下の懲役又は100万円以下の罰金**に処せられることがある（業法65条、66条1項9号、81条1号）。よって、本肢は正しい。

ウ　誤・・・・・・・・・・・・・・・・・・・・・・　重要度　★★★

　宅建業者は、免許の効力が失われた場合でも、当該宅建業者であった者又は一般承継人は、当該宅建業者が**締結した契約に基づく取引を結了する目的の範囲内で宅建業者とみなされる**（業法76条）。したがって、広告をしていたというだけでは、宅建業の免許を取り消された者は宅建業者とみなされることはない。よって、本肢は誤り。

エ　誤・・・・・・・・・・・・・・・・・・・・・・　重要度　★★★

　自ら借り受けた建物を他に転貸する行為も「自ら貸借」に該当するため宅建業にあたらず、**宅建業法の規制は及ばない**（業法2条2号）。したがって、広告に自らが契約の当事者となって貸借を成立させる旨を明示しなくとも取引態様の明示義務に違反しない。よって、本肢は誤り。

　以上より、正しいものはイの一つであり、1が本問の正解肢となる。
≪出る順宅建士合格テキスト② 第9章 広告に関する規制≫

1　正・・・・・・・・・・・・・・・・・・・・・・・・　**重要度　★★**

　宅建業法31条の２には、「宅地建物取引業者は、その**従業者に対し**、その業務を適正に実施させるため、**必要な教育を行うよう努めなければならない**。」との規定がある。よって、本肢は正しい。

2　正・・・・・・・・・・・・・・・・・・・・・・・・　**重要度　★★**

　宅建業法31条１項には、「宅地建物取引業者は、取引の関係者に対し、**信義を旨とし、誠実にその業務を行なわなければならない**。」との規定がある。よって、本肢は正しい。

3　誤・・・・・・・・・・・・・・・・・・・・・・・・　**重要度　★★**

　宅建業法15条には、「**宅地建物取引士は、**宅地建物取引業の業務に従事するときは、宅地又は建物の**取引の専門家**として、購入者等の利益の保護及び円滑な宅地又は建物の流通に資するよう、**公正かつ誠実にこの法律に定める事務を行う**とともに、**宅地建物取引業に関連する業務に従事する者との連携に努めなければならない**。」との規定がある。しかし、「**宅地建物取引業者は、**宅地建物取引業に関連する業務に従事する者との連携に努めなければならない。」旨の規定はない。よって、本肢は誤りであり、本問の正解肢となる。

4　正・・・・・・・・・・・・・・・・・・・・・・・・　**重要度　★★**

　宅建業法44条には、「宅地建物取引業者は、その業務に関してなすべき宅地若しくは建物の**登記若しくは引渡し**又は取引に係る**対価の支払を不当に遅延する行為をしてはならない**。」との規定がある。よって、本肢は正しい。

≪出る順宅建士合格テキスト②　第12章　その他の業務上の規制≫

第41問　自ら売主制限　　

1　有効・・・・・・・・・・・・・・・・・・・・・・　**重要度　★★**

　契約の目的物が、契約成立後に債務者の責めに帰すべからざる事由（不可抗力）により滅失した場合、契約自体は有効なものとして存続し、滅失した目的物の損害を誰が負担するかという、危険負担の問題となる。**宅建業法には、危険負担についての特約の規制はない**。よって、本肢の特約は有効であり、本問の正解肢となる。なお、民法には、「当事者双方の責めに帰することができない事由によって債務を履行することができなくなったときは、債権者は、反対給付の履行を拒むことができる。」と規定されている。

2　無効　・・・・・・・・・・・・・・・・・・・・・・・・・　**重要度　★★★**

　宅建業者が自ら売主となる宅地建物の割賦販売契約において、賦払金の支払義務が履行されない場合には、**30日以上の相当の期間を定めて書面による支払の催告をし**、その期間内に支払義務が履行されないときでなければ、賦払金の支払遅滞を理由として契約を解除し、又は支払時期の到来していない賦払金の支払を請求することができない（業法42条1項）。そして、本肢の特約では、Aはその支払を書面で催告することになっているが、期間が8日以内であるから、この規定に反し無効となる（業法42条2項）。

3　無効　・・・・・・・・・・・・・・・・・・・・・・・・・　**重要度　★★★**

　宅建業者は、自ら売主となる売買契約においては、契約不適合責任に関し、民法に規定するその不適合を通知する期間についてその目的物の引渡しの日から2年以上となる特約をする場合を除き、民法の規定より買主に不利となる特約をしてはならない（業法40条1項）。民法によれば、**売主の責めに帰すべき事由がないときでも、買主は解除することができる。** したがって、売主の責めに帰するものに限って解除することができる旨の特約は、民法の規定より買主に不利となる特約であり無効となる（業法40条2項）。

4　無効　・・・・・・・・・・・・・・・・・・・・・・・・・　**重要度　★★★**

　宅建業者が自ら売主となる売買契約において、**損害賠償額の予定と違約金の額は、合算して代金額の10分の2を超えてはならず、これに違反する特約は、10分の2を超える部分について、無効となる**（業法38条1項、2項）。よって、本肢の場合、違約金として手付金500万円と、損害賠償金として定めた額500万円の合計額1,000万円のうち、代金額4,000万円の10分の2である800万円を超える200万円については無効である。

≪出る順宅建士合格テキスト②　第13章　自ら売主制限≫

| 第 **42** 問 | 重要事項の説明 | 正解 **4** | 重要度 **Ⓐ** |

予想正解率　50%

ア　違反する　・・・・・・・・・・・・・・・・・・・・・・・・・　**重要度　★★★**

　宅地又は建物の貸借の媒介において、当該宅地又は建物の用途その他の利用に係る制限に関する事項を説明しなければならない（業法35条1項14号、規則16条の4の3第10号）。区分所有建物でなかったとしても同様である。よって、本肢は宅建業法の規定に違反する。

> 【実力ＵＰ情報】管理が委託されている場合の委託を受けている者の氏名・住所についても、区分所有建物であるか否かを問わず説明対象である。

イ　違反する ・・・・・・・・・・・・・・・・・・・・・　重要度　★★★

　宅地の貸借の媒介において、契約終了時における当該宅地の上の建物の取壊しに関する事項を定めようとするときは、その内容を説明しなければならない（業法35条1項14号、規則16条の4の3第13号）。よって、本肢は宅建業法の規定に違反する。

ウ　違反する ・・・・・・・・・・・・・・・・・・・・・　重要度　★★

　工事完了前のいわゆる**未完成物件**の建物の**貸借の媒介**において説明しなければならないのは、工事完了時の形状、構造のほか、建築工事完了時における建物の**主要構造部と内装・外装の構造や仕上げ、設備の設置と構造である**（業法35条1項5号、規則16条）。よって、設備の設置と構造の説明をしなかった本肢は宅建業法の規定に違反する。

　以上より、宅建業法に違反しないものは一つもなく、4が本問の正解肢となる。

≪出る順宅建士合格テキスト②　第10章　重要事項の説明≫

第**43**問　　免許の効力　　正解**4**　重要度**A**

予想正解率　75%

ア　誤 ・・・・・・・・・・・・・・・・・・・・・・・・　重要度　★★★

　宅建業者である法人が、**合併により消滅**した場合、その**消滅した法人を代表する役員**であった者は、合併の日から30日以内に、その旨を免許権者に届け出なければならない（業法11条1項2号）。したがって、A社を代表する役員であった者は、A社の免許権者である甲県知事にその旨を届け出なければならない。B社を代表する役員ではない。よって、本肢は誤り。

イ　誤 ・・・・・・・・・・・・・・・・・・・・・・・・　重要度　★★★

　宅建業を廃止した旨の届出をした後においても、当該宅建業者であった者は、当該締結した契約に基づく**取引を結了する目的**の範囲内においては、なお宅建業者とみなされる（業法76条、11条2項）。よって、本肢は誤り。

> 【講師からのアドバイス】要するに、無免許営業にはならないということである。

ウ　誤 ・・・・・・・・・・・・・・・・・・・・・・・・　重要度　★★★

　契約の申込みを受ける案内所を設置した場合、案内所等の届出をしなければならない（業法50条2項）。しかし、**免許換えの申請をすること**を要しない。よって、本肢は誤り。

エ　誤 ・・・・・・・・・・・・・・・・・・・・・・・・　重要度　★★★

　宅建業の免許の更新を受けようとする者は、免許の有効期間満了の日の**90日前**から

30日前までの間に免許申請書を提出しなければならない（業法３条３項、規則３条）。よって、本肢は誤り。

以上より、正しいものは一つもなく、４が本問の正解肢となる。

≪出る順宅建士合格テキスト② 第３章 免許≫

 **第44問** 弁済業務保証金 正解**3** 重要度**A**

予想正解率　85％以上

1 誤 ‥‥‥‥‥‥‥‥‥‥‥‥‥‥‥ **重要度　★★★**

保証協会から還付充当金を納付すべき旨の通知を受けた社員である**宅建業者**は、その通知を受けた日から２週間以内に、その通知された額の還付充当金を当該保証協会に納付しなければならず、当該期間内に、保証協会に納付しないときは、保証協会の社員の地位を失う（業法64条の10第２項、３項）。したがって、還付充当金は、保証協会に納付する必要がある。よって、本肢は誤り。

2 誤 ‥‥‥‥‥‥‥‥‥‥‥‥‥‥‥ **重要度　★★★**

保証協会の社員との宅建業に関する取引により生じた債権に関し、弁済業務保証金の還付の権利を有する者は、その取引により生じた債権に関し、営業保証金の額に相当する額の範囲内において、当該保証協会が供託した弁済業務保証金について、弁済を受ける権利を有する（業法64条の８第１項）。したがって、**営業保証金の額に相当する額の範囲内**とすると、2,500万円（本店1,000万円＋支店３で1,500万円＝2,500万円）が限度となる（業法25条２項、施行令２条の４）。よって、本肢は誤り。

3 正 ‥‥‥‥‥‥‥‥‥‥‥‥‥‥‥ **重要度　★★★**

弁済業務保証金から弁済を受けるためには、その者（宅建業者を除く。）が保証協会の社員である宅建業者と宅建業に係る取引をし、取引により生じた債権を有していることが必要である（業法64条の８第１項）。ここでいう**取引**には、**宅建業者が保証協会の社員となる前の取引も含まれる**（業法64条の８第１項かっこ書）。よって、本肢は正しく、本問の正解肢となる。

4 誤 ‥‥‥‥‥‥‥‥‥‥‥‥‥‥‥ **重要度　★★**

宅建業者で保証協会に加入しようとする者は、その**加入しようとする日までに**弁済業務保証金分担金を保証協会に納付しなければならない（業法64条の９第１項１号）。したがって、**加入しようとする日の２週間前までではない。**よって、本肢は誤り。

≪出る順宅建士合格テキスト② 第７章 弁済業務保証金≫

予想正解率　85%以上

1　誤・・・・・・・・・・・・・・・・・・・・・・・・・・・・・**重要度　★★★**

宅建業者は、自ら売主となる売買契約に基づき買主に引き渡した新築住宅について、特定住宅販売瑕疵担保責任の履行を確保するため、資力確保措置を講ずる義務を負う（住宅瑕疵担保履行法11条1項、2項）。**しかし、宅建業者が売主の代理人である場合、資力確保措置を講ずる義務を負うものではない。**よって、本肢は誤り。

> 【**実力UP情報**】住宅瑕疵担保履行法に基づく特定住宅販売瑕疵担保責任の履行を確保するため資力確保措置を講ずる義務があるのは、新築住宅の売主である宅建業者に限られる。

2　誤・・・・・・・・・・・・・・・・・・・・・・・・・・・・・**重要度　★★**

宅建業者は、一部の住宅について住宅販売瑕疵担保保証金の供託で、一部の住宅について住宅販売瑕疵担保責任**保険契約の締結でという組合せで資力確保措置を講じることもできる**（住宅瑕疵担保履行法11条2項かっこ書）。よって、本肢は誤り。

3　誤・・・・・・・・・・・・・・・・・・・・・・・・・・・・・**重要度　★★**

住宅販売瑕疵担保責任保険契約の有効期間は、買主が宅建業者から**新築住宅の引渡しを受けた時から10年以上の期間にわたって有効**であることが必要とされている（住宅瑕疵担保履行法2条7項4号）。買主の**承諾があっても、**保険契約に係る保険期間を**5年間に短縮することはできない。**よって、本肢は誤り。

4　正・・・・・・・・・・・・・・・・・・・・・・・・・・・・・**重要度　★★**

宅建業者が保険法人と締結した保険契約が資力確保措置と認められるためには、新築住宅の一定の瑕疵によって生じた損害を填補するための**保険金額が2,000万円以上**であることが必要である（住宅瑕疵担保履行法2条7項3号）。よって、本肢は正しく、本問の正解肢となる。

> 【**実力UP情報**】住宅販売瑕疵担保責任保険契約では、損害を填補するための保険金額が2,000万円以上であること、新築住宅の買主が当該新築住宅の引渡しを受けた時から10年以上の期間にわたって有効であることを要する。

≪出る順宅建士合格テキスト②　第13章　自ら売主制限≫

 第 **46** 問 　住宅金融支援機構法　　正解 **1** 　重要度 **B**

1　誤‥‥‥‥‥‥‥‥‥‥‥‥‥‥**重要度　★★**

　機構は、**住宅の建設又は購入に必要な資金の貸付けに係る貸付債権の譲受け**を行う（証券化支援事業（買取型）、機構法13条1項1号）。この貸付債権の対象に「自ら居住する住宅又は自ら居住する住宅以外の親族の居住の用に供する住宅を建設し、又は購入する者に対する貸付けに係る」債権は含まれているが、「**賃貸住宅の建設又は購入に必要な資金の貸付けに係る金融機関の貸付債権**」は**含まれていない**（機構業務方法書3条各号参照）。よって、本肢は誤りであり、本問の正解肢となる。

2　正‥‥‥‥‥‥‥‥‥‥‥‥‥‥**重要度　★★★**

　機構は、**被災建築物の補修に必要な資金の貸付け**のみならず、**災害復興建築物の建設に必要な資金の貸付け**を業務として行っている（機構法13条1項5号）。よって、本肢は正しい。

3　正‥‥‥‥‥‥‥‥‥‥‥‥‥‥**重要度　★**

　機構は、**空家等対策**の推進に関する特別措置法21条の規定による**情報の提供**その他の**援助**を行うことを業務として行っている（機構法13条2項2号）。よって、本肢は正しい。

4　正‥‥‥‥‥‥‥‥‥‥‥‥‥‥**重要度　★★**

　機構は、貸付けを受けた者とあらかじめ契約を締結することによって、その者が死亡した場合に支払われる**生命保険の保険金**を当該貸付けに係る**債務の弁済に充当**することができる（団体信用生命保険業務）。これには死亡の場合のみならず、**重度障害の状態**となった場合も**含まれている**（機構法13条1項11号）。よって、本肢は正しい。

《出る順宅建士合格テキスト③　免除科目　第1章　住宅金融支援機構法》

 **第47問　不当景品類及び不当表示防止法　正解❸　重要度Ⓐ**

予想正解率　60％

1　誤‥‥‥‥‥‥‥‥‥‥‥‥‥‥**重要度　★★★**

　宅建業者が、不動産の販売広告において徒歩による所要時間を表示する場合、**道路距離80mにつき1分間**を要するものとして算出した数値を表示しなければならない。この場合において、**1分未満の端数は1分として表示**しなければならない（表示規約15条4号、規則9条9号）。直線距離ではない。よって、本肢は誤り。

2　誤‥‥‥‥‥‥‥‥‥‥‥‥‥‥**重要度　★★★**

　新設予定の駅等又はバスの停留所は、当該路線の**運行主体が公表したものに限り**、

その**新設予定時期を明示**して表示することができる（表示規約15条３号、規則９条６号）。したがって、鉄道会社が新設予定の駅について、開設時期を明らかにして公表していたときは、開業後でなくても新設予定駅を最寄駅として表示することができる。よって、本肢は誤り。

3　正 ························· 重要度　★★

電車、バス等の交通機関の所要時間については、**朝の通勤ラッシュ時の所要時間を明示**し、乗換えを要するときは、その旨を明示し、朝の通勤ラッシュ時の所要時間には**乗り換えにおおむね要する時間を含めなければならない**（表示規約15条３号、規則９条４号ウ、エ）。よって、本肢は正しく、本問の正解肢となる。

4　誤 ························· 重要度　★★

物件の形質その他の内容、価格その他の取引条件又は事業者の属性に関する事項について、**原則として、「日本一」、「日本初」、「業界一」、「超」、「当社だけ」、「他に類を見ない」、「抜群」**等、競争事業者の供給するもの又は競争事業者よりも優位に立つことを意味する用語を使用してはならないが、当該**表示内容を裏付ける合理的な根拠を示す資料を現に有している場合は使用**することができる（表示規約18条２項４号）。よって、本肢は誤り。

> 【実力ＵＰ情報】例えば、「当社の〇〇団地の仲介取扱い実績は令和〇年度第１位です」等と表示する場合である。

≪出る順宅建士合格テキスト③　免除科目　第３章　不当景品類及び不当表示防止法≫

第48問　不動産の需給・統計　正解❹　重要度Ⓑ

予想正解率　50％

1　誤 ························· 重要度　★★★

令和６年地価公示（令和６年３月公表）によれば、令和５年１月以降の１年間の**商業地**の地価は、**三大都市圏平均**では、都市部を中心に、人流回復を受けて店舗需要の回復傾向が続いたほか、オフィス需要も底堅く推移したことなどから、平均変動率は5.2％と**３年連続の上昇**となり、上昇率も拡大した。よって、本肢は誤り。

2　誤 ························· 重要度　★★

年次別法人企業統計調査（令和４年度。令和５年９月公表）によれば、令和４年度における**不動産業の経常利益**は59,392億円となっており、前年度比では2.0％の**減少**であり増加していない。よって、本肢は誤り。

3　誤 ························· 重要度　★

公益財団法人不動産流通推進センターの「指定流通機構の活用状況について（2023

年分)」(令和6年1月公表)によれば、2023年(2023年1月～2023年12月)の指定流通機構の**総登録件数**は、911,170件で、前年末比では**7.4%の増加**となっている。よって、本肢は誤り。

> 【実力UP情報】このうち売り物件が403,517件(前年末比31.7%増、全体の44.3%)、賃貸物件が507,653件(前年末比6.4%減、全体の55.7%)であった。

4　正・・・・・・・・・・・・・・・・・・・・・・・・・・・・**重要度　★★★**

建築着工統計調査報告(令和5年計。令和6年1月公表)によれば、令和5年の**貸家の新設住宅着工戸数は343,894戸(前年比0.3%減)**となっており、**3年ぶりの減少**となった。よって、本肢は正しく、本問の正解肢となる。

≪出る順宅建士合格テキスト③　免除科目　第2章　不動産の需給・統計≫

第49問　土地　正解③　重要度B

予想正解率　60%

1　適当・・・・・・・・・・・・・・・・・・・・・・・・・・・・**重要度　★★**

宅地を選定するにあたって、**大縮尺の地形図や空中写真**を用いることにより、**土石流や洪水流の危険度をある程度判別することができる**。よって、本肢は適当である。

2　適当・・・・・・・・・・・・・・・・・・・・・・・・・・・・**重要度　★★**

自然堤防は、微高地で砂や小礫からなっているところが多く、その場合、排水性がよく地盤の支持力も大きい。したがって、**宅地の地盤としても比較的良好な土地である**ことが多い。よって、本肢は適当である。

> 【実力UP情報】「礫(れき)」とは、砂より大きい径が2ミリ以上の岩石片をいう。

3　最も不適当・・・・・・・・・・・・・・・・・・・・・・**重要度　★★★**

扇状地は、扇端部付近以外では地下水位も深く、土木構造物の基礎等として十分な支持力をもっているが、**谷出口に広がる扇状地では土石流災害の発生する危険がある**。よって、本肢は最も不適当であり、本問の正解肢となる。

4　適当・・・・・・・・・・・・・・・・・・・・・・・・・・・・**重要度　★★**

台地は、一般に水はけもよく、地盤が安定していることが多い。ただし、**台地の縁辺部は、集中豪雨の際、がけ崩れによる被害を受けることが多い**。よって、本肢は適当である。

≪出る順宅建士合格テキスト③　免除科目　第4章　土地≫

予想正解率　40%

1　適当 ・・・・・・・・・・・・・・・・・・・・・・・・・・ 重要度　★★

　木造の建築物では、構造耐力上主要な部分である柱、筋かい及び土台のうち、地面から１m以内の部分には、有効な防腐措置を講ずるとともに、必要に応じて、しろありその他の虫による害を防ぐための措置を講じなければならない（建基法施行令49条２項）。よって、本肢は適当である。

2　適当 ・・・・・・・・・・・・・・・・・・・・・・・・・・ 重要度　★★

　鉄筋コンクリート造における鉄筋に対するコンクリートのかぶり厚さは、耐力壁、柱又は梁（はり）にあっては３㎝以上としなければならない（建基法施行令79条１項）。よって、本肢は適当である。

> **【実力ＵＰ情報】**「耐力壁（たいりょくへき）」とは、建物自身の重さや屋根の積雪などの垂直方向の荷重（鉛直力）や地震や強風などによる水平力に抵抗して、建物を支える壁のことをいう。一定の鉄筋コンクリートの壁や柱の間に筋かいを入れた壁などがこれに該当する。

3　最も不適当 ・・・・・・・・・・・・・・・・・・・・ 重要度　★

　梁（はり）、桁（けた）その他の横架材には、その中央部附近の下側に耐力上支障のある欠込みをしてはならない（建基法施行令44条）。そして、筋かいとは異なり、必要な補強を行ったとしても欠込みをしてはならない（建基法施行令45条４項参照）。よって、本肢は最も不適当であり、本問の正解肢となる。

> **【実力ＵＰ情報】**筋かいには、欠込みをしてはならない。ただし、筋かいをたすき掛けにするためにやむを得ない場合において、必要な補強を行ったときは、この限りでない。

4　適当 ・・・・・・・・・・・・・・・・・・・・・・・・・・ 重要度　★

　構造耐力上主要な部分に係る型わく及び支柱は、コンクリートが自重及び工事の施工中の荷重によって著しい変形又はひび割れその他の損傷を受けない強度になるまでは、取りはずしてはならない（建基法施行令76条１項）。よって、本肢は適当である。

《出る順宅建士合格テキスト③　免除科目　第５章　建物》

出る順宅建士シリーズ

2024年版 出る順宅建士 当たる！直前予想模試

1994年 3 月31日　第 1 版　第 1 刷発行
2024年 6 月10日　第31版　第 1 刷発行

　　　　編著者●株式会社　東京リーガルマインド
　　　　　　　LEC総合研究所　宅建士試験部

　　　　発行所●株式会社　東京リーガルマインド
　　　　　　〒164-0001　東京都中野区中野4-11-10
　　　　　　　　　　　　アーバンネット中野ビル
　　　　　　LECコールセンター　☎ 0570-064-464
　　　　　　　　受付時間　平日9：30～20：00/土・祝10：00～19：00/日10：00～18：00
　　　　　　　　※このナビダイヤルは通話料お客様ご負担となります。
　　　　　　書店様専用受注センター　TEL 048-999-7581 / FAX 048-999-7591
　　　　　　　　受付時間　平日9：00～17：00/土・日・祝休み
　　　　　　www.lec-jp.com/

　　　　印刷・製本●情報印刷株式会社

LEC宅建士 受験対策書籍のご案内

受験対策書籍の全ラインナップです。
学習進度に合わせてぜひご活用ください。

基礎からよくわかる！ 宅建士 合格のトリセツ シリーズ

法律初学者タイプ

・イチから始める方向け
・難しい法律用語が苦手

↓

★イラスト図解
★やさしい文章
★無料動画多数

基本テキスト

A5判 好評発売中

●フルカラー
●分野別3分冊
　＋別冊重要論点集
●インデックスシール
●無料講義動画45回分

【読者アンケート特典】
①キャラふせんセット
②スマホ対応一問一答DL

※キャラふせんセットは数に限りが
ございます。

試験範囲を全網羅！ 出る順宅建士 シリーズ

万全合格タイプ

・学習の精度を上げたい
・完璧な試験対策をしたい

↓

★試験で重要な条文・
　判例を掲載
★LEC宅建士講座
　公式テキスト

合格テキスト
（全3巻）

❶権利関係
❷宅建業法
❸法令上の制限・税・その他

A5判 好評発売中

超速合格タイプ

・短期間で合格したい
・法改正に万全に備えたい

どこでも宅建士 とらの巻

A5判 2024年5月発刊

●暗記集『とらの子』付録

↓合格は問題集で決まる↓

━ OUTPUT ━

過去問題集
分野別なので弱点補強に最適

一問一答問題集
学習効果が高く効率学習ができる

直前対策
本試験の臨場感を自宅で体感

厳選分野別 過去問題集

A5判 好評発売中
- ●分野別3分冊
- ●全問収録本格アプリ
- ●無料解説動画30回分
- ●最新過去問DL

頻出一問一答式 過去問題集

A5判 好評発売中
- ●分野別3分冊
- ●全問収録本格アプリ
- ●最新過去問DL

当たる！直前予想模試

B5判 2024年6月発刊
- ●無料解説動画4回分
- ●最新過去問DL
- ●無料採点サービス

ウォーク問 過去問題集(全3巻)

B6判 好評発売中
- ●令和5年度試験問題・解説を全問収録

一問一答○× 1000肢問題集

新書判 好評発売中
- ●赤シート対応
- ●全問収録本格アプリ

過去30年良問厳選 模試 6回分＆最新過去問

A5判 好評発売中
- ●セパレート問題冊子
- ●最新過去問全問収録

要点整理本
読み上げ音声でいつでもどこでも要点をスイスイ暗記

逆解き式！最重要ポイント555
B6判 2024年5月発刊
- ●赤シート対応
- ●読み上げ音声DL

※デザイン・内容・発刊予定等は、変更になる場合がございます。予めご了承ください。

○×チェックでスピーディーにまとめる!

究極のポイント300攻略講座 全3回 <通学/通信>

内容 合格のためには、知識を確実に身につけなければなりません。試験直前期には、その知識をより確実なものにする必要があります。この講座では、「合格に必要な知識」をさらに精錬した究極の300のポイントを示し、知識の再確認をします。

こんな人にオススメです
・合格に必要な知識を確実にし、合格を不動のものにしたい方
・直前期の勉強法に悩んでいる方

使用教材
究極のポイント300攻略講座
オリジナルテキスト（受講料込）

受講料

受講形態	一般価格(税込)	講座コード
通信・Web動画+スマホ+音声DL	14,300円	TB24571

※通学・通信DVDなどその他受講形態もございます。詳しくはLEC宅建ホームページをご覧ください。

今年も当てます!本試験!!

試験に出るトコ大予想会 全3回 <通学/通信>

内容 過去問の徹底分析に基づき、LEC宅建講師陣が総力をあげて2024年度の宅建士試験に「出るトコ」を予想する講座です。復習必要度の高い重要論点ばかりで問題が構成されています。2024年度の宅建士試験合格を、より確実なものにできます。

こんな人にオススメです
・今年の宅建本試験に何がなんでも合格したい方
・一発逆転を狙う方
・2023年度宅建本試験にあと一歩だった方

使用教材
試験に出るトコ大予想会
オリジナルテキスト（受講料込）

受講料

受講形態	一般価格(税込)	講座コード
通信・Web動画+スマホ+音声DL	14,300円	TB24576

※通学・通信DVDなどその他受講形態もございます。詳しくはLEC宅建ホームページをご覧ください。

本試験前日の超直前講座!

とにかく6点アップ!直前かけこみ講座 全2回 <通学／通信>

内容 2024年度宅建士試験は10月20日(日)に実施されます(予定)。本講座は、その前日、10月19日(土)に行います。本試験前日ともなると、なかなか勉強が手につかないもの。やり残した細かい所が気になってしまうのも受験生の心理でしょう。そんなときこそ、当たり前のことを落ち着いて勉強することが重要です。本講座で重要ポイントをチェックして、本試験に臨んでください。

こんな人にオススメです
・本試験に向けて最後の総まとめをしたい方
・最後の最後に合格を確実にしたい方

使用教材
とにかく6点アップ!直前かけこみ講座
オリジナルテキスト（受講料込）

受講料

受講形態	一般価格(税込)	講座コード
通信・Web動画+スマホ+音声DL	7,150円	TB24565

※通学・通信DVDなどその他受講形態もございます。詳しくはLEC宅建ホームページをご覧ください。
※上記の内容は発行日現在のものであり、事前の予告なく変更する場合がございます。あらかじめご了承ください。

2024 全日本宅建公開模試 全5回

多くの受験者数を誇るLECの全日本宅建公開模試。個人成績表で全国順位や偏差値、その時点での合格可能性が分かります。問題ごとに全受験生の正解率が出ますので、弱点を発見でき、その後の学習に活かせます。

基礎編（2回）　試験時間 2時間（50問）

内容 本試験の時期に近づけば近づくほど瑣末な知識に目が奪われがちなもの。そのような時期だからこそ、過去に繰り返し出題されている重要論点の再確認を意識的に行うことが大切になります。「基礎編」では、合格するために不可欠な重要論点の知識の穴を発見できるとともに、直前1ヶ月の学習の優先順位を教えてくれます。

対象者 全宅建受験生

実戦編（3回）　試験時間 2時間（50問）

内容 本試験と同じ2時間で50問解くことで、今まで培ってきた知識とテクニックが、確実に習得できているかどうかを最終チェックします。「実戦編」は可能な限り知識が重ならないように作られています。ですから、1回の公開模試につき200の知識（4肢×50問）、3回全て受けると600の知識の確認ができます。各問題の正解率データを駆使して効率的な復習をし、自分の弱点を効率よく克服しましょう。

対象者 全宅建受験生

● 開始スケジュール（一例）

			会場受験		
			水曜クラス	土曜クラス	日曜クラス
実施日	基礎編	第1回	7/24(水)	7/27(土)	7/28(日)
		第2回	8/ 7(水)	8/10(土)	8/11(日)
	実戦編	第1回	8/28(水)	8/31(土)	9/ 1(日)
		第2回	9/ 4(水)	9/ 7(土)	9/ 8(日)
		第3回	9/11(水)	9/14(土)	9/15(日)

※成績発表は、「Score Online(Web個人成績表)」にて行います。成績表の送付をご希望の方は、別途、成績表送付オプションをお申込みください。

● 実施校（予定）

新宿エルタワー・渋谷駅前・池袋・水道橋・立川・町田・横浜・千葉・大宮・新潟・梅田駅前・京都駅前・四条烏丸・神戸・難波駅前・福井南・札幌・仙台・静岡・名古屋駅前・富山・岡山・広島・山口・高松・福岡・那覇・金沢・松江殿町・長崎駅前・佐世保駅前

※現時点で実施が予定されているものです。実施校については変更の可能性がございます。
※実施曜日、実施時間については学校によって異なります。お申込み前に必ずお問合せください。

● 出題例

公開模試

【問　3】　Aの子BがAの代理人と偽って、Aの所有地についてCと売買契約を締結した場合に関する次の記述のうち、民法の規定及び判例によれば、誤っているものはどれか。

1　Cは、Bが代理権を有しないことを知っていた場合でも、Aに対し、追認するか否か催告することができる。

2　BがCとの間で売買契約を締結した後に、Bの死亡によりAが単独でBを相続した場合、Cは甲土地の所有権を当然に取得する。

3　AがBの無権代理行為を追認するまでの間は、Cは、Bが代理権を有しないことについて知らなかったのであれば、過失があっても、当該契約を取り消すことができる。

4　Aが追認も追認拒絶もしないまま死亡して、Bが単独でAを相続した場合、BはCに対し土地を引き渡さなければならない。

解答　2

■お電話での講座に関するお問い合わせ（平日9:30〜20:00　土・祝10:00〜19:00　日10:00〜18:00）

LECコールセンター ☎**0570-064-464** ※このナビダイヤルは通話料お客様ご負担となります。
※固定電話・携帯電話共通（一部のPHS・IP電話からもご利用可能）。

2024 ファイナル模試 1回

本試験の約3週間前に実施するファイナル模試。受験者が最も多く、しかもハイレベルな受験生が数多く参加します。学習の完成度を最終確認するとともに、合格のイメージトレーニングをしましょう。

内 容 本試験直前に、毎年高い的中率を誇るLECの模試で、本試験対策の総まとめができる最後のチャンスです! 例年、本試験直前期のファイナル模試は特に受験者も多く、しかもハイレベルな受験生が数多く結集します。実力者の中で今年の予想問題を解くことで、ご自身の本試験対策の完成度を最終確認し、合格をより確実なものにしましょう。

試験時間 **2時間**(50問)

対象者 **全宅建受験生**

● 実施スケジュール(一例)

	会場受験		
	水曜クラス	土曜クラス	日曜クラス
実施日	10/2(水)	10/5(土)	10/6(日)

※成績発表は、「ScoreOnline(Web個人成績表)」にて行います。成績表の送付をご希望の方は、別途、成績表送付オプションをお申込みください。
※自宅受験(Web解説)の場合、問題冊子・解説冊子・マークシート等の発送は一切ございません。Webページからご自身でプリントアウトした問題を見ながら、「Score Online」に解答入力をしてください。成績確認も「Score Online」になります。

● 実施校(予定)

新宿エルタワー・渋谷駅前・池袋・水道橋・立川・町田・横浜・千葉・大宮・新潟・梅田駅前・四条烏丸・京都駅前・神戸・難波駅前・福井南・札幌・仙台・静岡・名古屋駅前・富山・岡山・広島・山口・高松・福岡・那覇・金沢・松江殿町・長崎駅前・佐世保駅前

※現時点で実施が予定されているものです。実施校については変更の可能性がございます。
※実施曜日、実施時間については学校によって異なります。お申込み前に必ずお問合せください。

● 出題例

【問 19】 建築基準法(以下この問において「法」という。)に関する次のアからエまでの記述のうち、誤っているものの組合せはどれか。

ア 建築物が防火地域及び準防火地域にわたる場合においては、原則として、その全部について防火地域内の建築物に関する規定を適用する。

イ 公衆便所、巡査派出所その他これらに類する公益上必要な建築物は、特定行政庁の許可を受けずに道路内に建築することができる。

ウ 容積率を算定する上では、共同住宅の共用の廊下及び階段部分は、当該共同住宅の延べ面積の3分の1を限度として、当該共同住宅の延べ面積に算入しない。

エ 商業地域内にある建築物については、法第56条の2第1項の規定による日影規制は、適用されない。ただし、冬至日において日影規制の対象区域内の土地に日影を生じさせる、高さ10mを超える建築物については、この限りでない。

1 ア、イ
2 ア、エ
3 イ、ウ
4 ウ、エ

解答 3

あなたの実力・弱点が明確にわかる!

公開模試・ファイナル模試成績表

ご希望の方のみ模試の成績表を送付します(有料)。

LECの成績表はココがすごい!

その① 正解率データが一目で分かる「総合成績表」で効率的に復習できる!

その② 自己分析ツールとしての「個人成績表」で弱点の発見ができる!

その③ 復習重要度が一目で分かる「個人成績表」で重要問題を重点的に復習できる!

■総合成績表

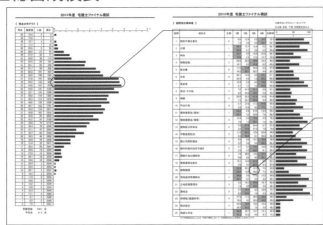

宅建士試験は競争試験です。
最も人数が多く分布している点数のおよそ2～3点上が合格ラインとなります。
復習必要度aランクの肢はもちろん、合否を分けるbランクの肢も確実にしましょう。

ひっかけの肢である選択肢3を正解と判断した人が半数近くもいます。
ひっかけは正解肢よりも前にあることが多いです。早合点に注意しましょう。

■個人成績表

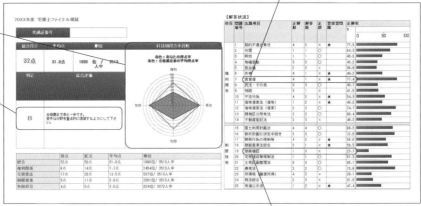

分野別の得点率が一目でわかるようにレーダーチャートになっています。

現時点での評価と、それを踏まえての今後の学習指針が示されます。

全受験生の6割以上が正解している肢です。
合否に影響するので復習が必要です。

全受験生のほとんどが間違った肢です。
合否には直接影響しません。深入りは禁物です。

講座及び受講料に関するお問い合わせは下記ナビダイヤルへ

LECコールセンター

☎ **0570-064-464** (平日9:30～20:00 土・祝10:00～19:00 日10:00～18:00)

※このナビダイヤルは通話料お客様ご負担となります。
※固定電話・携帯電話共通(一部のPHS・IP電話からもご利用可能)。

2024 宅建実力診断模試 1回

高い的中率を誇るLECの「宅建実力診断模試」を、お試し価格でご提供します。まだ学習の進んでいないこの時期の模試は、たくさん間違うことが目的。弱点を知り、夏以降の学習の指針にしてください。

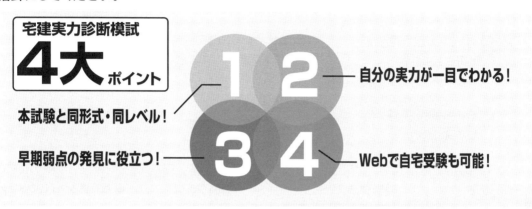

宅建実力診断模試 4大ポイント

1 本試験と同形式・同レベル!
2 自分の実力が一目でわかる!
3 早期弱点の発見に役立つ!
4 Webで自宅受験も可能!

ねらい 本試験で自分の力を十分に発揮するためには、本試験の雰囲気や時間配分に慣れる必要があります。LECの実力診断模試は、本試験と全く同じ形式で行われるだけでなく、その内容も本試験レベルのものとなっています。早い時期に本試験レベルの問題に触れることで弱点を発見し、自分の弱点を効率よく克服しましょう。

試験時間 **2時間(50問)**
本試験と同様に50問の問題を2時間で解いていただきます。試験終了後、詳細な解説冊子をお配り致します(Web解説の方はWeb上での閲覧のみとなります)。また、ご自宅でWeb解説(1時間)をご覧いただけます。

対象者 **2024年宅建士試験受験予定の全ての方**
早期に力試しをしたい方

● **実施スケジュール(予定)**
6/12(水)～6/23(日)

スケジュール・受講料・実施校など
詳細はLEC宅建ホームページをご覧下さい。

● **実施校(予定)**

| LEC宅建 | 検索 |

新宿エルタワー・渋谷駅前・池袋・水道橋・立川・町田・横浜・千葉・大宮・梅田駅前・京都駅前・四条烏丸・神戸・難波駅前・福井南・札幌・仙台・静岡・名古屋駅前・富山・金沢・岡山・広島・福岡・長崎駅前・佐世保駅前・那覇

※現時点で実施が予定されているものです。実施校については変更の可能性がございます。
※実施曜日、実施時間については学校によって異なります。お申込み前に必ずお問合せください。

● **出題例**

実力診断模試

【問 31】 宅地建物取引業者Aが、Bの所有する宅地の売却の媒介の依頼を受け、Bと専属専任媒介契約(以下この問において「媒介契約」という。)を締結した場合に関する次の特約のうち、宅地建物取引業法の規定によれば、無効となるものはいくつあるか。
ア 媒介契約の有効期間を6週間とする旨の特約
イ Aがその業務の処理状況を毎日定時に報告する旨の特約
ウ 媒介契約の有効期間が満了した場合、Bの更新拒絶の申出がなければ、媒介契約は自動的に更新したものとみなされるとする旨の特約
エ 当該宅地を国土交通大臣が指定する流通機構に登録しないこととする旨の特約
1 一つ
2 二つ
3 三つ
4 四つ

解答 2 (ア:有効、イ:有効、ウ:無効、エ:無効)

基礎から万全！「合格のトレーニングメニュー」を完全網羅！

プレミアム合格フルコース 全78回

スーパー合格講座 (34回×2.5h)	出た順必勝 総まとめ講座 (12回×2.5h)	とにかく6点アップ！ 直前かけこみ講座 (2回×2h)
分野別！ コレだけ演習 総まとめ講座 (3回×3.5h)	究極のポイント300 攻略講座 (3回×2h)	全日本宅建公開模試 基礎編(2回) 実戦編(3回)
マスター演習講座 (15回×2.5h)	試験に出るトコ 大予想会 (3回×2h)	ファイナル模試 (1回)

※講座名称は変更となる場合がございます。予めご了承ください。

受講形態

通学クラス

通信クラス

● **各受講スタイルのメリット**

通学 各本校での生講義が受講できます。講師に直接質問したい方、勉強にリズムを作りたい方にオススメ！

通信 Web通信動画はPC以外にもスマートフォンやタブレットでも視聴可能。シーンに応じた使い分けで学習効率UP。

内容 「スーパー合格講座」では合格に必要な重要必須知識を理解・定着させることを目標とします。講師が、難しい専門用語を極力使わず、具体例をもって分かりやすく説明します。「分野別！ これだけ演習総まとめ講座」ではスーパー合格講座の分野終了時に演習を行いながら総まとめをします。WebまたはDVDでの提供となりますので進捗にあわせていつでもご覧いただけます。「マスター演習講座」では、スーパー合格講座で学んだ内容を、○×式の演習課題を実際に解きながら問題の解き方をマスターし、重要知識の定着をさらに進めていきます。「出た順必勝総まとめ講座」は、過去の本試験問題のうち、合格者の正答率の高い問題を題材にして、落としてはならない論点を実際に解きながら総復習します。最後に、「全日本公開模試・ファイナル模試」で本試験さながらの演習トレーニングを受けて、その後の直前講座で実力の総仕上げをします。

対象者 ・初めて宅建の学習を始める方
・何を勉強すればよいか分からず不安な方

● **受講料**

受講形態	一般価格(税込)
通信・Web 動画＋スマホ＋音声ＤＬ	165,000円
通信・DVD	187,000円
通学・フォロー(Web 動画＋スマホ＋音声ＤＬ)付	187,000円

詳細はLEC宅建サイトをご覧ください
⇒ https://www.lec-jp.com/takken/

学習経験者専用のインプットと圧倒的な演習量を備えるリベンジコース

 学習経験者専用コース

再チャレンジ合格フルコース

全58回

合格ステップ完成講座 （10回×3h）	総合実戦答練 （3回×4h）	全日本宅建公開模試 ファイナル模試 （6回）
ハイレベル合格講座 （25回×3h）	直前バックアップ 総まとめ講座 （3回×3h）	免除科目スッキリ 対策講座 （2回×3h）
分野別ベーシック答練 （6回×3h）	過去問対策 ナビゲート講座 （2回×3h）	ラスト1週間の 重要ポイント見直し講座 （1回×3h）

※講座名称は変更となる場合がございます。予めご了承ください。

受講形態

通学クラス

フォロー

Web通信（動画） ＋ 音声ダウンロード
or
DVD

通学

通信クラス

Web通信（動画） ＋ 音声ダウンロード
or
DVD

● **各受講スタイルのメリット**

 通学　各本校での生講義が受講できます。講師に直接質問したい方、勉強にリズムを作りたい方にオススメ!

 通信　Web通信動画はPC以外にもスマートフォンやタブレットでも視聴可能。シーンに応じた使い分けで学習効率UP。

内容　「合格ステップ完成講座」で基本的なインプット事項をテンポよく短時間で確認します。さらに、「ハイレベル合格講座」と2種類の答練を並行学習することで最新の出題パターンと解法テクニックを習得します。さらに4肢択一600問（模試6回＋答練9回）という業界トップクラスの演習量があなたを合格に導きます。

対象者　・基礎から学びなおしてリベンジしたい方
・テキストの内容は覚えたのに過去問が解けない方

● 受講料

受講形態	一般価格(税込)
通信・Web動画＋スマホ＋音声DL	154,000円
通信・DVD	176,000円
通学・フォロー(Web動画＋スマホ＋音声DL)付	176,000円

詳細はLEC宅建サイトをご覧ください

⇒ https://www.lec-jp.com/takken/

LᴇC Webサイト ▷▷ **www.lec-jp.com/**

情報盛りだくさん！

資格を選ぶときも，
講座を選ぶときも，
最新情報でサポートします！

最新情報
各試験の試験日程や法改正情報，対策講座，模擬試験の最新情報を日々更新しています。

資料請求
講座案内など無料でお届けいたします。

受講・受験相談
メールでのご質問を随時受付けております。

よくある質問
LECのシステムから，資格試験についてまで，よくある質問をまとめました。疑問を今すぐ解決したいなら，まずチェック！

書籍・問題集（LEC書籍部）
LECが出版している書籍・問題集・レジュメをこちらで紹介しています。

充実の動画コンテンツ！

ガイダンスや講演会動画，
講義の無料試聴まで
Webで今すぐCheck！

動画視聴OK
パンフレットやWebサイトを見てもわかりづらいところを動画で説明。いつでもすぐに問題解決！

Web無料試聴
講座の第1回目を動画で無料試聴！気になる講義内容をすぐに確認できます。

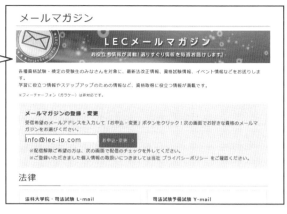

LEC全国学校案内

＊講座のお問合せ，受講相談は最寄りのLEC各校へ

LEC本校

■■ 北海道・東北

札 幌本校　☎011(210)5002
〒060-0004 北海道札幌市中央区北4条西5-1　アスティ45ビル

仙 台本校　☎022(380)7001
〒980-0022 宮城県仙台市青葉区五橋1-1-10　第二河北ビル

■■ 関東

渋谷駅前本校　☎03(3464)5001
〒150-0043 東京都渋谷区道玄坂2-6-17　渋東シネタワー

池 袋本校　☎03(3984)5001
〒171-0022 東京都豊島区南池袋1-25-11　第15野萩ビル

水道橋本校　☎03(3265)5001
〒101-0061 東京都千代田区神田三崎町2-2-15　Daiwa三崎町ビル

新宿エルタワー本校　☎03(5325)6001
〒163-1518 東京都新宿区西新宿1-6-1　新宿エルタワー

早稲田本校　☎03(5155)5501
〒162-0045 東京都新宿区馬場下町62　三朝庵ビル

中 野本校　☎03(5913)6005
〒164-0001 東京都中野区中野4-11-10　アーバンネット中野ビル

立 川本校　☎042(524)5001
〒190-0012 東京都立川市曙町1-14-13　立川MKビル

町 田本校　☎042(709)0581
〒194-0013 東京都町田市原町田4-5-8　MIキューブ町田イースト

横 浜本校　☎045(311)5001
〒220-0004 神奈川県横浜市西区北幸2-4-3　北幸GM21ビル

千 葉本校　☎043(222)5009
〒260-0015 千葉県千葉市中央区富士見2-3-1　塚本大千葉ビル

大 宮本校　☎048(740)5501
〒330-0802 埼玉県さいたま市大宮区宮町1-24　大宮GSビル

■■ 東海

名古屋駅前本校　☎052(586)5001
〒450-0002 愛知県名古屋市中村区名駅4-6-23　第三堀内ビル

静 岡本校　☎054(255)5001
〒420-0857 静岡県静岡市葵区御幸町3-21　ペガサート

■■ 北陸

富 山本校　☎076(443)5810
〒930-0002 富山県富山市新富町2-4-25　カーニープレイス富山

■■ 関西

梅田駅前本校　☎06(6374)5001
〒530-0013 大阪府大阪市北区茶屋町1-27　ABC-MART梅田ビル

難波駅前本校　☎06(6646)6911
〒556-0017 大阪府大阪市浪速区湊町1-4-1
大阪シティエアターミナルビル

京都駅前本校　☎075(353)9531
〒600-8216 京都府京都市下京区東洞院通七条下ル2丁目
東塩小路町680-2　木村食品ビル

四条烏丸本校　☎075(353)2531
〒600-8413　京都府京都市下京区烏丸通仏光寺下ル
大政所町680-1　第八長谷ビル

神 戸本校　☎078(325)0511
〒650-0021 兵庫県神戸市中央区三宮町1-1-2　三宮セントラルビル

■■ 中国・四国

岡 山本校　☎086(227)5001
〒700-0901 岡山県岡山市北区本町10-22　本町ビル

広 島本校　☎082(511)7001
〒730-0011 広島県広島市中区基町11-13　合人社広島紙屋町アネクス

山 口本校　☎083(921)8911
〒753-0814 山口県山口市吉敷下東 3-4-7　リアライズⅢ

高 松本校　☎087(851)3411
〒760-0023 香川県高松市寿町2-4-20　高松センタービル

松 山本校　☎089(961)1333
〒790-0003 愛媛県松山市三番町7-13-13　ミツネビルディング

■■ 九州・沖縄

福 岡本校　☎092(715)5001
〒810-0001 福岡県福岡市中央区天神4-4-11　天神ショッパーズ
福岡

那 覇本校　☎098(867)5001
〒902-0067 沖縄県那覇市安里2-9-10　丸姫産業第2ビル

■■ EYE関西

EYE 大阪本校　☎06(7222)3655
〒530-0013　大阪府大阪市北区茶屋町1-27　ABC-MART梅田ビル

EYE 京都本校　☎075(353)2531
〒600-8413　京都府京都市下京区烏丸通仏光寺下ル
大政所町680-1　第八長谷ビル

LEC提携校

＊提携校はLECとは別の経営母体が運営をしております。
＊提携校は実施講座およびサービスにおいてLECと異なる部分がございます。

■■ 北海道・東北

八戸中央校【提携校】　☎0178(47)5011
〒031-0035　青森県八戸市寺横町13　第1朋友ビル　新教育センター内

弘前校【提携校】　☎0172(55)8831
〒036-8093　青森県弘前市城東中央1-5-2
まなびの森　弘前城東予備校内

秋田校【提携校】　☎018(863)9341
〒010-0964　秋田県秋田市八橋鯲沼町1-60
株式会社アキタシステムマネジメント内

■■ 関東

水戸校【提携校】　☎029(297)6611
〒310-0912　茨城県水戸市見川2-3092-3

所沢校【提携校】　☎050(6865)6996
〒359-0037　埼玉県所沢市くすのき台3-18-4　所沢K・Sビル
合同会社LPエデュケーション内

東京駅八重洲口校【提携校】　☎03(3527)9304
〒103-0027　東京都中央区日本橋3-7-7　日本橋アーバンビル
グランデスク内

日本橋校【提携校】　☎03(6661)1188
〒103-0025　東京都中央区日本橋茅場町2-5-6　日本橋大江戸ビル
株式会社大江戸コンサルタント内

■■ 東海

沼津校【提携校】　☎055(928)4621
〒410-0048　静岡県沼津市新宿町3-15　萩原ビル
M-netパソコンスクール沼津校内

■■ 北陸

新潟校【提携校】　☎025(240)7781
〒950-0901　新潟県新潟市中央区弁天3-2-20　弁天501ビル
株式会社大江戸コンサルタント内

金沢校【提携校】　☎076(237)3925
〒920-8217　石川県金沢市近岡町845-1　株式会社アイ・アイ・ピー金沢内

福井南校【提携校】　☎0776(35)8230
〒918-8114　福井県福井市羽水2-701　株式会社ヒューマン・デザイン内

■■ 関西

和歌山駅前校【提携校】　☎073(402)2888
〒640-8342　和歌山県和歌山市友田町2-145
KEG教育センタービル　株式会社KEGキャリア・アカデミー内

■■ 中国・四国

松江殿町校【提携校】　☎0852(31)1661
〒690-0887　島根県松江市殿町517　アルファステイツ殿町
山路イングリッシュスクール内

岩国駅前校【提携校】　☎0827(23)7424
〒740-0018　山口県岩国市麻里布町1-3-3　岡村ビル　英光学院内

新居浜駅前校【提携校】　☎0897(32)5356
〒792-0812　愛媛県新居浜市坂井町2-3-8　パルティフジ新居浜駅前店内

■■ 九州・沖縄

佐世保駅前校【提携校】　☎0956(22)8623
〒857-0862　長崎県佐世保市白南風町5-15　智翔館内

日野校【提携校】　☎0956(48)2239
〒858-0925　長崎県佐世保市椎木町336-1　智翔館日野校内

長崎駅前校【提携校】　☎095(895)5917
〒850-0057　長崎県長崎市大黒町10-10　KoKoRoビル
minatoコワーキングスペース内

高原校【提携校】　☎098(989)8009
〒904-2163　沖縄県沖縄市大里2-24-1
有限会社スキップヒューマンワーク内

※上記は2024年4月1日現在のものです。

書籍の訂正情報について

このたびは，弊社発行書籍をご購入いただき，誠にありがとうございます。
万が一誤りの箇所がございましたら，以下の方法にてご確認ください。

1 訂正情報の確認方法

書籍発行後に判明した訂正情報を順次掲載しております。
下記Webサイトよりご確認ください。

www.lec-jp.com/system/correct/

2 ご連絡方法

上記Webサイトに訂正情報の掲載がない場合は，下記Webサイトの
入力フォームよりご連絡ください。

lec.jp/system/soudan/web.html

フォームのご入力にあたりましては，「Web教材・サービスのご利用について」の
最下部の「ご質問内容」に下記事項をご記載ください。

> ・対象書籍名（○○年版，第○版の記載がある書籍は併せてご記載ください）
> ・ご指摘箇所（具体的にページ数と内容の記載をお願いいたします）

ご連絡期限は，次の改訂版の発行日までとさせていただきます。
また，改訂版を発行しない書籍は，販売終了日までとさせていただきます。

※上記「2ご連絡方法」のフォームをご利用になれない場合は，①書籍名，②発行年月日，③ご指摘箇所，を記載の上，郵送
　にて下記送付先にご送付ください。確認した上で，内容理解の妨げとなる誤りについては，訂正情報として掲載させてい
　ただきます。なお，郵送でご連絡いただいた場合は個別に返信しておりません。

　　送付先：〒164-0001 東京都中野区中野4-11-10 アーバンネット中野ビル
　　　　　　株式会社東京リーガルマインド 出版部 訂正情報係

> ・誤りの箇所のご連絡以外の書籍の内容に関する質問は受け付けておりません。
>   また，書籍の内容に関する解説，受験指導等は一切行っておりませんので，あらかじめ
>   ご了承ください。
> ・お電話でのお問合せは受け付けておりません。

講座・資料のお問合せ・お申込み

LECコールセンター ☎ 0570-064-464

受付時間：平日9:30〜20:00/土・祝10:00〜19:00/日10:00〜18:00

※このナビダイヤルの通話料はお客様のご負担となります。
※このナビダイヤルは講座のお申込みや資料のご請求に関するお問合せ専用ですので，書籍の正誤に関
　するご質問をいただいた場合，上記「2ご連絡方法」のフォームをご案内させていただきます。